티베트 승려에 대한 몽골 황실의 보시 연구

보시, 티베트와 몽골을 잇다

사료총서 중세편

이 저서는 2020년 대한민국 교육부와 한국연구재단의 지원을 받아 수행된 연구임
(NRF-2020S1A6A3A01054082).
This work was supported by the Ministry of Education of the Republic of Korea and the National Research Foundation of Korea (NRF-2020S1A6A3A01054082).

티베트 승려에 대한 몽골 황실의 보시 연구

보시, 티베트와 몽골을 잇다

최소영

경인문화사

발간사

한국의 동유라시아 물품학(物品學) 연구 기반 구축

동국대학교 문화학술원은 중장기 연구프로젝트로서 "동유라시아 세계 물품의 문명·문화사" 연구 아젠다를 수립한 뒤, 체계적인 연구 계획 과정을 거쳐 2020년 한국연구재단 HK+사업에 선정되었다. 본 연구 아젠다는 기존의 인간 중심 연구에서 벗어나 '물품'이 중심 되는 연구를 지향한다. 연구 범위는 지리적으로 한반도를 중심으로 우리 역사와 긴밀한 관계를 맺어 왔던 동유라시아 지역을 포괄하며, 시간적으로는 고대로부터 근세까지를 아우른다. 우리 연구단은 이와 같은 동유라시아의 광활한 시공간 속에서 생산 · 유통 · 소비되었던 물품에 초점을 맞추어 연구를 수행하고 있다.

본 연구 아젠다는 물품을 실마리 삼아 동유라시아 세계 교류사에 대한 거시적이면서도 구체적인 복원을 목표로 한다. 인류의 역사를 추동해 온 원동력은 바로 '물품'에 대한 욕구였다고 해도 과언이 아니다. 협의의 '물품'은 특정한 목적과 사용을 위해 제작된 '도구의 총체'를 의미하지만, 그 물품이 지닌 기능과 역할은 다양하게 표출된다. 인간은 물품을 생산·교환·소비하는 과정에서 저마다 독특한 취향과 가치관을 형성해 왔고, 특정 물품에 대한 갈망과 욕구는 교환과 거래의 동인이 되는 동시에 갈등과 충돌을 불러오기도 하였다. 이처럼 물품의 역사에 대한 고찰은 물품 자체가 지닌 고유한 특질을 넘어 물품을 둘러싸고 벌어지는 문명과 문화의 복잡한 연쇄과정을 밝혀내는 중요한 작업이다.

인간이 삶을 영위하는 데 있어 필수불가결한 '물품'과 그에 기반하여 형성된 문화는 어느 특정 지역에 한정되어 명멸하기도 하지만, 이동과 교류를 통해 경계를 넘어 융합하고 새로운 문화를 창출해 내기도 한다. 우리 연구단이 설정한 '동유라시아'라는 공간 범위는 한반도를 중심으로 하여 동위도 선상에 있는 중국·일본, 북쪽으로는 몽골고원과 러시아의 우랄산맥 이동(以東) 지역, 서쪽으로는 우즈베키스탄·카자흐스탄·키르기스스탄 일대를 중심으로 한 중앙아시아 지역, 남쪽으로는 태국 · 캄보디아 · 베트남 · 말레이시아 · 필리핀 · 인도네시아 등을 아우르는 동남아시아 지역을 포괄하고 있다. 이처럼 동유라시아라는 광활한 공간은 지역마다 서로 다른 다양한 지리적 · 기후적 조건을 부여하였고, 그러한 환경의 차이는 각 지역마다 고유한 물품과 독특한 문화를 잉태시켰다. 그리고 다양한 방식으로 맺어지는 인간 · 민족 · 사회 · 지역 · 국가 간의 '관계'는 어느 한 지역에서 생산된 물품이 다른 지역, 더 나아가 다른 문명 세계에 속한 사람들에게까지 영향을 주고 문화의 변동과 진전을 만들어냈다. 즉 기후 · 자원 · 기술 · 정치체제 등 여러 환경적 차이에 기인한 물품의 지역성이 교류의 동력으로 작용하였던 것이다.

우리 연구단은 이러한 문제의식 위에서 동유라시아 각 지역의 물품 관련 사료를 수집 · 분석한 결과물을 사료총서로 발간한다. 사료의 체계적인 수집과 분석은 역사 연구의 단단한 기초를 다지는 작업이라 할 수 있다. 본 사료총서 시리즈의 발간은 "동유라시아 세계 물품의 문명 · 문화사" 아젠다 연구 수행을 위한 자료 구축의 일환인 동시에 '한국의 동유라시아 물품학(物品學)' 연구의 초석을 다지는 작업이기도 하다. 특히 '전근대 동유라시아'라는 광활한 시공간을 대상으로 하는 본 연구 아젠다의 특성을 고려하여, 그동안 언어적 한계로 접근이 어려웠거나 아직까지 한국 학계에 소개되지 않은 사료를 중심으로 수집 · 역주하고 기초적인 해제를 제공하는 것에 역점을 두었다. 연구단의 이러한 노력이 가까운 미래에 한국 물품학 연구의 진전과 확산으로 결실을 맺을 수 있기를 바란다.

2022년 2월

동국대학교 문화학술원

인문한국플러스(HK+)사업단장

서인범

머리말

1206년 테무진이 칭기스 칸이라는 이름으로 초원의 패자가 되어 중앙유라시아를 장악해 간 이후 그의 계승자들도 정복을 계속하였고 마침내 손자 쿠빌라이가 1276년 남송까지 손에 넣으면서 몽골제국은 명실 공히 역사상 최대의 육상 제국이 되었다. 방대한 제국 각지에서 거두어진 재화는 카라코룸과 대도(大都), 상도(上都)로 모여들었고 이들 도시와 그 근방은 온갖 물품 뿐 아니라 기술자와 예술가, 상인들 그리고 각종 종교 시설로 넘쳐났다. 이탈리아의 상인 마르코 폴로는 쿠빌라이에 대해 "우리 최초의 조상인 아담부터 지금 이 순간에 이르기까지 세상에 나타난 어떤 사람보다도 많은 백성과 지역과 재화를 소유한 사람"[1]이라고 말했고 이는 과장이 아니었다.

그런데 원(元)의 한인(漢人) 학자들은 이 재화의 상당 부분이 잘못 쓰이고 있다고 비판하였으니 그 쓰임이란 바로 몽골 황실 성원들이 티베트 불교 승려들에게 여러 명목으로 바치는 보시였다. 몽골제국 시기 지배층의 티베트 불교 숭상 자체는 널리 알려져 있고 『원사(元史)』만 살펴보아도 사꺄파 출신 승려로 계승되는 제사(帝師)가 몽골 조정에서 지녔던 대단한 권세와 위용 기록이나 티베트어를 그대로 음역한 다수의 정기 법회 목록 등을 통해 당시 몽골 조정에서 티베트 불교와 그 승려들이 누렸던 위상을 짐작할 수 있다. 그러나 몽골인들이 그들에게 어떤 경우에 어떤 물품을 얼마나 바쳤는지는 알려진 바가 없었다. 당시의 한 학자는 심지어 "천하의 경비를 셋으로 나누면 승려가 그 중 둘을 차지한다((元) 張養浩 「上時政書」)."고 말할 정도였고 이러한 비난에 과장이 섞였더라도 몽골 지배층이 티베트 불교에 대해 행한 보시가 상당한 액수였을 것임은 분명하다. 그럼에도 몽골과 티베트 불교 상층 사이에 오간 보시 물품의 품목과 양은 물론 그 재화가 티베트에서는 어떻게 쓰였는지에 대하여는 밝혀진 것이 거의 없다. 이는 원대 한인 관료나 학자들이 몽골 지배층과 티베트 승려들의 관계를 구체적으로 알기 어려웠던 것과, 알았다고 해도 기록에 남기지 않아 한문 사료에 기록이 없는 것이 첫 번째 이유이고, 티베트 저작들의 경우

1 마르코 폴로, 김호동 역주, 『마르코 폴로의 동방 견문록』, 사계절, 2003, 259쪽.

에 물품 보시와 같은 세속적인 일을 거의 기록에 남기지 않은 것이 그 두 번째 이유이다. 이런 문제는 그간 학자들이 관련 기록을 찾는 것 자체를 어렵게 했다. 그러나 이 문제를 밝히는 것이 몽골제국 시기 몽골-티베트 관계의 일면을 밝히는 데에 중요한 단서를 제공할 것임은 분명하다.

이 책은 그러한 문제의식에서 시작되었고, 문제의 해결을 위해 그간 거의 연구되지 않았던 티베트 저작들을 기본으로 하여 꼼꼼히 살피고, 필요한 경우 한문 사료의 내용을 대조하였다. 또한 세계제국이라고 불리는 몽골제국의 특성을 고려하여 카안 울루스 즉 원(元)과 가까운 관계에 있던 일칸국의 페르시아어 기록도 일부 대조하였다. 몽골의 보시 기록이 남아 있어 이 책에서 인용한 티베트 사료는 다음과 같다.

1. 아왕 뀐가 쇠남의 『사꺄 세계사(원제: 진귀한 해탈의 보고(寶庫)인 여의주: 북쪽의 성취자의 위대한 대리자 길상 사꺄파의 귀한 세계(世系)가 나타난 방식의 서술)』[2]
2. 챌파 뀐가 도르제의 『홍책(Deb ther dmar po)』[3]
3. 톡둑빠의 『톡둑빠의 서신(원제: 디궁 까귀파의 법설 대 모음 중 쩬아 걜와 톡둑빠의 말씀 중 편지글과 깨우침)』[4]
4. 장춥 걜챈의 『사도 유훈(원제: 見卽獲益: 사도(司徒) 장춥 걜챈의 유훈(遺訓)』[5]
5. 죽리와 아왕 땐진 틴래 남걜의 『궁탕지(원제: 중생고주(衆生怙主)의 말씀의 감로의 흐름: 상서로운

2 Ngag dbang kun dga' bsod nams, *Dzam gling byang phyogs kyi thub pa'i rgyal tshab chen po Dpal ldan Sa skya pa'i gdung rabs rin po che ji ltar byon pa'i tshul gyi rnam par thar pa ngo tshar rin po che'i bang mdzod dgos 'dod kun 'byung.*

3 Tshal pa Kun dga' rdo rje, *Deb ther dmar po*.

4 Thog dug pa, *Spyan snga rgyal ba thog brdugs pa'i bka' 'bum las springs yig dang zhal gdams, 'Bri gung bka' brgyud chos mdzod chen mo*.

5 Byang chub rgyal mtshan, *Si tu Byang chub rgyal mtshan gyi bka' chems mthong ba don ldan*.

궁탕 사원의 역사를 다룬 지(志))』[6]

6. 빠오 쭉락 텡와의 『학자들의 잔치(원제: 정법의 바퀴를 굴리는 자들이 일어난 방식을 밝히는, 학자들의 잔치)』.[7]

이 기록들을 통해, 제국 초기 몽골 지배층이 다양한 종교에 두루 관심을 가졌던 것과 달리, 4대 대칸인 뭉케 시기부터는 뭉케와 형제들이 漢地 불교 승려들에게 보시를 보내다가 곧 티베트 승려들에게도 같은 보시품을 보냈고 얼마 후 다른 종교에 비해 압도적으로 큰 가치가 있는 보시품을 티베트 불교 승려들에게 바치기 시작한 것을 알 수 있었다. 이 정황은 각각 카라코룸, 북중국, 그리고 페르시아에 있던 뭉케와 그 형제들 사이에서 공통적으로 보여서, 뭉케 형제가 종교 면에서 행보를 함께 한 것을 알 수 있다. 또한 보시 품목으로는 초기에는 티베트 불교에도 다른 종교인들에게 보내는 것과 마찬가지로 고급 의복, 법구(法具) 등을 보내다가 후에 티베트 불교가 몽골 지배층의 종교가 된 이후에는 대칸이 제왕, 후비, 공주 등에게 하사하던 물품과 마찬가지인 금, 은, 비단을 대량으로 바치고 있는 것을 볼 수 있었다.[8] 이 물자를 티베트로 이송하는 일이 원의 중요 제도인 역참을 붕괴시키는 한 원인이 될 정도로 그 양은 대단했다.

티베트로서는, 토번 제국 이후 인도와 네팔, 카쉬미르 등의 학자들을 초빙하여 불교를 배우기 위해 금과 같은 재화를 어렵게 구해 바쳐야 했던 상황에서 벗어나 이제 세계제국 지배자의 스승이 되어 대량의 보시를 받는 입장이 되었고 이 재화들은 티베트 불교 번영의 튼튼한 기틀이 되었다. 그들은 몽골이 보낸 재화로 사원과 탑을 세우고 사당을 지어 버터 램프를 끊임없이 밝히며 시주(施主)인 몽골 황실을 위해 기도했다. 챌파의 경우 사원 안에 역대 대칸들의 개인 사당이 따로 있었고 챌파 만호장들은 자신들이 대칸들을 위해 기도하고 있음을 반복하여 강조했다. 페르시아의 훌레구로부터 대량의 보시를 받은 팍모두파의 승려 톡둑빠는 훌레구에게 보낸 서신에서 그를 보살 왕자라고 부르며 축복하고 자신과 휘하의 승려들이 훌레구와 가족을 위해 램프를 켜 두고 의식을 행하며 기도하고 있다고 적었다. 즉 독자들은 몽골의 보시가 티베트로 들어가 몽골

6 'Jog ri ba Ngag dbang bstan 'dzin 'phrin las rnam rgyal, *Gung thang dpal gyi gtsug lag khang byung rabs dang bcas pa'i dkar chag 'gro mgon zhal lung bdud rtsi'i chu rgyun*.

7 Dpa' bo Gtsug lag phreng ba, *Dam pa'i chos kyi 'khor lo bsgyur ba rnams kyi byung ba gsal bar byed pa mkhas pa'i dga' ston*.

8 관련된 내용은 먼저 최소영, 「몽골제국 시기 티베트 승려에 대한 보시와 그 운송 문제 고찰」, 『중앙아시아연구 』 26-2, 2021, 196~201쪽에 실었다.

을 위한 기도가 되고 티베트 승려들이 기도의 정황을 몽골에 알리면 몽골인들은 기뻐하며 다시 보시를 하는 상황을 보게 될 것이다.

이 책은 "동유라시아 물품 세계의 문명 · 문화사" 연구 결과물의 일환인 사료 총서 중 한 권이다. 시간과 저자 능력의 부족으로 아쉬운 점이 적지 않으나 원대 티베트 사료의 기록 그것도 '보시 물품'이라는 한 가지 주제에 대한 티베트 기록을 모아 한 권의 책을 펴낼 수 있었던 것에 의미를 두고자 한다. 이 책을 관련 연구의 시작점으로 삼아 앞으로 몽골-티베트 관계에 대하여 더 좋은 연구들이 나왔으면 하는 바람이다. 본문에서는 티베트를 읽고 쓰는 이들의 이해를 돕기 위해 와일리(wylie) 전사 외에 텍스트 원문 사진도 그대로 실었다. 또한 보시 품목이나 양이 나타나 있지 않더라도 원대 티베트의 물질생활을 보여주는 기록인 경우 일부 수록하여 티베트에 대한 독자의 이해를 돕고자 했다.

마지막으로, 이 책의 초고를 읽고 도움말을 준 티베트어 스터디 모임의 멤버들에게 고마움을 전한다. 필자가 이끄는 모임이지만 그들의 열정에 오히려 더 많은 것을 빚지고 있다. 또한 빠듯한 일정 속에도 반복된 필자의 수많은 수정 요청을 신속하고 정확히 처리해 주신 경인문화사의 김윤진 선생님에게도 깊이 감사드린다.

최소영

목차

2부

홍책

3부

톡둑빠의 서신

4부

사도 유훈

5부

궁탕지

6부

학자들의 잔치

1부

사까 세계사

사꺄 세계사(世系史)

진귀한 해탈의 보고(寶庫)인 여의주:
세상 북쪽의 성취자의 위대한 대리자 길상 사꺄파의 귀한 세계(世系)가 나타난 방식의 서술

Ngag dbang kun dga' bsod nams, *Dzam gling byang phyogs kyi thub pa'i rgyal tshab chen po Dpal ldan Sa skya pa'i gdung rabs rin po che ji ltar byon pa'i tshul gyi rnam par thar pa ngo tshar rin po che'i bang mdzod dgos 'dod kun 'byung*

해제

긴 제목을 축약하여 보통 '사꺄 세계사(Sa skya'i gdung rabs chen mo)'라고 불리는 이 책은 사꺄파(Sa skya pa) 승려이고 학자인 잠괸 아녜샵 아왕 뀐가 쐬남('Jam mgon A myes zhabs Ngag dbang kun dga' bsod nams, 1597~c.1662)의 1629년 저작이다. 저자 아왕 뀐가 쐬남은 사꺄파의 핵심 가문인 퀸('Khon)씨 태생이며 그 안에서도 뒤최 라당(dus mchod bla brang)에 속한 인물이다.[1] 그는 제 26대 사꺄파의 티첸(khri chen)이었던 부친 악창 닥빠 곌챈(Sngags 'chang grags pa rgyal mtshan, 1563~1617)에게서 어릴 때 관정을 받고 차크라삼바라, 헤바즈라 등 사꺄파의 밀교 전승을 이어받았다. 어린 나이에도 진지하고 점잖아서 '아녜샵(a myes zhabs 혹은 a mes zhabs) 즉 '할아버지'라는 별명을 얻었다고 하며 14살에 이미 사꺄 빤디따 뀐가 곌챈(Sa skya PaN+ Di ta Kun dga rgyal mtshan, 1182~1251)

1 사꺄파는 14세기 초 8대 제사 뀐가 로되 곌챈뻴 상뽀(Kun dga' blo gros rgyal mtshan dpal bzang po, Ch. 公哥羅古羅思監藏班藏卜, 1299~1327) 시기에 네 개의 라당으로 나뉘었다. 이 분할은 후에 사꺄파 세력 약화의 원인 중 하나로 지목되기도 했다. 뀐가 로되 곌챈뻴 상뽀는 인종 아유르바르와다, 영종 시데발라, 태정제 이순 테무르 세 카안 곁에서 제사 직에 있었다.

의 지혜를 찬양하는 시들을 지었다. 1614년에는 사꺄 사원 중 하나인 링가 데와첸(Gling dga' bde ba chen) 사원의 주지가 되었고 사꺄와 링가 데와첸을 오가며 공부했다.

사꺄파는 몽골제국 시기 몽골을 대리하여 중앙티베트를 다스렸다. 그러나 아왕 뀐가 쇠남이 살던 시대는 몽골 말기 사꺄 정권을 무너뜨리고 패권을 장악한 팍모두파 정권(Phag mo gru pa, Ch. 帕木竹巴, 1354~1618), 그 후의 린뿡빠 정권(Rin spungs pa, Ch. 仁蚌巴, 1435~1565)에 이어 짱빠 정권(Gtsang pa, 1565~1642)[2] 이 중앙티베트를 장악한 시기였다. 아왕 뀐가 쇠남은 당시 짱빠 정권의 지도자였던 짱 데시(Gtsang sde srid) 까르마 퓐촉 남갤(Karma phun tshogs rnam rgyal, 1597~1621)의 초청을 받아 가서 그에게 관정을 주었으며 후에 데시의 후손들로부터도 역시 초대를 받았다. 24세에 사꺄파의 28대[3] 좌주(Sa skya khri 'dzin)가 되었고 람대(lam 'bras, 道果)법과 그 외의 사꺄의 중요한 전통들을 강설했다.

그가 45세이던 1641년, 몽골 호쇼드의 구시칸(Güshi Khan, 1582~1655)이 티베트를 공격하여 시가쩨를 장악하고 짱빠 세력을 일소하여 겔룩파(Dge lugs pa)의 5대 달라이 라마 아왕 롭상 갸초(Ngag dbang blo bzang rgya mtsho, 1617~1682)의 티베트 지배의 길을 닦았다. 이때 사꺄파는 이전 몽골제국 시기 몽골 지배층과의 인연 때문에 큰 피해를 입지는 않았으나 데시 짱빠 권력이 무너지면서 중요한 후원자를 잃게 되었다. 그러나 아왕 뀐가 쇠남은 저작 활동을 계속하였고 또한 이전에 짱빠 정권과 부탄 관계를 중재했던 것처럼 5대 달라이 라마와 부탄 관계를 중재하는 등 다양한 활동을 멈추지 않았다.[4]

『사꺄 세계사』는 17세기 초에 편찬되었음에도 몽골제국 시기 티베트 역사와 당시의 티베트-몽골 관계 연구에 대단히 중요한데 그것은 이 책이 몽골과 최초로 공식적인 관계를 맺은 사꺄 빤디따(Sa skya paN+Di ta Kun dga' rgyal mtshan, 1182~1251)와, 그 조카이며 쿠빌라이의 제사(帝師, Tib. ti shri)였고 역사적으로 가장 저명한 티베트 승려 중 하나인 도괸 최갤 팍빠 로되 갤챈('Gro mgon

---

2 '짱빠(gtsang pa)'는 '짱 사람' 혹은 '짱의 우두머리'의 뜻이다. 삼둡쩨(Bsam 'grub rtse) 즉 대략 오늘날 시까쩨(Gzhis ka rtse)와 일치하는 지역을 근거지로 하여 일어난 정권이며 겔룩파의 5대 달라이 라마가 호쇼드 구시칸의 도움으로 권력을 잡을 때까지 중앙티베트를 지배했다. 겔룩파에 반대하고 까르마 까귀파, 그 중에서도 홍모파(zhwa dmar pa, 紅帽巴)를 지지했다.

3 27대라고도 한다.

4 아왕 뀐가 쇠남의 생애와 그의 저작에 대하여는 Jan-Ulrich Sobisch, *Life, Transmissions, and Works of A-Mes-Zhabs Ngag-Dbang-Kun-Dga'-Bsod-Nams, the Great 17th Century Sa-Skya-Pa Bibliophile(Verzeichnis Der Orientalischen Handschriften in Deutschland),* Franz Steiner Verlag Wiesbaden GmbH, 2006 또는 간단히 https://treasuryoflives.org의 P791 참고.

chos rgyal 'Phags pa blo gros rgyal mtshan, Ch, 八思巴, 1235~1280)의 생애를 담은 기록들을 거의 그대로 가져와 옮겨 싣고 있기 때문이다. 사꺄 빤디따에 대한 기술은 티베트 불교가 우구데이(Ögödei, Ch. 窩闊台, r.1229~1241) 재위기 그의 아들이며 구육(Güyük, Ch. 貴由, r.1246~1248)의 동생인 제왕 쿠텐(Küten, Ch. 闊端, 1206~1251) 휘하에서 어떻게 세력을 확대해 갔는지를 보여주며 팍빠 장은 몽골제국 최고 전성기였던 시기의 대칸 쿠빌라이(Khubilai, Ch. 忽必烈, r.1260~1292)와 팍빠의 초기 관계가 어떠했고 쿠빌라이가 어떻게 티베트 불교를 받아들였으며 후에 그가 대칸이 된 후 팍빠는 그의 곁에서 무엇을 하였는지 등 어떤 사료에서도 볼 수 없는 가치 있는 기록들을 담고 있다. 물론 그 장점의 반대편에는 사꺄파에 이로운 친(親) 몽골적 기술이 다수 있는 것을 고려하며 읽어야 한다.

이 책의 구성은 먼저 천계(天界)의 계보에 이어 사꺄파 쾬씨의 종조인 쾬 꾄촉 곌뽀('Khon Dkon mchog rgyal po, 1034~1102), 사첸 뀐가 닝뽀(Sa chen Kun dga' snying po, 1092~1158), 제쮠 닥빠 곌챈(Rje btsun Grags pa rgyal mtshan, 1147~1216), 그리고 사꺄 빤디따 뀐가 곌챈, 도괸 최곌 팍빠 로되 곌챈까지 이른바 '사꺄 5조(祖)'가 먼저 기술되고, 그 후 17세기까지의 사꺄파를 이끈 사꺄 좌주들의 역사가 이어진다.

보시에 대한 기록은 대부분 사꺄 빤디따 장과 팍빠 장에서 발견된다. 이 기록들과 카안 울루스(元)의 한문 기록의 비교를 통해 우리는 몽골 지배층이 초기에 제국 내 다양한 종교인들에게 비슷한 보시품들을 보내다가 이후 티베트 불교로 기울면서 대량의 보시품을 그들에게 집중적으로 바치고 있는 것을 알 수 있다. 특히 팍빠가 몽골로부터 받은 보시의 기록들은 몽골제국이 최고의 번영을 구가하고 티베트 불교, 구체적으로는 제사(帝師)에 대한 몽골 지배층의 신심도 역시 최고조에 이르렀던 시기 몽골과 티베트 양측의 관계의 일면을 생생히 보여준다.

1. 사꺄 빤디따 뀐가 걜챈

Sa skya Pandita Kun dga' rgyal mtshan(1)

사료

'Jam mgon A myes zhabs Ngag dbang kun dga' bsod nams, *Dzam gling byang phyogs kyi thub pa'i rgyal tshab chen po Dpal ldan Sa skya pa'i gdung rabs rin po che ji ltar byon pa'i tshul gyi rnam par thar pa ngo tshar rin po che'i bang mdzod dgos 'dod kun 'byung*. 1629, Delhi: Tashi Dorji; Dolanji, H.P. : distributor, Tibetan Bonpo Monastic Centre, 1975, p.134:1~6; 阿旺貢噶索南著, 陳慶英, 高禾福, 周潤年 譯註,『薩迦世系史』, 拉薩: 西藏人民出版社, 1989, pp.80~81.

원문 전사

tshe ring gnam gyi shed mong la bsod nams chen po'i dpal la brten nas rgyal po nged kyi lung/ sa skya paN+Di ta kun dga' rgyal mtshan dpal bzang po la go bar byed pa'i gtam/ nged pha ma dang gnam sa'i drin lan 'jal ba'i phyir/ lam gyi blang dor ma nor ba ston shes pa'i bla ma cig dgos pa brtag pa byas dus khyod du 'dug pas/ lam gyi dka' tshegs la ma blta bar yong dgos/ gal te na so rgas zer na sngon thub pa'i dbang pos sems can gyi don du lus grangs med sbyin par gtong ba ji tsam/ khyod kyis chos go ba'i dam bca' dang e 'gal/ ngas mtha'i khrims ra blangs dmag dpung chen pos brda ded byas nas sems can mang po la gnod pa byas na mi skrag pa e yin/ des na sangs rgyas kyi bstan pa dang sems can mang po la soms la khyod mgyogs par shog/ nyi ma nub phyogs kyi

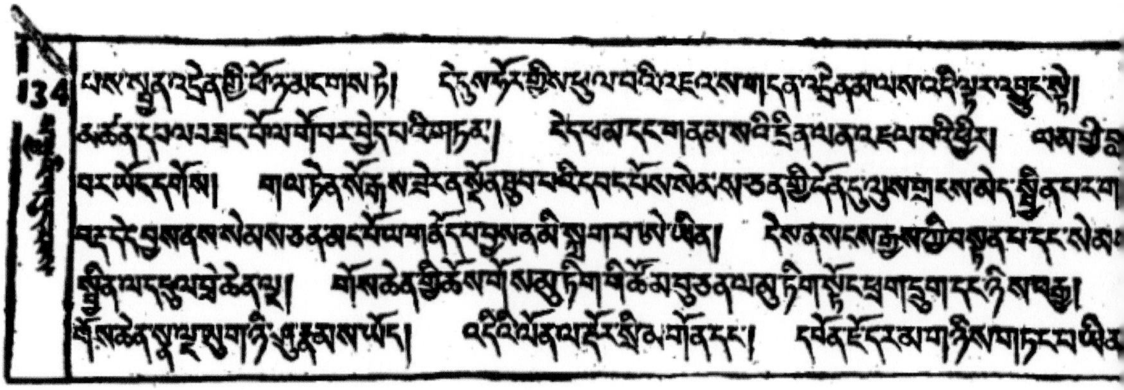

ban+de rnams khyod shes su ´jug pa yin/ gnang sbyin la dngul bre chen lnga/ gos chen gyi chos gos mu tig gi tshom bu can la mu tig stong phrag drug dang nyis brgya/ gos lu hang gi ring ´gag/ lhwam ´bob dang bcas pa/ kha ti kha tshang ma yug gnyis/ thon ti kha tshang ma yug gnyis/ gos chen sna lnga yug nyi shu rnams yod/ ´di´i lon la rdor sri mgon dang/ dbon jo dar ma gnyis gtang ba yin/ ´brug lo zla ba brgyad pa´i gnam gang la bris

❙ 번역 및 분석

번역

장생(tshe ring, 長生)하는 하늘의 힘으로, 큰 복덕(bsod nams)의 길상(dpal, 吉祥)에 기대어, 황제 나의 성지(lung, 聖旨).

사꺄 빤디따 꾼가 곌챈뻴 상뽀에게 이르는 말(gtam).

나의 부모와 천지의 은혜에 부합하고자, 길의 취사(取捨)를 착오 없이 가르치고 아는 라마 한 명이 필요하여 조사해보니 그대가 있었다. (그대는) 길의 험난함을 보지 말고 와야 한다. 만약 나이 들었다고 (올 수 없다고) 말한다면, 예전에 붓다께서 유정(有情)의 이익을 위해 몸을 셀 수 없이 보시하신 것은 무엇이겠는가. 네가 아는 법(法)의 맹세를 어길 것인가? 내가 (이미) 각지의 관청을 차지하였는데, 대군으로 (너희를) 추궁하여 많은 유정에게 해를 끼치면 두렵지 않겠는가?[5] 그러므

5 'mi skrag pa e yin'. 『원전장(元典章)』 등의 몽골문서에 보이는, 위협을 나타내는 구절 '不怕那甚麼'와 같은 표현에

Text Image: bdr: MW30132

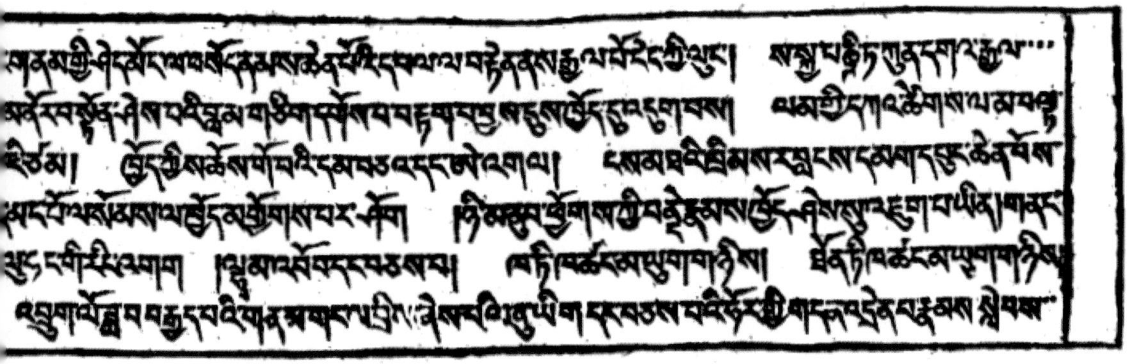

로 붓다의 가르침과 많은 유정을 생각하여 너는 속히 오라! 해가 지는 쪽의 승려들을 네가 관할하게 할 것이다.

하사품으로 은(dngul, 銀) 5정(錠), 진주 6,200알을 꿰매둔 공단(gos chen, 貢緞)으로 된 의복, 유황(lu hang) 솥, 버선이 딸린 신발, 카띠(kha ti) 비단 정폭(整幅) 2필, 퇸띠(thon ti) 비단 정폭 2필, 오색 공단(sna lnga gos chen, 五色貢緞) 20필 등이 있다.

이 통지를 단사관(rdor sri mgon, 斷事官)[6]과 왼조 다르마(dbon jo dar ma) 두 사람에게 주어 보낸다.

용해(1242) 여덟 번째 달 그믐에 썼다.

분석

용어

gos chen ___ 공단(貢緞). 광택이 나며 두꺼운 비단. 'gos' 자체도 비단을 가리키는데 거기에 '큰'을 의미하는 "chen"을 붙여 상등의 비단임을 나타냈다.

kha ti ___ '카띠'. 주로 동전 무늬가 있는, 여러 가지 색으로 된 비단이다. 'ga the'라고도 표기하며 중국어 "緙絲"에서 왔을 것이라고 본다. 몽골어 'kemerlik' 또는 'derte'. "floss silk", 즉 푼사로 만든다.[7]

대한 티베트어 번역으로 보인다.

6 rdor sri mgon을 단사관으로 읽는 것에 대하여는 Leonard W. J. van der Kuijp, "Jambhala: An Imperial Envoy to Tibet During the Late Yuan", *Journal of the American Oriental Society* 113.4, 1993, pp.529~538 참고.

7 Joachim Karsten, "When Silk Was Gold' in the 'Land of Snows': Towards a Tibetan-English Glossary of Non-Tibetan Textile (Silk) Terms", 미완성 원고, academia. edu.

thon ti ___ '퇸띠'. 역시 비단 종류. 티베트 사료에서 thun thi, thon ti, thon thi, mthon thi 등 다양하게 표기된다. 중국어 '緞綈'에서 왔을 것이라고 본다.[8]

lu hang ___ 중국어 '硫磺'에서 왔을 것으로 생각되나 정확한 것은 알 수 없다. 색을 나타내는 "綠黃"일 가능성도 있다.

lung ___ 원래 '가르침의 말씀,' '예언' 등을 뜻하나 몽골제국 시기 공문서에서는 대칸의 성지를 가리키는 말로 쓰였다. 몽골어 '자를릭(jarliy)'에 해당한다.

gtam ___ 말. 몽골어 명령문의 '우게(üge)'에 해당. 대칸의 성지(lung)를 제외한 제왕(諸王), 공주, 부마, 제사(帝師)의 명령문의 총칭. 몽골제국 시기 한문으로 된 문서들이 대칸의 명령문을 성지(聖旨)라고 하고 제왕의 명령문을 영지(令旨), 후비(后妃)의 명령문을 의지(懿旨), 제사의 명령문을 법지(法旨) 등으로 구분하는 것과 달리 티베트 문서들은 몽골어에서 성지를 자를릭, 그 외 명령문을 모두 우게라고 하는 바와 같이, 성지, 즉 룽(lung) 외의 명령문은 모두 땀(gtam)이라고 하고 있다.[9]

bre chen ___ 데첸. 데(bre)는 원래 곡식의 부피를 재는 단위였는데 몽골제국 시대에 거기에 '큰'을 뜻하는 'chen'을 붙여 은정의 무게를 나타내는 새로운 단위로 사용했다.[10] 이와 동일한 것이 페르시아어 사료의 발리시(bâlish)이며 중국에서는 '錠', 중앙아시아에서는 'yastuq('베개')', 몽골리아에서는 'süke('도끼')'라고 불렀는데, 이 은괴의 모양이 '베개'나 '도끼'처럼 생겼기 때문이었다.[11] 1개의 중량은 2kg이었다. 몽골은 이렇게 도량형을 통일하여 제국 전체에서 은을 장애 없이 유통할 수 있게 했다.

기록의 의의

『샤꺄세계사』 중 몽골 제왕 쿠텐이 중앙 티베트를 침공한 후 티베트 대표로 사꺄파(派)의 사꺄

---

8 관련 내용은 Dieter Schuh, *Erlasse und Sendschreiben mongolischer Herrscher fü tibetische Geistliche,* Vol. 1, VGH: Wissenschaftsverlag, 1977, pp.29~41. 단자(緞子)의 음역일 가능성도 있다.

9 티베트어 명령문에 대하여는 中村 淳, 「元代チベット命令文の総合的研究にむけて」, 『駒澤大學文學部研究紀要』 63, 2005. 참고. 몽골제국 시기 칙령에 대하여는 김석환, 「13~14세기 몽골제국 勅令制度 研究」, 서울대학교 박사학위논문, 2019. 참고.

10 관련 내용은 Jampa Samten&Dan Martin, "Letters to the Khans: Six Tibetan Epistles of Togdugpa Addressed to the Mongol Rulers Hulegu and Khubilai, as well as to the Tibetan Lama Pagpa". Roberto Vitali ed., *Trails of The Tibetan Tradition: Papers for Elliot Sperling,* Dharamsala: Amnye Machen Institute. 2015, p.309 참고.

11 라시드 앗딘, 김호동 역주, 『칸의 후예들』, 사계절, 2005, 117쪽.

빤디따 뀐가 곌챈(sa skya Paṇḍita kun dga′ rgyal mtshan, 1182~1251)을 부르는 소환장이다. 군주가 없던 13세기 티베트에 대해 몽골이 정치적인 대표자로서 사꺄 빤디따를 소환하는 외에 종교적인 의미를 더하여 불교의 가르침을 줄 것을 요구하고 있다. 다만 이 시기는 아직 몽골의 명령문 형식이 확립되지 않은 때이고 쿠텐이 황제가 아니기 때문에 모두의 "장생하는 하늘의 힘으로, 큰 복덕의 길상에 기대어, 황제 짐의 성지" 구절은 후대에 이 문서에 더 큰 권위를 부여하려고 추가한 것으로 보인다. 내어 쓰기나 들여쓰기(低格) 등도 보이지 않는데 이는 이때 아직 몽골의 명령문 형식이 확립되지 않았기 때문이기도 하고 여기 실린 기록이 물리적으로 서신의 원본이 아니기 때문이기도 하다. 고압적인 말투에도 불구하고 이 소환장이 불교의 스승을 구하고 있는 점은 쿠텐이 대단히 가치가 높은 의복과 은 등을 서신과 함께 보내고 있는 것에서도 알 수 있다. 이 서신을 수록한 사료는 본 『사꺄 세계사』 외에도 이른바 『황금연대기』,[12] 『몽골 불교사』,[13] 『사꺄파의 가르침에 대한 역사적 사실들』[14] 등이 있는데 내용에 다소 차이가 있다. 예를 들어 문서의 첫줄과 두 번째 줄은 『사꺄 세계사』와 『황금연대기』에만 실려 있다.[15]

나열된 물품 중 먼저 주목을 끄는 것은 "진주 6,200알을 꿰매둔 비단으로 된 의복"인데 이는 나시즈(nasij), 즉 금금(金錦)에 진주를 단 이른바 진주의(眞珠衣) 혹은 주의(珠衣)인 것으로 생각된다. 진주는 몽골 지배층이 선호하던 보석으로 대주(大珠, tana/tanad, 答納/答納都)와 소주(小珠, subud, 速不都)로 나뉘었으며, 여기 달린 6,200알의 진주는 물론 소주였을 것이다. 즉, 이 옷은 한문 사료의 '速不都納石失' 즉 'subud-nasīj' 의상이라고 할 수 있다. 이러한 의상은 몽골 지배층이 모인 연회에서 대칸이 하사한 일률적인 의상인 지순(jisün, 質孫, 只孫) 의상으로 자주 언급되며[16] 가치가 대단했을 뿐 아니라 구하기도 어려운 물품이었다. 몽골제국 시기 진주는 정치적으로는 화폐의 기능을 했고 몽골 국정 운영의 한 수단이었다. 몽골 지배층은 지위를 드러내는 물품을

12 'Dzam gling byang phyogs chen po hor gyi rgyal khams kyi rtogs pa brjod pa'i bstan bcos chen po dpyod ldan mgu byed ngo mtshar gser gyi deb ther, BDRC ID: W1KG15408.

13 'Dzam gling byang phyogs chen po hor gyi yul du dam pa'i chos ji ltar byung ba'i tshul bshad pa bstan pa rin po che gsal bar byed pa'i sgron me, BDRC ID: W1KG26281.

14 Rgyal bstan spyi dang bye brag rje btsun sa skya pa'i bstan pa bstan 'dzin dang bcas pa byon tshul gyi rnam par thar pa shin tu mdor bsdus pa ngo mtshar rygya mtsho'i chu thig, BDRC ID: W3CN8799.

15 관련 내용은 Dieter Schuh, 앞의 책, pp.29~41 참고. 한편 저자 Dieter Schuh는 이것이 원래의 온전한 소환장이 아니라고 보고, 이 서신이 전해오는 네 가지 판본에 대한 대조를 통해, ①소환장의 원본이 아니라 발췌본이 전해졌을 가능성 ②몽골어 서신 원본에 대해 두 가지 다른 티베트어 번역본이 전해졌을 가능성 등의 가설을 제시했다.

16 나시즈에 대주를 단 의상은 "답납도납석실(答納都納石失, tanad-nasīj)"이라고 불렸다. 관련 내용은 설배환, 「蒙·元제국쿠릴타이(Quriltai) 연구」, 서울대학교 박사학위논문, 2016, 146쪽 참고.

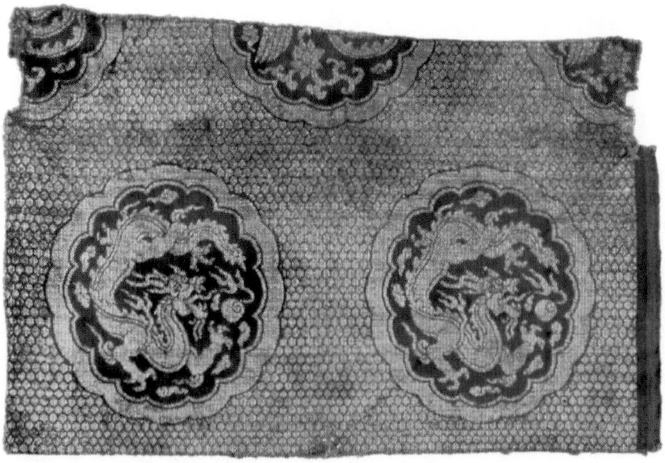

그림 1 금사로 용 문양을 짜넣은 비단
(Metropolitan Museum, Accession number 2012.399)

선호했고 선물을 경쟁적으로 하사했다. 진주는 귀걸이나 의복 장식 등 여러 형태로 개인이나 집단에 선물로 쓰였고, 이는 많은 경우 피복속민에게 권력을 보여주는 데 사용되었다.[17]

한편 이 기사는 비단의 이름을 수록하고 있는데 티베트 사료에서 카띠(kha ti/ kha thi/ ga the), 퇸띠(thon ti/ thon thi/ mthon ti) 비단을 언급한 최초의 기록이어서 이 비단이 처음 티베트에 들어온 것이 몽골 지배층으로부터였음을 알 수 있다. 카띠(kha ti)는 '자수(刺繡)'를 의미하는 중국어 '緙絲/刻絲'에서 왔을 것이라고 생각된다. 즉 수를 놓은 비단일 것이다. 퇸띠 역시 중국어 '緞綈'에서 비롯되었을 것이라고 보나 아직 분명하지 않은 점이 있다. 티베트 사료의 비단 명칭에 대하여는 연구가 거의 없으며 직물에 대한 연구 자체가 전무했다고 해도 과언이 아니다. 그러나 토번제국 시기에는 군사력으로, 몽골제국 이후에는 불교로 세력을 떨치던 티베트는 그 대가로 다양한 종류의 비단을 계속해서 대량으로 들여왔으므로 각 비단의 명칭을 밝히는 것은 중요한 과제라고 할 수 있다. 독일 학자 요아힘(Joachim G. Karsten)이 일찍이 이를 밝히려고 노력하여 초고를 온라

17 진주에 대한 이러한 의미부여는 몽골제국 시기를 넘어 명, 티무르조에까지 계속되었다고 보기도 한다. 관련 내용은 Thomas T. Allsen, *The Steppe and the Sea: Pearls in the Mongol Empire*, Philadelphia: University of Pennsylvania Press, 2019 참고. 올슨은 이 책에서 진주의 생산과 교역 루트를 설명하고 몽골 지배층에게 진주가 가졌던 의미를 분석하였다.

인으로 올려두었고 이 정도라도 상당한 도움이 되었으나 여전히 미완성인 채로 남아 있다.[18] 한편 몽골과 왕래가 활발해지면서 티베트에서 이런 비단들을 점차 자신들의 언어로 번역하여 dar gos, gos dar, dar yug 등으로 표기하였으나 여전히 공동으로 약속된 어휘가 있지 않았던 것으로 보여 연구에 어려움을 주고 있다.

18 Joachim Karsten, 앞의 글. 웹사이트 academia. edu에 실려 있던 이 논문은 지금은 삭제되고 없다. 일반적인 중앙아시아 지역 비단에 대하여는 James C.Y. Watt and Anne E. Wardwell, *When silk was gold: Central Asian and Chinese Textiles,* The Metropolitan Museum of Art, 1997 참조.

2. 사꺄 빤디따 뀐가 곌챈

Sa skya Pandita Kun dga' rgyal mtshan(2)

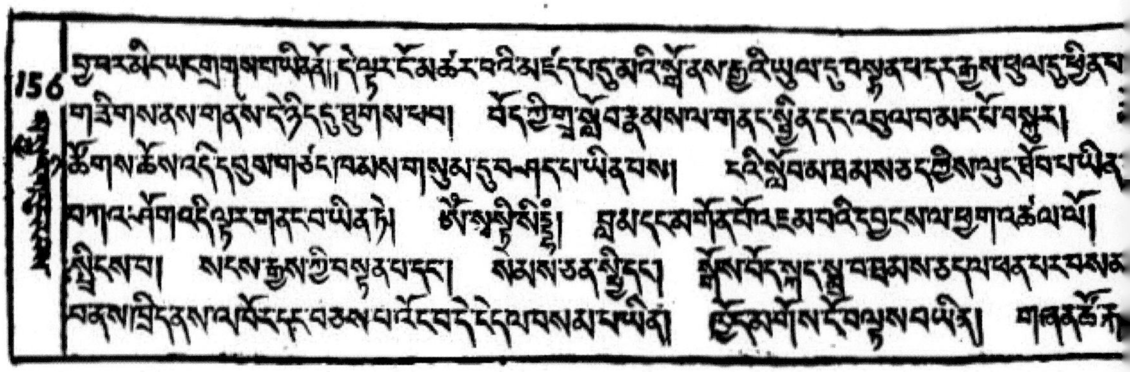

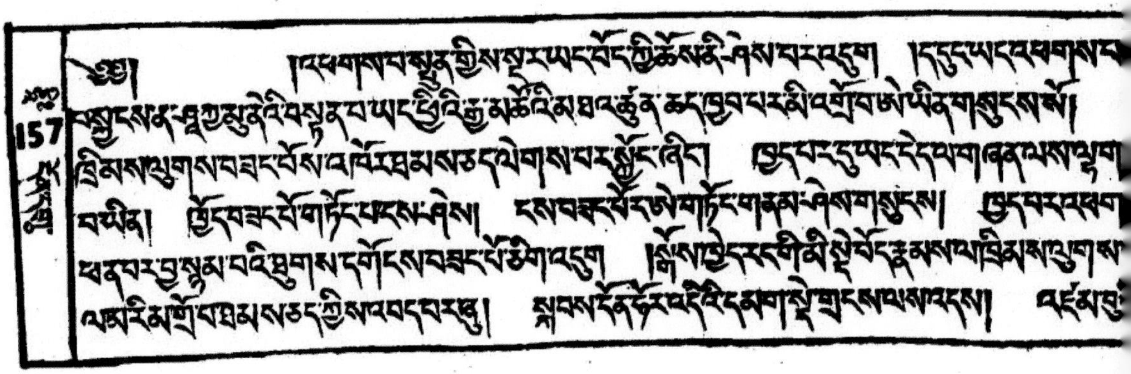

| 사료

'Jam mgon A myes zhabs Ngag dbang kun dga' bsod nams *Dzam gling byang phyogs kyi thub pa'i rgyal tshab chen po Dpal ldan Sa skya pa'i gdung rabs rin po che ji ltar byon pa'i tshul gyi rnam par thar pa ngo tshar rin po che'i bang mdzod dgos 'dod kun 'byung.*

Text Image: bdr: MW30132

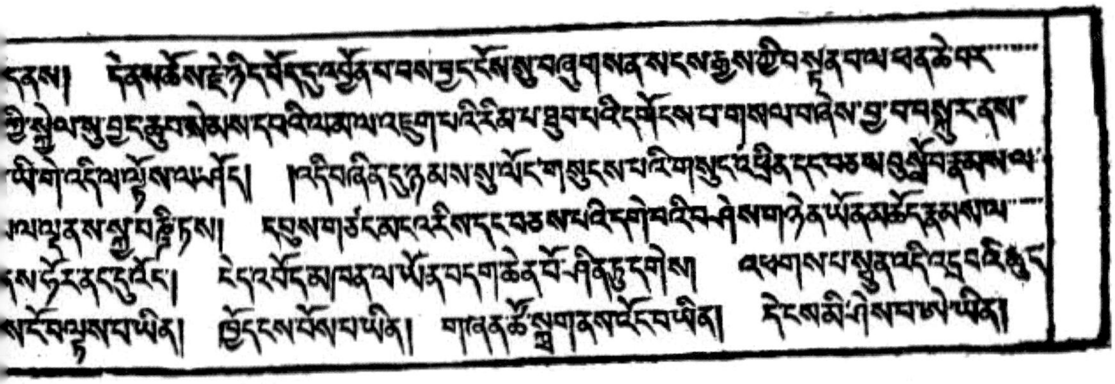

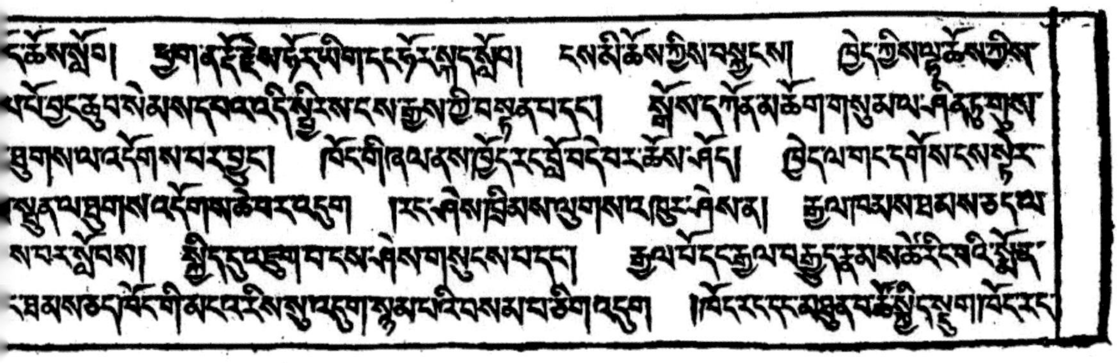

Delhi : Tashi Dorji ed., Dolanji, H.P. : distributor, Tibetan Bonpo Monastic Centre, 1975, pp.156:4~157:6; 阿旺貢噶索南著, 陳慶英, 高禾福, 周潤年 譯註,『薩迦世系史』, 拉薩: 西藏人民出版社, 1989, pp.91~92.

(1) oM swa+sti sid+dhaM /

bla ma dang mgon po ʼjam paʼi dbyangs la phyag ʼtshal lo// dpal ldan sa skya paN+Di
tas/ dbus gtsang mngaʼ ris dang bcas paʼi dge baʼi bshes gnyen yon mchod rnams la
springs pa/ sangs rgyas kyi bstan pa dang/ sems can spyi dang/ sgos bod skad smra ba
thams cad la phan par bsams nas hor nang du ʼong/ nged ʼbod mkhan la yon bdag chen
po shin tu dges/ ʼphags pa spun ʼdi ʼdra baʼi chung ba nas khrid nas ʼkhor dang bcas pa
ʼong ba de nged la bsam pa yin/ khyod mgos ngo bltas pa yin/ gzhan tsho rkang pas
ngo bltas pa yin/ khyod ngas bos pa yin/ gzhan tsho skrag nas ʼong ba yin/ de ngas mi
shes pa e yin/ 157 ʼphags pa spun gyis sngar yang bod kyi chos ni shes par ʼdug/ da
dung yang ʼphags pas bod chos slob/ phyag na rdo rjes hor yig dang hor skad slob/
ngas mi chos kyis bskyangs/ khyed kyis lha chos kyis bskyangs na shA+kya mu neʼi
bstan pa yang phyiʼi rgya mtshoʼi mthaʼ tshun chad khyab par mi ʼgro ba e yin gsungs
so// rgyal po byang chub sems dpaʼ ʼdi spyir sangs rgyas kyi bstan pa dang/ sgos dkon
mchog gsum la shin tu gus khrims lugs bzang pos ʼkhor thams cad legs par skyong
zhing/ khyad par du yang nged la gzhan las lhag paʼi thugs la ʼdogs par byung/ khong gi
zhal nas khyod rang blo bde bar chos shod/ khyed la gang dgos ngas ster ba yin/ khyod
bzang po gtong ba ngas shes/ ngas bzang por e gtong gnam shes gsungs/ khyad par
ʼphags pa spun la thugs ʼdogs che bar ʼdug/ rang shes khrims lugs ʼkhur shes na/ rgyal
khams thams cad la phan par bya snyam paʼi thugs dgongs bzang po cig ʼdug/ sgos
khyed rang gi mi sde bod rnams la khrims lugs legs par slobs/ skyid du ʼjug pa ngas
shes gsungs pa dang/ rgyal po dang rgyal brgyud rnams tshe ring baʼi smon lam rim gro
pa thams cad kyis ʼbad par zhu/ skabs don hor ʼdiʼi dmag sde grangs las ʼdas/ ʼdzam buʼi
gling thams cad khong gi mngaʼ ris su ʼdug snyam paʼi bsam pa cig ʼdug/

번역 및 분석

번역

길상(oM swa+sti sid+dhaM)!

스승과 보호자 문수보살에게 예경합니다. 구덕(具德) 사까 빤디따가 위짱(dbus gtsnag), 아리(mnga' ris) 등의 선지식(善知識), 시주와 복전들에게 씁니다. 나는 붓다의 가르침과 모든 유정(有情)과 특히 티베트어를 말하는 자들 모두에게 이익이 될 것을 생각하고 몽골로 왔습니다. 나를 불러준 분, 대 시주는 매우 기뻐하고 계십니다. "이렇게 어린 팍빠 형제를 이끌고 권속과 함께 온 그것은 나를 생각한 것이다. 그대는 머리로 귀순하였고 다른 이들은 발로 귀순하였다. 그대는 내가 불렀다. 다른 이들은 두려워서 왔다. 그것을 내가 모르겠는가!" [라고 하십니다.] 157 "팍빠 형제는 예전부터 티베트의 불법(佛法)에 대하여 알고 있었다. 팍빠는 그대로 티베트 불교를 공부하고, 착나 도르제는 몽골문과 몽골말을 공부하라. 내가 사람의 법으로 보호하고 그대가 신(神)의 법으로 보호한다면 석가모니의 가르침 또한 외해(外海)의 가까지 퍼져가지 않겠는가"라고 하셨습니다. 이 보살왕은 일반적으로는 부처님의 가르침을, 특히 삼보(三寶)를 지극히 존경하고 좋은 법으로써 모든 권속을 잘 보호하고 있으며 무엇보다도 나를 다른 이들보다 더 마음에 두게 되었습니다. 그분이 말씀하기를 "그대(khyod)는 마음 편안하게 법을 설하라. 당신(khyed)에게 필요한 것은 무엇이든 내가 줄 것이다. 그대가 선(善)을 행하는 것을 내가 알고 있고 내가 선을 행하는가는 하늘이 안다"라고 하셨습니다. 특히 팍빠 형제를 크게 마음에 두고 있습니다. 내가 알기로 [그분은] 법을 준수하는 것을 알면 국토 전체에 이익이 된다고 여기는 좋은 생각이 있습니다. 특히 "[그대는] 너의 백성(mi sde)인 티베트인들에게 법을 잘 가르쳐라. 안락하게 하는 것은 내가 한다"라고 하셨고 황제와 황족들의 장수 기도를 하는 의식 주재자(rim gro ba)들 모두가 노력할 것을 청합니다. 지금 이 몽골의 군대는 셀 수 없습니다. 잠부링(세상) 전체가 그들의 영토라고 생각하는 마음이 있습니다.

분석

본 기록은 구체적인 보시 기사가 아니나, 그 뒤에 이어지는, 몽골이 티베트에 요구한 조공 물품 기사의 배경이 되는 기록이므로 여기에 먼저 실었다. 이 기사는 티베트-몽골의 관계가 시작하는 정황과 이에 대해 당시 티베트의 고위 승려가 가진 인식을 보여주는 중요한 자료 중 하나라고 할 수 있다. 쿠텐이 소환하자 사까 빤디따는 거절하지 않고 그에 응했고 쿠텐은 이를 긍정적으로 평가한 것으로 보이며, 또한 팍빠의 동생에게는 몽골어와 글을 익히게 하고 팍빠는 계속해서 불교 공부를 하게 한 것은 쿠텐이 티베트 교파에서의 일반적인 전통을 따른 것이라고 할 수 있다. 동생 착나 도르제(Phyag na rdo rje, 1239~1267)는 쿠텐의 막영에서 케식으로 키워졌을 것이다. 그는 활을 잘 쏘았다고 하며 후에 쿠텐의 딸과 혼인하여 부마가 되며 백란왕(Tib. paî lan dbang, 白蘭王)에 임명된다. 다만 백란왕의 권한은 분명치 않다.

3. 사꺄 빤디따 뀐가 곌챈

Sa skya Pandita Kun dga' rgyal mtshan(3)

| 사료

'Jam mgon A myes zhabs Ngag dbang kun dga' bsod nams, *Dzam gling byang phyogs kyi thub pa'i rgyal tshab chen po Dpal ldan Sa skya pa'i gdung rabs rin po che ji ltar byon pa'i tshul gyi rnam par thar pa ngo tshar rin po che'i bang mdzod dgos 'dod kun 'byung.* Delhi : Tashi Dorji ed., Dolanji, H.P. : distributor, Tibetan Bonpo Monastic Centre, 1975, pp.157:6~159:6; 阿旺貢噶索南著, 陳慶英, 高禾福, 周潤年 譯註,『薩迦世系史』, 拉薩: 西藏人民出版社, 1989, pp.92~93.

| 원문 전사

khong rang dang mthun pa tsho skyid sdug khong rang 158 dang mnyam par byed/ khong la zhe thag pas gang zer la ma nyan na ngo bltas pa yin zer ba'i ming gis mi chog pa/ rting brlag par byed pa cig 'dug/ yu gur gyi rgyal khams 'di yang ma brlag par gong du phan/ mi nor rnams khong gis blangs nas/ yig mkhan/ nor gnyer ba/ bu dga' thams cad khong gyis byed/ rgya/ mi nyag/ sog po la sogs pa ma brlag gong du hor 'dra btang yang ci zer ma nyan pas/ brlag pa'i rting la 'gro sa ma rnyed nas ngo blta dgos byung/ 'on kyang de rting ci zer nyan pas da lta tha thad so so na bu dga' nor gnyer/ dmag dpon/ yig mkhan la sogs pa khong rang gi mi chen re bskos pa mang/ 'o skol mi sde ngan la gyong bas thabs sna tshogs kyi sgo nas bros pas thar du re/ thag ring bas

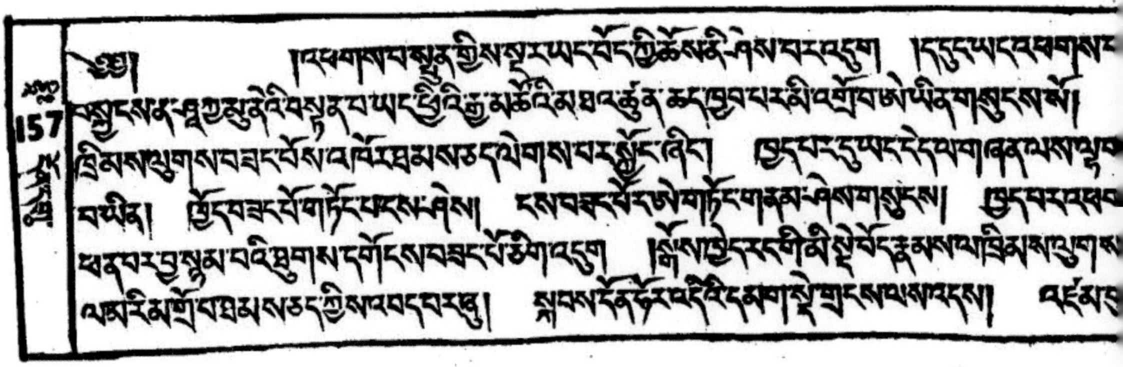

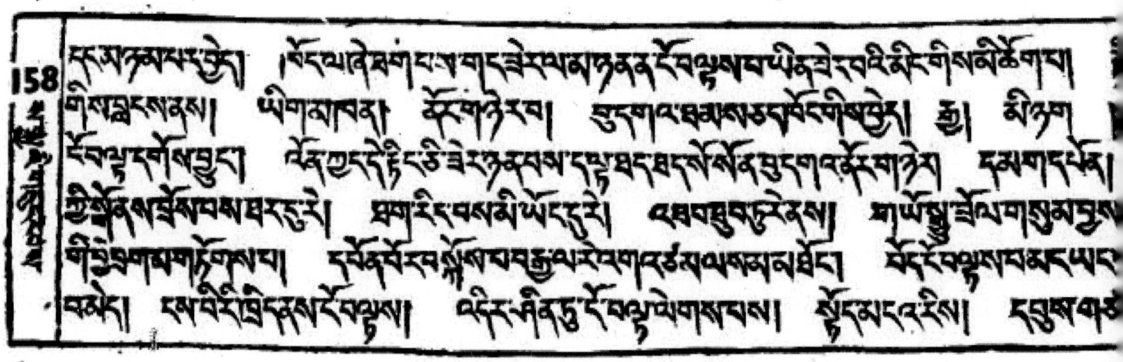

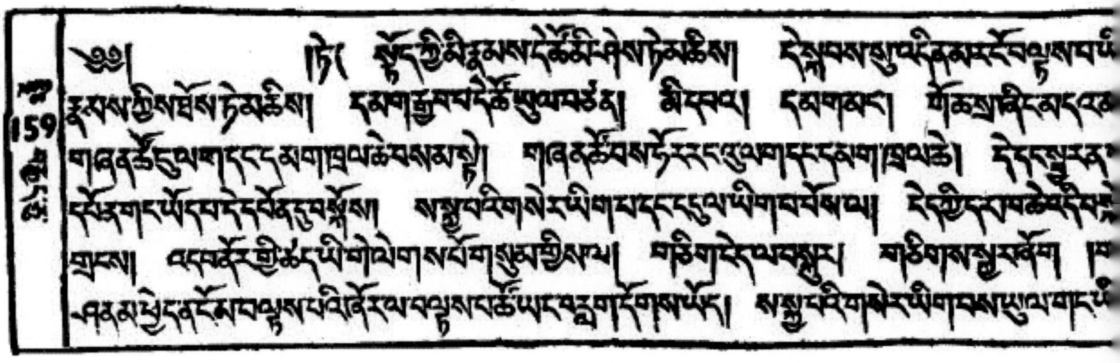

mi yong du re/ 'thab thub tu re nas/ g.yo sgyu zol gsum byas pas brlag kyang brlag/ thad thad so so nas ngo bltas pa'i tsho mang/ bod ngan la gyong pa'i stobs kyis bran dang g.yog gi bye brag ma gtogs pa/ dpon por bskos pa brgya la re 'ga' tsam las ma mthong/ bod ngo bltas pa mang yang 'dab nor nyung ba'i stabs kyis mi chen tsho rting nas ma mgu ba'i gnad cig gda'/ na ning ni lo 'ga' la stod du dmag song ba med/ ngas

Text Image: bdr: MW30132

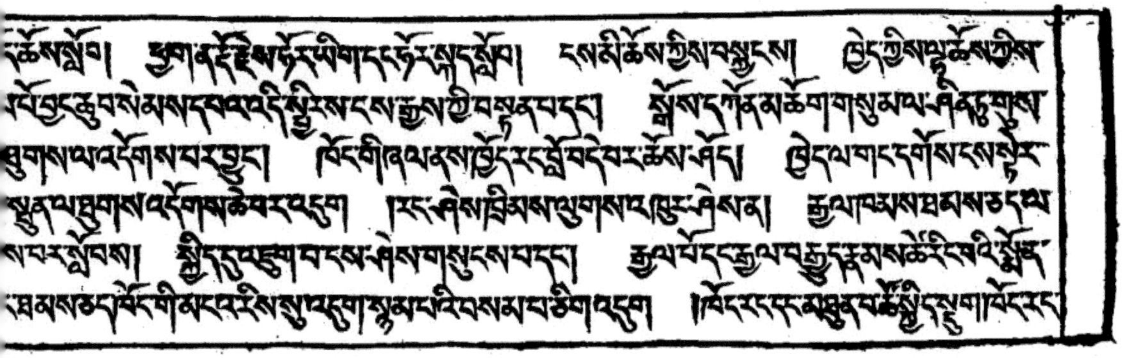

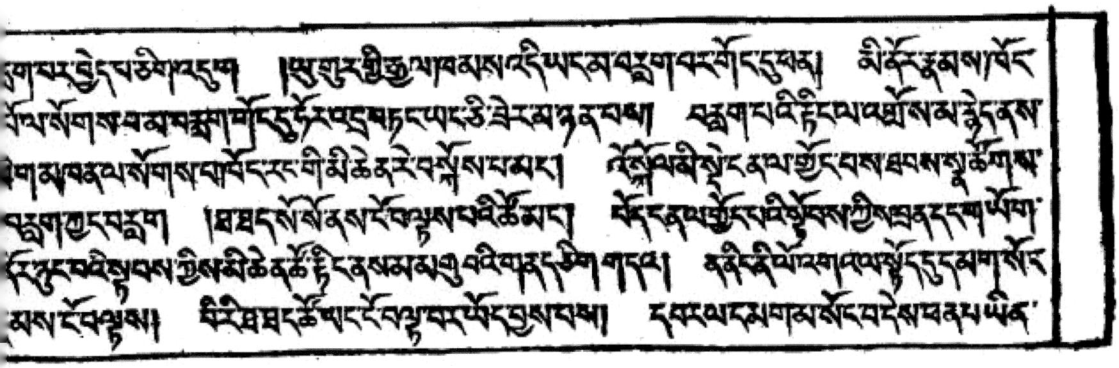

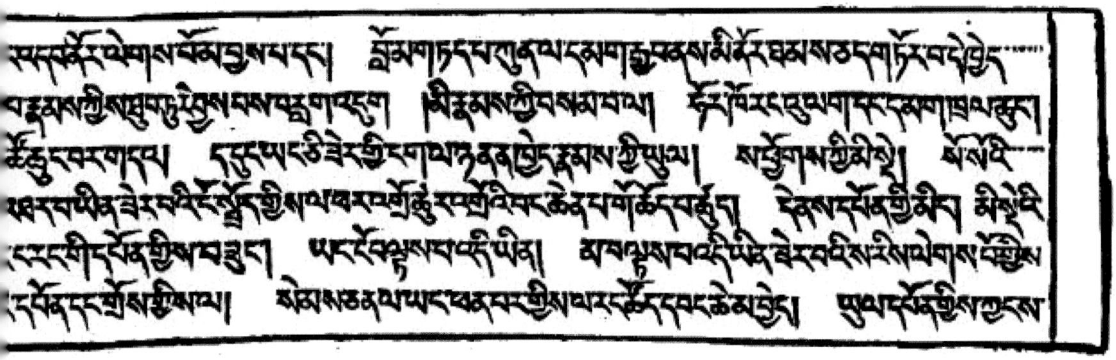

bi ri khrid nas ngo bltas/ ʹdir shin tu ngo blta legs pas/ stod mngaʹ ris/ dbus gtsang ba rnams ngo bltas/ bi ri tha thad tsho yang ngo blta bar yod byas pas/ da bar la dmag ma song ba des phan pa yin [159] te/ stod kyi mi rnams de tsho mi shes te mchis/ de skabs su ʹdi na mar ngo bltas pa yin kyang ʹdab nor legs po ma byas pa dang/ blo ma gtad pa kun la dmag rgyab nas mi nor thams cad gtor ba de khyed rnams kyis thos te mchis/

dmag rgyab pa de tsho yul btsan/ mi dpa'/ dmag mang/ go cha sra zhing mda' mkhas pa rnams kyis thub tu re byas pas brlag 'dug/ mi rnams kyi bsam pa la/ hor kho rang 'u lag dang dmag khral chung/ gzhan tsho ngu lag dang dmag khral che bsam ste/ gzhan tsho bas hor rang 'u lag dang dmag khral che/ de dang sbyar na gzhan tsho chung bar gda'/ da dung yang ci zer gyi ngag la nyan na khyed rnams kyi yul/ sa phyogs kyi mi sde/ so so'i dpon gang yod pa de dpon du bskos/ sa skya pa'i gser yig pa dang dngul yig pa bos la/ nged kyi da ra kha che 'di bskos na 'thar pa yin zer ba'i ngo sprod gyis la phar 'gro tshur 'gro'i bang chen pa go chod pa tshud/ de nas dpon gyi ming/ mi sde'i grangs/ 'dab nor gyi tshad yi ge legs po gsum gyis la/ gcig nged la bskur/ gcig sa skyar zhog/ gcig rang rang gi dpon gyis bzung/ yang ngo bltas pa 'di yin/ ma bltas pa 'di yin zer ba'i sa ris legs po gyis shan ma phyed na ngo ma bltas pa'i zhor la bltas pa tsho yang brlag dogs yod/ sa skya pa'i gser yig pas yul gang yin pa'i dpon dang gros gyis la/ sems can la yang phan par gyis la rang tshod dbang che ma byed/

번역 및 분석

번역

그들과 어울리는 사람들은 고락도 그들과 함께 합니다. 그들에 대해 [그들이] 무엇을 말하든 진심으로 듣지 않으면, '귀순합니다'라고 말하는 명목만으로는 충분하지 않으며 후에 멸망하게 합니다. 위구르 왕국(yu gur gyi rgyal khams) 역시 멸망하지 않았고 [몽골] 조정에서 도움을 주며 사람과 재화를 자신들이 취하며 비틱치와 창고지기, 부가(bu dga') 모두를 그들이 행합니다. 한지(漢地), 서하, 호레즘(sog po) 등은 멸망하기 전에 몽골에 이미 동화된 이들(hor 'dra)을 보냈지만, 무엇을 말해도 듣지 않았기 때문에 멸망하였고 그 뒤 갈 곳을 찾지 못하고 귀순해야 했습니다. 그러나 그 후 무엇을 말해도 들었기 때문에 지금은 각각 부가, 창고지기, 장군, 비틱치(yig mkhan) 등의 지위에 그들 자신의 귀족을 많이 임명했습니다.

우리 티베트 백성들은 나쁘고 완고하여 여러 방법으로 도망쳐 벗어나기를 바라거나 [몽골군이] 길이 멀어 오지 않기를 바라거나 싸우면 이기기를 바라니 이 세 가지 간계를 저질렀기 때문에 멸망하고 또 멸망할 것입니다. 각지에서 귀순하는 자가 많은데 티베트인들은 나쁘고 완고하기 때문에 노예와 종복의 계층뿐, 수령으로 임명된 자는 백에 몇도 보이지 않습니다. [또한] 티베트는 귀순자가 많지만, 공물이 적기 때문에 수령들이 나중에 좋아하지 않는 문제가 있습니다. 지난 몇 년 동안 위쪽(즉, 중앙 티베트)에 군대가 온 적이 없습니다. 나는 베리(bi ri)인들을 데리고 귀순했고 이것이 지극히 좋은 귀순이었기 때문에 위쪽의 아리(mnga 'ris), 위짱(dbu gtsang)인들이 귀순했습니다. 다른 베리인들도 귀순할 것이라고 [내가] 말했기 때문에 지금까지 [몽골] 군대가 오지 않은 것입니다. 그것이 이익인 것인데 위쪽 사람들은 알지 못하고 계십니다.

예전부터 지금까지 귀순했지만 좋은 공물을 바치지 않은 자들과 마음이 믿음직하지 않은 모든 이에게 [몽골은] 전쟁을 일으켰고 사람과 재산을 모두 잃게 한 것을 당신들은 듣고 계십니다. [몽골군과] 싸우는 자들은 험한 지형, 용감한 사람들, 많은 군대, 강한 무기와 궁수들로써 이기기를 바라지만 [결국] 패망합니다. 사람들이 생각하기에 몽골인들 자신의 역참 의무('u lag)와 병역(dmag)과 조세(khral)는 작고, 다른 이들의 역참 의무와 병역, 조세는 크다고들 하는데, 다른 이들보다 몽골 자신의 역참 의무와 병역, 조세가 더 큽니다. 그들과 비교하면 다른 이들이 적습니다.

또한 무엇이든 말하는 것을 들으면 (몽골은) 그대들의 땅과 지역의 속중(屬衆)들, 각각의 수령으로 누가 있었든지 그들을 [그대로] 수령으로 임명합니다. 사꺄파의 금자사신(金字使臣)과 은자사신(銀字使臣)을 불러서 "우리 다루가치(da ra kha che)로 이 사람을 임명하면 적당합니다"라고 소개하면 왕래하는 유능한 사신들이 들어갈 것입니다. 그러면 수령의 이름, 속중의 수, 공물의 양에 대해 문서 세 부를 잘 만들어서, 하나는 나에게 보내고, 하나는 사꺄에 두며 하나는 각각의 수령들이 가지고 있으시오. 또한 "귀순자는 이 사람이며 귀순하지 않은 자는 이 사람입니다"라는 것을 말하는 좋은 지도(sa ris)를 만드시오. 만약 구별하지 않는다면 귀순하지 않은 자들과 함께 귀순한 자들도 멸망시킬 우려가 있습니다. 사꺄파의 금자사신들은 어떤 지역에서든 그 수령과 논의하고 유정(sems can, 有情)들에게도 이익이 되게 할 것이며, 마음대로 위세를 부리지 마십시오.

분석

용어

hor 'dra ___ '몽골 같은'. Luciano Petech은 1)세금 등 징수하는 관리 2)몽골식 의복 등을 받아들인 유사 몽골인이라고 보았다.[19] 몽골제국 시기 몽골에 복속하여 자신의 출신지에서 몽골

19 Gray Tuttle and Kurtis R. Schaeffer eds., *Tibetan History Reader* New York: Columbia University Press,

을 대리하여 세금 등을 징수하던 사람을 가리키는 말로 보인다.

bu dga' ___ '아들-기쁜'. 의미를 알 수 없다. 직위나 직무에 대한 호칭으로 보인다.

sog po ___ 원래는 소그드인을 가리키는 말이었는데 몽골제국 시기부터 몽골인을 이 호칭으로 부르기 시작했다. 이 호칭의 사용은 몽골이 소그드인의 땅, 즉 호레즘 제국(Khwarazmian Empire)을 장악한 것과 관련이 있는 것으로 보인다. 몽골 집단 자체에 대해서는 호르(hor), 즉 이전에 위구르인에 대해 사용하던 호칭을 썼다. 호르라는 호칭은 특정 집단을 가리키기보다 티베트 북방의 강력한 유목 세력에 대한 지칭이었다고 본다.[20]

sa ris ___ '땅 그림'. 지도를 가리키는 것으로 보이나 분명하지 않다.

기록의 의의

사꺄 빤디따는 티베트 대표로 쿠텐에게 가서 몽골의 실상을 파악하고, 몽골에게 확실히 복속할 것을 티베트인들에게 호소하고 있다. 이 기사는 피정복지에 대한 몽골의 초기 관리의 방식을 구체적으로 보여주고 있으니 즉, 인구조사를 하여 수령의 이름, 호구 수, 공물의 양을 정하여 문서로 작성하고 사본을 세 부 만들어 하나는 자신들이 갖고, 하나는 티베트 현지의 사꺄에 보관하며, 한 부는 쿠텐의 조정으로 보내게 한 것이다. 또한 티베트는 중앙집권 세력이 없었기 때문에 각 지역별, 교파별로 항복을 받아야 했으며, 따라서 몽골은 항복을 표한 집단과 그렇지 않은 집단을 구분하여 표시하게 하고 있다.

2013, p.256.

20 최소영, 「15세기 티베트 저작 『漢藏史集(Rgya bod yig tshang)』 譯註와 연구」, 서울대학교 박사학위논문, 2019, 274쪽.

4. 사꺄 빤디따 뀐가 곌첸

Sa skya Pandita Kun dga' rgyal mtshan(4)

| 사료

'Jam mgon A myes zhabs Ngag dbang kun dga' bsod nams, *Dzam gling byang phyogs kyi thub pa'i rgyal tshab chen po Dpal ldan Sa skya pa'i gdung rabs rin po che ji ltar byon pa'i tshul gyi rnam par thar pa ngo tshar rin po che'i bang mdzod dgos 'dod kun 'byung.* Delhi : Tashi Dorji ed., Dolanji, H.P. : distributor, Tibetan Bonpo Monastic Centre, 1975, pp.159:6~160:6; 阿旺貢噶索南著, 陳慶英, 高禾福, 周潤年 譯註,『薩迦世系史』, 拉薩: 西藏人民出版社, 1989, pp.93~94.

| 원문 전사

yul dpon gyis kyang sa 160 skya pa'i gser yig pa dang gros ma byas par rang tshod ma byed/ gros ma byas par rang tshod byed pa khrims la med/ nyes pa la thug na 'di na zhu ba dka'/ der thams cad blo mthun par gyis/ hor gyi khrims lugs byas na legs po 'ong/ gser yig pa bsu bskyel dang zhabs tog legs por gyis/ 'di yang gser yig pa yong ba kun la gzhan 'dri ba'i sngon la ma bros sam 'thab bam/ gser yig pa tsho nya ra legs por byas sam/ 'u lag byung ngam/ ngo bltas pa rnams brtan nam byas pa de tsho sngon la 'dri bar 'dug/ gser yig pa de ma mgu na gnod thub pa'i gtam gtong bar nges/ mgu na phan thogs nus pa cig gda'/ gser yig pa'i ngag la ma nyan na byas kyang dka' bar mthong/ 'dir mi gang drag pa dang 'dab nor khyer nas 'ong ba tsho bzang por gtong bar gda'/ rang re

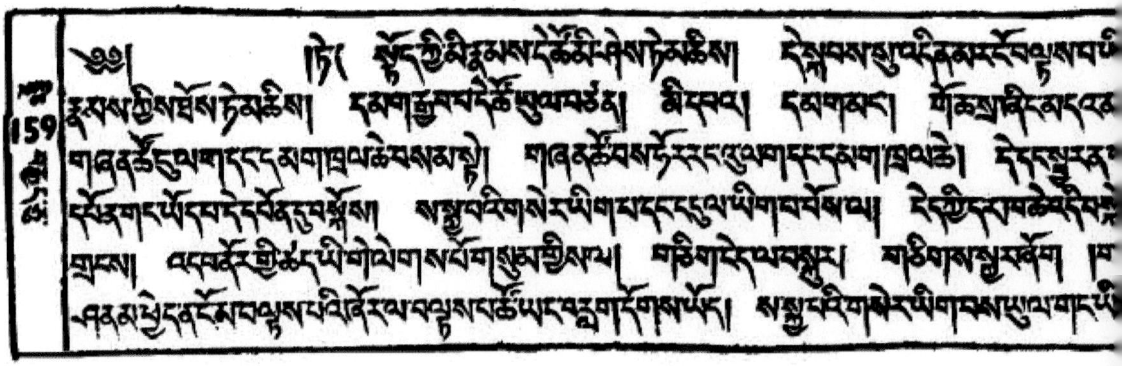

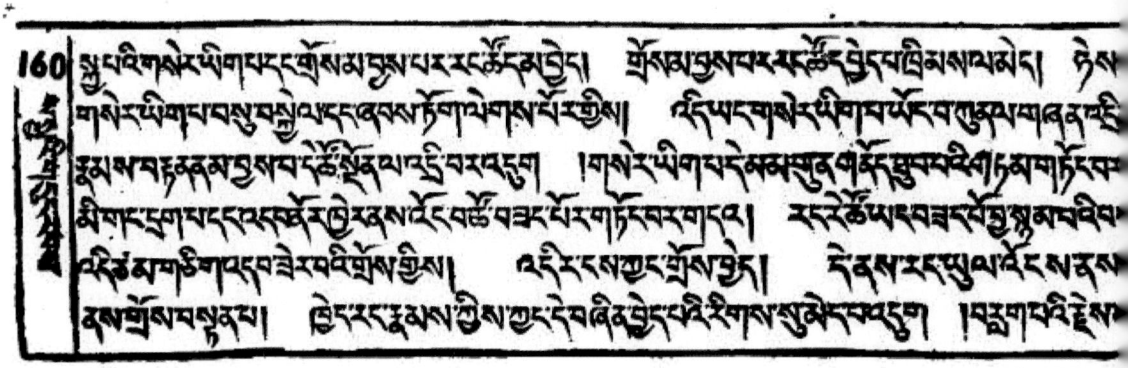

tsho yang bzang po bya snyam pa'i bsam pa yod na/ nged rang gi dpon po kun 'dab nor bzang po bzung la sa skya pa'i mi dang 'grogs la byon/ 'dab nor 'di tsam gcig 'dab zer ba'i gros gyis/ 'dir ngas kyang gros byed/ de nas rang yul 'ongs nas rang gzhan thams cad la phan par 'ong/ spyir ngas kyang na 〈ring〉 [ning] nas mi btang nas 'di ltar byas na legs byas nas gros bstan pa/ khyed rang rnams kyis kyang de bzhin byed pa'i rigs su med pa 'dug/ brlag pa'i rjes la khyed tha dad tsho ci zer nyan pa cig 'dod pa yin nam/

번역 및 분석

번역

지방의 수령(yul dpon)들 또한 사까파의 금자사신(gser yig pa, 金字使臣)과 논의하지도 않고서 판

Text Image: bdr: MW30132

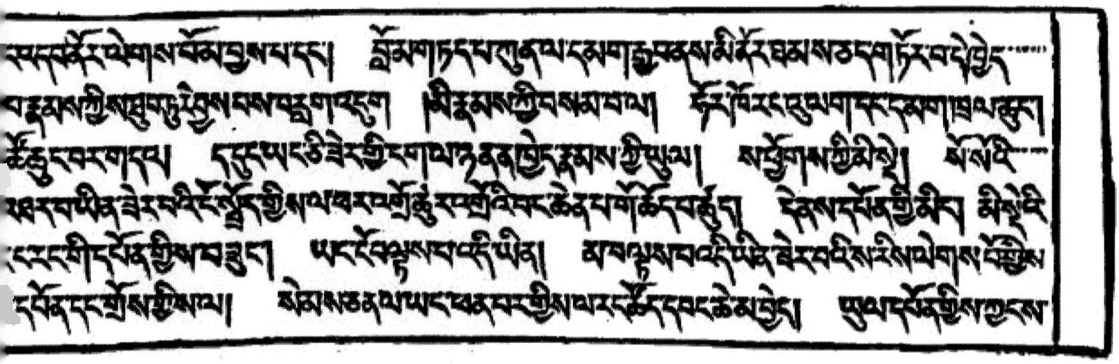

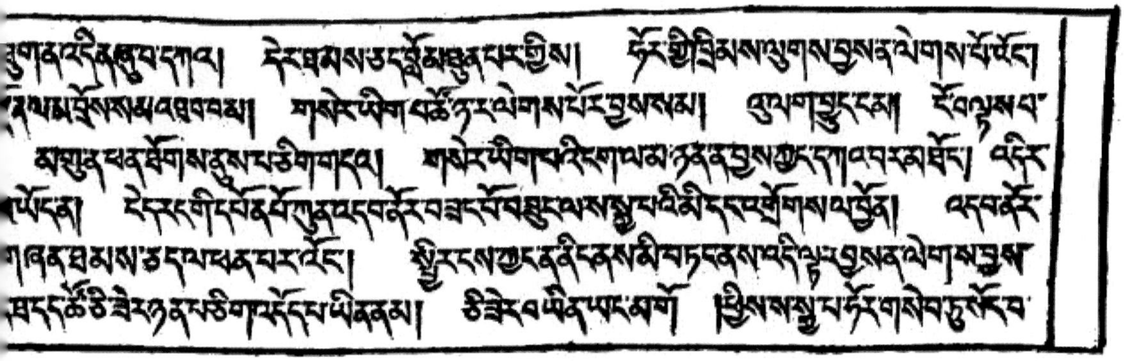

단하지 마시오. 논의하지 않고 판단하는 것은 법에 어긋납니다. 잘못을 저지르면 여기서 [용서를] 청하기 어렵습니다. 그곳에서 모두가 마음을 일치하게 하시오. 몽골의 법대로 하면 잘될 것입니다. 금자사신을 잘 영접하시오.

이들(몽골인들)은 또한 모든 오는 금자사신에게 다른 것을 물어보기 전에 "[피정복민들이] 도망치지 않았는가? 전투가 있었는가? 금자사신들을 잘 대접하던가? 역참 의무를 이행했는가? 귀순자들은 확고한가?"라는 것들을 먼저 물어봅니다. 만약 금자사신이 만족하지 않으면 피해를 입힐 수 있다는 명령을 보낼 것이 분명합니다. 만족한다면 이익을 줄 수 있습니다. 금자사신의 말을 안 들으면, [내가] 말을 한다고 해도 어려움을 볼 것입니다.

이곳에서는 어떤 귀인이나 공물을 가지고 온 자들에게 잘 대해주고 있습니다. 우리도 잘 하겠다는 생각이 있으면 우리의 수령 모두가 좋은 공물을 가지고 사꺄파의 사람과 함께 오시오. '공물을 이만큼 보내자'라는 것을 논의하시오. 여기에서 나도 논의하겠습니다. 그러고 나서 자신의 땅에 돌아가게 되면 자타 모두에게 이익이 될 것입니다.

대략 나 역시 근년에 사람을 보내 "이와 같이 하면 좋다"라고 하고 논의를 보여주었습니다. [그런데] 당신들은 또 그와 같이 하지 않았습니다. 망한 후에야 당신들은 다른 사람이 하는 말을 듣고 싶은 것입니까?

분석

티베트 대표로 쿠텐에게 가서 몽골제국의 위세를 깨달은 사꺄 빤디따가 티베트에 있는 승속 수령들에게 "몽골에 확실히 복속할 것"을 반복적으로 호소하고 있다. 여기서 사꺄 빤디따가 가장 강조하는 것은 복속을 확실히 하기 위한 "공물"을 바치는 것이다. 그 내용은 다음 기록에서 살펴볼 것이다.

그림 2 사꺄빤디따 추정 인물 소조 (대원사 티벳박물관)

5. 사까 빤디따 뀐가 갤챈

Sa skya Pandita Kun dga' rgyal mtshan(5)

| 사료

'Jam mgon A myes zhabs Ngag dbang kun dga' bsod nams, *Dzam gling byang phyogs kyi thub pa'i rgyal tshab chen po Dpal ldan Sa skya pa'i gdung rabs rin po che ji ltar byon pa'i tshul gyi rnam par thar pa ngo tshar rin po che'i bang mdzod dgos 'dod kun 'byung.* Delhi : Tashi Dorji ed., Dolanji, H.P. : distributor, Tibetan Bonpo Monastic Centre, 1975, pp.160:6~162; 阿旺貢噶索南著, 陳慶英, 高禾福, 周潤年 譯註,『薩迦世系史』, 拉薩: 西藏人民出版社, 1989, p.94.

| 원문 전사

ci zer ba yin yang ma go/ phyis sa skya pa hor gseb tu song ba 161 yin te ngod la ma phan zer ba de mi gsung par zhu/ ngas bdag pas gzhan gces pa'i bsam pa byas nas bod skad smra ba thams cad la phan pa'i phyir du hor gseb tu 'ong ba yin te/ nga ci zer la nyan na phan par 'dug/ khyed rnams kyis 'di'i snang tshul ma mthong/ thos pa rnams la yid ches pa shin tu dka'/ de'i stobs kyis da dung btub par 'ong snyam ste/ bde pa'i 'phro la glo bur du 'dres mnan pa lta bu'i 'thib gnon cig byung nas dbus gtsang gi bu tsha dang mi la sogs pa hor gseb tu song gis dogs/ nged ni legs nyes ci byung yang nga la 'gyod pa med/ bla ma dkon mchog gi byin rlabs dang bka' drin gyis da dung legs po 'ong ba'ang srid/ khyed rang rnams kyang dkon mchog la gsol ba thob/ rgyal pos nged

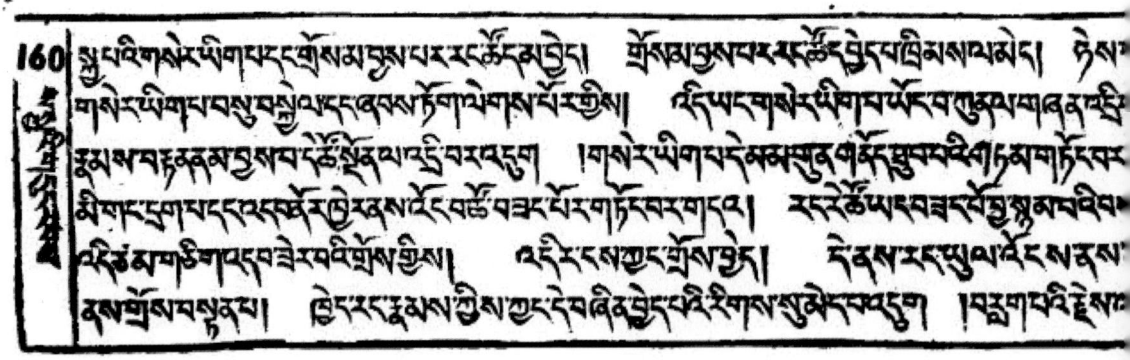

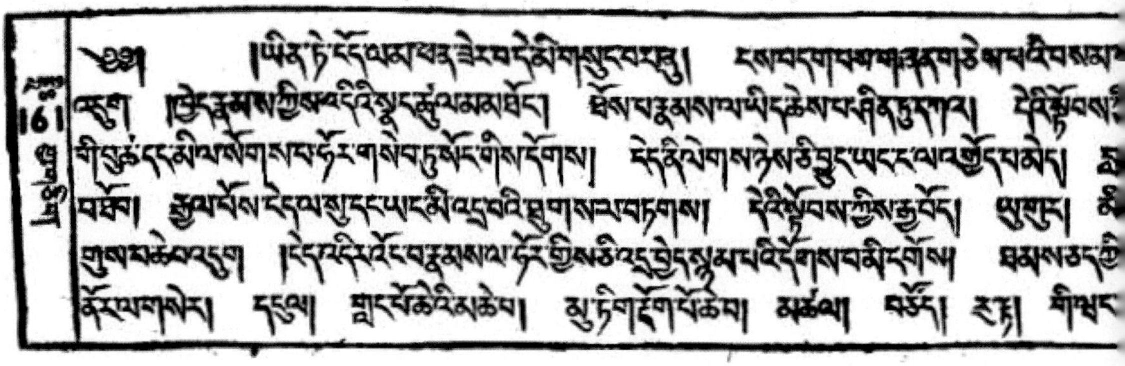

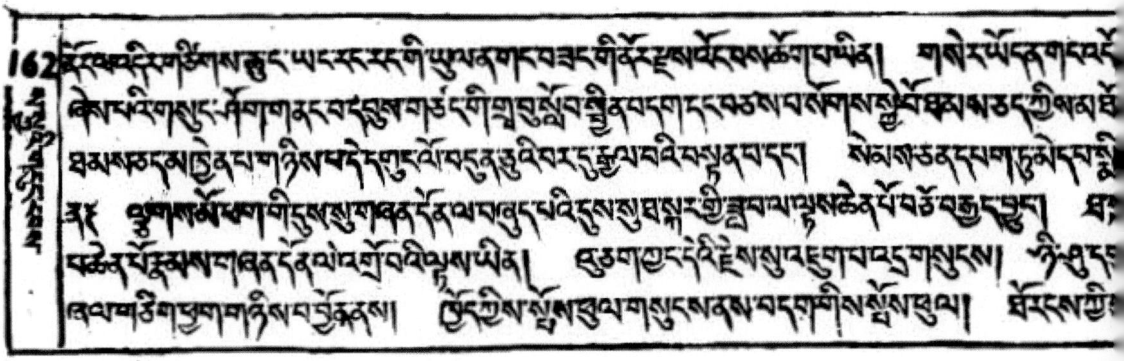

la su dang yang mi ´dra ba´i thugs la btags/ de´i stobs kyis rgya bod/ yu gur/ mi nyag la sogs pa´i dge bshes mi chen/ yul mi gcig pa thams cad kyis ngo mtshar che snyam nas chos nyan pa dang gus pa che ba ´dug/ nged ´dir ´ong ba rnams la hor gyis ci ´dra byed snyam pa´i dogs pa mi dgos/ thams cad kyi thugs la btags nas bzang por yod pas/ nged kyi phyogs nas thams cad blo bde bar bzhugs pas chog/ ´dab nor la gser/ dngul/ glang

Text Image: bdr: MW30132

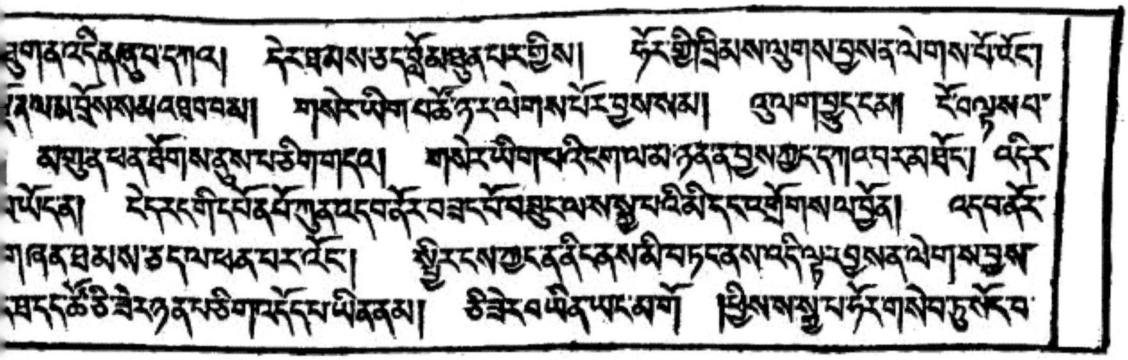

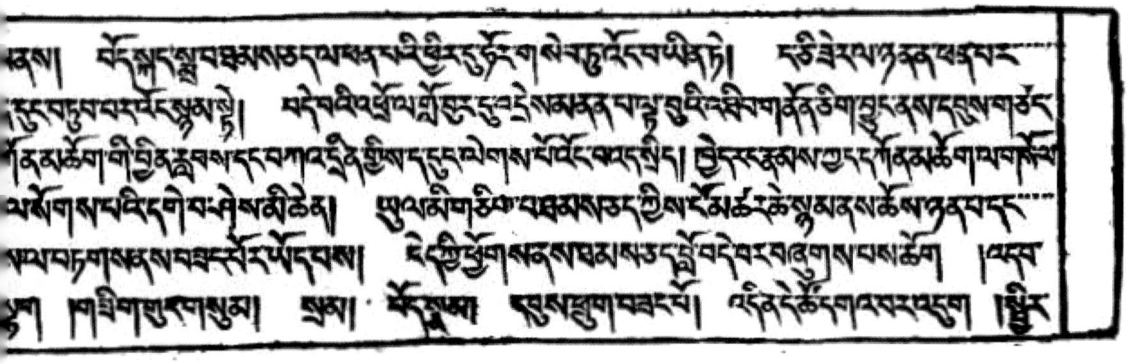

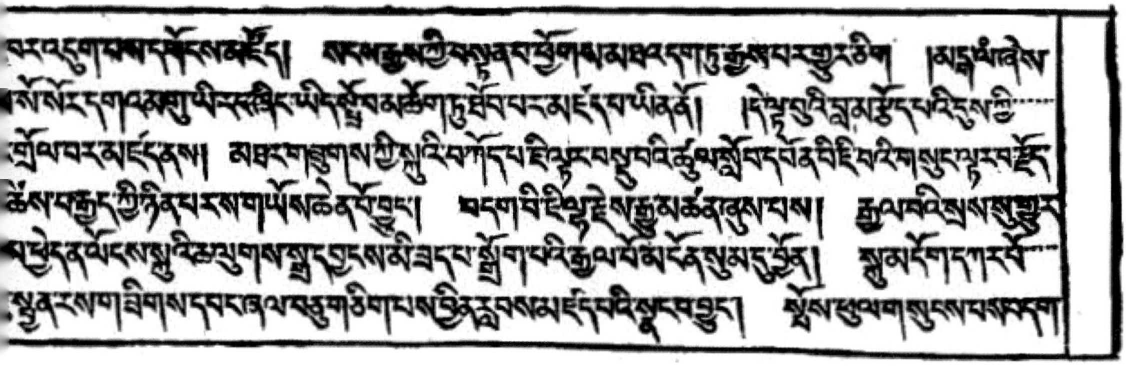

po che'i mche ba/ mu tig rdog po che ba/ mtshal/ btsod/ ru rta/ gi wang/ stag/ gzig gung gsum/ sram/ bod snam/ dbus phrug bzang po/ 'di na de tsho dga' bar 'dug/ spyir 162 nor la 'dir gtsigs chung yang rang rang gi yul na gang bzang gi nor rdzas 'ong bas chog pa yin/ gser yod na gang 'dod 'ong bar 'dug pas dgongs mdzod/ sangs rgyas kyi bstan pa phyogs mtha' dag tu rgyas par gyur cig/ mang+ga laM//

번역 및 분석

번역

무엇을 말해도 듣지 않고서 후에 "사꺄빠(Sa skya pa, 사꺄 빤디따)가 몽골에 갔는데 나에게 이익이 없다"라는 말을 하지 마시기 바랍니다. 나는 자신보다 다른 이를 소중히 생각하고, 티베트어를 말하는 사람들(bod skad smra ba) 모두에게 이익을 주려고 몽골에 왔습니다. 내가 무엇을 말하든 들으면 이득이 됩니다. 당신들이 이 상황을 보지 않기 때문에 듣는 것을 믿는 것이 극히 어려운 것입니다. 그 때문에 여전히 자신이 잘될 것이라고 생각하고 편히 있다가 갑자기 악마에 의해 짓눌리는 것과 같이 되고나서 위짱(dbus gtsang)의 자제들과 사람들이 몽골로 오게 될 것이 두렵습니다. 나는 좋고 나쁜 것 무엇이 일어나도 자신에 대해 유감이 없으며, 라마(bla ma), 삼보(dkon mchog)의 가피와 은덕으로 더욱더 좋아질 것입니다. 그대들 또한 삼보에 기도하십시오!

왕은 나에게 누구와도 같지 않은 보살핌을 주고 있습니다. 그 때문에 한지(rgya), 티베트(bod), 위구르(yu gur), 서하(mi nyag) 등의 선지식(dge bshes), 수령(mi chen), 지역인들 하나같이 모두가 매우 기이하게 생각하며 [나에게] 법을 듣고 크게 귀의하고 있습니다. 당신들은 나와 이곳에 온 사람들을 몽골이 어떻게 다루는지 생각하고 걱정할 필요 없습니다. 모두가 [우리를] 마음에 들어 하여 잘 있고, 우리로 인해 모두가 마음 편히 있을 것입니다.

바치는 공물로 금, 은, 상아(glang po che'i mche ba, 象牙), 큰 진주알(mu tig rdog po che ba), 주홍 염료(mtshal), 꼭두서니 염료(btsod), 목향(ru rta, 木香), 코끼리 담즙(gi wang), 호랑이(stag), 표범(gzig), 초표(gung, 草豹) 세 종류 [가죽], 수달(sram) [가죽], 두꺼운 티베트 모직 천(bod snam), 위(dbus) 지역의 상등(上等) 모직 천(dbus phrug bzang po) 등이라면. 여기에서 그들이 좋아할 것입니다. [그러나] 대개 재화로 여기(몽골)에서 중요하지 않아도 각지에서 어떠한 것이든 좋은 재화가 오는 것으로써 족합니다.

금(gser, 金)이 있으면 무엇을 원하든 [자신에게] 온다는 것을 생각하시길! 부처님의 가르침이 온 사방에 퍼지길!

길상(mang+ga laM)!

분석

용어

stag ___ '딱' 호랑이

gzig ___ '식' 표범. 아랍 혹은 페르시아를 가리키는 한자어 '대식(大食)'에 대응하여 상술한 'stag'과 합쳐 딱식(stag gzig)'이라고 표현한다.

gung ___ '궁' 초표(草豹). 표범의 일종. 가죽에 길거나 둥근 반점 무늬가 있는 표범. 가죽도 유용하고 그 고기를 약에 넣어 먹으면 원기를 북돋우는 효험이 있다고 하여 자주 이용되었다.

btsod ___ 꼭두서니 물감, 빨간 물감.

bod snam ___ "티베트-남". 남(snam)은 티베트의 두꺼운 모직물인 남부(snam bu)의 줄임말이다.

dbus phrug ___ "위(dbus) 지역-툭". 툭(phrug) 역시 티베트 특산물인 두꺼운 모직물의 일종이다.

기록의 의의

이 기사는 몽골이 티베트로부터 공물로 받고자 했던 물품의 목록을 보여주는 중요한 기록이다. 사꺄 빤디따는 몽골에 대한 복속의 표시로 공물을 보낼 것을 강력하게 요청하고 있다. 그중, 코끼리는 티베트에 사는 동물이 아니므로 상아(glang po che'i mche ba, 象牙)나 코끼리 담즙(gi wang)을 몽골 조정으로 보내고자 했다면 인도 방면에서 수입하여 다시 중국 지역으로 보내야 했을 것이다.

다만, 사꺄 빤디따와 쿠텐의 만남 직후 몽골에서는 대칸 구육이 사망하고(1246) 제국이 계승 전쟁으로 혼란했기 때문에 티베트는 몇 년간 몽골에 공물을 보내지 않은 것으로 보인다. 이후, 뭉케가 즉위하면서(1251) 몽골은 티베트를 다시 침략하고 인구조사를 실시하였으며 티베트 불교 교파를 단위로 하여 휘하의 속민을 뭉케의 형제들에게 분봉하였다. 그런데 이 분봉 관계는 단순히 제

그림 3 티베트 표범

왕과 분봉지의 관계가 아니라 종교적인 성격도 포함된 것이었다.[21] 몽골 제왕과 티베트 교파 간의 이 관계는 쿠빌라이가 즉위하면서 훌레구를 제외한 모든 분봉 관계를 폐지하면서 사라졌다. 한편, 『사꺄 세계사』의 다른 기록에 의하면 뭉케 시기 제왕(諸王) 쿠빌라이가 중앙 티베트를 관할하게 되면서 티베트에 병역(dmag)과 조세(khral)를 부과하고 진귀한 재화(nor)를 거두려고 사람을 보내려 하자 팍빠가 "티베트는 먼 변두리의 지역(mtha' 'khob yul chung)이며 땅은 넓으나 재부('byor)는 없으니 사람을 보내지 마십시오"라고 청했다고 한다. 이를 쿠빌라이가 받아들이지 않자 "그렇다면 이 티베트 승려가 여기에 있을 이유가 없습니다"라고 떠나려 했으며, 이를 쿠빌라이의 비 차부이(Ch. 察必, 1225~1281)가 막아서 둘 사이가 조정이 되었다는 것이다.[22] 다만, 이와 관련하여 남아 있는 다른 기록이 거의 없어 학자들의 의견은 일치하지 않는다.[23]

중앙 티베트는 외부와 교역이 매우 활발했으며, 17세기 이후의 기록은 어느 정도 남아 있다. 티베트가 외부에 수출하던 물품으로 가장 유명한 것은 가공하지 않은 금이었는데 다른 지역보다 싼 가격에 수출했기 때문에 인기가 높았다. 금 다음으로 중요한 수출품목은 사향(gla rtsi; gla ba)이었다. 또한 동충하초(dbyar rtsa dgun 'bu), 대황(大黃), 구충초, 제도아리(zedoary, 蓬莪茂) 뿌리, 작약(芍藥) 등 약초, 그리고 주로 동부 티베트에서 났던 표범의 뼈, 웅담, 소의 위석, 녹용 등 약재가 있었다. 담비 가죽, 표범 가죽, 여우 가죽, 늑대 가죽 등도 많이 났다.[24]

공물로 요구하는 물품에 티베트에서 많이 나는 모직물이 있는 것도 주목할 만한데. 남부(snam, snam bu)는 손으로 짠 모직물이며 의류는 물론 담요, 카페트, 부츠, 가방 등 다양한 용도에 쓰였다.

21 예를 들면 훌레구는 팍모두파(phag mo gru pa)와 그 주변 지역을 비롯해 서부 티베트의 일부를 분봉 받아 휘하의 속민이 5,000호가 넘었다. 그는 그들로부터 세금을 거두어 몽골 조정과 나누었는데, 일부 민호의 "역참세('jam me tog)와 호세(dud, 戶稅), 50호세(rta 'go)를 팍모두파 사원의 비용으로 쓰게 해 주었다"라고 한 기록이 있으나 각 항목의 구체적인 품목은 나와 있지 않다. 다만, 훌레구가 자신의 티베트 분봉지를 관할할 다루가치를 보냈을 때 그가 세량(lo rgyags, 歲糧)을 거두었다고 한 기록에서 티베트의 농경민에게 곡식을 거두었을 것을 예상할 수 있다. 관련 내용은 최소영, 「13세기 후반 티베트와 훌레구 울루스」, 서울대학교 석사학위논문, 2010, 28, 35~36쪽. 티베트의 지리적 면적으로 보면 농경 지역보다 유목 지역이 더 넓지만, 인구수는 농경민이 많다. 농경 지역의 경우, 물이 많이 필요한 수도작은 하지 못하지만 청보리(nas)가 많이 재배되고 볶은 보릿가루를 찻물에 섞어 빚어 먹는 짬빠(rtsam pa)는 이들의 주식이다.

22 昂旺 貢噶索南 著, 多吉傑博 編, 『薩迦世系史』, 北京: 民族出版社, 1986, pp.151~152.

23 최소영, 2019, 앞의 논문, 33쪽.

24 티베트의 대외 교역에 대하여는, 17세기 이후의 정황에 대한 연구가 대부분이고, 연구 지역도 중국 등 북동부-북서부보다 네팔과 인도를 경유하는 교역에 더 큰 비중을 두고 있기는 하나 Lucette Boulnois, "Gold, Wool and Musk: Trade in Lhasa in the Seventeenth Century," in *The Tibetan History Reader,* New York: Columbia University Press. 2013. pp.457~476를 참고할 만하다.

그림 4 여러 종류의 가공 남부(snam bu, 티베트 모직물) (Namgyal L. Taklha, *Costumes and Jewellery of Tibet,* The Tibet Museum in Dharamsala, 2018.)

티베트 전역에서 생산되지만 짱(Gtsang) 지역의 것이 가장 질이 좋다고 알려졌고 지역마다 그 이름과 특징이 조금씩 다르다. 양털을 모으고 나서 부스러기나 열 잔여물을 제거한 후 세척, 건조, 방적하는데 모든 과정을 수작업으로 진행한다. 염색을 할 때는 천연 염료로는 식물의 뿌리나 잎 등을 이용했다.[25] 툭(phrug) 역시 티베트에서 많이 생산되는 두꺼운 모직물을 가리키며 한문으로 氆氌라고 음역된다.

티베트의 모직물은 주변 지역에 잘 알려져 있던 것으로 보이며 예를들면 후대의 5대 달라이 라마(Ngag dbang Blo bzang Rgya mtsho, 1617~1682)의 자서전에도 티베트에 온 몽골 수령들에게 달라이라마가 남(snam)과 툭(phrug)을 선물한 기록이 있다.[26]

진주를 요구한 것은 앞에서 본대로 몽골이 고급 의상에 권위를 부여하는 장식으로 진주를 애호했기 때문일 것이다. 참고로 칭기스 칸 시기 자발적으로 귀부했던 위구르에 대하여도 몽골은 금(altan), 은(mönggü), 알 작은 진주(subud), 알 큰 진주(tanas), 혼금단(dardas : 다마스크, 渾金緞), 비단(torqat, 段匹), 그리고 나시즈(način)를 선물로 가져오라고 했고 군주 이디쿠트는 이를 따랐다.[27]

25 Namgyal L. Taklha, *Costumes and Jewellery of Tibet,* the Tibet Museum in Dharamsala, 2018, pp.38~40.

26 Ngag dbang blo bzang rgya mtsho, *Za hor gyi ban de ngag dbang blo bzang rgya mtsho'i 'di snang 'khrul pa'i rol rtsed rtogs brjod kyi tshul du bkod pa du kU la'o gos bzang*(5대 달라이 라마 자서전), Lhasa: Bod ljongs mi dmangs dpe skrun khang, 1989, p.81.

27 유원수 역주, 『몽골비사』, 사계절, 2004, 238절; 설배환, 앞의 논문, 151~152쪽.

6. 사꺄 빤디따 뀐가 곌챈

Sa skya Pandita Kun dga' rgyal mtshan(6)

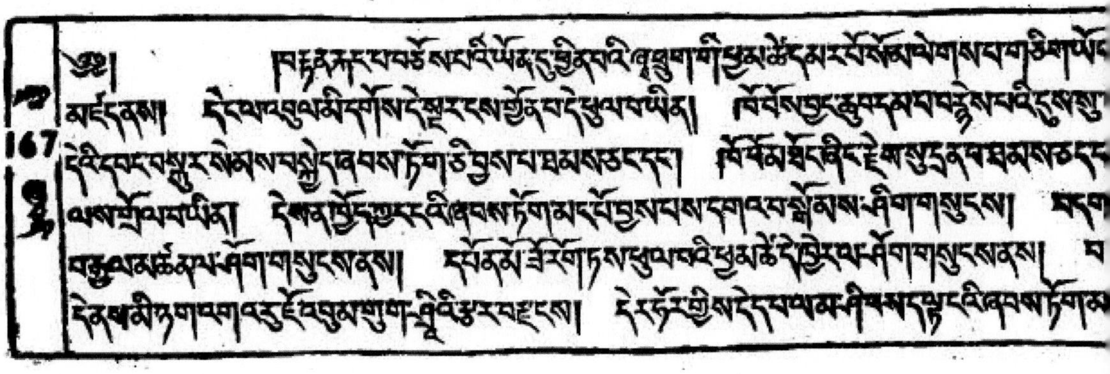

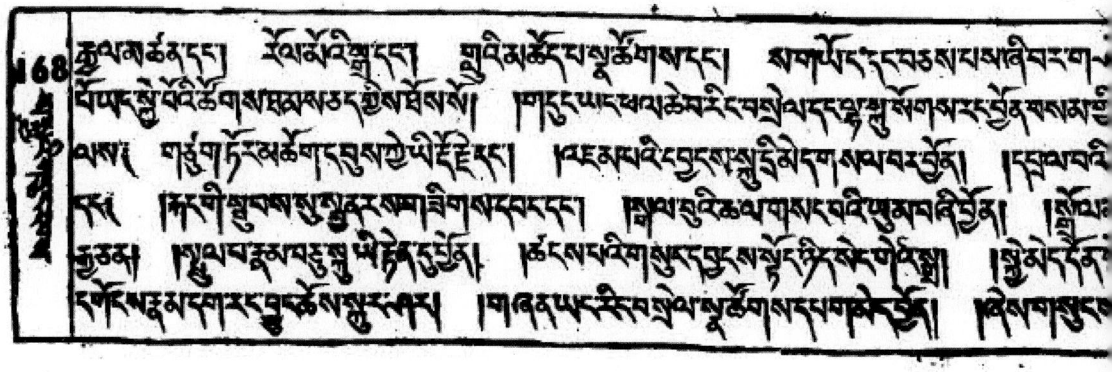

| 사료

'Jam mgon A myes zhabs Ngag dbang kun dga' bsod nams, *Dzam gling byang phyogs kyi thub pa'i rgyal tshab chen po Dpal ldan Sa skya pa'i gdung rabs rin po che ji ltar byon*

Text Image: bdr: MW30132

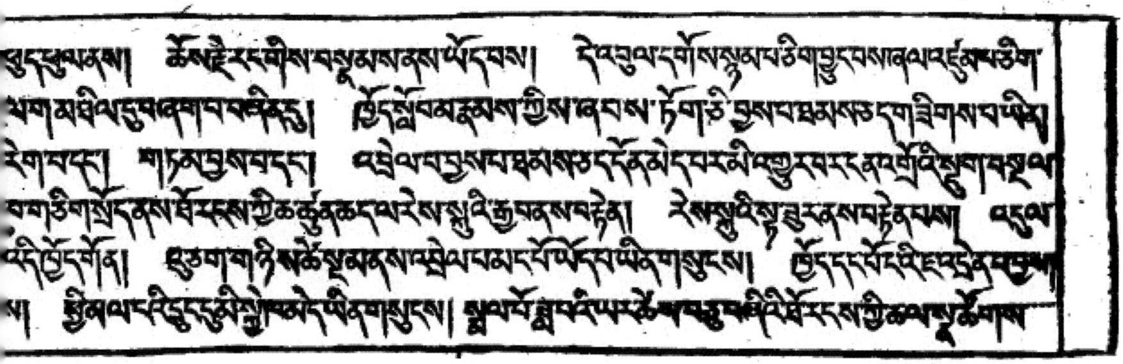

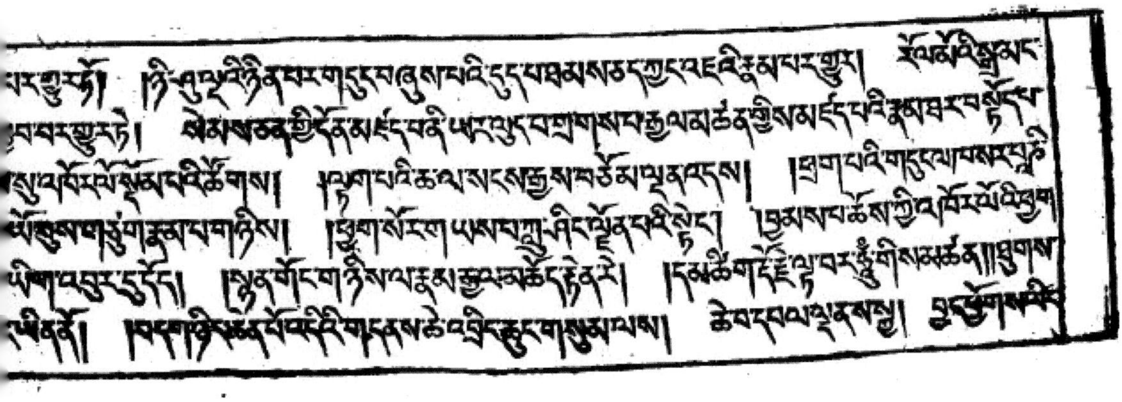

pa'i tshul gyi rnam par thar pa ngo tshar rin po che'i bang mdzod dgos 'dod kun 'byung. Delhi : Tashi Dorji ed., Dolanji, H.P. : distributor, Tibetan Bonpo Monastic Centre, 1975, pp.167:4~168:2; 阿旺貢噶索南著, 陳慶英, 高禾福, 周潤年 譯註,『薩迦世系史』, 拉薩: 西藏人民出版社, 1989, p.97.

원문 전사

bdag gis nub gcig srod nas tho rangs kyi cha tshun chad la res sku'i rgyab nas brten/ res sku'i sta zur nas brten pas/ 'dul ba rgyal mtshan la shog gsungs nas/ dpon mo zo rog tas phul ba'i phyam tshe de khyer la shog gsungs nas/ bdag la 'di khyod gon/ 'u cag gnyis tshe snga ma nas 'brel pa mang po yod pa yin gsungs/ khyod dang po nga'i ja 'dren pa byas/ de nas mi nyag 'ga' ru jo 'bum gug shrI'i rtsar brdzangs/ der hor gyis ded pa la ma shi bas da lta nga'i zhabs tog mang du byas/ phyi ma la nga'i drung du mi skye kha med yin gsungs/ smal po zla ba'i yar tshes bcu bzhi'i tho rangs kyi cha la sna tshogs 168 rgyal mtshan dang/ rol mo'i sgra dang/ glu'i mchod pa sna tshogs dang/ sa g.yo ba dang bcas pas zhi bar gshegs par gyur to//

번역 및 분석

번역

내(Bi ji)가 어느 날 저녁에 초저녁부터 새벽이 될 때까지 때로는 [사꺄 빤디따의] 신체의 등에서 받치고 때로는 신체의 둔부에서 받치고 있더니, 둘와 갤챈('Dul ba rgyal mtshan)을 오라고 하시고서 "비(妃) 소르칵타니(zo rog ta)가 바친(phul) 숄(phyam tshe)을 가지고 오너라"라고 말씀하셨다.

그러고는 나에게 "이것은 그대가 입어라. 우리 둘은 이전 생에 많은 인연이 있었다"라고 하셨다. "그대는 전에 내 차 시종을 하고 있었는데 그 후, [내가] 미냑 가(mi nyag 'ga', 즉 西夏)의 루조 붐 國師(Ru jo 'bum gug shrI)에게 보냈었다. 거기서 몽골인에 의해 쫓겨났는데 죽지 않고서 지금 나의 온갖 시중을 들고 있구나. 내세에는 분명히 내 곁에 태어나지 않을 것이다"라고 말씀하셨다.

11월(smal po zla ba) 14일 새벽 무렵 온갖 종류의 보당(rgyal mtshan, 寶幢)과 악기 소리와 다양한 노래를 바치는 소리, 땅이 흔들리는 현상 등이 나타나면서 원적(圓寂)하셨다.

분석

용어

phyam tshe ___ 참체. 소매가 따로 없고 몸에 걸치는 망토나 숄을 가리킨다. 다음에 볼 톡둑빠의 서신에는 참(phyam)으로 표기했다. "sku phyam"은 높임말이다.

기록의 의의

사꺄 빤디따의 제자 중 하나이며 일찍이 티베트에서 서하로 파견되었던 승려 비지(Bi ji)가 몽골 침략 후 티베트에서 그 지역으로 온 스승 사꺄 빤디따를 다시 모시고 임종까지 지킨 기록이다. 이 기사의 앞 단락에는 이 기록의 당사자인 비지(Bi ji, 연대 미상)가 자신이 걸치고 있던 숄을 벗어서 사꺄 빤디따에게 바친 기록이 나온다. 그 때문에 사꺄 빤디따는 임종 직전에, 소르칵타니 베키가 준 숄을 그에게 입게 한 것이다. 그가 전에 사꺄에 있을 때 제자를 서하의 국사에게 보냈던 것은 서하와 사꺄파의 관계의 일면을 보여주고 있다. 뭉케와 쿠빌라이, 훌레구의 모친인 소르칵타니 베키(Ch. 唆魯禾帖尼, 1190~1252)는 기독교도였지만 이슬람 학교 마드라사(madrasa)를 지원하는 등 무슬림에게도 여러 가지 후원을 한 것으로 유명한데, 양주의 쿠텐 조정에 와 있던 티베트 승려 사꺄 빤디따에게도 보시를 한 것은 그간 알려지지 않았다. 이 기사에는 승려들이 걸치는 숄(phyam tshe)만 언급되어 있으나, 그녀가 사꺄 빤디따에게 다른 것도 함께 보시했을 가능성이 있다. 물론 소르칵타니의 아들 훌레구가 중앙 티베트의 톡둑빠에게도 숄(phyam)을 보낸 기사로 미루어 보아, 아마도 단순한 숄이 아닌 보석 등으로 장식된 것이라고 보이는데, 이 시기 승려에 대한 보시 물품으로 숄이 일반적인 것 중 하나였던 것으로 보인다. 또한, 모친이 사꺄 빤디따 생전에 이미 그에게 보시를 보내고 있는 것으로 보아 이 기사보다 나중에 대리(大理) 원정을 가던 그 아들 제왕 쿠빌라이가 임조(臨洮)에 주둔하면서 사꺄 빤디따를 초청했던 것이 단순히 쿠빌라이의 개인적 관심에서 비롯된 것은 아니었음을 알 수 있다.

그림 5 사꺄 빤디따
(Metropolitan Museum, Accession number 2006.285, 부분)

7. 도괸 최갤 팍빠 로되 갤챈

'Gro dgon chos rgyal 'Phags pa blo gros rgyal mtshan(1)

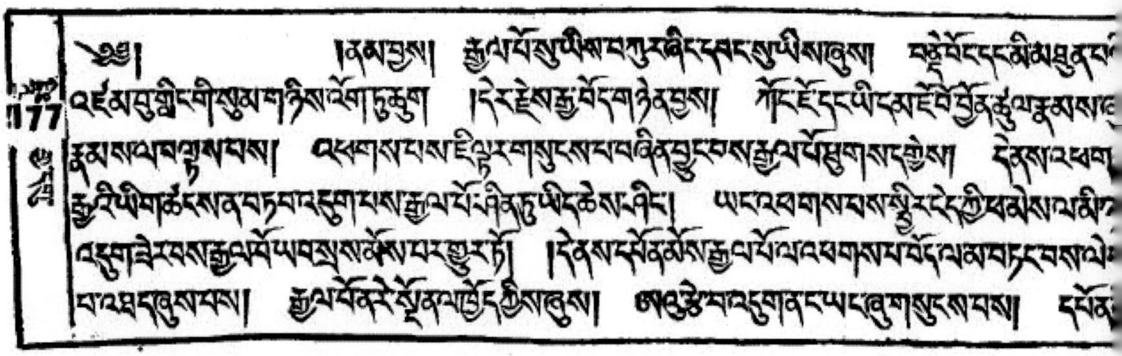

| 사료

Jam mgon A myes zhabs Ngag dbang kun dga′ bsod nams, *Dzam gling byang phyogs kyi thub paî rgyal tshab chen po Dpal ldan Sa skya paî gdung rabs rin po che ji ltar byon paî tshul gyi rnam par thar pa ngo tshar rin po cheî bang mdzod dgos ′dod kun ′byung.* Delhi : Tashi Dorji ed., Dolanji, H.P. : distributor, Tibetan Bonpo Monastic Centre, 1975, p.177:4~5; 阿旺貢噶索南著, 陳慶英, 高禾福, 周潤年 譯註,『薩迦世系史』, 拉薩: 西藏人民出版社, 1989, p.107.

| 원문 전사

yang ′phags pas spyir nged kyi pha mes la mi nyag rgyal pos gos chen gyi bla bre sha

Text Image: bdr: MW30132

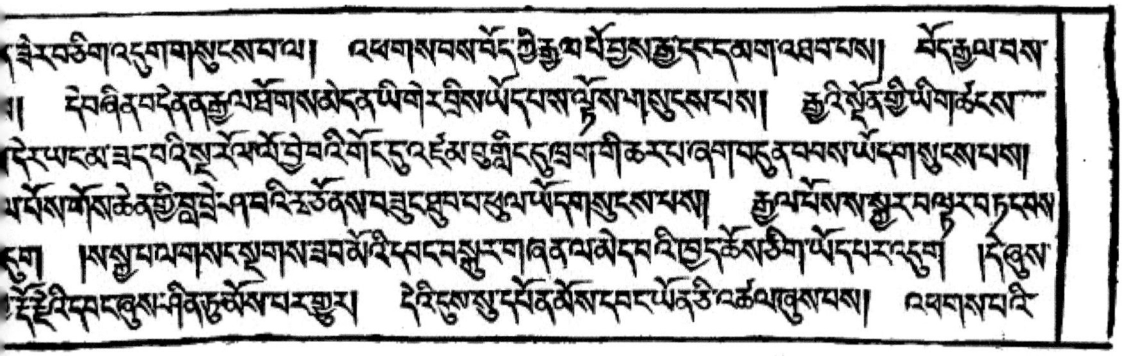

ba'i rwa co nas bzung thub pa phul yod gsungs pas/ rgyal pos sa skyar bltar btang bas 'dug zer bas rgyal po yab sras mos par gyur to//

| 번역 및 분석

번역

팍빠가 "내 조상에게 서하(mi nyag, 西夏) 왕이 사슴뿔(sha ba'i rwa co)로 잡을 수 있는 공단(gos chen, 貢緞) 산개(bla bre, 傘蓋)를 바쳤습니다"라고 말씀하시니 왕(즉 쿠빌라이)이 사꺄로 [사람을] 확인하러 보냈고, "있습니다"라고 하니 왕 부자(父子)가 [팍빠를] 신뢰하게 되었다.

분석

용어

bla bre ___ 산개(傘蓋). 여기의 산개는 앞에서 본 '둑(gdugs)'과 달리 불전의 천장에 높이 걸어

두는 것을 뜻하는 것으로 보인다. Giuseppe Tucci는 bla bre 란 여러 색깔 천을 붙여서 만든 사각형의 덮개로, 천장의 천창을 가리는 용도로 쓰이는 것이라고 했다.[28] '사슴뿔(sha baî rwa co)로 잡을 수 있는'의 뜻은 산개의 가운데 기둥이나 손잡이가 사슴뿔로 만들어졌다는 의미인 것으로 보인다.

기록의 의의

대리(大理) 원정을 위해 임조에 군대를 집결시키고 주둔하던 쿠빌라이는 근처 양주에서 이름이 높던 승려 사꺄 빤디따를 보내 달라고 쿠텐 조정에 청했다. 그때는 아마도 사꺄 빤디따가 노환이 있었든가 혹은 이미 사망한 후여서, 대신 온 것은 그의 어린 조카 팍빠였다. 이것이 후에 대칸이 되는 쿠빌라이와 그의 스승이 되는 팍빠의 첫 만남이다. 그러나 그들의 초기 관계는 그다지 순탄하지 않았고 쿠빌라이는 어린 팍빠를 그다지 신뢰하지 않은 것으로 보인다. 이들 사이를 굳건히 연결해준 것은 일찍이 티베트 불교 중에서도 특히 사꺄파에 귀의했던 쿠빌라이의 비 차부이 카툰(Chabui, Chabi, 察必, 1225~1281)이었다.[29] 이 기사 역시 팍빠에 대해 쿠빌라이의 불신이 있었음과 그것이 모두 해결된 일들 중 하나를 적고 있다.

서하는 티베트 승려들을 초빙하여 제사(帝師)로 삼았다. 몽골이 티베트 승려를 제사로 삼은 것은 서하의 예를 따른 것이라는 연구도 있는 만큼[30] 그 관계는 중요하나 아직 많은 것이 밝혀지지 않고 있다. 사꺄파 승려 중에는 서하로 가서 제사가 된 인물이 없으나 서하 조정과 왕래는 있었다. 앞의 기사에서 사꺄 빤디따가 자신의 제자 비지(bi ji)를 서하의 국사에게 보냈던 것이나, 팍빠가 말한 대로 서하 왕이 사꺄파에 진귀한 산개를 보시한 것이 그 관계를 방증한다고 할 수 있다. 비단으로 만들었고 사슴 뿔 손잡이가 달린 산개는 상당히 가치가 있는 보시품이었을 것이다.

28 Giuseppe Tucci, *The Religions of Tibet,* Routledge&Kegan Paul Ltd. 1980, pp.122~123.

29 관련 내용은 최소영, 「대칸의 스승: 팍빠(Phags Pa, 八思巴, 1235~1280)와 그의 시대」, 『동양사학연구』 155, 2021, 143~145쪽 참고.

30 Elliot Sperling, "Lama to the King of Hsia", *The Journal of the Tibet Society,* Vol. 7, 1987, pp.31~50.

8. 도괸 최걜 팍빠 로되 걜챈

'Gro dgon chos rgyal 'Phags pa blo gros rgyal mtshan(2)

| 사료

'Jam mgon A myes zhabs Ngag dbang kun dga' bsod nams, *Dzam gling byang phyogs kyi thub pa'i rgyal tshab chen po Dpal ldan Sa skya pa'i gdung rabs rin po che ji ltar byon pa'i tshul gyi rnam par thar pa ngo tshar rin po che'i bang mdzod dgos 'dod kun 'byung.* Delhi : Tashi Dorji ed., Dolanji, H.P. : distributor, Tibetan Bonpo Monastic Centre, 1975, pp.177:5~178:2; 阿旺貢噶索南著, 陳慶英, 高禾福, 周潤年 譯註,『薩迦世系史』, 拉薩: 西藏人民出版社, 1989, pp.107~108.

| 원문 전사

de nas dpon mos rgyal po la 'phags pa bod la ma btang bas legs 'dug/ sa skya pa la gsang sngags zab mo'i dbang bskur gzhan la med pa'i khyad chos cig yod par 'dug/ de zhus pa 'thad zhu pas/ rgyal po na re sngon la khyod kyi zhus/ a'u rtse ba 'dug na nga yang zhus gsungs pas/ dpon mos kye rdo rje'i dbang zhus shin tu mos par gyur/ de'i dus su dpon mos dbang yon ci 'tshal zhus pas/ 'phags pa'i [178] zhal nas/ rang gi lus longs spyod kha rje dbang thang thams cad 'bul ba yin/ khyad par rang gang la chags shing gtsigs che ba de 'bul ba yin gsungs pas/ btsun mos nga khyo sa la yong dus pha mas byin pa'i gtsigs che shos yin zer nas rna rgyan gyi steng na mu tig rdog po cig 'dug pa de phul bas/ sog po gcig la btsongs pas gser bre chen gang dang/ dngul bre chen

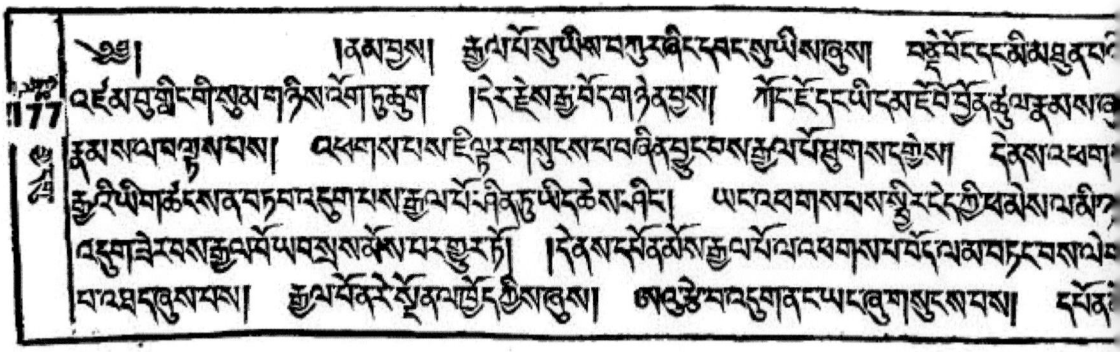

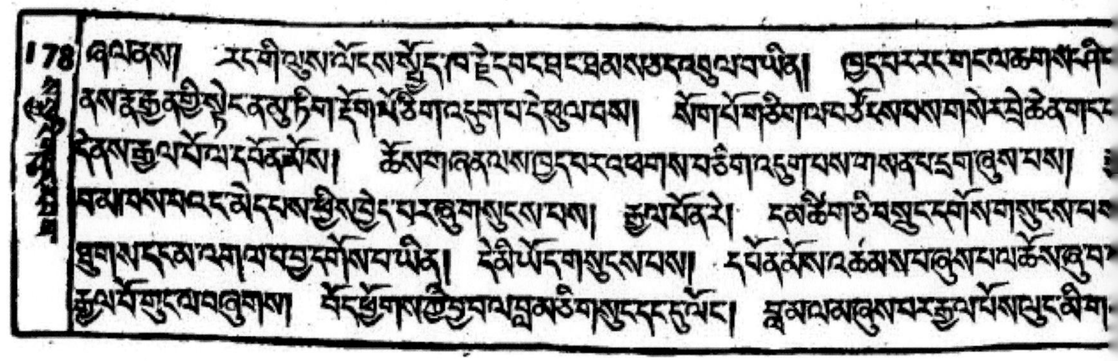

stong byung bas yar slebs/ gtsang chu mig gi chos 'khor dang sa skya'i gser thog chen mo'i gzhi byas zer/

| 번역 및 분석

번역

그러고 나서 왕비가 왕에게 "팍빠를 티베트로 보내지 않으니 좋습니다. 사꺄파에는 다른 데에는 없는 특별한 법의 심오한 비밀주(秘密呪, gsang sngags) 관정이 있더군요. [팍빠에게] 그것을 청하는 것이 좋겠습니다"라고 청하자, 왕이 말하기를 "먼저 그대가 청하시오. [그것을 받고] 비심(rtse ba=brtse ba, 悲心)이 생긴다면 나 또한 청하겠소"라고 말씀하셨다.

비(妃)가 희금강(kye rdo rje, Sans. hevajra, 喜金剛) 관정을 받고 크게 신심이 생기게 되었다. 그때 왕비가 "관정에 대한 보시(dbang yon)로 무엇을 바쳐야 합니까?"라고 물으니 팍빠가 말씀하기를 "자신이 향유하는 개인 재물은 모두 바칠 수 있습니다. 특히 무엇이든 자신이 소중히 여기며 가

Text Image: bdr: MW30132

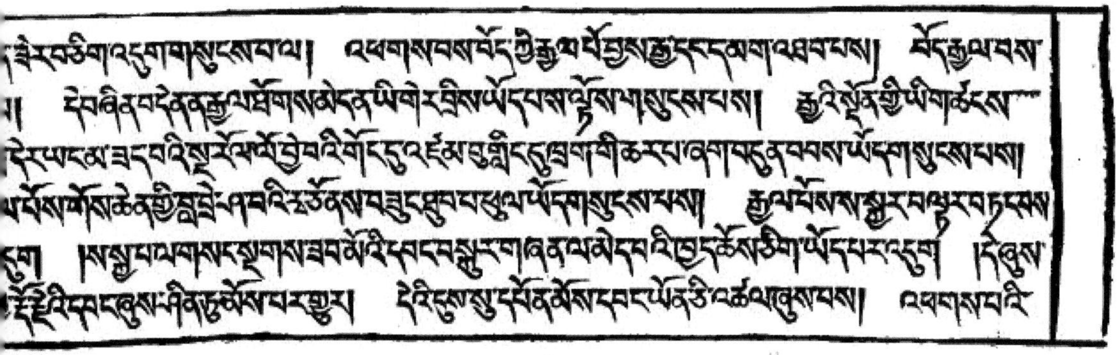

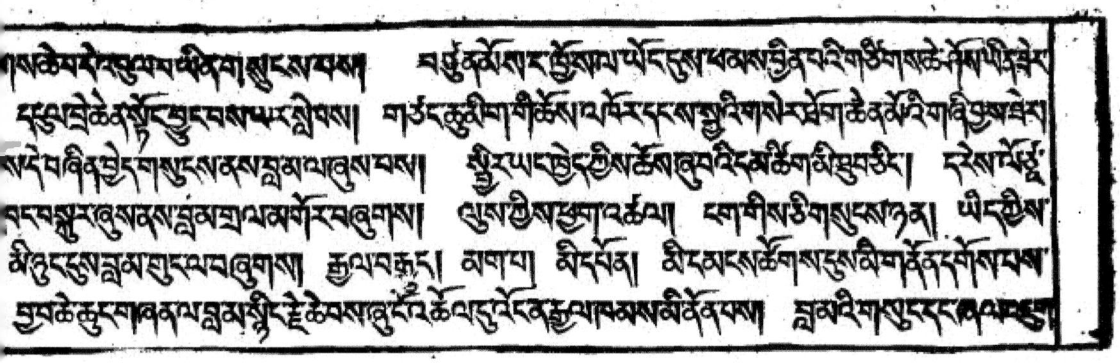

치가 있는 물품을 바칩니다"하시니 왕비가 말하기를 "내가 혼인할 때 부모가 준 이것이 가장 가치가 큰 것입니다"라고 하고서, 귀걸이(rna rgyan) 위에 진주(mu tig) 한 알이 있는 것을 [팍빠에게] 바쳤다. [후에 이것을] 한 몽골인(sog po)에게 팔아서 금 1정(bre chen, 錠)과 은 1,000정을 받았으며, [팍빠가] 올라왔을 때(티베트에 왔을 때)[31] 짱 지방 추믹(gtsang chu mig) 법회와 사꺄 사원의 대 금정(gser thog chen mo, 金頂)의 자금으로 썼다고 한다.

분석

용어

mu tig ___ 진주

rna rgyan ___ 귀걸이

31 티베트 사료들은 종종 중앙 티베트에서 몽골 조정으로 갈 때는 내려간다(mar phebs/ mar lebs)고 하고 몽골 조정에서 티베트로 갈 때는 올라간다(yar phebs/ yar lebs)고 적었다.

쿠빌라이의 비 차부이 카툰이 티베트 승려 팍빠에게 관정을 청하고, 그에 대한 보시로 자신이 혼인할 때 부모가 준 진주 귀걸이를 바친 기사이다. 차부이는 칭기스 칸의 비(妃) 부르테의 형제인 알치 노얀[32]의 딸이며 알치 노얀은 칭기스 칸 시기 4천호를 분사(分賜) 받았던 인물이다.[33] 그 부부가 딸 차부이를 쿠빌라이와 혼인시키면서 진주알이 하나씩 달린 귀걸이를 주었고 그것은 금 1정과 은 1,000정의 가치가 있는 대단히 값비싼 예물이었던 것이다. 앞에서 본대로 당시 진주는 대주(大珠, tana)와 소주(小珠, subud)로 나뉘었고 차부이가 보시한 진주는 대주였을 것이며 1250년대 대주 한 알의 가치를 여기서 볼 수 있다.

차부이가 바친 진주 귀걸이의 가치에 대한 티베트 측 기록을 뒷받침하는 내용이 몽골제국 시기 페르시아어 사료에도 보여 주목할 만하다. 라시드 앗딘의 『집사』에 의하면 어느 날 우구데이 카안이 한 백성에게 상으로 줄 것이 없자 바로 옆에 있던 자신의 비 무게(Müge, 연대불명) 카툰의 귀걸이를 주게 했다. 그런데 그 귀걸이는 진주가 한 알씩 달린 것이었고 우연히 이것을 구매한 자가 살펴보고서 그것은 "군주들(pādshāhān)에게나 적합한" 것임을 알고 카안에게 가져왔다고 한다.[34] 함부로 팔아버리지 못하고 두렵게 여길 만큼 큰 가치가 있는 물건이었기 때문이었을 것이다. 두 기사를 비교해 볼 때 『사꺄 세계사』의 차부이의 귀걸이는 『집사』의 무게 카툰의 귀걸이와 같은 종류의 것이었다고 생각할 수 있다. 또한 라시드 앗딘은 칭기스 칸이 사망 직전 육반산에 있을 때 금(金)의 황제가 좋은 진주를 많이 보내자 칭기스 칸이 "귀에 구멍을 뚫은 사람에게는 모두 진주를 주라!"고 명령했다고 적고 있다.[35] 진주가 필요한 사람이란, 즉 귀걸이를 하는 사

32 『비사』의 Alchi Küregen, 『원사(元史)』의 안진(按陳, Alchin). 『집사』의 Âlchî Nôyân 혹은 Alchû.

33 라시드 앗딘, 김호동 역주, 『부족지』, 사계절, 2002, 269~270쪽.

34 Rashīd al-Dīn Fazl Allah Hamadānī, *Jāmi' al-Tawārīkh* Muhammad Rūshan and Muṣṭafī Mūsavī eds., Teherān: Katībe, 1994, vol. 2, p.690. 본문은 다음과 같다. "누군가가 사냥터에서 그에게 멜론 하나를 가져왔다. 거기에는 금도 옷도 아무 것도 없었기 때문에 [카안은] 무게 카툰에게 귀에 달고 있는 두 알의 고귀한 진주를 그 사람에게 주라고 말했다. [그러자 사람들이] 말하기를 "이 가난뱅이는 진주들의 값어치를 알지 못하니 내일 오라고 해서, 칙명대로 재고에서 금과 옷을 가져가도록 하십시요!"라고 하였다. 그는 "[이] 가난뱅이는 기다릴 수 없을 것이다. 그리고 이 진주들은 다시 내게 돌아올 것이다"라고 하며 즉시 그 진주들을 그에게 주라고 지시했다. 가난뱅이는 기뻐하며 돌아갔는데, 그것을 적은 돈에 팔아버렸다. 구매자는 스스로에게 "이같이 훌륭한 보석은 군주들에게나 적합한 것이다"라고 말하며, 다음 날 카안의 어전에 헌물로 가져왔다. [그러자 카안은] "즉시 내게로 올 것이라고 말하지 않았더냐? 가난뱅이도 실망하지 않은 셈이다."라고 말했다. 그리고는 그 [진주들]을 무게 카툰에게 주고, [헌물로] 갖고 온 사람에게 은사를 베풀었다(라시드 앗딘, 김호동 역주, 『칸의 후예들』, 사계절, 2005, 124쪽)."

35 그러자 그곳에 있던 사람들 가운데 귀에 구멍이 없던 사람들도 귀에 구멍을 뚫었다고 한다. 본문은 다음과 같다. "주르체와 낭기야스와 탕쿠트 지방들의 경계 중간에 위치한 류판샨(Lîûpanshân, 즉 육반산)에 도착했을 때, 주르체의

그림 6 복탁과 진주 귀걸이를 착용한 카툰. 다기(答己, 1262~1322) 카툰과 차부이(Chabui, chabi, 察必, 1225~281) 카툰(台北故宮博物院 C2A000325N000000001PAA)

람이라는 이 내용은 당시 몽골인들 사이에서 진주가 특히 귀걸이 장식으로 많이 쓰인 것을 보여주고 있다.[36] 차부이 카툰이나 무게 카툰의 귀걸이에 쓰인 진주는 대주였을 것으로 생각되며 대주는 주로 요동(遼東)의 해안에서 생산되었고 북송 사람들은 그것을 북주(北珠)라 불렀다. 북주는 몽골리아와 '중국'·서역 여러 나라로 수출되었다.[37] 몽골인들은 진주를 대단히 애호했으며 진주는 단순한 장식품이 아니라 지위와 권력의 상징이었다. 몽골 제국 초기의 진주는 북주가 주를 이

군주가 "칭기스 칸이 왔다"는 소식을 듣고 사신들에게 선물을 들려 파견해서 – 그 가운데에는 호화스런 큰 진주들이 담긴 접시 하나도 포함되어 있었다 – "우리는 복속하겠습니다"라고 말했다. 칭기스 칸은 "귀에 구멍을 뚫은 사람에게는 모두 진주를 주라!"고 명령했다. 그곳에 있던 사람들 가운데 [귀에 구멍이] 없던 사람들은 귀에 구멍을 뚫었고, 그는 그 모두에게 [진주를] 주었다. 그렇게 하고도 여전히 [진주가] 남자 그는 "분배하는 날이다. 사람들이 주을 수 있도록 전부 뿌리라!"고 했다. 그는 자신의 죽음이 가까워 왔음을 알았기 때문에 그런 것에 관심을 보이지 않은 것이다. 그 진주들 가운데 상당수는 흙 속에 사라져 버렸기 때문에, 상당 기간 동안 사람들은 그곳을 뒤져 흙 속에서 [진주를] 찾아내곤 했다(라시드 앗딘, 김호동 역주, 『칭기스칸기』, 사계절, 2003, p.385)."

36 관련 내용은 최소영, 「몽골제국 시기 티베트 승려에 대한 보시와 운송 문제 고찰」, 『중앙아시아연구』 Vol. 26-2, 2021, 191쪽 참고.

37 설배환, 2016, 앞의 논문, 147쪽.

루었을 것이나 몽골이 세계제국이 되면서 세계 여러 진주 산지가 제국의 세력 하에 들어왔다. 예를 들면 페르시아 만(灣)의 세계적인 진주 생산지 바레인(Bahrain)과 키쉬(Kish)가 훌레구 울루스에 속하게 되어 몽골 지배층의 대규모 진주 수요에 대한 주요 공급지로 기능하게 되었다. 『元史』「지리지(地理志)」는 훌레구 울루스 지역 지명으로 바레인(八哈剌因)과 키쉬(怯失)를 첫 번째로 나란히 열거하고 있다.[38]

38 『元史』 卷63 志15 「地理」 6. 관련 내용은 Thomas T. Allsen, 앞의 책 참조.

9. 도괸 최걜 팍빠 로되 걜챈

'Gro dgon chos rgyal 'Phags pa blo gros rgyal mtshan(3)

| 사료

'Jam mgon A myes zhabs Ngag dbang kun dga' bsod nams *Dzam gling byang phyogs kyi thub pa'i rgyal tshab chen po Dpal ldan Sa skya pa'i gdung rabs rin po che ji ltar byon pa'i tshul gyi rnam par thar pa ngo tshar rin po che'i bang mdzod dgos 'dod kun 'byung.* Delhi : Tashi Dorji ed., Dolanji, H.P. : distributor, Tibetan Bonpo Monastic Centre, 1975, p.186:1~3; 阿旺貢噶索南著, 陳慶英, 高禾福, 周潤年 譯註,『薩迦世系史』, 拉薩: 西藏人民出版社, 1989, p.111.

| 원문 전사

de ltar na chos rgyal 'phags pa dgung lo bcu dgu pa chu mo glang gi lo gsar la se chen gan gyis dbang zhus/ ti shrI'i mtshan gsol/ g.yang kri'u las byas pa'i ri mo la yi ge sa dang rin po che yod pa'i dam kha phul/ gzhan yang gser dang mu tig gi snam sbyar/ sku chos/ phyam tshe/ dbu zhwa/ chag lhwam/ bzhugs gdan/ gser gyi khri/ gdugs/ gsol zhal/ gsol sder la sogs pa tshang ma rnga mo dang chibs dre'u/ gser gyi sga 'khor tshang ma/ khyad par gong du bshad pa'i khri skor dang/ chos dung sogs dbang yon gyi gtso bo rnams phul ba yin no//

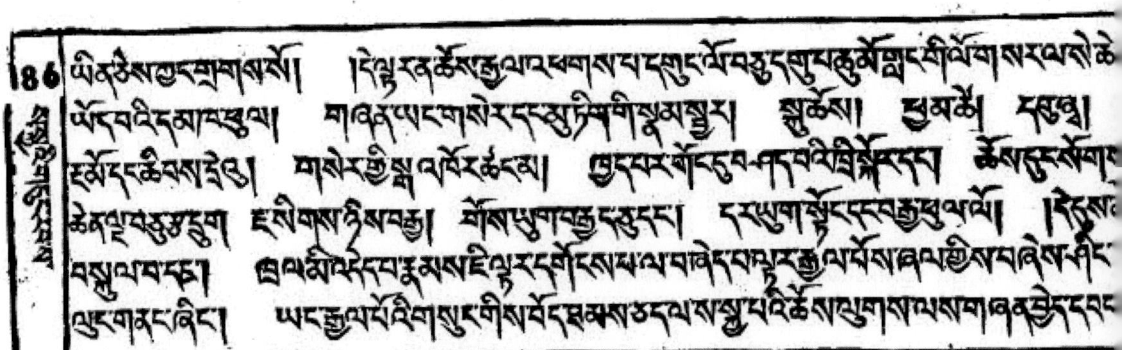

번역 및 분석

번역

그와 같이 법왕 팍빠가 19세가 되던 물-음-소해(1253)의 신년에 세첸 칸(se chen gan, 즉 쿠빌라이)이 관정받기를 청하고, [팍빠에게] 제사(ti shrI, 帝師) 칭호를 주었으며[39] 옥(玉)으로 만든, 그림에 글자 '사(sa)'자와 보석이 있는 인(dam kha, 印)을 바쳤다. 그 외에 금과 진주(mu tig)로 된 가사(袈裟, snam sbyar), 법의(sku chos, 法衣), 숄(phyam tshe), 모자(dbu zhwa), 장화(chag lhwam), 방석(bzhugs gdan), 금좌(gser gyi khri, 金座), 산개(gdugs, 傘蓋), 잔(gsol zhal), 접시(gsol sder) 등 모두, 낙타(rnga mo)와 말, 노새, 금으로 된 안장 등 모두, 특히 상술(上述)한 각 만호 및 법라(chos dung, 法螺) 등 관정의 주된 보시를 바쳤다.

분석

용어

g.yang kri'u ___ '양끄리우'. 옥. 중국어 '羊脂玉'의 음역이다. 옥이 양의 기름덩어리처럼 희다고 해서 붙여진 호칭이며 티베트에서 이를 그대로 받아들여 썼다. 단순히 양띠(g.yang Ti)라고 적기도 한다. 아왕 뀐가 쇠남의 또 다른 저작 *Rigs thams cad dang dkyil 'khor kun gyi khyab*

39 이때 쿠빌라이는 아직 제왕의 신분이었고 팍빠가 제사에 임명된 것은 쿠빌라이가 대칸에 즉위하고 팍빠 문자를 바친 이후의 일이다.

Text Image: bdr: MW30132

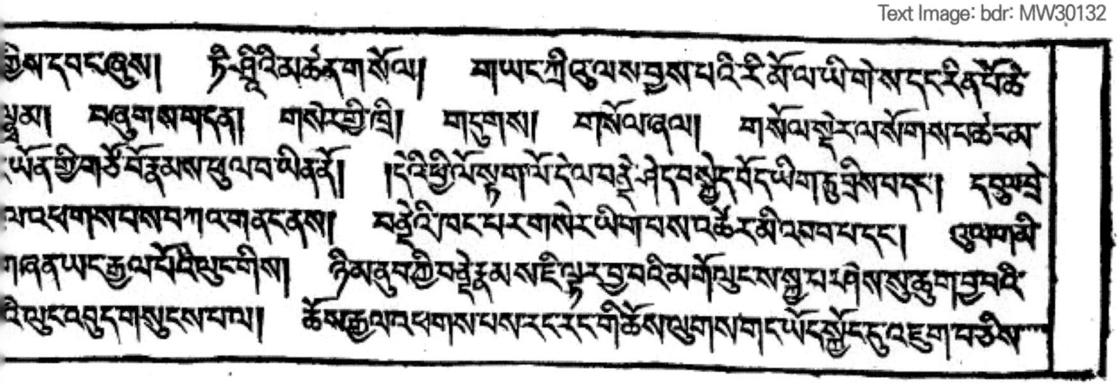

*bdag drug pa rdo rje sems dpa'i ngo bo rje btsun mus chen sangs rgyas rgyal mtshan gyi rnam par thar pa sarga gsum gyi bdag nyid can dad pa rgya mtsho spel ba'i chu rgyun ngo mtshar don gnyis phun tshogs*에도, "양띠우(g.yang kri'u) 등의 보석(rin po che)"이라는 표현이 보인다.

sa ___ '사꺄(sa skya)'의 앞 음절을 새긴 것으로 보인다.

gser dang mu tig gi snam sbyar ___ "금과 진주로 된 가사(袈裟)". 금사로 짠 비단 천, 즉 나시즈(nasij)에 진주 장식을 단 화려한 의상 이것을 승려의 가사로 만든 것이다.

sku chos ___ 가사. 긴 로브.

chos dung ___ 법라. 의식용 고둥.

기록의 의의

차부이 카툰의 독려로 쿠빌라이가 팍빠로부터 관정을 받고 나서 바친 물품 목록이다. "금과 진주로 된 가사(gser dang mu tig gi snam sbyar)"는 금실로 짠 비단에 진주 장식을 한 것, 즉 나시즈(nasij, 納失失)에 진주를 꿰매어 단 의상을 승려의 가사 형태로 만든 것으로 보이며, 이는 앞에서 쿠텐이 길을 가르쳐 달라면서 사꺄 빤디따에게 보낸, 대량의 진주로 장식한 의상과 같은 종류일 것이다. 쿠텐과 쿠빌라이가 금직(金織)에 진주가 달린 가사를 선물한 것은 몽골제국 초기 이른바 나시즈 의상에 진주를 달아 그 가치를 극대화한 의복이 주요 사여품으로 쓰였던 것을 보여준다. 진주는 앞에서 본대로 몽골제국 시기 지배층이 대단히 선호했던 보석 종류이며 이 현상에 대해 몽골인들의 유목적 배경이 중요한 요인이라고 보기도 한다. 즉 가치가 높고 휴대하기 편한 보석

그림7 나시즈(nasij) 의상
(Rossi & Rossi Collection)

종류를 머리를 포함한 상체에 장식하여 지위와 부를 나타내고자 했다는 것이다.[40] 또한 나시즈 직물은 그 생산을 위하여 노동자들을 이주시키고 그들에게 재료를 공급하여 생산하게 했다. 나시즈 생산에는 당연히 많은 양의 비단과 금이 필요했다. 비단은 주로 중국에서 가져왔지만 나시즈 생산의 중심지는 몽골리아와 시베리아에 두어 서부 몽골리아의 알타이산맥뿐 아니라 예니세이강 유역에 있는 금광과 상대적으로 가깝게 했다. 금을 얻으려면 인력을 동원할 권력이나 자본뿐 아니라 숙련된 노동자도 필요했다. 몽골은 리그니츠에서 폴란드, 튜턴 기사단 등의 연합군에 승리를 거둔 후 포로들을 데리고 왔는데 그중에는 독일인 금광 채굴업자들이 상당수 있었다.[41]

나시즈 법의(法衣)를 도교 승려에게 하사했던 기록은 한문 사료에도 남아 있으며 거기에는 금으로 구름과 봉황을 짜 넣었고 아래에는 날아오르는 용이 있었다고 한다.[42] 즉 이런 종류의 하사가 다른 종교의 사제들에게도 행해졌던 것을 알 수 있으나 다만 도교 승려의 기록에는 진주에 대한 언급은 없다.[43] 이 의상은 대단히 가치가 높았을 뿐 아니라 구하기도 어려워서, 고려 충렬왕이 자신의 비이며 쿠빌라이의 딸인 쿠틀룩 켈미시 제국대장공주(齊國大長公主)를 위해 특별히 몽골로 가는 사신에게 부탁하여 '진주의'를 구매해 오게

40 또한 그들이 흰색을 좋아한 점이나 진주가 다산의 상징으로 받아들여진 것 등 몽골인의 진주 선호에는 여러 가지 이유가 있다. 관련 내용은 Thomas T. Allsen, 앞의 책 참고.

41 관련 내용은 티모시 메이 지음, 권용철 옮김, 『칭기스의 교환』, 사계절, 2020, 325~327쪽 참고.

42 『연과안록(煙過眼錄)』 下卷 「三十八代天師張廣微與材所藏」, "法衣一領, 納失失者, 皆織渾金雲鳳, 下闌皆升龍."(설배환, 논문, 152쪽에서 재인용). 또한, 뭉케 시기 몽골 조정에 왔던 수도사 루브룩은 뭉케의 카툰이었던 쿠툭타이가 네스토리우스 교회의 미사에 참석한 후 사제들에게 은 1정씩을 주고, 루브룩 일행에게 침대 커버만큼이나 넓고 긴 나시즈(nasic)와 다른 화려한 직물을 하사한 것을 기록하고 있다. 루브룩이 이것을 받으려 하지 않자 이 물품들은 통역에게 전달되었으며 통역이 나시즈를 키프로스(Cyprus)까지 가지고 갔는데 여정 중에 닳고 찢어졌는데도 매우 고가에 팔렸다(플라노 드 카르피니 · 윌리엄 루브룩 저, 김호동 역주, 『몽골제국 기행-마르코 폴로의 선구자들』, 까치, 2015, 302~303쪽).

43 최소영, 2021, 194쪽.

했다는 기록이 남아 있다.[44]

그 외 여기 언급된 숄, 방석, 잔, 접시, 금으로 장식한 안장 등의 보시 목록을 통해, 몽골제국 초기 승려에게 준 것이 대부분 일상용품이었던 것을 알 수 있다. 앞에서 쿠빌라이의 모친 소르칵타니 베키가 사꺄 빤디따에게 숄(phyam tshe)을 보냈고 사꺄 빤디따는 이것을 죽을 때까지 간직하고 있다가 자신의 제자에게 준 것을 보았는데, 이 기사에 의하면 소르칵타니의 아들 쿠빌라이도 팍빠에게 보내고 있어서, 숄이 당시 승려에 대한 주요 보시품 중 하나였던 것도 알 수 있다. 금, 은으로 장식한 화려한 말 안장은 몽골제국 시기는 물론 후대에도 자주 언급되는 보시물품 중 하나이다.

그림 8 금으로 장식한 말 안장 15~17세기 티베트
(Metropolitan Museum Accession number 2002.225)

한편 여기서 '상술(上述)한 만호'라는 것은 쿠빌라이가 이 첫 번째 관정을 받고 나서 그 대가로 티베트 3개 촐카(chol kha), 즉 위짱(dbus gtsang. 중앙 티베트), 도매(mdo smad), 도캄(mdo kham) 세 지역을 모두 팍빠에게 바쳤다는 기록을 말한다. 다만, 당시 쿠빌라이는 아직 제왕이었고 특히 중앙 티베트는 대칸 뭉케에 의해 형제들에게 나뉘어 분봉되었기 때문에 이것을 쿠빌라이가 마음대로 팍빠에게 줄 수는 없는 일이다. 단순히 팍빠를 상징적인 수장으로 임명한 것일 수도 있다.

44 관련 내용은 최정, 「원(元)의 진주(眞珠) 장식방법 및 고려(高麗) 후기 제국대장공주의 진주의(眞珠衣) 형태 고증 연구」, 『복식』 60, 2010, 48~61쪽 참고.

10. 도괸 최걜 팍빠 로되 걜챈

'Gro dgon chos rgyal 'Phags pa blo gros rgyal mtshan(4)

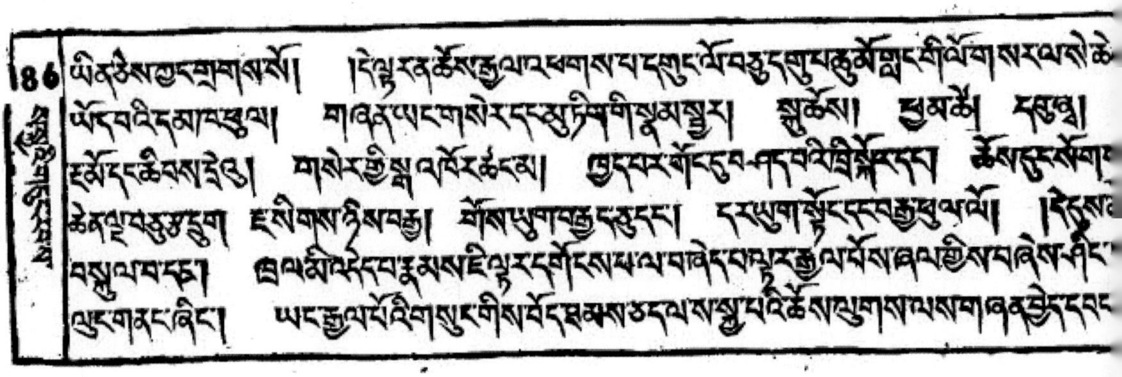

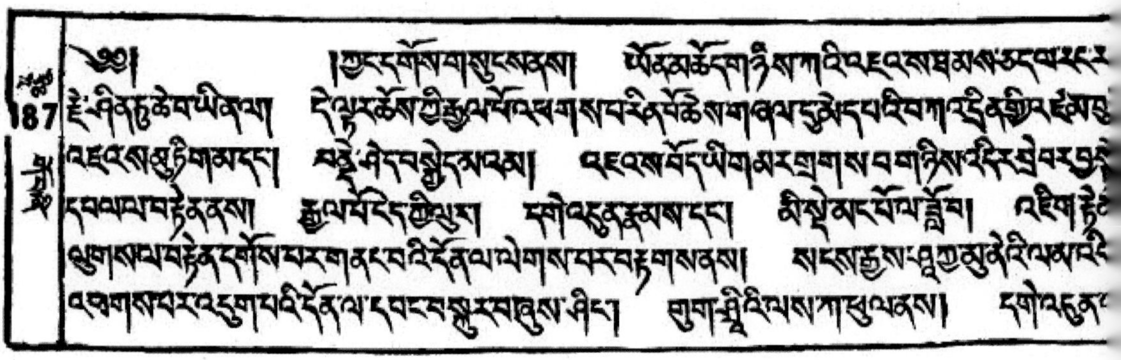

사료

'Jam mgon A myes zhabs Ngag dbang kun dga' bsod nams, *Dzam gling byang phyogs kyi thub pa'i rgyal tshab chen po Dpal ldan Sa skya pa'i gdung rabs rin po che ji ltar byon*

Text Image: bdr: MW30132

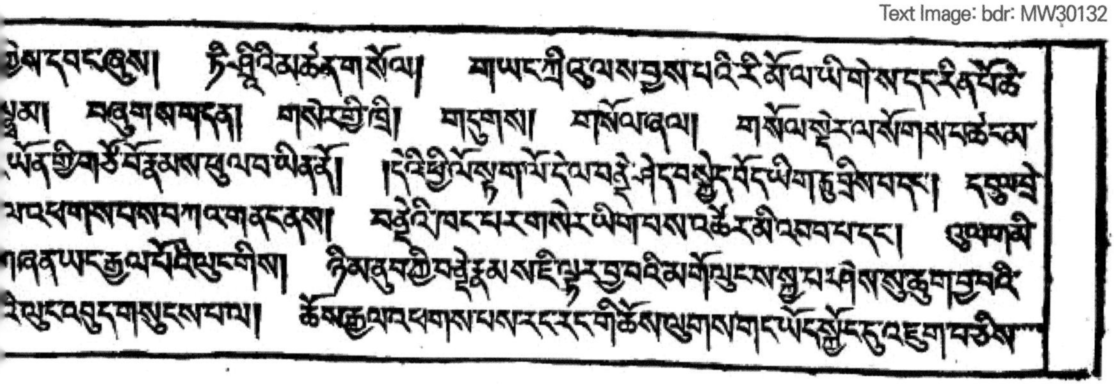

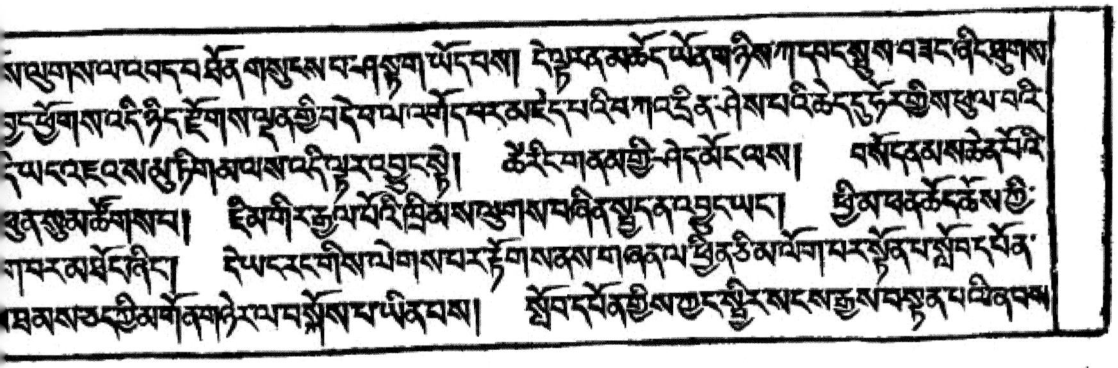

pa'i tshul gyi rnam par thar pa ngo tshar rin po che'i bang mdzod dgos 'dod kun 'byung. Delhi : Tashi Dorji ed., Dolanji, H.P. : distributor, Tibetan Bonpo Monastic Centre, 1975, pp.186:3~187:2; 阿旺貢噶索南著, 陳慶英, 高禾福, 周潤年 譯註,『薩迦世系史』, 拉薩: 西藏人民出版社, 1989, pp.111~112.

원문 전사

de'i phyi lo stag lo de la ban+de shed bskyed bod yig tu bris pa dang/ dngul bre chen lnga bcu rtsa drug/ ja sigs nyis brgya/ gos yug brgyad cu dang/ dar yug stong dang brgya phul lo// de dus chos rgyal 'phags pas bka' gnang nas/ ban+de'i khang par gser yig pas 'tsher mi 'bab pa dang/ 'u lag mi bskul ba dang/ khral mi 'ded pa rnams ji ltar dgongs pa la bzhed pa ltar rgyal pos zhal gyis bzhes shing/ gzhan yang rgyal po'i lung gis/ nyi ma nub kyi ban+de rnams ji ltar bya ba'i mgo lung sa skya pa shes su chug bya ba'i lung gnang zhing/ yang rgyal po'i gsung gis bod thams cad la sa skya pa'i chos lugs las gzhan byed dbang med pa'i lung 'bud gsungs pa la/ chos rgyal 'phags pas rang rang gi chos lugs gang yod skyong du 'jug pa cis 187 kyang dgos gsungs nas/ yon mchod gnyis ka'i 'ja' sa thams cad la rang rang gi chos lugs la 'bad pa thon gsungs pa sha stag yod pas/ de ltar na mchod yon gnyis ka dbang spus bzang zhing thugs rje shin tu che ba yin la/

번역 및 분석

번역

그 다음 해인 호랑이해(1254)에 [쿠빌라이가 팍빠에게] 승려에게 힘을 주는 조서를 티베트문으로 쓴 것과 은 56정(bre chen, 錠), 전차(ja 〈sigs〉 [sig], 磚茶) 200편(片), 정필 단자(gos yug, 緞子) 80필, 재단하지 않은 비단(dar yug) 1,100필을 바쳤다.

그때 법왕 팍빠께서 제안하여 승려들이 머무는 곳에 사신들이 해를 입히지 않을 것, [승려에게] 역참 요역을 명하지 않을 것, 조세를 부과하지 않을 것 등의 생각을 말하니 그대로 왕이 받아들였다. 또한, 왕이 해가 지는 곳의 승려들을 어떻게 할 것인지에 대하여 사까파가 관할하게 하라는 명령을 내렸다. 또한 왕의 말씀으로 티베트 전체가 사까파의 교법 외에 다른 것은 세력이 없게 하라는 명령을 전하라고 하시자 법왕 팍빠께서 "각각의 교법은 그것이 무엇이든 지키도록 해야 합니다"라고 하시니 시주와 법주 두 분의 모든 조서('ja' sa)에, 각자의 교법을 행하라는 말씀만이 있었다. 그처럼 시주와 법주 두 분의 정치가 좋았으며 은덕이 대단히 컸던 것이다.

분석

용어

ja 〈sigs〉 [sig] ___ ja는 차를 의미하며 sig은 의미가 분명하지 않다. 댄 마틴(Dan Martin)은 이를 '찻잎 덩어리(block of tea)'로 보았고 예쉬케(Jaeschke) 사전은 '차 가루(tea powder)'라 적었다. 'ja sig'을 '차 가루'라고 한다면 이 구절은 '차엽 200포'를 바쳤다고 보아야 할 것이고 덩어리 차라고 한다면 압축성형한 차일 것이다. 티베트까지 반입된 차가 거의 압축 성형차였고 특히 직육면체의 벽돌 모양 차였으므로 전차(磚茶)로 번역했다.

gos yug ___ 정필 단자(緞子)(藏漢辭典)

dar yug ___ 재단하지 않은 견직물(藏漢辭典)

기록의 의의

쿠빌라이가 대칸에 오르기 전, 티베트에 문서를 보내면서 팍빠에게 물품을 보시한 기록이다. 이때 팍빠는 쿠빌라이 곁에 있었다. '승려에게 힘을 주는 조서(bande shed bskyed)'는 '승려 우대조서'라고도 하며 불교 승려들에 대해 세금과 요역을 면제해주는 것을 명시한 문서이다. 처음부

차(ja)는 토번제국 시기에 처음 소개되었으나, 티베트에 비교적 안정적으로 차가 반입되기 시작한 것은 송대로 보고 있다. 또한, 몽골제국 시기에는 버터를 넣어서 먹는 티베트식 음차가 시작되었고 대칸 황실의 음식을 적은 『음선정요(飮膳正要)』에 '서번차(西蕃茶)'라는 이름이 보이는데 이러한 방식의 차를 지칭하는 것이라 생각된다.[45] 승려들에게 차를 보시하는 것이 몽골제국 이후에는 더 큰 규모로 이루어져서, 17세기부터는 여러 몽골 집단들이 대규모 순례단을 이끌고 라싸로 가서 대량의 차를 바치기도 했으며 이러한 차 보시를 '망자(mang ja, 다수-차)'라고 했다. 본 기사는 차가 주요 보시물품이 되기 시작한 때의 기록이라고 할 수 있다.[46]

45 Paul D. Buell, & Eugene N. Anderson, *A Soup for the Qan: Chinese Dietary Medicine of the Mongol Era As Seen in Hu Sihui's Yinshan Zhengyao,* Leiden · Boston: Brill, 2010.

46 티베트 사원에 순례를 가서 대량의 차를 바치는 차 보시에 대해 17세기이후 만주어와 몽골어 사료는 티베트어 mang ja를 따라 manja 라고 적었다. 한문 사료에는 熬茶 혹은 煎茶 라고 적혀있다. 망자 순례의 경로는 대개 청해성을 지나 중앙티베트로 들어가는 것이었기 때문에 몽골 수령들은 청 황제의 허락을 얻어야 했다. 따라서 당시 상황을 정확히 분석하기 위하여는 만주어, 몽골어, 티베트어 기록을 모두 살펴보아야 하는 어려움이 있어, 중요한 주제임에도 불구하고 관련 연구는 많지 않다. Peter C. Perdue, "Tea, Cloth, Gold, and Religion: Manchu Sources on Trade Missions From Mongolia to Tibet", *Late Imperial China,* 36-2. 2015, pp.1~22를 참고할 만하다.

11. 도괸 최갤 팍빠 로되 갤챈

'Gro dgon chos rgyal 'Phags pa blo gros rgyal mtshan(5)

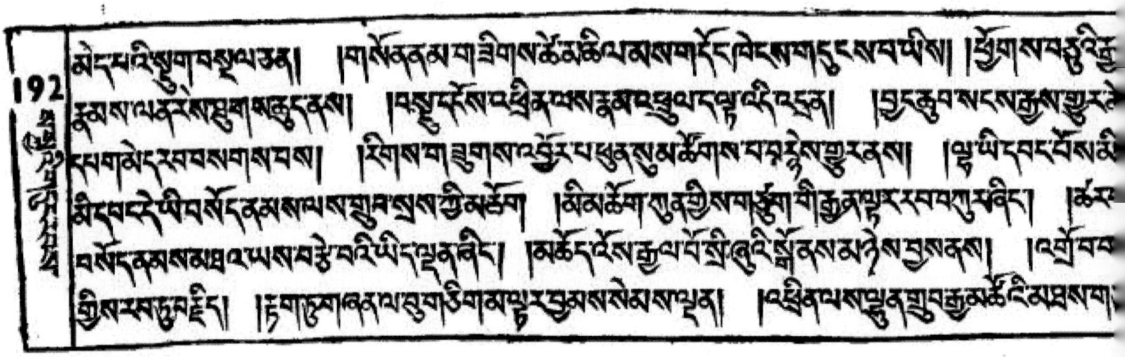

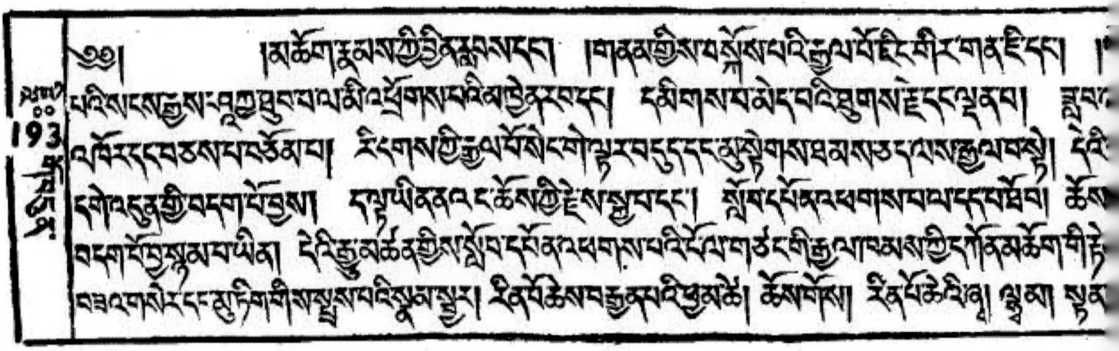

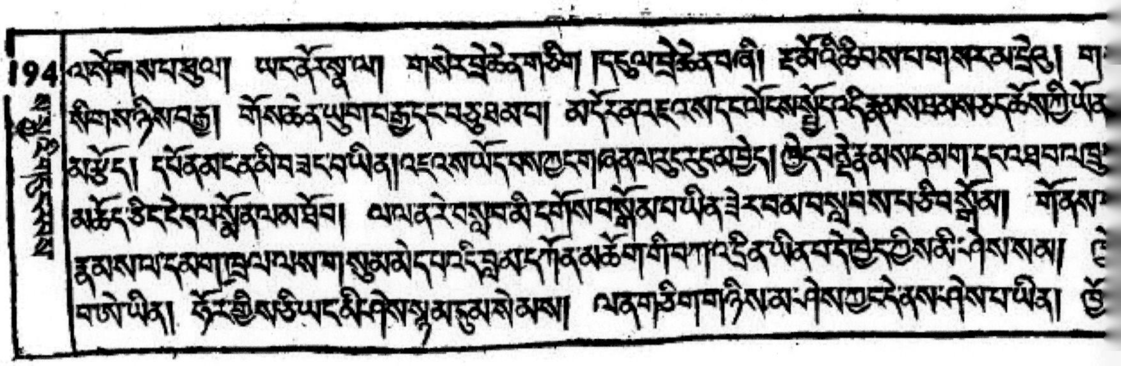

པ་དང་ཅ་ས་ལག་ས་སོ་ལ་འདས་བས། །སྐུ་གས་ན་རྡོ་རྗེ་ཆང་འོད་དཔལ་རྣ་མོའི་ནོ་ཕྱུང་རང་གཟིགས། །སྐུབ་བ་ཆེན་པོའི་གལ་ནས། །
རྗེ་སྲོ་སྐྱེ་ཅི་དགོས། །ཤེས་རབ་མཆོག་ས་ཤེས་དང་ཐབ་བརྒྱས་ཆེད་ལ་ཕྱུག་ཀ་ཆ་ལ་ལོ། །གང་གི་སྲོ་ད་རྣ་ས་མཚོ་ང་ནས་མ།
ད་པོ་ར་དབ་བསྒྲུ་ར་བའི། །ཐིག་ཡི་ར་རྒྱ་ལ་པོའི་འགྲོ་ཀུན་ཉིས་ཏེ་འབ་ན་ འི་ལ་ས་ལ་ས་པའི་སྟོབ་ས་ཅེ་ག་གི་ནས་མ་ཡལ། །ག་ས་ལ། །
ནའི་རྣ་ལ་ས་ཀྱིས་འགྲོ་ཀུན་ལེ་ག་ས་སྟོ་ན་པའི། །མ་པ་ད་དེ་ཕྱོ་ག་ས་རྣ་ས་ཀུ་ན་ལ་ས་རྣ་བ་རྒྱུ། །ད་ག་ཆུ་ང་
སྐུ་ཆ་ག་ས་ཐབ་ས་ཀྱིས་ཞབ་ན་ཚོ་ན་བའི། །ཏྲོ་སྤུ་ན་རེ་སྲེ་དག་ཀུ་ན་ཀྱི་རྩ་ལ་ག་ས་མཚོ་ག །དེ་རྣ་ས་ཐུ་པོ་བའོ་ད་རྣ་ས་ས་ད་ན་ལ་
ཕྲོ་བ་ས་མ་ཆོ་ད། །ཕོ་ང་གི་ར་རྒྱ་ལ་པོ་འ་ཛི་ན་ཏེ། འི་ལ་ས་ལ་ས་ཀ་ང་བ་རེ་མཆེ་མ་གཉའ །ཀུ་ན་ཀྱི་ད་ཕ་ཏུ་ དཔ །དེ་ལྟ་ར་བྱ་བ་དགོ་ན

པོ་ཕོ་སྲོ་ག་ར་རྒྱ་ལ་པོ་འི་ད་ནོ་ད་རྣ་ས་ཀྱི། །ཁ་ནས་རྒྱག་ས་བ་སྒྲུ་ན་ལ་ས་ན་ཕྱིར་གོ་པོ་ལ་ལི་ག་ཏུ་མ། །ཕ་ར་ད་ག་ལ་བ་ རྗོ་ད་ག་ས།
ལུ་ར་བ་ཕོ་ད་ན་ལ་ས་ད་ར་པེ་ཤེ་ས་ཀྱི་ཚོ་ག་ས་ལ་ལ་ཡོ་ད་ས་སུ་རྗོ་ག་ས་པ་ད་ང་། །ཉི་མ་ཡིན་ཏུ་ལ་ལ་འོ་ར་པུ་ར་ར་འི་ག་བ་འི་མུ་ར་ལ
ད་ང་། །འཕྲིན་ལ་ས་ད་ང་། །བ་བྱ་མ་པ་ད་ང་ད་ང་ཆ་ཐུ་ག་ལ་སུ་ན་ཡི་ད་ཚེ་ས་འི་རྟེ་ན་ས་ཀྱིས། དེ་རྣ་ཡི་ནི་ར་ན་ར་བ་སྒྲུ་ན་བ་ད་ང་
ཚེ་ན་ས་ར་རྒྱ་ལོ་སྐྱོ་གི་ཡོ་ལ་ད་ན་ར་བསྒྲུ་ར་ཀུན། །ཚོ་ས་ཀུ་ང་མ་ད་ཏུ་ཕོ་བ་པ་ད། །ལུ་ག་པ་ར་པ་ང་བ་སྒྲུ་ན་བ་ད་ང་ཀ་ད་ཀྱི།
ད་གི་འ་ད་ན་ཀྱི་སྐྱེ་ག་ཏི་ད་བ་བསྒྱུ་ར་ད་འེ་འ་ང་ས་ད་ང་པོ་འི་ད་ཀྱི་འ་ད་ལ་ར་འི་ན་པ་ཡི་ན། །ག་ན་ས་ཡ་ར་སྐྱོ་ང་ཕོ་ང་པ་ར་
བ་བ་ཏུ་ལ། །ཡ་ར་པོ་བྱུ་ང་ར་པ་ས་ལོ་སྲི་ཀྱི་ག་ལ་ཏུ་ད་ང་། །ག་ལ་ས་ར་སྐྱི་ཕྱི་ཏ། །ག་ལ་ས་ར་སྐྱི་ཕོ་ར་པ། །ད་ང་ལ་ཀྱི་ད་ར་རེ་ན་པོ་ཆེ་འི་ ཡུ་བ་ ཏ་ར་ཀྱི་སྐྱི

ས་སུ་ར་ས་བ་ག་སུ་ལ་ར་ན་ཚ་ས་ནབ་ད་པ་བ་ཕ་འི། །སྐྱག་གི་པོ་འི་ད་ཕ་ར་རྗེ་བྱི་རྒྱུ་ང་ལ་ཕོ་ཆེ་ར་ས་ཀྱུ་ས་ཏུ་ས། །ག་སོ་པ་ད་ཅེ་སུ
ཡི། །ཉི་ད་མོ་འི་གི་འ་ཆུ་ལ་ས་ཀྱི་ཀུ་ར་དེ་ཤེ་ས་བ་ར་ག་ས། །དེ་འི་ཕྱི་ནའ་ད་ང་བ་ས་ཐ་ལ་བསྒྱུ་ར། །ཉེ་ད་ཚོ་ཏུ་རྣ་ས་ག་ང་པོ་སུ་འི།
ར་ར་སུ་རྒྱ་བ་འི་ལ་ག་ལ་ང་ན་བཞེན་ཚ་སུ། །ཤེ་ས་པ་ར་བའུ། །ད་ང་ཀུ་ སེ་ས་པ་བ་ས་ནི། །ཚོ་ས་འ་ད་ཕྱི་སྒྲོ་ན་ད་ང་སྒྲོ་ལ་ས་ག་ས་བ་ང་བ་ཀྱི་ས་མ་ས་
ཏི་ད། །བ་ཉེ་ན་ད་ན་རྣ་ས་ཀྱི་ག་ན་ཕིད་བ་ལ་བ་ས་གྱི་ས་ལ་ལ་མཚོ་ས་ཡོ་ག །ག་ལོ་ན་པ་ས་ཀ་ང་ར་ན་ར་བ་ན་ཏེ། །ཉེ་ད་བ་ཕེ་
ལུ་སྒྱུ་ལོ་འི་ག་ར་བ་ར་བཞ་ན་སྒྱུ་ར་བ་ན་རྟ་འི་སྒྱ་ལ་ཅ་ང་ལ་ར་རྒྱ་ར་རྒྱུ་ལ་འི་ ལ་ག་ས་ས་ཏ་ར་ ཡོ་ཡོ་ད་ན་ཞེ་ར། །ཉེ་ད་ལ་སྐྱི་ན་འ་ད་ན་ཀྱི་ཡོ་ང་
ས་ར་སྒྱ་ར་བ་ས་བ་ཏ་བ་ད། །ད་ཕི་ལོ་ཆོ་ར་རྣ་ས་ཀྱུ། །ཐ་ཉེ་ཆ་ས་པ་ད་ང་བ་སྒྱུ་ར་བ་ཀྱི་ས། །ག་ན་ས་མ་ཚོ་ད་ང་ཀ་སྒྱོ་ལ་ར་མ་བྱོ་ད

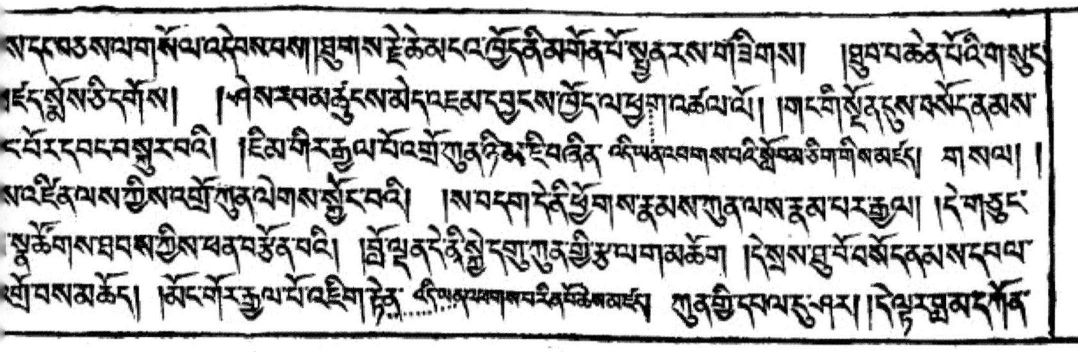

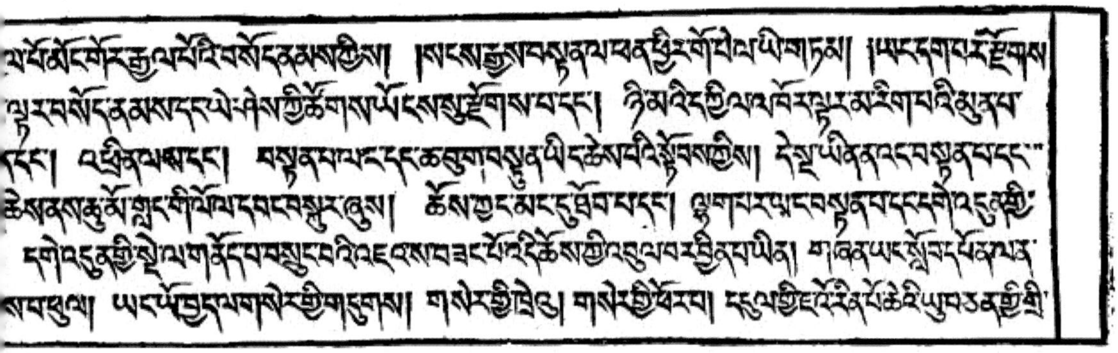

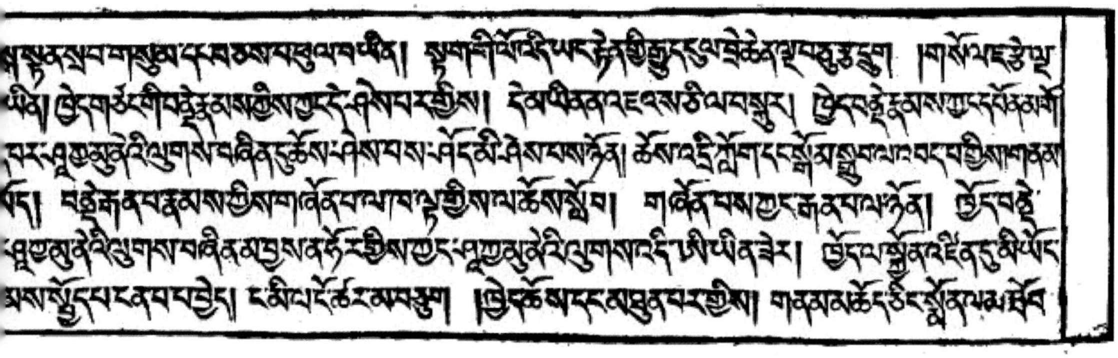

| 사료

'Jam mgon A myes zhabs Ngag dbang kun dga' bsod nams, *Dzam gling byang phyogs kyi thub pa'i rgyal tshab chen po Dpal ldan Sa skya pa'i gdung rabs rin po che ji ltar byon pa'i tshul gyi rnam par thar pa ngo tshar rin po che'i bang mdzod dgos 'dod kun 'byung.* Delhi : Tashi Dorji ed., Dolanji, H.P. : distributor, Tibetan Bonpo Monastic Centre, 1975, pp.192:6~194:1; 阿旺貢噶索南著, 陳慶英, 高禾福, 周潤年 譯註,『薩迦世系史』, 拉薩: 西藏人民出版社, 1989, p.116.

| 원문 전사

de ltar bla ma dkon 193 mchog rnams kyi byin rlabs dang// gnam gyis bskos pa'i rgyal po jing gir gan ji dang// ye ga rgyal po mong gor rgyal po'i bsod nams kyis// sangs rgyas bstan la phan phyir go pe la yi gtam// yang dag par rdzogs pa'i sangs rgyas shA+kya thub pa la mi 'phrogs pa'i mkhyen rab dang/ dmigs pa med pa'i thugs rje dang ldan pa/ zla ba nya gang ba ltar bsod nams dang ye shes kyi tshogs yongs su rdzogs pa dang/ nyi ma'i dkyil 'khor ltar ma rig pa'i mun pa 'khor dang bcas pa bcom pa/ ri dags kyi rgyal po seng ge ltar bdud dang mu stegs thams cad las rgyal ba ste/ de'i yon tan dang/ 'phrin las dang/ bstan pa la nga dang cha bu ga bstun yid ches pa'i stobs kyis/ de snga yin na'ang bstan pa dang dge 'dun gyi bdag po byas/ da lta yin na'ang chos kyi rje sa skya pa dang/ slob dpon 'phags pa la dad pa thob/ chos la yid ches nas chu mo glang gi lo la dbang bskur zhus/ chos kyang mang du thob pa dang/ lhag par yang bstan pa dang dge 'dun gyi bdag po bya snyam pa yin/ de'i rgyu mtshan gyis slob dpon 'phags pa'i ngo la gtsang gi rgyal khams kyi dkon mchog gi rten dang/ dge 'dun gyi sde la gnod pa bsrung ba'i 'ja' sa bzang po 'di chos kyi 'bul bar byin pa yin/ gzhan yang slob dpon la na bza' gser dang mu tig gis spras pa'i snam sbyar/ rin po ches brgyan pa'i phyam tshe/ chos gos/ rin po che'i zhwa/ lhwam/ stan la sogs pa phul/ yang yo byad la gser gyi gdugs/ gser gyi khre'u/ gser gyi phor pa/ dngul gyi ja'o rin po che'i yu ba can gyi gri 194 la sogs pa phul/ yang nor sna la/ gser bre chen gcig/ dngul bre chen bzhi/ rnga mo'i chibs pa gser ma dre'u/ gser gyi sga stan srab gsum dang bcas pa phul ba yin/ stag gi lo 'di yang rten gyi rgyu dngul bre chen lnga bcu rtsa drug/ gsol ja rtse lnga sigs nyis brgya/ gos chen yug bgya dang bcu tham pa/ mdor na 'ja' sa dang longs spyod 'di rnams thams cad chos kyi yon du phul ba yin/

번역 및 분석

번역

그와 같이 라마, [삼]보의 가피와 하늘이 임명한 황제(gnam gyis bskos pa'i rgyal po) 칭기스 칸(jing gir gan)과 대 황제(ye ga rgyal po) 뭉케(mong gor) 황제의 복덕으로, 그리고 붓다의 가르침에 이익을 주기 위하여, 쿠빌라이(go pe la)의 말(gtam) : 정등각(yang dag par rdzogs pa'i sangs rgyas, 正等覺) 성취자 석가모니로부터 벗어나지 않는 지혜와 가없는 비심(悲心)을 가지고, 보름달(zla ba nya gang ba)과 같은 복덕자량(福德資糧)과 지덕자량(智德資糧)을 완전히 이루시고, 일륜(nyi ma'i dkyil 'khor, 日輪)과 같이 무명(無明)의 어둠의 무리를 정복하시고, 야수의 왕 사자와 같이 마귀와 외도(mu stegs, 外道) 모두에게 승리하시니, 그 공덕과 공업(功業)과 가르침에 대하여 나와 비(妃) 차부이 카툰(cha bu ga bstun)은 신심이 생겼으므로 이전에 이미 가르침과 승단의 주인(bdag po)이 되었다. 지금 또한 법(法)의 주인 사꺄빠(즉 사꺄 빤디따)와 스승 팍빠에 대하여 믿음을 얻고 [불]법을 믿어 물-음-소해(1253)에 관정을 청하였고 법도 많이 성취하였으며, 특히 가르침과 승단의 주인이 될 것을 생각했다. 그 때문에 스승 팍빠의 앞으로 짱(gtsang) 지역의 삼보의 의지처와 승단이 해를 [입히지 않게] 지켜주는 이 훌륭한 조서('ja' sa)를 법에 대한 보시로 바치며 준다.

또한 스승(즉 팍빠)에게 의복[으로] 금과 진주로 장식한 가사(na bza' gser dang mu tig gis spras pa'i snam sbyar), 보석으로 장식한 숄(rin po ches brgyan pa'i phyam tshe), 법의(chos gos, 法衣), 보석[이 달린] 모자(zhwa), 장화(lhwam), 방석 등을 바쳤다.

또한 물품으로는 황금 산개(gser gyi gdugs, 傘蓋), 금으로 된 여러 색깔 방석(gser gyi khre'u), 금잔(gser gyi phor pa), 은과 보석이 있는(dngul gyi ja'o rin po che'i) 자루가 있는 검(yu ba can gyi gri) 등을 바쳤다.

그리고 또한 보석 종류로는 금 1정, 은 4정, 낙타를 탈 때 쓰는 금(rnga mo'i chibs pa gser ma), 나귀(dre'u), 금으로 된 얇은 안장과 쿠션(gser gyi sga stan srab) 세 종류를 바쳤다.

이 호랑이해(1254)에 또다시 인연을 위해 은 56정, 5째 전차(gsol ja rtse lnga sigs) 200편, 재단하지 않은 비단(gos chen yug) 110필을 바쳤다. 요약하면 성지('ja' sa)와 물품(longs spyod) 이것들은 모두 보시(chos kyi yon)로 바친 것이다.

분석

용어

gser dang mu tig gis spras pa'i snam sbyar ___ 금과 진주로 장식한 가사. 앞서 나왔던 '금과 진주로 된 가사(gser dang mu tig gi snam sbyar)'와 같은 품목인데 좀 더 자세히 묘사되어 있다.

rin po ches brgyan pa'i phyam tshe ___ 보석으로 장식한 솥. 마찬가지로 앞서 나온 사꺄파 측 기록에서는 단순히 솥(phyam tshe)로만 나와 있는데 쿠빌라이의 조서는 이 솥이 어떤 것이었는지 기록하고 있다.

dngul gyi ja'o rin po che'i yu ba can gyi gri ___ 은과 보석이 있는 자루가 있는 검. 『원사』의 "보도(寶刀)"로 추정. 승려에게 보시하는 물품으로서 검은 의외의 것일 수 있지만, 검은 전쟁

그림 9 산스크리트어가 새겨진 티베트 불교식 검. 명 영락(永樂) 연간
(Royal Armouries Museum, Leeds XXVIS.295)

의 무기일뿐만 아니라 불교 의례에도 사용되었다. 여기서 '자오(ja'o')는 티베트어가 아니며, 중국어의 음사로 보이는데 뜻은 알 수 없다.

dre'u ___ 보통 노새를 뜻하나 여기서는 보시품 중 보석 종류의 예로 나와 있어서, 아마도 앞뒤의 예처럼 보석 장식이 있는 안장으로서 노새를 탈 때 쓰는 것을 뜻하는 것으로 보인다.

기록의 의의

쿠빌라이가 중앙 티베트에 보낸 조서('ja' sa, Mong. jasay)의 일부로, 불교에 대한 자신의 시각을 설명하고 자신이 그전에 팍빠에게 준 보시품을 나열하고 있다. 이는 앞서 사꺄파 자체 기록에 남아 있는 1253년 기사와 같은 일을 적은 것인데, 쿠빌라이의 설명이 좀 더 자세하게 되어 있어서 참고할 만하다. 즉, 사꺄 측이 단순히 '솥'이라고 적은 것이 쿠빌라이에 의하면 사실은 '보석으로 장식한 솥'이었고 모자도 역시 보석이 달린 것이었으며 산개도 황금으로 된 것(gser gyi gdugs)이었던 것이다. 무엇보다 사꺄파 측에서 '금과 진주로 된 가사(gser dang mu tig gi snam sbyar)'라고 적은 것이 이 서신에서는 '금과 진주로 장식한 가사(gser dang mu tig gis spras pa'i snam sbyar)'라고 하여, 일견 비슷해 보이는 표현이나 그 모습을 좀 더 구체적으로 설명하고 있어 실제 모습 파악에 도움이 된다. 즉 이 가사는 분명히 나시즈(金錦)에 진주가 달린 형태였던 것이며 지순 의상으로 많이 쓰이던 고급 의복이었음을 알 수 있다. 쿠빌라이는 보시품을 크게 세 종류로 나누어 의복 관련 물품으로 가사(袈裟), 모자, 신발 등을 꼽았고, 일반 물품으로는 산개, 방석, 잔, 검을 언급하였으며, 보석 종류로는 금, 은 등을 주었다고 말하고 있으며 이 모두는 금, 은, 보석으로 장식한 최고 수준의 물건들을 보시하였다고 볼 수 있다.

마지막 문단(1254년 보시기록)은 이미 앞에서 다룬 내용으로, 이 조서 내에서 다시 반복되고 있다. 조서에서는 몇 개의 품목만 언급하고 있으나 각 품목에 대하여는 더욱 자세한 설명을 하고 있다. 예를 들어 이전 기사에서는 "전차 200편"이라고만 적은 것에 반해 여기에서는 "5쩨의 전차(gsol ja rtse lnga sigs) 200개"라고 썼다. 한편 재단하지 않은 견직물을 앞에서 dar yug 이라고 적은 것에 비해 쿠빌라이의 서신은 gos chen yug 이라고 적고 있어서, 같은 비단에 대해 티베트인들이 번역을 다양하게 한 것을 알 수 있다. 또한 검(gri)은 앞의 기사에서는 기록하지 않은 품목인데 전투용이라기보다 불교 의례용이었을 것이며, 다른 보시품들의 가치를 고려해보면 이 검 역시 보석 등이 달린, 가치가 큰 물건이었을 것임을 추측할 수 있다.

12. 도괸 최걜 팍빠 로되 걜챈

'Gro dgon chos rgyal 'Phags pa blo gros rgyal mtshan(6)

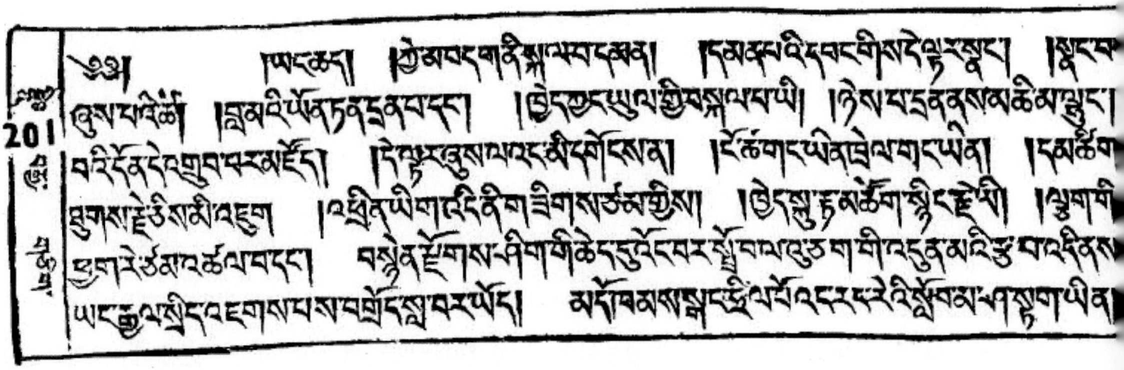

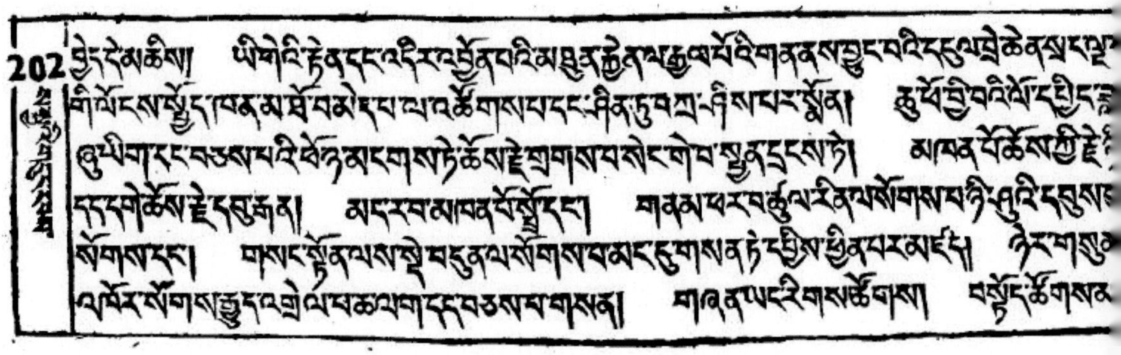

| 사료

Ngag dbang Kun dga' bsod nams, *Dzam gling byang phyogs kyi thub pa'i rgyal tshab chen po Dpal ldan Sa skya pa'i gdung rabs rin po che ji ltar byon pa'i tshul gyi rnam par thar pa ngo tshar rin po che'i bang mdzod dgos 'dod kun 'byung*. Delhi : Tashi Dorji ed., Dolanji, H.P. : distributor, Tibetan Bonpo Monastic Centre, 1975, pp.201:5~202:2; 阿

Text Image: bdr: MW30132

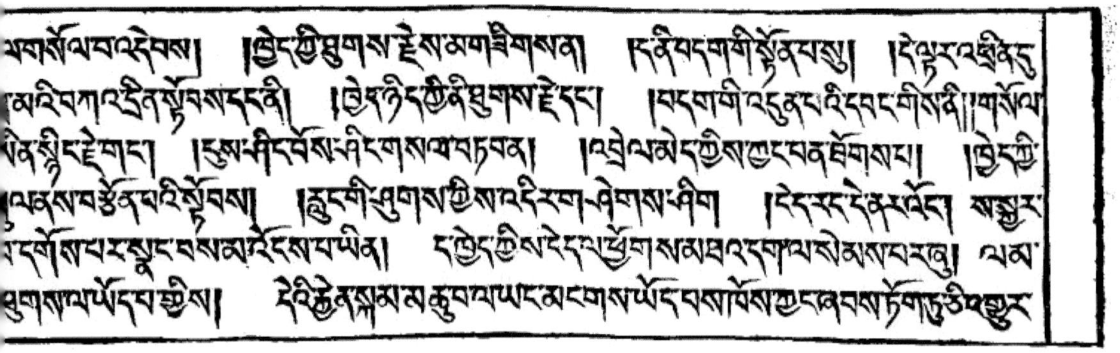

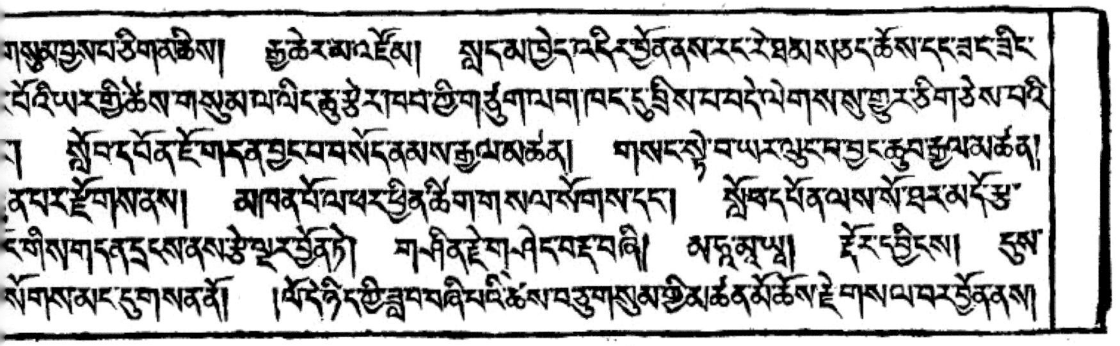

旺貢噶索南著, 陳慶英, 高禾福, 周潤年 譯註,『薩迦世系史』, 拉薩: 西藏人民出版社, 1989, p.121.

원문 전사

lam yang rgyal srid 'jags pas bgrod sla bar yod/ mdo khams sgang hril po'ang rang re'i slob ma sha stag yin/ de thugs la yod pa gyis/ deʾi rkyen skam mchu ba la yang mngags yod pas khos kyang zhabs tog tu ci ʾgyur 202 byed de mchis/ yi geʾi rten dang ʾdir ʾbyon paʾi mthun rkyen la rgyal poʾi gan nas byung baʾi dngul bre chen srang lnga bcu rtsa gsum byas pa cig mchis/ rgya cher ma ʾdzom/ slad ma khyed ʾdir byon nas rang re thams cad chos dang zang zing gi longs spyod kha na ma tho ba med pa la ʾtshogs pa dang shin tu bkra shis par smon/ chu pho byi baʾi lo dpyid zla ʾbring poʾi yar gyi tshes gsum la ling chu rtser khab kyi gtsug lag khang du bris pa bde legs su gyur cig ces paʾi zhu yig

| 번역 및 분석

번역

"정치가 안정되었기 때문에 노정 또한 오시기에 편안합니다. 도캄 지역 전체가 우리의 제자들 뿐입니다. 그것을 마음에 두어 주십시오. 이 때문에 깜추와(skam mchu ba)를 또한 보내두었으며 그도 [스승님을] 모든 것을 다하여 모실 것입니다. 서신과 함께 보내는 예품과 이곳으로 오시는 비용에 대하여는, 왕의 재고(gan, 財庫)로부터 나온 53상(srang)에 해당하는 은1정이 있습니다. 많지는 않지만, 후에 당신께서 이곳에 오시면 저희 모두가 교법과 세속의 방면에서 필요한 물자에 대해서는 잘못 없이 풍족하게 모이기를 상서로이 기도합니다. 물-양(陽)-쥐해(1252) 겨울 가운데 달(2월) 3일 양주(涼州, ling chu)의 쩨르캅(rtser khab) 사원에서 썼습니다. 길상(吉祥)을 빕니다"라고 하는 청을 적은 서신.

분석

용어

gan ___ 본래 티베트어는 아니며 중국어에서 온 것으로 보인다. 'treasury'를 뜻한다.

dngul bre chen srang lnga bcu rtsa gsum ___ 은53 상(srang)에 해당하는 은 정. srang(상): 상은 보통 '냥(兩)'으로 번역하는데 1데(bre)의 은은 8상에 해당했다. 앞에서 본 대로 몽골제국 시기에는 "데"에 크다는 뜻의 첸(chen)을 붙여 정, 발리시에 해당하는 단위를 만들어냈고 이 기록은 1데첸이 53상에 해당한다고 적고 있다.

ling chu ___ 양주(涼州). 현 감숙 무위(武威). 이 시기 티베트 사료는 대부분 양주를 티베트어

장외(byang ngos)로 적는데, 그곳에 머물고 있는 팍빠는 양주로 적고 있다.

기록의 의의

구족계를 받지 않은 채 티베트를 떠나 몽골 조정으로 온 팍빠가, 자신에게 계를 줄 스승을 구하여 청하는 서신이다. 1252년 시점이면 처음 팍빠 등을 초청했던 쿠텐은 이미 사망한 때이고 아마도 삼촌 사꺄 빤디따도 역시 세상을 떠난 후였을 것이며 팍빠는 양주에 아마도 동생 착나 도르제와 함께 남아 있었을 것이다. 팍빠는 스승을 초빙하면서 서신과 함께 선물과 노자로 쓸 은을 보내고 있고 이 비용은 서신에 따르면 쿠텐의 자손 지빅 테무르(jibiy temür) 등이 대고 있는 것으로 보인다. 한편 이 서신에서 팍빠는 '정' 단위가 아직 티베트에 정착하기 전이므로 그 가치를 상(srang)으로 환산하여 설명한 것으로 보이며 은 1정이 53상(srang)의 가치가 있다고 하는 기록은 주목할 만하다.

그림 10 사꺄 빤디따(左)와 팍빠(右) (Rubin Museum, C2006.66.23_Ptg)

13. 도괸 최갤 팍빠 로되 갤챈

'Gro dgon chos rgyal 'Phags pa blo gros rgyal mtshan(7)

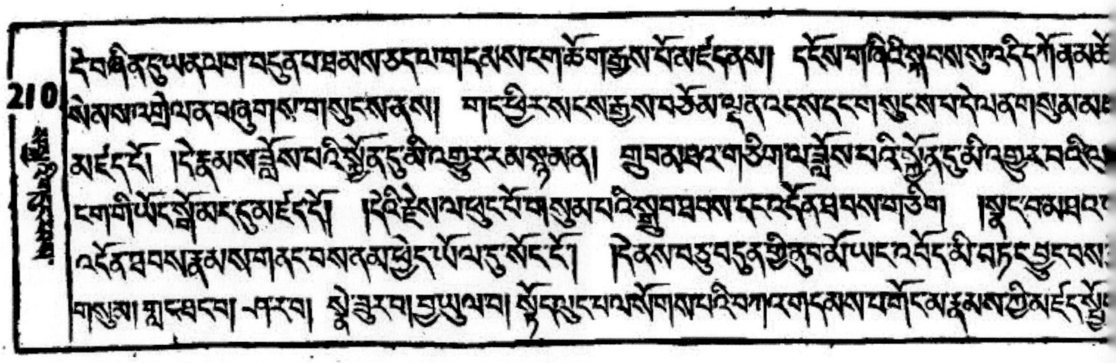

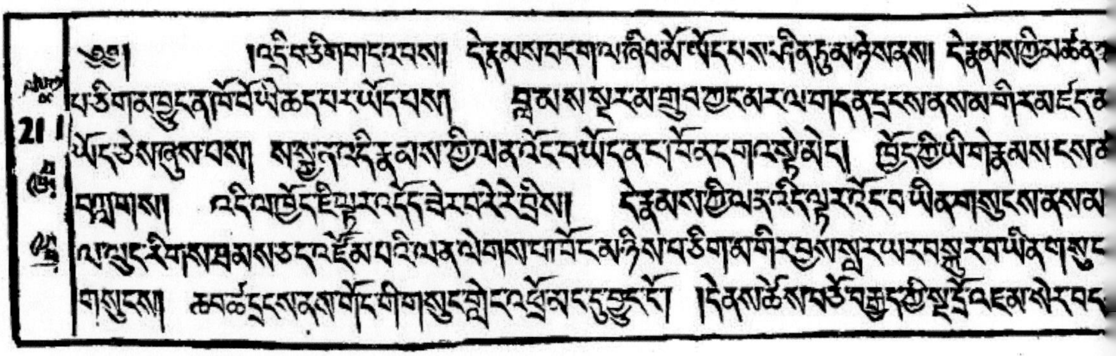

❙ 사료

Ngag dbang Kun dga' bsod nams, *Dzam gling byang phyogs kyi thub pa'i rgyal tshab chen po Dpal ldan Sa skya pa'i gdung rabs rin po che ji ltar byon pa'i tshul gyi rnam par thar pa ngo tshar rin po che'i bang mdzod dgos 'dod kun 'byung.* Delhi : Tashi Dorji ed.,

Text Image: bdr: MW30132

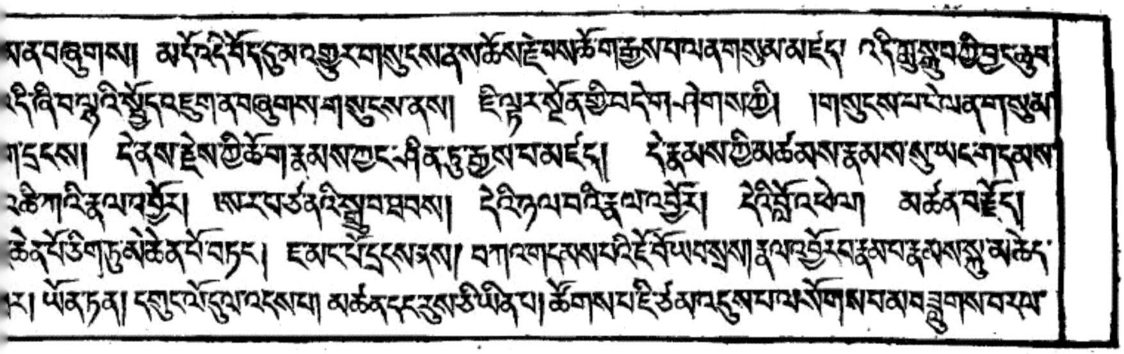

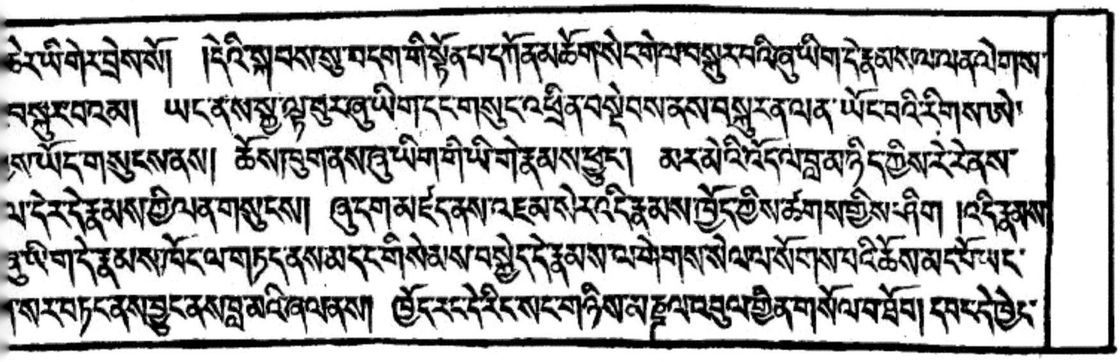

Dolanji, H.P. : distributor, Tibetan Bonpo Monastic Centre, 1975, p.210:5~211:1; 阿旺貢噶索南著, 陳慶英, 高禾福, 周潤年 譯註,『薩迦世系史』, 拉薩: 西藏人民出版社, 1989, pp.125~126.

원문 전사

de nas bcu bdun gyi nub mo yang 'bod mi btang byung bas phying gur chen po cig tu me chen po btang/ ja mang po drangs nas/ bka' gdams pa'i jo bo yab sras/ rnal 'byor pa rnam pa rnams sku mched gsum/ glang thang ba/ shar ba/ sne zur ba/ bya yul ba/ stod lung pa la sogs pa'i bka' gdams pa gong ma rnams kyi mdzad spyod/ rnam thar/ yon tan/ dgung lo du la 'das pa/ mtshan dang rus ci yin pa/ tshogs pa ji tsam 'dus pa la sogs pa ma bzlugs par la 211 'dri ba cig gda' bas/ de rnams bdag la zhib mo yod pas shin tu mnyes nas/

번역 및 분석

번역

그러고 나서 17일 저녁에 [팍빠가] 또다시 초대하는 사람을 [나, 즉 까담파 승려 남카 뵌에게] 보내왔고, 커다란 모전(毛氈) 천막(phying gur) 안에서 큰 불을 피워 내게 많은 차(ja)를 끓여주면서 까담파의 시조 부자(父子)에 대한 것과 유가사(rnal 'byor pa, 瑜伽師) 삼형제, 랑탕와, 샤르와, 네수르와, 자윌와, 뙤룽빠 등 까담파의 선조들의 행적 · 전기 · 공덕 · 향년(gung lo du la 'das pa), 이름과 성이 무엇인지, 몇 명의 제자를 모았는지 등 묻지 않았던 것을 물었다. 그것에 대해 내가 상세히 대답하니 매우 기뻐하였다.

분석

용어

phying gur ＿ gur는 천막을 말하고, phying은 모전(felt)을 뜻한다. 티베트인들은 야크털과 가죽으로 검은 색 텐트를 만들어 사용한다.

기록의 의의

티베트 승려들이 몽골 지배층으로부터 차를 보시받은 기록은 다수 있는데 실제 사용 기록은 거의 없다. 이 기록은 팍빠가 타 교파인 까담파(bka' gdams pa)의 주요 승려를 초빙해서 차를 끓여준

그림 11 찻주전자와 발우(보성 티벳 박물관)

것을 말하고 있다. 자신에게 차를 "많이(mang po)" 주었다고 기록한 것에서, 아낌없이 차를 대접하는 것이 귀한 손님에 대한 접대 방식이었던 것을 알 수 있다.

14. 도괸 최갤 팍빠 로되 갤챈

'Gro dgon chos rgyal 'Phags pa blo gros rgyal mtshan(8)

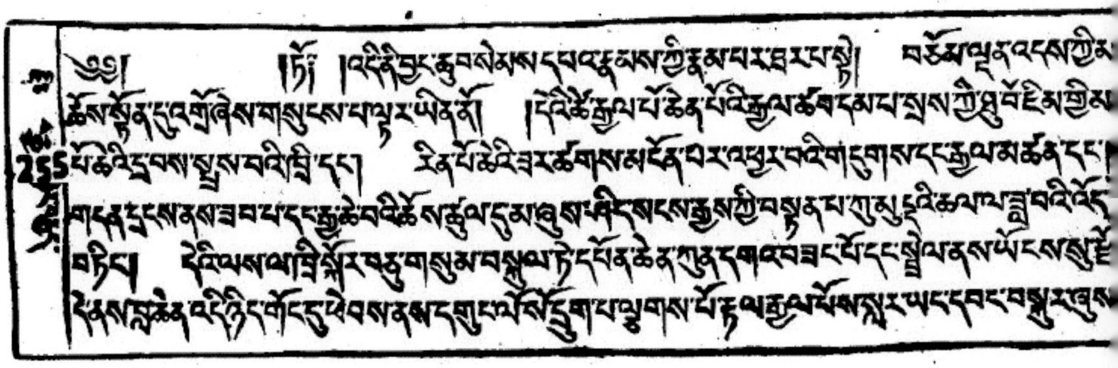

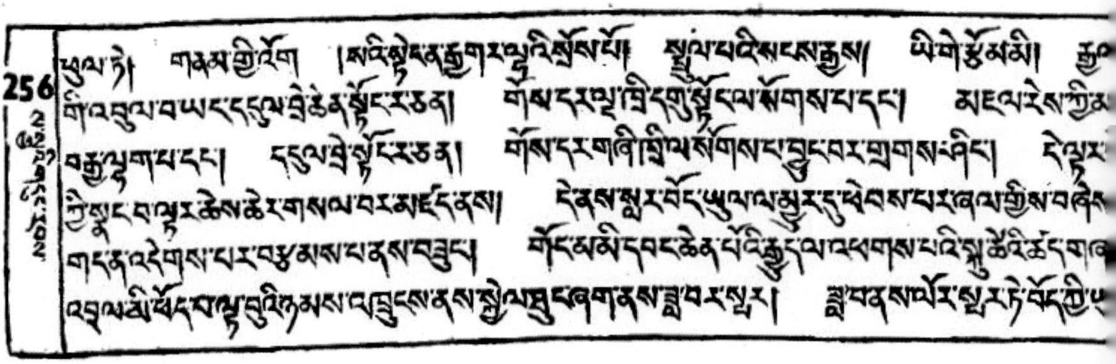

| 사료

Ngag dbang Kun dga' bsod nams, *Dzam gling byang phyogs kyi thub pa'i rgyal tshab chen po Dpal ldan Sa skya pa'i gdung rabs rin po che ji ltar byon pa'i tshul gyi rnam par thar*

Text Image: bdr: MW30132

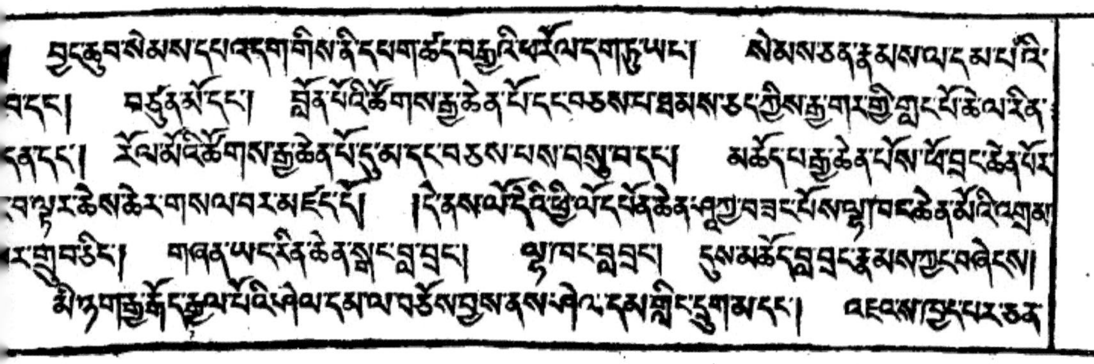

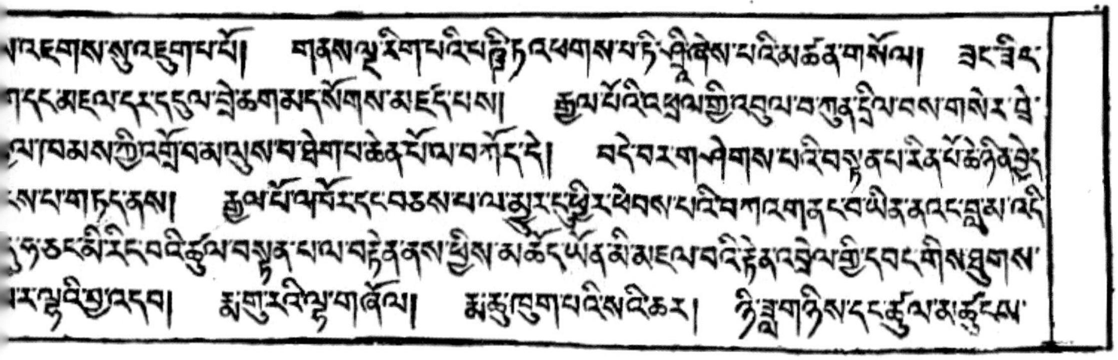

pa ngo tshar rin po che'i bang mdzod dgos 'dod kun 'byung. Delhi : Tashi Dorji ed., Dolanji, H.P. : distributor, Tibetan Bonpo Monastic Centre, 1975, pp.255:6~256:4; 阿旺貢噶索南著, 陳慶英, 高禾福, 周潤年 譯註,『薩迦世系史』, 拉薩: 西藏人民出版社, 1989, p.147.

de nas bla chen 'di nyid gong du phebs nas dgung lo so drug pa lcags po rta la rgyal
pos slar yang dbang bskur zhus pa'i tshe/ mi nyag rgya rgod rgyal po'i shel dam la
bcos byas nas shel dam gling drug ma dang/ 'ja' sa khyad par can 256 phul te/ gnam
gyi 'og/ sa'i steng na rgya gar lha'i sras po/ sprul pa'i sangs rgyas/ yi ge rtsom mi/ rgyal
khams 'jags su 'jug pa bo/ gnas lnga rig pa'i paN+Di ta 'phags pa ti shrI zhes pa'i mtshan
gsol/ zang zing gi 'bul ba yang dngul bre chen stong ra can/ gos dar lnga khri dgu
stong la sogs pa dang/ mjal res kyi mthong phyag dang mjal dar dngul bre chag mad
sogs mdzad pas/ rgyal po'i 'phral gyi 'bul ba kun dril bas gser bre brgya lhag pa dang/
dngul bre stong ra can/ gos dar gzhi khri la sogs pa byung bar grags shing/ de ltar hor
gyi rgyal khams kyi 'gro ba ma lus pa theg pa chen po la bkod de/ bde bar gshegs pa'i
bstan pa rin po che nyin byed kyi snang ba ltar ches cher gsal bar mdzad nas/

번역 및 분석

번역

그 후 이 대 라마(팍빠)께서 조정에 이르고 나서 36세이던 철-양(陽)-말해(1270)에 황제(쿠빌라
이)가 다시 관정을 청할 때, 서하(mi nyag)의 갸괴(rgya rgod)왕의[47] 수정인(水晶印, shel dam)을 고
친 육릉(gling drug ma, 六陵) 수정인과 특별 조서('ja' sa)를 [팍빠에게] 바치고, "皇天之下 大地之
上 西天佛子 化身佛陀 創製文字 補治國政 五明 빤디따 팍빠 帝師(gnam gyi 'og sa'i steng na
rgya gar lha'i sras po sprul pa'i sangs rgyas yi ge rtsom mi/ rgyal khams 'jags su 'jug pa bo gnas lnga rig pa'i

47 갸괴는 보통 걜괴(rgyal rgod)라고 불리는 서하의 왕으로, 일찍이 팍빠의 삼촌인 사꺄 빤디따는 이 왕의 전세(轉世)
가 바로 쿠텐 왕자라고 선언한 바 있다. 쿠텐에게 있었을 것으로 보이는 이 인(印)이 쿠빌라이에게 넘어간 것으로
보이는데, 어째서 이 인을 고쳐서 승려인 팍빠에게 주었다는 것인지 알 수 없다. 제사 임명 관련 내용을 다룬 한문
사료에는 이 기록이 없다. '쿠텐의 전세'에 관하여는 최소영, 2019, 앞의 논문, 139~140쪽 참고.

paN+Dita 'phags pa ti sI)"[48]라는 칭호를 주었으며, 물품 공양으로 또한 은(dngul) 1,000정, 비단(gos dar) 59,000필 등을 바쳤다.

또한 매번 만날 때마다 카닥(mjal dar), 은을 끊임없이 바쳤다. 황제가 그때그때 봉헌한 보시품만 모두 합쳐 금 100정 이상, 은 1,000정, 비단(gos dar) 4만여 필이라고 알려져 있다. 그와 같이 [팍빠는] 몽골 왕국의 모든 중생이 남김없이 대승(大乘)에 있게 하고, 석가모니의 소중한 가르침이 태양이 빛나는 것처럼 매우 분명해지게 하셨다.

분석

용어

shel dam ___ shel gyi dam kha. 수정으로 만든 인. dam은 dam kha 혹은 tham kha 등으로 표기되며 몽골어 tamγa 에서 왔을 것이다.

gos dar ___ gos 와 dar를 분리하여 비단과 브로케이드 두 가지라고 보기도 하고[49] 합쳐서 비단의 일종인 주단으로 보기도 한다(藏漢辭典). gos dar 와 dar gos, 그리고 독립적으로 표기된 dar 나 gos만 나온 경우 등 다양한 형태의 직물을 가리키는 티베트어 번역에 대하여 연구의 진척이 필요하다.

mjal dar ___ 각 단어를 나누어 보면 "뵙다-비단"이다. '카닥'의 높임말로, 존경이나 환영의 의미로 바치는 실크로, 주로 흰 색상이다.

기록의 의의

쿠빌라이가 아직 제왕이고 팍빠는 그의 곁에 있던 승려일 뿐이던 과거에 비해, 본 기록에서 쿠빌라이는 대칸이 되고, 팍빠는 제사가 되었다. 따라서 보시품의 양이 은 1,000정, 비단 59,000필로 크게 늘어나 있고, 보시품의 품목은 제왕, 후비, 공주, 부마들에게 주던 것과 같은 금, 은, 비단 위주인 것을 알 수 있다.

---

48 『불조역대통재(佛祖歷代通載)』 권21에 수록된 팍빠행장에서 보이는 팍빠의 호칭은 "皇天之下一人之上開教宣文輔治大聖至德普覺真智佑國如意大寶法王西天佛子大元帝師班彌怛拔思發帝師"이다. 이는 그가 사망한 뒤에 사여된 칭호임을 알 수 있는데, 『원사(元史)』 권202, 「釋老傳」(北京: 中華書局, 1976)에 쿠빌라이가 팍빠가 사망한 소식을 듣고나서 팍빠에게 "皇天之下, 一人之上, 〔開教〕宣文輔治, 大聖至德, 普覺真智, 佑國如意, 大寶法王, 西天佛子, 大元帝師"라는 칭호를 내렸다고 하고 있다.

49 "silk and brocade", Per K. Sōrensen, & Guntram Hazod, 앞의 책, p.184를 비롯하여 다수.

이전에 토번제국 시기 당(唐)이 매년 토번에 비단(dar yug)을 5만 필씩 바쳤다고 한다.[50] 비단의 품질을 논외로 두고 볼 때, 국가 대 국가로 바친 양이 5만 필이었다는 점을 고려하면, 몽골 대칸이 팍빠라는 개인에게 관정의 대가로 한 번에 바친 비단이 5만 9,000필이었다는 것은 대단한 양이라고 할 수 있다. 또한, 이후에도 쿠빌라이가 매번 바친 보시가 모두 금 100정, 은 1,000정에 비단 4만 필에 이른다는 기록은 팍빠에 대한 쿠빌라이의 존경과 신심이 대단했음을 보여주는 한편, 몽골제국의 번영이 극에 달했음을 상징하기도 한다. 이 시기 팍빠에 대한 사꺄 측의 기록이 팍빠에게 "매일매일 특별한 재물이 끊임없이 손에 들어왔다"라고 말하는 것은 과장이 아닌 것이다.

50 관련 내용은 최소영, 2021, 202쪽 참고.

15. 도괸 최걜 팍빠 로되 걜챈

'Gro dgon chos rgyal 'Phags pa blo gros rgyal mtshan(9)

| 사료

Ngag dbang Kun dga′ bsod nams, *Dzam gling byang phyogs kyi thub pa′i rgyal tshab chen po Dpal ldan Sa skya pa′i gdung rabs rin po che ji ltar byon pa′i tshul gyi rnam par thar pa ngo tshar rin po che′i bang mdzod dgos ′dod kun ′byung*. Delhi : Tashi Dorji ed., Dolanji, H.P. : distributor, Tibetan Bonpo Monastic Centre, 1975, pp.256:4~257:2; 阿旺貢噶索南著, 陳慶英, 高禾福, 周潤年 譯註,『薩迦世系史』, 拉薩: 西藏人民出版社, 1989, p.147.

| 원문 전사

de nas slar bod yul la myur du phebs par zhal gyis bzhes te dgongs pa gtad nas/ rgyal po ′khor dang bcas pa la myur du phyir phebs pa′i bka′ gnang ba yin na′ang bla ma ′di gdan ′degs par brtsams pa nas bzung/ gong ma mi dbang chen po′i rgyud la ′phags pa′i sku tshe′i tshad gzhan snang du ha cang mi ring ba′i tshul bstan pa la brten nas phyis mchod yon mi mjal ba′i rten ′brel gyi dbang gis thugs ′bral mi phod pa lta bu′i nyams ′khrungs nas skyel thung zhag nas zla bar spar/ zla ba nas lor spar te bod kyi yul spom ra lha′i bya ′dab/ rma gu ra′i lha gzhol/ rma chu khug pa′i sa′i char/ nyi zla gnyis dang tshul mtshungs 257 pa′i yon mchod gdan ′dzom pa la/ mtha′i rgyal po yan lag bzhi′i dpung tshogs la dbang thob pa bcu gcig ′khor ′bum phrag mang pos bskor ba dang

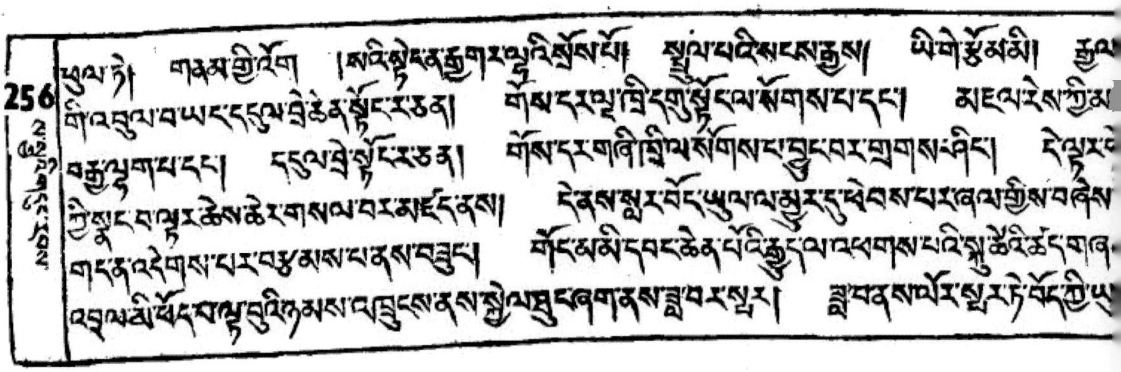

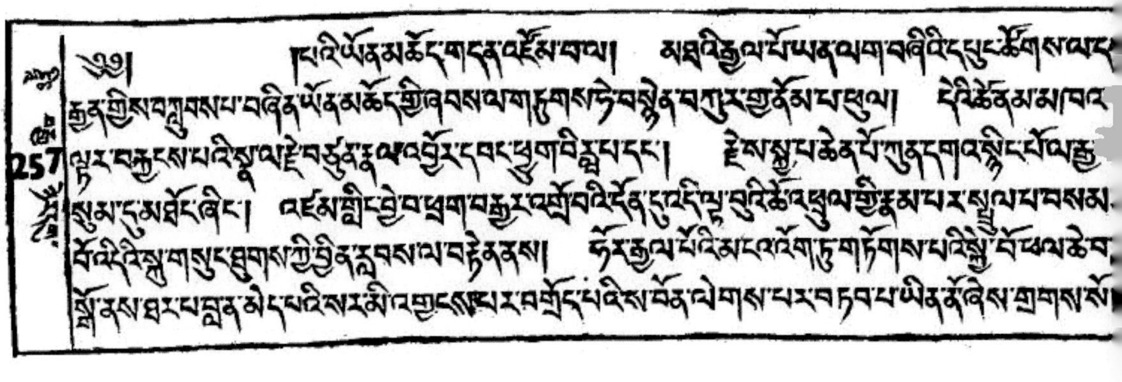

bcas pas zang zing gi mchod sprin dbyar dus kyi ʹdzin ma rgyan gyis bklubs pa bzhin yon mchod kyi zhabs la gtugs te bsnyen bkur gya nom pa phul/

번역 및 분석

번역

그 후 [팍빠는] 다시 티베트로 속히 갈 것을 청하여 동의를 얻고 황제의 권속들에게 곧 돌아오겠다고 말씀하셨으나, 이 라마가 떠나기 시작할 때부터 인주(人主) 대황제(gong ma mi dbang chen po)는 마음에서 팍빠의 수명이 아주 길지는 않다는 것을 알았다. 후에 시주와 법주가 만나지 못하게 될 것이기 때문에, 만나고자 하는 마음으로 편치 못한 마음이 생겨 배웅을 간 것이 날에서 달로, 달에서 해로 가서 티베트 지방의 신의 날개 같은 뽐라(spom ra)산, 신이 누워 있는 것 같은

Text Image: bdr: MW30132

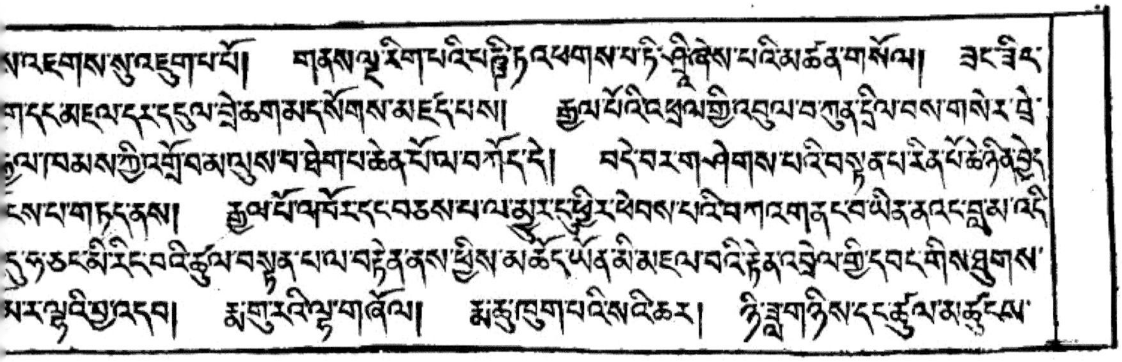

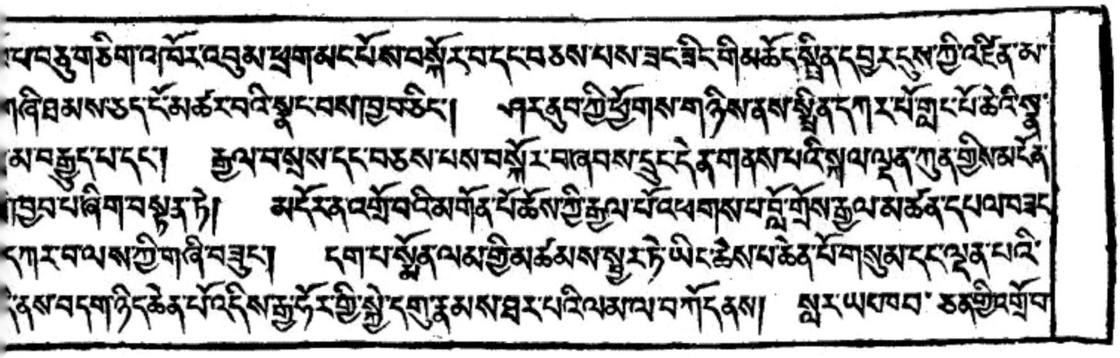

마구라(rma gu ra), 황하(rma chu)가 굽이치는 지역까지 두 해와 달처럼 시주와 법주가 함께하였다. 변지(邊地) 4왕의 군대에 지휘관이 11명이 따르는 등 10만여 명이 둘러싸고 따라오니, 보시 물품 더미가 여름의 대지가 온갖 것으로 뒤덮인 것처럼 시주와 법주의 발치에 쌓였으며 대단한 존경이 바쳐졌다.

분석

용어

spom ra ___ 암도 지방의 설산.

기록의 의의

쿠빌라이의 황태자 진김이 팍빠를 배웅하여 중앙 티베트까지 갔는가 하는 문제는 학자들 사이에 논란이 되어 왔다. 핵심이 되는 기록이 바로 이 기사와 후에 티베트 추믹 지역에서의 대법회를 진김이 보시하여 개최했다는 기사이다. 이 기사는 팍빠를 배웅한 것이 "인주 대황제(gong ma mi dbang chen po)"라고 적고 있다. 쿠빌라이가 몸소 수도를 벗어나 티베트 변경까지 갔을 리는 없으니 이는 당시 황태자 진김이라고 생각된다. 몽골제국 시기 티베트 기록에서 황태자를 황제로 부른 경우는 두 가지인데 하나는 쿠빌라이 시기 진김에 대해, 또 하나는 토곤 테무르 시기 아유르바르와다를 소황제라고 부른 경우다. 이 기록에서 팍빠와 인주 대황제, 즉 진김이 함께 갔다는 "티베트의 황하가 굽이치는 지역"이 반드시 중앙 티베트일 수는 없을 것이다. 진김이 실제로 중앙 티베트의 사꺄까지 갔다면 그곳에서의 그의 행적이 어딘가 남았을 것이나 관련 기록은 남아 있는 것이 없다. 다음 기사에서 보이는 추믹 대법회의 비용을 보시한 것이 유일한 기록인데 이는 진김이 직접 사꺄까지 가지 않아도 가능한 일이었다. 어쨌든 '변지의 4왕'을 비롯하여 10만 명이 팍빠를 호위한 것은, 어디까지였는지는 모르나 황태자 진김이 함께 갔기 때문에 일어난 상황이었을 것이다.

16. 도괸 최갤 팍빠 로되 갤챈

'Gro dgon chos rgyal 'Phags pa blo gros rgyal mtshan(10)

❙ 사료

Ngag dbang Kun dga' bsod nams, *Dzam gling byang phyogs kyi thub pa'i rgyal tshab chen po Dpal ldan Sa skya pa'i gdung rabs rin po che ji ltar byon pa'i tshul gyi rnam par thar pa ngo tshar rin po che'i bang mdzod dgos 'dod kun 'byung.* Delhi : Tashi Dorji ed., Dolanji, H.P. : distributor, Tibetan Bonpo Monastic Centre, 1975, p.259:2~5; 阿旺貢噶索南 著, 陳慶英, 高禾福, 周潤年 譯註,『薩迦世系史』, 拉薩: 西藏人民出版社, 1989, p.148.

❙ 원문 전사

de nas me mo glang gi lo dpyid zla ra ba la rgyal po jim gyim zhes bya bas sbyin bdag byas nas gtsang chu mig ring mor chos kyi 'khor lo rgya chen po bskor ba'i tshe/ bdag nyid chen po 'dis dge 'dun khri phrag bdun lhag pa la zhal zas gya nom pas bsnyen bkur nas/ dge 'dun re re la gser zho re/ sum snam re'i 'gyed mdzad cing zab pa dang rgya che ba'i chos kyi 'khor lo rgya chen po bskor te/ der 'khor 'dus pa dge 'dun khri phrag bdun dang/ gzhan yang chos smra ba'i bshes gnyen gzhung lugs du ma'i pha rol du son pa stong phrag du ma dang/ skye bo phal pa dang bcas pa'i 'bum phrag du longs pa la rgyal ba thams cad kyi bgrod pa gcig pa'i lam po che theg pa chen po'i byang chub kyi mchog tu sems bskyed pa gnang ste/ de thams cad kyang 'bras bu bla na med pa rdzogs pa'i byang chub tu nges pa kho nar mdzad pa yin te

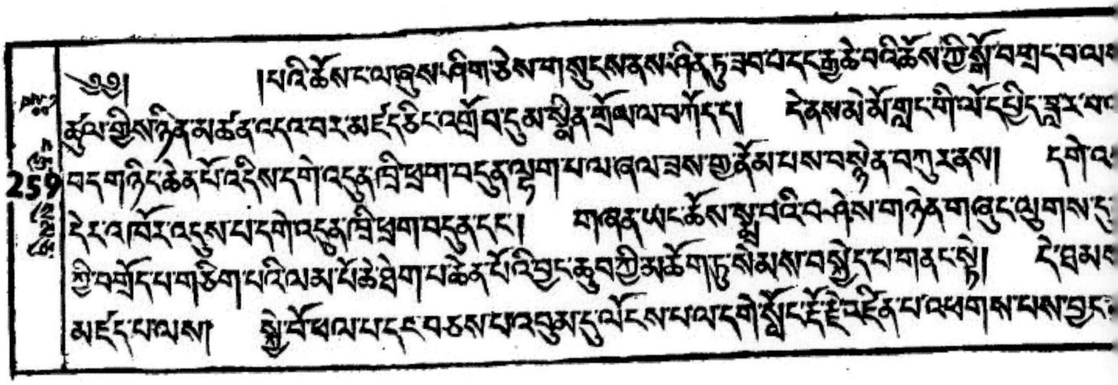

번역 및 분석

번역

그후 불-음(陰)-소해 봄의 첫째 달에 진김 황제(rgyal po jim gyim)라고 하는 이가 시주가 되어 짱(gtsang) 추믹 링모(chu mig ring mo)에서 대법륜을 굴릴 때, 이 대 주재자(bdag nyid chen po, 즉 팍빠)는 7만 명이 넘는 승려에게 대단히 좋은 음식을 접대했고 승려마다 금 1쇼(zho)와 두꺼운 모직천(snam) 세 필씩을 선물로 주셨으며, 깊고 광대한 대법륜을 굴리셨다. 그곳에 모인 군중은 승려 7만과 경을 강설하는 스승 수천 명이 건너편에 도착하였고, 또 일반인 등 10만 명이 이르렀으며, 승리자(즉 팍빠)께서 모든 사람의 큰 한 길을 대승(theg pa chen po, 大乘)의 수승한 보리로 발심하게 해주셨고, 그들 모두가 역시 무상정과('bras bu bla na med pa, 無上正果)를 이루는 보리행으로 전념하는 것을 확실하게 하셨다.

분석

용어

zho ___ 쇼. 은 등의 무게를 재는 티베트 전통 단위로, 상(srang)의 10분의 1이다.

기록의 의의

위에서 팍빠가 티베트로 돌아올 때 인주 대황제가 옆에서 배웅하다가 날이 달로, 달이 해로 바뀐 기록을 보았는데, 여기서 짱 지역 추믹 링모에서 열린 법회의 보시를 진김이 할 수 있었던 것

Text Image: bdr: MW30132

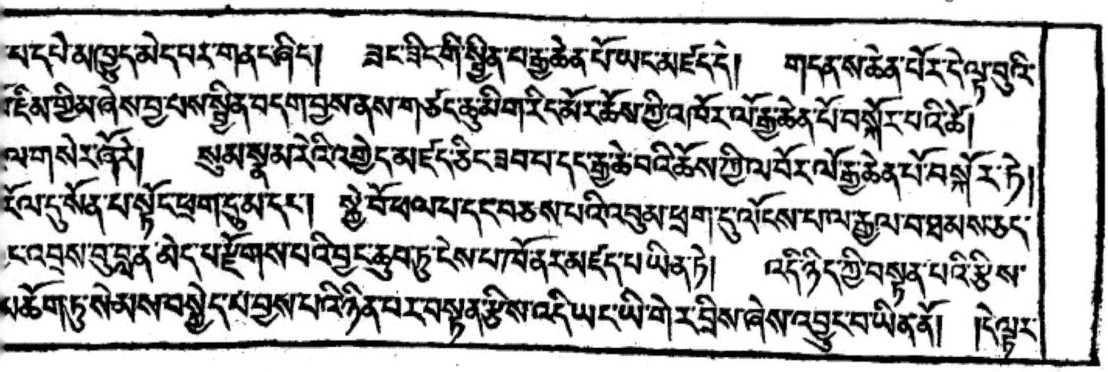

은 그가 직접 티베트에 갔기 때문이라고 보기도 한다. 다만 이때는 남송 전쟁에 몽골 지배층이 몰두하던 때라 중요한 시기에 황태자가 티베트에 간 이유를 밝히기가 어려운데, 진경영은 네팔과 인도를 공격하기 위해 티베트에 길을 내려고 갔을 가능성이 있다고 보았다.[51] 또한 1819년 편찬된 『몽골불교사(Hor chos 'byung)』는 진김이 팍빠를 티베트까지 호송함으로써 부친 쿠빌라이의 환심을 사서 태자에 임명되었다고 적고 있다.[52]

7만명이 넘는 승려 모두에게 금을 1쇼씩 준 것은 대단한 양이다. 진김이 시주한 것은 물론, 앞에서 차부이가 관정 후 바친 진주 귀걸이를 팔아 얻은 금도 역시 이 추믹 법회 비용으로 썼다고 했다. 몽골 조정에서 티베트로 돌아온 팍빠가 몽골의 후원으로 이렇듯 모든 교파의 승려들을 모아 연 대규모의 법회는 티베트에서 팍빠의 위상을 높였을 것이다. 추믹 법회는 이후에도 큰 법회의 상징이 되어 남았다.

한편 팍빠가 금과 더불어 승려들에게 나눠 준 것은 남(snam, snam bu) 즉 티베트산 모직물이다. 남(남부)은 티베트의 고승들이 몽골인 등 순례자들에게 하사하는 물품이기도 했다. 5대 달라이라마는 몽골인인 4대 달라이 라마 원적 후 라싸로 찾아온 몽골인들이 자신에게 보시를 하자 답례로 남부와 산호 등을 나눠 주었다.[53]

---

51 陳慶英,『帝師八思巴傳』, 北京: 中國藏學出版社, 2007, pp.147~150.

52 固始噶居巴 · 羅桑澤培 著, 陳慶英 烏力吉 譯,『蒙古佛教史』, 天津: 天津古籍出版社, 2004, p.13.

53 "타이지를 필두로 한, 새로 방문하였다가 돌아가는 사람들에게 나는 산호(byu ru, 珊瑚), 호박(spos shel, 琥珀), 모직물(snam) 등을 풍부하게 주었다." (Ngag dbang blo bzang rgya mtsho, *Za hor gyi ban de ngag dbang blo bzang rgya mtsho'i 'di snang 'khrul pa'i rol rtsed rtogs brjod kyi tshul du bkod pa du kU la'o gos bzang,* Lhasa: Bod ljongs mi dmangs dpe skrun khang, 1989, p.81)

17. 도괸 최갤 팍빠 로되 갤챈

'Gro dgon chos rgyal 'Phags pa blo gros rgyal mtshan(11)

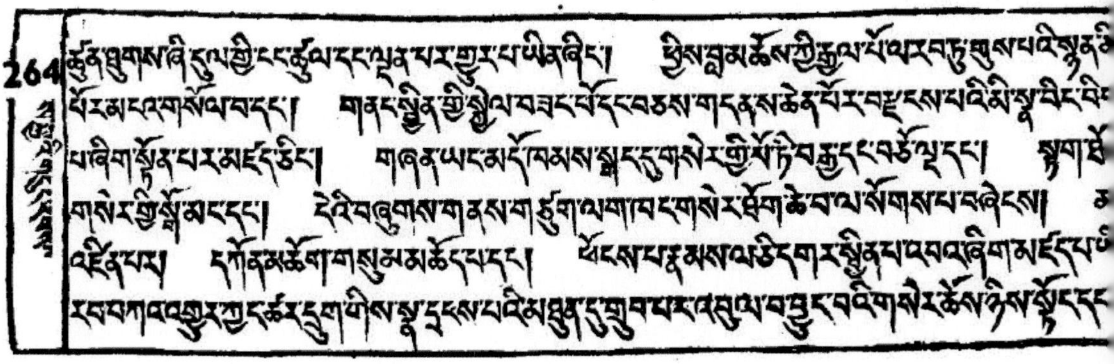

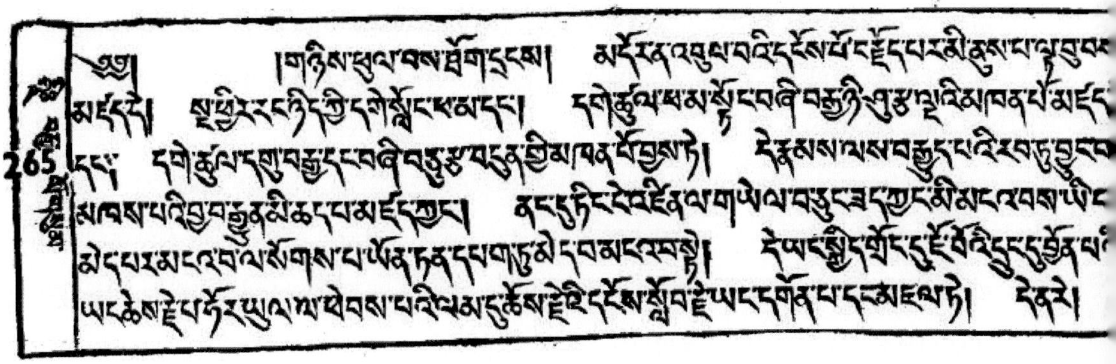

| 사료

Ngag dbang Kun dga' bsod nams, *Dzam gling byang phyogs kyi thub pa'i rgyal tshab chen po Dpal ldan Sa skya pa'i gdung rabs rin po che ji ltar byon pa'i tshul gyi rnam par thar pa ngo tshar rin po che'i bang mdzod dgos 'dod kun 'byung.* Delhi : Tashi Dorji

Text Image: bdr: MW30132

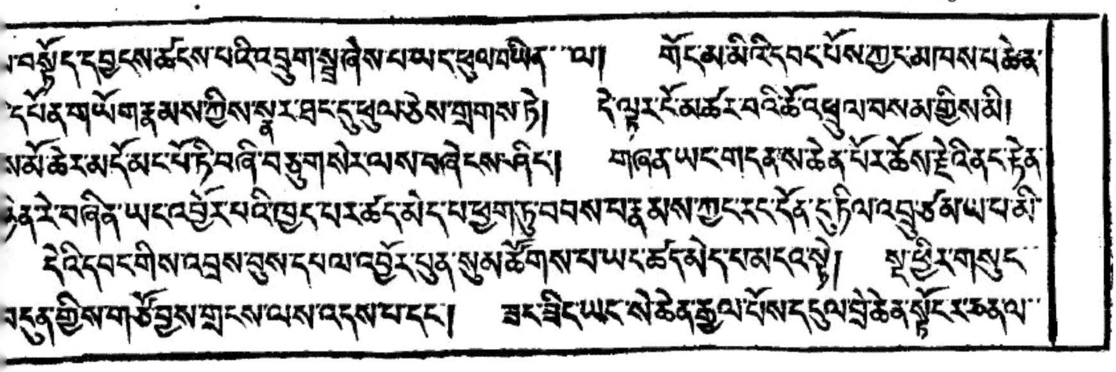

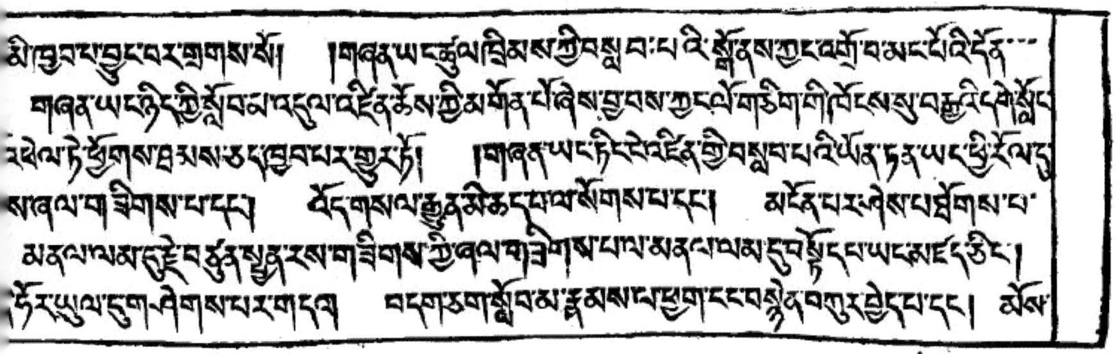

ed., Dolanji, H.P. : distributor, Tibetan Bonpo Monastic Centre, 1975, pp.264:3~265:1; 阿旺貢噶索南著, 陳慶英, 高禾福, 周潤年 譯註,『薩迦世系史』, 拉薩: 西藏人民出版社, 1989, p.150.

원문 전사

gzhan yang mdo khams sgang du gser gyi po ti brgya dang bco lnga dang/ stag thog gzhis mo cher mdo mang po ti bzhi bcu gser las bzhengs shing/ gzhan yang gdan sa chen por chos rje'i nang rten gser gyi sgo mang dang/ de'i bzhugs gnas gtsug lag khang gser thog che ba la sogs pa bzhengs/ mdor na nyin re bzhin yang 'byor pa'i khyad par tshad med pa phyag tu babs pa rnams kyang rang don du til 'bru tsam yab mi 'dzin par/ dkon mchog gsum mchod pa dang/ phongs pa rnams la ci dgar sbyin pa 'ba' zhig mdzad pa yin la/ de'i dbang gis 'bras bus dpal 'byor pun sum tshogs pa yang tshad med pa mnga' ste/ snga phyir gsung rab bka' 'gyur kyang tshar drug gis sna drangs pa'i mthun du grub par 'bul ba byung ba'i gser chos nyis stong dang brgya nga bdun gyis gtso byas grangs las 'das pa dang/ zang zing yang se chen rgyal pos dngul bre chen stong ra can la 265 gnyis phul bas thog drangs/ mdor na 'bul ba'i dngos po brjod par mi nus pa lta bu bsam gyis mi khyab pa byung bar grags so//

번역 및 분석

번역

또한, 도캄에서 금으로 만든 불경 115부와, 딱톡 시모체(stag thog gzhis mo che)에서 불경 40부를 금으로 제작하였으며, 대 사원(사꺄 사원)에서 최제(chos rje) 팍빠의 백부 사꺄 빤디따의 조각상, 금제 다문[탑](多門塔)과 그 안치소에 대금정(gser thog che ba, 大金頂)을 시설하였다.

요약하면, [팍빠는] 매일매일 끊임없이 손에 들어오는 특별한 재물을 자신을 위해서는 깨알(til 'bru)만큼도 가지지 않고 삼보(三寶)에 바쳤으며 가난한 자들을 위해 무엇이나 오로지 보시를 하시니, 그 때문에 풍족(dpal 'byor)하며 원만한(phun sum tshogs pa) 과(果)를 막힘없이 소유했다. 전후(前後)로 깐규르(bka' 'gyur, 經藏) 역시 여섯 차례 선독(先讀)했으며, 그로 인하여 보시로 얻은 금사(金寫) 경전 2,157부를 비롯하여 셀 수 없을 만큼 있고, 보시품도 역시 세첸 황제(se chen rgyal po, 즉 쿠빌라이)가 은 1,000정을 두 차례 보시한 것을 필두로 하여 요약하면 말로 다 할 수 없는 보시 물품이 상상할 수 없을 정도로 생겼다고 한다.

분석

용어

gser gyi po ti ___ 금(으로 쓰인) 경전. 금사한 경전.

gser gyi sgo mang ___ "황금 다문탑(多門塔)". 'sgo mang'은 문이 많다는 뜻으로, 문 모양을 다수 장식한 불탑을 말한다.

gser thog ___ '금-꼭대기'의 뜻. 지붕에 금으로 장식한 것.

bka' 'gyur ___ 깐규르. 경전을 번역한 것. '말씀-번역하다' 논서를 번역한 것은 땐규르(bstan 'gyur)라고 한다. 각각 구개음화되어 간주르, 단주르라고 읽기도 한다.

기록의 의의

앞 단락은 팍빠가 쿠빌라이를 비롯한 몽골 황족들로부터 받은 대량의 금을 어디에 썼는지를 적고 있다. 경전 금사나 사원의 황금탑 건설, 사원의 꼭대기에 금정을 세우는 것에 쓴 것을 말하면서 그가 보시들을 자신의 이익을 위해서는 조금도 쓰지 않고 불교를 위해 사용했음을 강조한다.

또한 깐규르 선독을 통해 팍빠 개인이 받은 것이 금사 경전 2,000부 이상, 그리고 두 차례에 걸쳐 은 1,000정이라고 하면, 함께 불사에 참석한 승려들도 팍빠에는 훨씬 못 미쳐도 상당한 양의 보시를 받았을 것이다. 앞의 기사에 이어 이 기사 역시 제국 번영의 정점에 있던 쿠빌라이 재위기 그의 제사 팍빠가 얻은 권세와 재화를 잘 보여주고 있다.

18. 도괸 최걜 팍빠 로되 걜챈

'Gro dgon chos rgyal 'Phags pa blo gros rgyal mtshan(12)

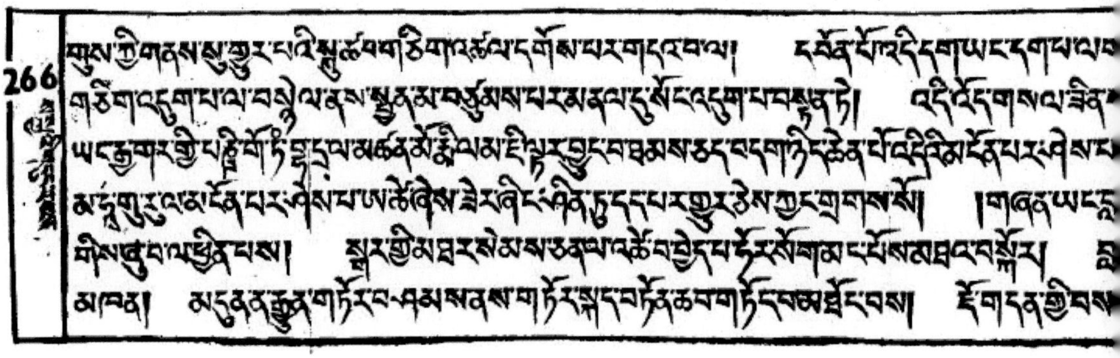

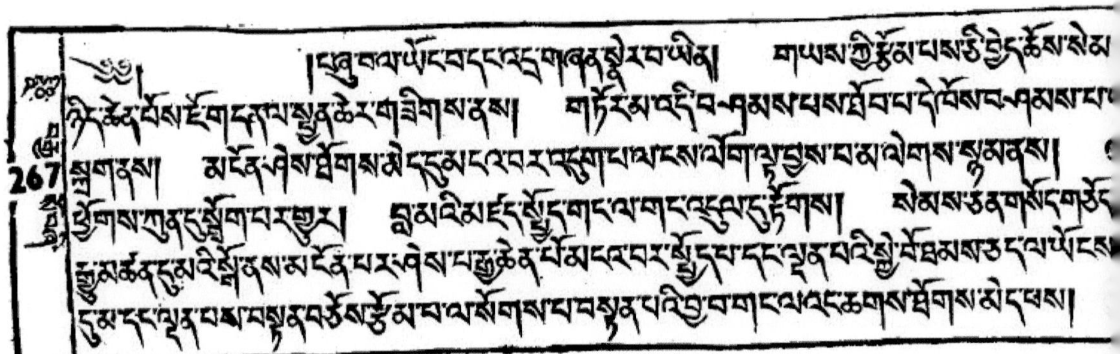

| 사료

Ngag dbang kun dga' bsod nams, *Dzam gling byang phyogs kyi thub pa'i rgyal tshab chen po Dpal ldan Sa skya pa'i gdung rabs rin po che ji ltar byon pa'i tshul gyi rnam par*

Text Image: bdr: MW30132

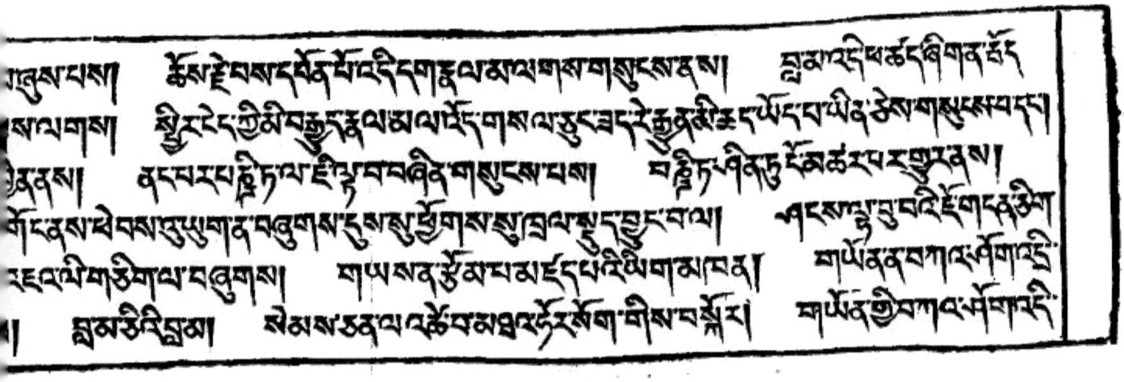

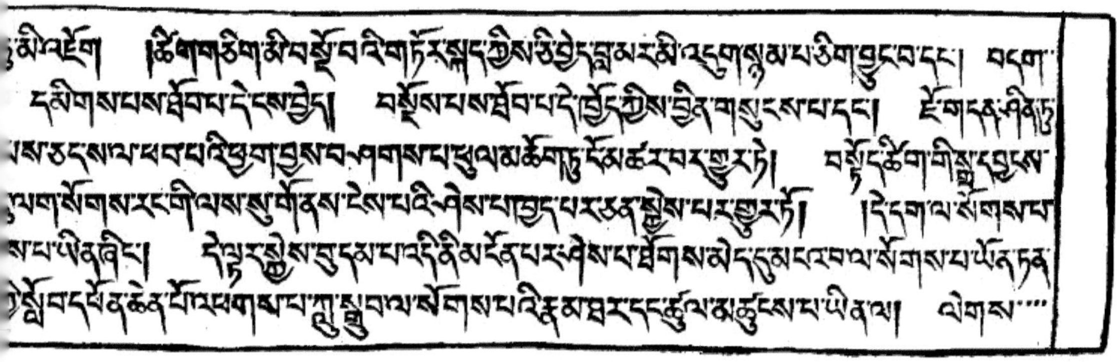

thar pa ngo tshar rin po che'i bang mdzod dgos 'dod kun 'byung. Delhi : Tashi Dorji ed., Dolanji, H. : distributor, Tibetan Bonpo Monastic Centre, 1975, pp.266:4~267:4; 阿旺貢噶索南著, 陳慶英, 高禾福, 周潤年 譯註,『薩迦世系史』, 拉薩: 西藏人民出版社, 1989, p.151.

원문 전사

zhan yang bla ma ´di gong nas phebs ´u yug na bzhugs dus su phyogs su khral sdud byung ba la/ shangs lha bu ba´i jo gdan cig gis zhu ba la phyin pas/ sgar gyi mthar sems can la ´tshe ba byed pa hor sog mang pos mtha´ bskor/ bla ma ´di ´ja´ li gcig la bzhugs/ g.yas na rtsom pa mdzad pa´i yig mkhan/ g.yon na bka´ shog ´dri mkhan/ mdun na rgyun gtor bshams nas gtor skad bton chab gtong ba mthong bas/ jo gdan gyi bsam pa la/ bla ma ci´i bla ma/ sems can la ´tshe ba mtha´ hor sog gis bskor/ g.yon gyi bka´ shog ´di 267 nga zhu ba la yong ba dang ´dra gzhan sner ba yin/ g.yas kyi rtsom pas ci byed chos sems thog tu mi ´jog/ tshig gcig mi bsngo ba´i gtor skad kyis ci byed bla mar mi ´dug snyam pa cig byung ba dang/ bdag nyid chen pos jo gdan la spyan cher gzigs nas/ gtor ma ´di bshams pas thob pa de khos bshams pa yin/ dmigs pas thob pa de ngas byed/ bsngos pas thob pa de khyod kyis byin gsungs pa dang/ jo gdan shin tu skrag nas/ mngon shes thogs med du mnga´ bar ´dug pa la ngas log lta byas pa ma legs snyam nas/ lus thams cad sa la phab pa´i phyag byas bshags pa phul mchog tu ngo mtshar bar gyur te/ bstod tshig gi sgra dbyangs phyogs kun du sgrog par gyur/ bla ma´i mdzad spyod gang la gang ´dul du rtogs/ sems can gsod gcod/ khral ´u lag sogs rang gi las su go nas nges pa´i shes pa khyad par can skyes par gyur to//

번역 및 분석

번역

또한 이 라마께서 조정으로부터 와서 우육('u yug)에 머무실 때 그 지방에서 세금을 거두는 일이 있었는데 샹라부(shangs lha bu) 사람인 조댄(jo gdan)이 청하러 왔다.

그런데 천막의 구석에서 유정(有情)들에게 해를 입히는 다수의 몽골인이 팍빠를 둘러싸고 있고, 이 라마는 무지개 문양 [좌석] 위에 앉아 있으며 오른쪽에는 글 쓰는 서기, 왼쪽에는 명령을 묻는 자[가 있고], 옆에는 매일의 또르마를 진열해 놓고서 [팍빠가] "(또르마) 올리라"는 말을 하며 물을 주는 것(chab gtong ba)을[54] 보았다. 조댄이 "라마는 무슨 라마! 유정을 죽이는 몽골인들에 둘러싸여 있고 왼쪽의 명령 [묻는 자는] 내가 청하러 온 것과 비슷한데 그저 바삐 돌아다니고 있으며 또한 오른쪽의 글 쓰는 자는 무엇을 하는가. 불심(佛心)을 가지고 있지 않다. [팍빠는] 염송 하나 회향하지 않고 또르마 올리라는 말만 하고 있으니 라마가 아니다"라고 마음 속으로 생각하고 있었다. 그런데 대 주재자(즉 팍빠)께서 조댄을 흘깃 보시더니 "이 또르마를 진설하여 성취하는 것은 저들이 진설하는 것이고 눈으로 얻는 것은 내가 하는 것이며 회향하여 얻는 것은 그대가 하는 것이다"라고 하셨다.

조댄은 몹시 놀라며 "[팍빠는] 장애 없는 신통력을 가지고 계신데 내가 삿된 견해를 가지고서 나쁜 생각을 했구나"라고 생각하고 몸 전체를 땅에 던져 팍빠에게 절하며 고백을 드리고서 [팍빠를] 매우 대단하게 여기게 되었다. [이후 그는] 어디서나 그를 높여 찬양하게 되었으며, 라마(팍빠)의 행동은 대상의 근기(根機)에 맞춘 것임을 깨닫고서, 사람을 죽이는 것이나 세금(khral), 역참 노역('u lag) 등은 자신의 업(las, Skt. karma, 業)에 의해 일어난 것이라는 확신이 생겨나게 되었다.

분석

용어

khral ___ '탤.' 부세(賦稅)

shangs lha bu ___ 샹라부. 짱(gtsang) 지역의 한 지명. 샹라푸비징(shang lha phu bi rdzing), 라뷔비지(lha bu'i bi ji)라고도 불림. 아왕 뀐가 소남의 다른 책에는 샹라푸(shangs lha phu)라고 적혀 있다.

jo gdan ___ jo nang gi gdan sa. 조낭파(jo nang pa)의 좌주(座主) 혹은 그 사원의 관리자를 지칭하는 것으로 보인다.

gtor(gtor ma) ___ 또르마. 주로 보릿가루로 모양을 만들어 불단에 바치는 것. 『원사』「석로전」은 '朶兒麻'로 음역하고 이어서 '施食'이라고 번역하고 있다.

'u lag ___ '울락'. 몽골-투르크어 ulaγ. 몽골제국 시기 티베트에 들어온 용어. 역마를 뜻하나 티베트에서는 종종 역참 관련 임무를 총칭했다.

54 chab gtong ba: 일반적으로 불사(佛事) 시작과 말미에 승려들에게 물을 주는 일을 말한다.

그림 12 팍빠(Rubin Museum C2006.66.23_Ptg 부분 확대)

텔(khral)은 백성이 책임져야 했던 세금이나 요역 등을 총칭하는 단어이다. 쿠빌라이는 아릭 부케(Ariɣ böke)에게 승리하고 유일무이한 대칸이 된 뒤 팍빠와 그의 동생 착나 도르제를 중앙 티베트로 파견했고, 돌아온 이들 형제는 티베트에서 몽골-사꺄 지배를 공고히 했다. 이 기사는 물품 보시와 직접 관련 있는 것은 아니나 팍빠가 티베트에서 무엇을 했는지 그 일면을 보여주고 있고, 특히 세금 징수와 관련된 업무를 한 것이 보이므로 여기에 수록했다. 앞에서 팍빠가 쿠빌라이가 중앙 티베트에 세금과 군역을 부과하려는 것을 보고 티베트는 변방의 작은 지역이니 부과하지 말 것을 청했으나 쿠빌라이가 이를 거절하자 바로 떠나려 했던 것을 언급했는데, 여기서는 팍빠가 과세와 직접 관련되어 있는 것을 볼 수 있다. 이렇게 징수된 세금이 티베트 내부에서 쓰였는지 몽골 조정에도 보내졌는지는 정확히 알 수 없다.[55] 또한 각 만호는 사꺄파의 사꺄사원 건설 작업 등에도 노동력을 제공해야 했는데 앞에서 본 대로 여러 의무 중 몽골제국 시기 티베트인들에게 가장 큰 부담이었던 것은 역참 관련 노역과 말, 음식 제공 즉 울락이었던 것으로 보인다.

한편 위 기록에 의하면 팍빠를 비난한 티베트인은 단지 혼자 마음속으로 생각한 것이었으나

55 『영락대전(永樂大典)』「참적(站赤)」의 한 기사에 의하면 연우 연간 몽골 조정이 위짱의 대참('jam chen, 大站) 28곳을 진제하는데 각 참에 중통초(中統鈔) 300정을 내려 총 8,400정을 주되 만약 부족하면 "선정원이 관할하는 티베트의 과정, 전물(宣政院所轄西番課程錢物)내에서 액수를 고려하여 더 지급하게" 했다. 이에 대해 선정원 관리 암바이가 전장(dbus, 前藏)의 역참들은 심히 피폐하니 진제액을 더 늘려야 하며, 만약 수도의 물자로 부족하다면 "티베트에서 나는 물화(物貨)와 우리에게 바치는 것(西番出產物貨及供奉於我者)"도 더 주어 참적을 정치(政治)하는 데 쓰자고 주장한 것에서 티베트에서 선정원에 바치는 재화가 존재했던 것을 볼 수 있다(『永樂大典』,「站赤6」. 北京: 中華書局, 1986, p.7231). 이 논의는 『원사(元史)』「인종본기(仁宗本紀)」 연우(延祐) 원년 기사에도 짧게 기록되어 있다(『元史』 卷25,「仁宗2」, "西番諸驛貧乏, 給鈔萬錠", p.564; 張雲,「元朝在西藏地方徵稅考」,『中國經濟史硏究』 4, 2002, p.124; 최소영,「13~14세기 몽골의 침입과 지배에 대한 티베트인들의 인식」,『중앙아시아연구』 23-1, 2018, 83~84쪽).

팍빠는 "그의 마음을 정확히 읽고" 호통을 쳤다. 그때 이 티베트인이 깨달음을 얻고 크게 반성했으며 몽골이 티베트를 침략하여 사람을 죽이고 역참 요역을 부과한 것 등이 사실은 모두 티베트인들의 업(karma) 때문이라고 여겼다는 대목은 주목할 만하다. 이는 사까파가 불교의 교의로 몽골 지배를 정당화하고 있다고 할 수 있다.[56] 또한, 팍빠 곁에 서기(yig mkhan)와 명령을 듣는 자(bka' shog 'dri mkhan) 등이 있는 것은 팍빠가 몽골 지배층의 케식(kešig)을 본떠서 호위하는 시종들의 업무(las tshan)를 13종으로 나누어 분담하게 한 것의 일부이다. 그는 13종을 다시 3-3-3-2-2인으로 나누어 근무하게 했고 13종의 업무에 대해 이 책의 저자 아왕 뀐가 쇠남은 음식(gsol), 기거(gzims), 종교 활동(mchod)의 3인, 손님 접대(mjal), 문서(yig), 창고(mdzod)의 3인, 부엌(thab), 접견('dren), 숙사(gdan)의 3인, 마구(馬具, skya), 말(rta, 馬), 소(mdzo),[57] 개(khyi) 관리의 4인으로 기록하고 있다.[58] 이는 후대의 티베트 고위 승려들에게도 영향을 미쳤으며 특히 처음 세 가지 시종은 쇨뾘(gsol dpon), 심뾘(gzims dpon), 최뾘(mchod dpon) 등의 호칭으로 달라이 라마와 빤첸 라마 시기에도 잔존하여 중요한 역할을 했다.

---

56 최소영, 2018, 위의 논문, 86쪽.

57 야크 수놈과 일반 암소의 혼종.

58 阿旺貢噶索南著, 陳慶英, 高禾福, 周潤年 譯註, 『薩迦世系史』, 拉薩: 西藏人民出版社, 1989, pp.174~175.

19. 퀸가 로되 걜챈 뻴 상뽀

Kun dga' blo gros rgyal mtshan dpal bzang po, 1299~1327

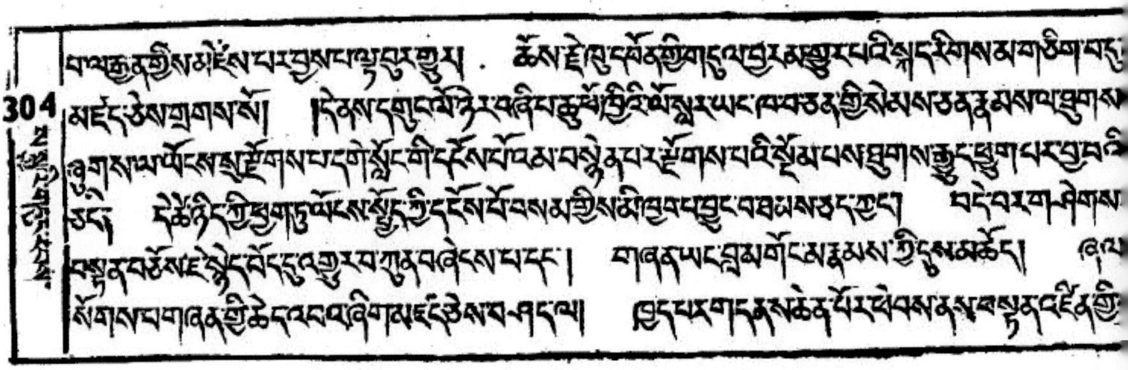

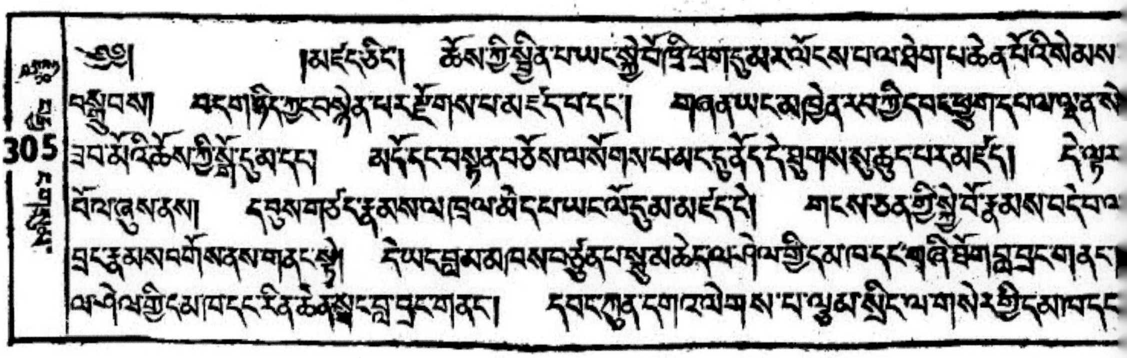

| 사료

Ngag dbang Kun dga′ bsod nams, *Dzam gling byang phyogs kyi thub paî rgyal tshab chen po Dpal ldan Sa skya paî gdung rabs rin po che ji ltar byon paî tshul gyi rnam par*

Text Image: bdr: MW30132

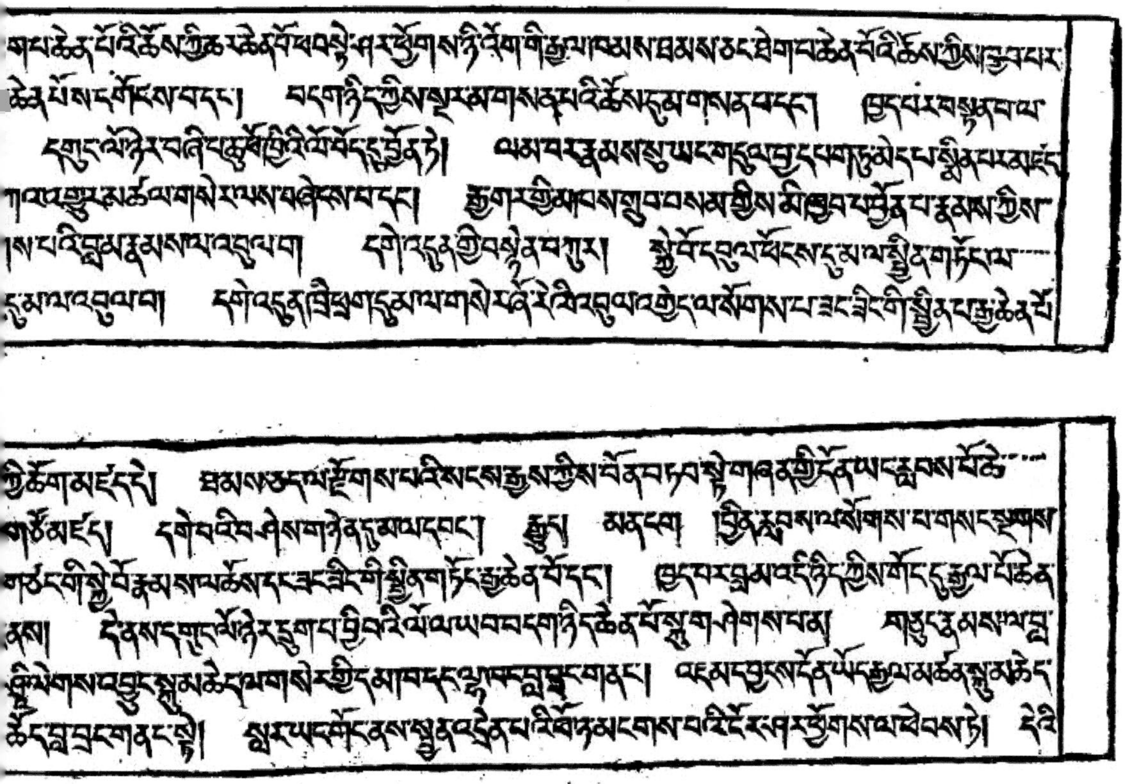

thar pa ngo tshar rin po che'i bang mdzod dgos 'dod kun 'byung. Delhi : Tashi Dorji ed., Dolanji, H.P. : distributor, Tibetan Bonpo Monastic Centre, 1975, pp.304:3~305:2; 阿旺貢噶索南著, 陳慶英, 高禾福, 周潤年 譯註,『薩迦世系史』, 拉薩: 西藏人民出版社, 1989, p.182.

원문 전사

gung lo nyer bzhi pa chu pho khyi'i lo bod du byon te/ lam bar rnams su yang gdul bya dpag tu med pa smin par mdzad cing/ de tshe nyid kyi phyag tu longs spyod kyi dngos po bsam gyis mi khyab pa byung ba thams cad kyang/ bde bar gshegs pa'i bka' 'gyur mtshal gser las bzhengs pa dang/ rgya gar gyi mkhas grub bsam gyis mi khyab pa byon pa rnams kyis bstan bcos ji snyed bod du 'gyur ba kun bzhengs pa dang/ zhan yang bla ma gong ma rnams kyi dus mchod/ zhal bzhugs pa'i bla ma rnams la 'bul ba/ dge 'dun gyi bsnyen bkur/ skye bo dbul phongs du ma la sbyin gtong la sogs pa gzhan gyi ched 'ba' zhig mdzad ces bshad la/ khyad par gdan sa chen por phebs nas bstan 'dzin gyi skyes bu du ma la 'bul ba/ dge 'dun khri phrag du ma la gser zho re'i 'bul 'gyed la sogs pa zang zing gi sbyin pa rgya chen po 305 mdzad cing/ chos kyi sbyin pa yang skye bo khri phrag du ma la longs pa la theg pa chen po'i sems bskyed kyi cho ga mdzad de/ thams cad la rdzogs pa'i sangs rgyas kyi sa bon btab ste gzhan gyi don yang rlabs po che bsgrubs/ bdag nyid kyang bsnyen par rdzogs pa mdzad pa dang/

번역 및 분석

번역

24세이던 물-양-개해(1322)에 티베트에 이르는데, 오는 도중에도 역시 셀 수 없이 많은 제자를 성숙하게 하셨다. 그때 그는 자신의 손에 들어온 헤아릴 수 없이 많은 물품도 모두 석가모니의 깐규르(bka' 'gyur)를 주사(朱砂)와 금(gser)으로 만드는 데에 썼고, [티베트에] 이르렀던 헤아릴 수 없이 많은 인도 현철(mkhas grub)들의 논서를 모두 티베트어로 번역하여 시설하고, 또한 선조 라마들에게는 정기 공양(dus mchod)을, 생존해 있는 라마들에게는 보시를 바치고, 승려들에게 공양을, 많은 가난한 중생들에게 선물을 하사하는 등 오로지 타인을 위해 쓰셨다고 한다. 특히, [사꺄] 대사원에 가서 많은 지교자(bstan 'dzin gyi skyes bu, 持敎者)에게 보시하고, 수만 명의 승려에게 금 1쇼(zho)씩을 나눠주시는 등 세속의 보시를 크게 행하셨다. 또한 불법의 보시 또한 수많은 눈먼 중생을 위하여 대승의 발심(sems bskyed) 의식을 행하시어, 모두에게 원만한 보리(菩提)의 싹을 심으시고 타인의 이익(他利) 또한 큰 파도[처럼] 성취하셨다. 자신도 또한 구족계를 받으셨다.

분석

기록의 의의

이 기사는 팍빠보다 후대의 제사인 제 8대 제사 뀐가 로되 곌챈 뻴 상뽀(Kun dga' blo gros rgyal mtshan dpal bzang po, 1299~1327)에 대한 기록이다. 그 역시 몽골 대칸을 비롯한 황족에게서 보시 받은 금으로 깐규르, 땐규르를 조성하고 금사(金寫)하는 것에 쓰고 있는데 이것만으로도 그가 몽골 조정에서 받은 보시의 규모를 알 수 있다. 또한, 사꺄파를 포함하여 다른 교파의 승려들까지 수만 명에게 황금을 나눠준 기록은 이전에 팍빠가 개최한 '추믹 법회'를 떠올리게 한다. 이들 전체에게 1쇼씩을 나눠줄 수 있을 정도의 금을 뀐가 로되 곌챈이 보유하고 있었다는 것은 1320년대에도 사꺄파에 대한 몽골의 후원과 존숭이 여전하였음을 보여준다. 그는 이때 사꺄에 잠시 머물면서 사꺄파를 네 개의 라당(bla brang)으로 분할하였고 이는 후에 사꺄파 세력 약화의 원인 중 하나로 꼽히기도 했다. 이 책의 저자인 아왕 뀐가 쇠남은 그 중 뒤최 라당에 속한다.[59] 뀐가 로되 곌챈은 구족계를 받은 후 대도로 귀환했다가 병을 얻어 사꺄로 다시 돌아가려 했고 『원사』는 이에 대칸 태정제가 금, 은, 초, 비단을 준 것이 만(萬)을 헤아렸다고 적고 있다.[60] 그는 결국 대도에서 사망했다.

---

59 그가 돌아온 해 사꺄에는 남송의 마지막 황제 조현이 이미 쿠빌라이 시기부터 유배를 와서 불교에 귀의해 있었고, 불교를 공부하라는 명목으로 고려의 충선왕 왕장도 유배와 있었다. 제사 뀐가 로되 시기는 사꺄파가 마지막으로 최고 전성기를 누린 시기라고 할 수 있다.

60 『원사』 권30, 「태정제(泰定帝) 2」, "帝師以疾還撒思加之地, 賜金, 銀, 鈔, 幣萬計, 敕中書省遣官從行, 備供億." 관련 내용은 최소영, 2021, 204쪽 참고.

참고문헌

사료

라시드 앗딘 저, 김호동 역주, 『부족지』,사계절, 2002.

라시드 앗딘 저, 김호동 역주, 『칭기스칸기』, 사계절, 2003.

라시드 앗딘 저, 김호동 역주, 『칸의 후예들』, 사계절, 2005.

유원수 역주, 『몽골비사』, 사계절, 2004.

플라노 드 카르피니 · 윌리엄 루브룩 저, 김호동 역주, 『몽골제국 기행-마르코 폴로의 선구자들』, 까치, 2015.

'Dzam gling byang phyogs chen po hor gyi rgyal khams kyi rtogs pa brjod pa'i bstan bcos chen po dpyod ldan mgu byed ngo mtshar gser gyi deb ther(BDRC ID: W1KG15408).

'Dzam gling byang phyogs chen po hor gyi yul du dam pa'i chos ji ltar byung ba'i tshul bshad pa bstan pa rin po che gsal bar byed pa'i sgron me(BDRC ID: W1KG26281).

Jāmi' al-Tawārīkh(Rashīd al-Dīn Fazl Allah Hamadānī, Muhammad Rūshan and Muṣṭafī Mūsavī eds., Teherān: Katībe, 1994).

Ngag dbang blo bzang rgya mtsho, *Za hor gyi ban de ngag dbang blo bzang rgya mtsho'i 'di snang 'khrul pa'i rol rtsed rtogs brjod kyi tshul du bkod pa du kU la'o gos bzang,* Lhasa: Bod ljongs mi dmangs dpe skrun khang, 1989.

Rgyal bstan spyi dang bye brag rje btsun sa skya pa'i bstan pa bstan 'dzin dang bcas pa byon tshul gyi rnam par thar pa shin tu mdor bsdus pa ngo mtshar rygya mtsho'i chu thig(BDRC ID: W3CN8799).

『元史』(北京: 中華書局, 1976).

『永樂大典』(北京: 中華書局, 1986).

『蒙古佛教史』(固始噶居巴 · 羅桑澤培 著, 陳慶英 烏力吉 譯, 天津: 天津古籍出版社, 2004).

『薩迦世系史』(昻旺 貢噶索南 著, 多吉傑博 編, 北京: 民族出版社, 1986).

釋念常, 『佛祖歷代通載』

연구서 및 논문

김석환, 「13~14세기 몽골제국 勅令制度 研究」, 서울대학교 박사학위논문, 2019.

설배환, 「蒙·元제국쿠릴타이(Quriltai) 연구」, 서울대학교 박사학위논문, 2016.

최소영, 「13세기 후반 티베트와 훌레구 울루스」, 서울대학교 석사학위논문, 2010.

최소영, 「13~14세기 몽골의 침입과 지배에 대한 티베트인들의 인식」, 『중앙아시아연구』 23-1, 2018, 67~99쪽.

최소영, 「15세기 티베트 저작 한장사집 rgya bod yig tshang 역주」, 서울대학교 박사학위논문, 2019.

최소영, 「대칸의 스승: 팍빠('Phags Pa, 八思巴, 1235~1280)와 그의 시대」, 『동양사학연구』 155. 2021, 127~200쪽.

최소영, 「몽골제국 시기 티베트 승려에 대한 보시와 그 운송 문제 고찰」, 『중앙아시아연구』 Vol. 26-2, 2021, 181~226쪽.

최　정, 「원(元)의 진주(眞珠) 장식방법 및 고려(高麗) 후기 제국대장공주의 진주의(眞珠衣) 형태 고증 연구」, 『복식』 60, 2010, 48~61쪽.

티모시 메이 지음, 권용철 옮김, 『칭기스의 교환』, 사계절, 2020.

Allsen, Thomas T. *The Steppe and the Sea: Pearls in the Mongol Empire.* Philadelphia: University of Pennsylvania Press. 2019.

Boulnois, Lucette, "Gold, Wool and Musk: Trade in Lhasa in the Seventeenth Century," in *The Tibetan History Reader,* New York: Columbia University Press. 2013. pp.457~476.

Buell, Paul D.&Anderson, Eugene N. *A Soup for the Qan: Chinese Dietary Medicine of the Mongol Era As Seen in Hu Sihui's Yinshan Zhengyao,* Leiden · Boston: Brill, 2010.

Karsten, Joachim, "When Silk Was Gold' in the 'Land of Snows': Towards a Tibetan-English Glossary of Non-Tibetan Textile (Silk) Terms", 미완성 원고.

Kuijp, Leonard W. J. van der, "Jambhala: An Imperial Envoy to Tibet During the Late Yuan", *Journal of the American Oriental Society* 113.4, 1993, pp.529~ 538.

Namgyal L. Taklha, *Costumes and Jewellery of Tibet,* the Tibet Museum in Dharamsala, 2018.

Perdue, Peter C., "ea, Cloth, Gold, and Religion: Manchu Sources on Trade Missions From Mongolia to Tibet." *Late Imperial China,* 36-2. 2015, pp.1~2.

Schuh, Dieter, *Erlasse und Sendschreiben mongolischer Herrscher fü tibetische Geistliche,* Vol. 1, VGH: Wissenschaftsverlag, 1977.

Sobisch, Jan-Ulrich, *Life, Transmissions, and Works of A-Mes-Zhabs Ngag-Dbang-Kun-Dga'-Bsod-Nams, the Great 17th Century Sa-Skya-Pa Bibliophile (Verzeichnis Der Orientalischen Handschriften in Deutschland),* Franz Steiner Verlag Wiesbaden GmbH, 2006.

Sperling, Elliot, "Lama to the King of Hsia", *The Journal of the Tibet Society,* 7, 1987, pp.31~50.

Tucci, Giuseppe, *The Religions of Tibet,* Routledge and Kegan Paul Ltd., 1980.

Tuttle, Gray and Schaeffer, Kurtis R. eds., *Tibetan History Reader*(Columbia University Press, 2013.

Watt, James C.Y. and Wardwel, Anne E, *When silk was gold: Central Asian and Chinese Textiles,* New york: The Metropolitan Museum of Art, 1997.

張雲,「元朝在西藏地方徵稅考」,『中國經濟史研究』4, 2002, 121~128쪽.

陳慶英,『帝師八思巴傳』, 北京: 中國藏學出版社, 2007.

中村 淳,「元代チベット命令文の総合的研究にむけて」,『駒澤大學文學部研究紀要』63, 2005, 35~56쪽.

기타

https://treasuryoflives.org-P791

티베트 승려에 대한 몽골 황실의 보시 연구

보시, 티베트와 몽골을 잇다

2부

홍책

홍책

Tshal pa Kun dga' rdo rje, *Deb ther dmar po/ Hu lan deb ther*

해제

홍사(紅史)라는 이름으로도 잘 알려져 있는 14세기 역사서 『홍책(Deb ther dmar po, 紅册, 1364)』은 티베트 역사서의 전범(典範)이라고 할 만한 중요한 저작이다. 이 책의 저자는 티베트 불교 까귀파(Bka' rgyud pa)의 하부 종파 중 하나인 첼파(Tshal pa)의 만호장이었던 뀐가 도르제(Kun dga' rdo rje, 1309~1364)이다. 몽골 조정에서 받은 칭호와 출가 후의 법명을 따서 사도(Si tu, 司徒) 게왜 로되(Dge ba'i blo gros)라고도 불린다. 그는 15세(1323)에 부친의 뒤를 이어 만호장에 올랐으며 1324년 카안 울루스(元)로 가서 이순 테무르 카안(Yesün Temür, 泰定帝, r. 1323~1328)을 알현하고 만호장의 인장과 조서를 받고 돌아왔다. 생전에 나르탕(Snar thang) 판(版) 깐규르(Bka' 'gyur)를 교감하고 조캉 사원과 같은 라싸의 주요 사원을 보호·관리한 것 등 많은 공적이 알려져 있다. 그러나 1352년 팍모두파(Phag mo dru pa) 만호의 만호장 대사도(大司徒) 장춥 걜첸(Byang chub rgyal mtshan, 1302~1364)과의 싸움에서 패배한 후 권력을 동생에게 넘겨주었다.[1] 집필을 시작한 시기는

1 장춥 걜첸은 팍모두 만호의 만호장이었고 1354년 사꺄파, 첼파를 비롯한 티베트 내의 반(反) 팍모두 세력들과 몽골을

알 수 없으나 사망 시기까지 계속해서 쓴 것으로 보인다.[2] 그의 생애는 챌파의 역사를 기록한 『궁탕지(Gung thang rabs byung dkar chag)』에 상세히 기록되어 있다. 다만 『궁탕지』는 그가 장춥 곌첸에게 져서 아들을 볼모로 잡히고 재산을 빼앗긴 일은 적지 않았다.

이 책의 제목은 티베트어로 "뎁테르 마르뽀(deb ther dmar po)"이며, 몽골어에서 유입된 '뎁테르'에 티베트어로 '붉은'을 뜻하는 '마르뽀(dmar po)'를 합친 말이다. '뎁테르'라는 단어를 살펴보면 이는 이전에 티베트에 없던 말이며, 원래 그리스어에서 기원하였고 이후 시리아어, 페르시아어 등을 거쳐 몽골어에 유입된 'debter(책, 권)'[3]가 티베트에 들어와 널리 사용된 경우이다. 『홍책』보다 앞서서 페르시아 지역에서 몽골 칸의 명령으로 『집사(Jāmiʿ al-tawārīkh, 1305~1306)』를 편찬한 라시드 앗딘(Rashīd al-Dīn Faḍlullāh Hamadānī, 1247~1318)은 자신이 『집사』를 편찬할 때 칸의 풍성한 보고(寶庫) 안에 보존되어 있는 사서와 단편들을 참고하였으며, 그중 하나의 이름이 '알탄 다프타르Altān Daftar(金册)'였다고 언급하였는데 '뎁테르'가 이 '다프타르'와 같은 의미를 가진 단어인 것은 분명하다. 즉, 당시 몽골인들이 역사서에 '뎁테르' 혹은 그와 유사하게 표기되는 용어를 제목으로 썼고, 대도(大都)를 자주 오갔던 만호장 뀐가 도르제 역시 그 단어의 의미를 잘 알고 이를 사용하여 제목을 붙였을 것이라고 생각된다.[4] 또한 제목에 색깔이 들어가는 것 역시 13, 14세기 이전의 티베트 저작에서는 보이지 않는 경향으로, 몽골의 영향이라고 보기도 한다.[5] 즉 이 책은 제목 자체가 저작의 등장 배경을 드러내고 있다고 할 수 있다.

『홍책』 이전 11, 12세기에 편찬된 티베트의 역사서들은 대부분 인도 불교사와 티베트의 불교사를 신화적으로 적은 것이었고 사서(史書)로 분류하기 어려웠다. 불교가 티베트를 완전히 장악하기 이전인 토번제국(c.618~842) 시기에 편찬된 역사 기록의 경우에는 대부분 사라지고, 남은 것

물리치고 중앙 티베트에서 권력을 잡았다. 이때부터 이른바 '팍모두 시기'가 시작되었다. 관련 내용은 최소영, 2019, 13~15쪽 참조.

2 이 책에는 뀐가 도르제 사후인 1364년 이후의 사건이 기재되어 있고 이는 후대에 추가한 것이다.

3 관련 내용은 Gerhard Doerfer, *Türkische und mongolische Elemente im Neupersischen unter besonderer Berücksichtigung älterer neupersischer Geschichtsquellen, vor allem der Mongolen und Timuridenzeit,* Band 4, F. Steiner Verlag, 1975, p.39 참고.

4 또한, 저자가 책 말미에 이 책의 제목을 "훌란 뎁테르Hu lan deb ther"라고 적고 있는 것도 주목할 만한데 훌란은 '붉은'을 뜻하는 몽골어 'ulaɣan'에서 비롯된 단어이며, 애초에 몽골로부터 유입된 뎁테르에 "붉은"을 뜻하는 단어까지 몽골어로 그대로 써서 붉은 책을 뜻하는 "훌란 뎁테르"로 적은 것이다. 일본어 번역본의 경우 저자의 이 뜻을 살려 역주본의 제목을 『훌란 뎁테르』라고 적었다(稲葉正就 · 佐藤長 譯, 『フゥランテプテル』, 法藏館, 1964).

5 L. W. J. Van der Kuijp, "Tibetan Historiography" in Geshe Lhundup Sopa et al., *Tibetan Literature: Studies in Genre,* Snow Lion, 1996, p.45.

들은 불교적으로 각색되었었다. 그런데 『홍책』은 이런 경향을 깨고 인도의 역사는 물론 서하(me nyag) 군주들의 역사와 한지(rgya nag) 군주들의 역사를 싣고, 또한 몽골 조상들의 계보와 칭기스 칸에서 시작하는 카안들의 계보 등 몽골 역사까지 서술하는 모습을 보였다. 이를 위해 저자는 중국 역사가 아닌 서하에 거주하던 승려가 직접 서하 내부에 전해오던 그들의 역사를 소개한 것을 싣고 있고 몽골인들의 조상에 대한 계보도 또한 일반인들이 구하기 어려웠을 것을 몽골 고관을 통해 입수하여 싣고 있어 사료의 가치가 높다. 챌파는 뭉케 카안 시기 당시 왕자였던 쿠빌라이에게 분봉되었고 챌파의 만호장들은 쿠빌라이 재위기는 물론 그 이후에도 대도의 몽골 조정을 빈번히 오갔다. 챌파의 기록은 쿠빌라이가 챌파 만호장에게 "너는 내 가족과 같다"라고 했다고 적고 있다.[6] 이들은 카안 울루스의 상황을 티베트 내에서 누구보다 잘 알고 있었을 것이고 몽골 상층 인물과도 교류했을 것이며 뀐가 도르제 역시 마찬가지였을 것이다.

즉 『홍책』이 등장할 수 있었던 것은 크게는 토번제국 이후 분열되었던 티베트 자체가 몽골제국 세력 하에 들어가면서 몽골을 통해 세계사 속에 던져지고 티베트인들의 시야도 그에 따라 넓어졌기 때문이며[7] 저자의 개인적인 배경에서 본다면 그가 귀족 출신의 지식인으로서 여러 언어에 능하며 몽골 수도에 자주 드나들어 몽골 관료를 사귀고 다양한 문서를 손에 넣을 수 있었던, 두 가지 정황 때문에 가능했다고 할 수 있는 것이다.

『홍책』 이후 티베트에는 이와 같은 체제를 가진 사서(史書)들이 앞 다투어 등장했다. 이후 15세기에 등장한 『신홍책(deb ther dmar po gsar ma, 新紅册)』이나 『청책(deb ther sngon po, 青册)』, 그리고 『한지와 티베트의 문서들 모음(Rgya bod yig tshang, 漢藏史集)』[8] 등의 사서 역시 『홍책』의 체제를 따른 것은 물론 서하, 한지 등의 역사는 그 내용을 그대로 옮겨 적고 있다. 유라시아 전반을 아우르는 몽골제국의 세계성을 바탕으로 등장한 『홍책』은 티베트는 물론 중국과 서하, 몽골, 인도를 아우르는 "티베트 최초의 세계사"[9]라고 해도 과언이 아니다.

---

6 Per K. Sørensen and Guntram Hazod, *Rulers on the Celestial Plain: Ecclesiastic and Secular Hegemony in Medieval Tibet : a Study of Tshal Gung-thang*, Verlag der Österreichischen Akademie der Wissenschaften, 2007, p.191. 또한 본서 5부 〈궁탕지(Gung thang dkar chag)〉 6, 만호장 가데뺄와 (4) 참조.

7 Per K. Sørensen and Guntram Hazod, 위의 책, p.327.

8 최소영, 「15세기 티베트 저작 漢藏史集(Rgya bod yig tshang) 譯註와 연구」, 서울대학교 박사학위 논문, 2019는 이 책의 역사 파트를 번역하고 주해했다.

9 Van der Kuijp, "Jambhala. An Imperial Envoy to Tibet During the Late Yuan," *Journal of the American Oriental Society* 113.4, 1993, p.44.

다음에 소개하는 『홍책』의 기사들은 몽골 지배층의 초청을 받아 카라코룸, 대도로 간 승려들에 대한 기록이고 이들은 대부분 까르마 박시(Karma Pakshi, 1204~1283)나 랑중 도르제(Rang 'byung rdo rje, 1284~1339), 뢸빼 도르제(Rol pa'i rdo rje, 1340~1383) 등과 같이 까르마 까귀파에 속한다. 본서의 저자가 크게는 까귀파 소속이므로 이 책은 티베트 교파들의 역사 중 까귀파에 대한 설명이 매우 자세하며 그중에서도 몽골제국 후반 몽골 황실의 존경을 받은 까르마 까귀파(Karma Bka' rgyud pa)의 승려들에 대한 기록을 상세히 다루고 있다. 그러나 챌파가 쿠빌라이와 특수한 관계였기 때문에 그 자신은 까르마파 승려들과는 달리 반(反) 사꺄 혹은 반(反) 쿠빌라이적인 경향은 보이지 않는다.

당시 몽골의 초빙과 그 후의 보시 정황 등이 의미가 있다고 생각되는 기사들의 경우, 보시의 구체적인 품목과 양에 대한 기록은 없더라도 여기에 실어 소개한다. 한편 현전하는 편집본 중 가장 많이 참고하는 것은 씨킴(Sikkim)에서 출간된 것이나 일부 빠진 내용이 있어 여기서는 베이징 인민출판사에서 나온 편집본을 사용하였다.

1. 2대 까르마빠 까르마 박시

Karma Pakshi(1)

Text Image: bdr:MW1KG5760

དེ་ལྟར་མཐིན་ནས་འདུལ་བའི་དོན་དུ་བྱོན་པའི། འབྲུག་ལོ་ལ་ཇེ་ར་ཤུ་ཏུར་

རོར་རྒྱལ་བསྐུད་ཐམས་ཅད་རཚོགས་པའི་སར་བྱོན། དེར་སྐྱ་བདུད་དང་། ར་

ཏུ་ལའི་ཚོ་འཕུལ་དང་བར་ཆད་བྱུང་པའི་ཁྲོ་བཅུའི(448) ཏེང་ར་འཇིན་གྱིས་····

བདུལ། སྐྱིན་རས་གཟིགས་ཀྱི་ལྷ་སྒྲུངས་ཀྱི་བྱིན་གྱིས་བརྒྱབ། ཌ་མཚར་གྱི་ཚོ་

འཕུལ་མཐར་ལས་བསྟན་པས། རྒྱལ་པོ་འབངས་དང་བཅས་པ་ཐམས་ཅད་རང་

དབང་མེད་པར་དང་། སྐྱི་རོལ་པའི་ལྷ་བ་ལས་ལོག་ནས་སངས་རྒྱས་ཀྱི་བསྟན་པ་

ལ་བཅུད། དགུན་ཉིན་ལས་སྒྲུག་ཚུན་ཆད་དུ་ཁ་བ་དང་ལྷགས་པ་མེད་པར་བྱས།

རྗེ་འབངས་ཐམས་ཅད་སྐུ་རེ་ལ་སོ་ཐར་བསྙེན་གནས་དུ་གསུམ་དུ་བསྲུང་དུ····

བཅུག བྱང་ཆུབ་ཏུ་སེམས་བསྐྱེད། དབང་བསྐུར(449) སྐུ་བཞིའི་ཌ་སྐྱོང་གྱི་

བྱིད་བདག རྒྱལ་པོ་ལ་རྣམས་སྟོང་བཟང་པོ་སྐྱེ། མེད་ཡོང་ས་སུ་གྲགས་པའི··

སྐར་མཐིའི་ རྒྱལ་པོའི་སྐྱེ་གཡོགས་ཀྱི་རྒྱན་དུ་བཀུར། ལྱང་ཇི་ཞེས་གནད་པའི··

རྒྱལ་ཁམས་ཚ་ལ་ར་བ་འབྱུང་ཌ་ཚ་ག་གི་དུས་བཟང་བཞིར(450) སུ་ལ་ལང··

ར་ར་མི་ཉིད། སྒྲག་མི་གཙོ་ད་ཟ་བའི་ཁྱིམས་བཅས། གནས་མཚོང་པ་ཀུན··

| 사료

Tshal pa Kun dga' rdo rje, *Deb ther dmar po(Hu lan deb ther)*, Mi rigs dpe skrun khang, Beijing, 1981, p.91; 蔡巴 貢嘎多吉 著, 陳慶英 · 周潤年 譯, 『紅史』, 西藏人民出版社, 2002, p.75.

원문 전사

'brug lo la zi ra 'u hur rdor rgyal brgyud thams cad 'tshogs pa'i sar byon/ der klu bdud dang/ ra hu la'i cho 'phrul dang bar chad byung pa'i khro bcu'i ting nge 'dzin gyis btul/ spyan ras gzigs kyi lta stangs kyi byin gyis brlabs/ ngo mtshar gyi cho 'phrul mtha' yas bstan pas/ rgyal po 'bangs dang bcas pa thams cad rang dbang med par dad/ phyi rol pa'i lta ba las log nas sangs rgyas kyi bstan pa la btsud/ dgun nyi lam drug tshun chad du kha ba dang lhags pa med par byas/ rje 'bangs thams cad zla re la so thar bsnyen gnas dus gsum du bsrung du bcug/ byang chub tu sems bskyed/ dbang bskur sku bzhi'i ngo sprod kyi khrid btab/ rgyal po la nyams myong bzang po skyes/ ming yongs su grags pa'i skar ma'i/ rgyal po'i spyi gtsugs kyi rgyan du bkur/ lung ci zhus gnang pa'i rgyal khams tsam la zla ba 'byung ngo cog gi dus bzang bzhir su la'ang tsa ra mi byed/

번역 및 분석

번역

[까르마 박시(Karma Pakshi, 1204~1283)]는 용해(1256)에 전체 왕족이 모인 시라 오르두(zi ra 'u hur rdo)에 이르렀다. 그곳에서 마룡(klu bdud, 魔龍)과 라훌라의 신통술과 장애가 일어난 것을 열 분노존의 삼매로써 조복시키고, 관세음보살의 견지의 가피와 놀라운 신통술을 끊임없이 보이니 왕과 대신들 모두가 저절로 [까르마 박시를] 존경하게 되었고 외도의 견해로부터 돌아와 붓다의 가르침으로 들어갔다. 겨울에 6일 여정까지의 거리에 눈과 찬바람이 불지 않도록 하였다. 군주와 대신들 모두가 매달 별해탈(so thar, 別解脫)과 근주계(bsnyen gnas)를 삼시(三時)에 지키도록 하였으며 보리심을 일으켰고 4신 관정(dbang bskur sku bzhi)을 강설하였다. 왕에게 선(善) 경험이 일어나니 그 이름이 별처럼 널리 알려졌고 왕의 정수리의 장식처럼 존경받았다. 청하여 받은 [왕의] 명령으로 왕국에서 모든 달(zla ba 'byung ngo cog)의 4 길일(dus bzang bzhi)에는 누구도 벌주지 않게 하였다.

분석

용어

zi ra 'u hur rdo ___ '시라 우후르도.' 몽골어 '시라 오르두(šira ordu)'를 옮긴 것. 시라는 '노란'을 뜻하고 오르두는 군주나 수령이 머무는 천막을 뜻한다. 당시 카안의 천막이 금사로 짠 직물로 덮여 있었고 각종 장식물은 황금으로 되어 있었기 때문에 붙은 칭호이다. 구육 시기 카라코룸을 방문했던 카르피니 일행도 역시 구육의 즉위식이 열린 궁을 '시라 오르두'라고 기록했다.[10] 킵차크 초원에 있던 주치 울루스의 바투의 궁이 '알탄 오르두(altan ordu)', 즉 황금 장막이라고 불린 것도 같은 의미일 것이다.

rgyal po ___ 걜뽀. 토번 제국 시기 당(唐)의 군주에게 붙였던 티베트 칭호. 티베트 사가들은 몽골제국의 대칸들에게도 이 칭호를 썼다. 그들은 '칸' 또는 '카안'이라는 칭호가 있다는 것을 분명히 알고 있었지만 적지 않거나 또는 칸, 카안이라고 적을 때도 많은 경우 티베트어 걜뽀(rgyal po)를 그 옆에 병기하여 의미를 분명히 했다. 예컨대 '세첸 칸'은 쿠빌라이를 가리키는데 단독으로 쓴 것이 아니라 티베트인들은 여기에 걜뽀를 더해 '세첸 칸 걜뽀(se chen gan rgyal po)'라고 적었다.

기록의 의의

본 기사는 직접적인 물품 관련 기록은 없으나 몽골제국의 대칸이 티베트 불교 승려를 공식적으로 초빙한 최초의 기록이므로 수록하였다. 이전에 사꺄파의 사꺄 빤디따를 초청한 것은 제왕(諸王) 쿠텐이었다. 티베트 불교에서 전세활불 제도를 공식적으로 시작한 것이 까르마 까귀파(派)이고 이 기사의 까르마 박시가 바로 제2대 까르마빠[11]이다. 까르마 박시는 처음에 제왕 쿠빌라이(Khubilai, 忽必烈, 1215~1294)의 초청으로 가서 그와 그 권속들에게 설법을 하고 큰 존경을 얻었으나 대칸 뭉케(Möngke, 蒙哥, 1209~1259)가 부르자 그를 떠나 뭉케와 그 막내 동생 아릭 부케(Ariq Böke c. 1219~1266)가 있는 카라코룸으로 갔다.

10 플라노 드 카르피니, 윌리엄 루브룩 저, 김호동 역주, 『몽골 제국 기행: 마르코 폴로의 선구자들』, 까치, 2015, 43쪽.

11 티베트어의 빠(pa)가 집단을 가리키기도 하고 개인을 가리키기도 하기 때문에, 교파를 뜻하는 단어와 그 교파의 수장을 뜻하는 단어가 똑같이 까르마빠(karma pa)인데, 구별을 위하여 교파는 파(派)를 써서 까르마파라고 적는다.

2. 2대 까르마빠 까르마 박시

Karma Pakshi(2)

Text Image: bdr:MW1KG5760

ཙ་ར་མི་བྱེད། སྲོག་མི་གཅོད་ཤ་ཟ་བའི་ཁྲིམས་བཅས། གནམ་མཆོད་པ་ཀུན་ལ་གནོད་འཚེ་མེད་ཅིང་རང་རང་གི་ཆོས་ལུགས་སྐྱོང་དུ་བཅུག གསེར་གྱི་དམ་ཁ་དང་། དངུལ་བྲེ་སྟོང(451)གིས་མགོ་བྱས་ནོར་རྫས་དཔག་ཏུ་མེད་པ་ཕུལ་ཞིང་། ལྷ་མཆོད་ཀུན་ལ་བཀྱེ། བཙོན་ཐམས་ཅད་དོང་སྒྲུག(452)པ་ལན་གསུམ་བྱས། ག་ར་གུ་རུམ་དུ་གཙུག་ལག་ཁང་ཆེན་པོ་འཛམ་བུ་གླིང་ན་འགྲན་ཟླ་མེད་པ་བཞེངས། མི་ཉག་ཡུལ་སོགས་རྒྱལ་ཁམས་ཐམས་ཅད་དུ་ལྷ་ཁང་སུམ་

| 사료

Tshal pa Kun dga′ rdo rje, *Deb ther dmar po(Hu lan deb ther),* Mi rigs dpe skrun khang, Beijing, 1981, pp.91~92; 蔡巴 貢噶多吉 著, 陳慶英 · 周潤年 譯,『紅史』, 西藏人民出版社, 2002, p.75.

| 원문 전사

srog mi gcod sha za ba′i khrims bcas/ gnam mchod pa kun la gnod ′tshe med cing rang rang gi chos lugs skyong du bcug/ gser gyi dam kha dang/ dngul bre stong gis mgo byas nor rdzas dpag tu med pa phul 92 zhing/ bla mchod kun la bkye/ btson thams cad dong sprug pa lan gsum byas/ ga ra gu rum du gtsug lag khang chen po ′dzam bu gling na ′gran zla med pa bzhengs/

| 번역 및 분석

번역

[뭉케 카안은] 생명을 해치지 않는 것과 육식에 대한 금령을 내리는 것과 더불어, 모든 고천인(告天人, gnam mchod pa)에게 해를 끼치지 않게 하고 각자 자신의 종교를 지킬 수 있게 했다. [까르마 박시에게] 금인(gser gyi dam kha, 金印)과 은 1,000정을 비롯하여 재물을 헤아릴 수 없이 바쳤고 모든 응공(應供) 라마(bla mchod)에게 이를 보냈다. 모든 죄수를 3차례 사면하여 풀어주었으며, 세상(′dzam bu gling)에 비할 데가 없는 대사원을 카라코룸(ga ra gu rum)에 지었다.

분석

용어

bre chen ___ 2kg 무게의 은 정.

ga ra gu rum ___ 카라코룸. 쿠빌라이가 대도와 상도를 수도로 정하기 전까지, 즉 우구데이에서 뭉케 재위기까지 몽골제국의 수도. 이 시기 티베트어 사료에는 주로 간단히 '코룸(gu rum)'이라 표기되었다.

기록의 의의

당시 뭉케의 조정에는 기독교, 도교. 한지(漢地) 불교를 비롯한 여러 종교의 사제들이 있었다. 특히 뭉케 형제의 모친인 소르칵타니 베키가 기독교도였기 때문에 당시 몽골 황실은 기독교가 중요한 위치에 있었을 것이라 생각된다. 이는 티베트 사료에서 분명하게 드러나는데 즉 뀐가 도르제는 다른 기사에서 "까르마 박시가 교화하지 않았더라면 뭉케 칸 대황제(Rgyal po chen po Mong kha gan)와 그 비와 아들들과 대신들이 모두 이전의 훈습(薰習)에 따라 기독교도(er ka ′un)가 되었을 것"이라고 적고 있는 것이다. 또한 그 직전 양주 쿠텐의 조정에 대한 사꺄 측 기록은 사꺄 빤디따가 처음 그곳에 도착했을 때 "기도를 위한 모임에서 기독교도(e ka ′un)와 몽골 샤먼(lha pa)

이 높은 자리에 앉았다"고 적고 있다.[12]

저자는 까르마 박시 방문 이후 뭉케와 그 권속들이 티베트 불교에 크게 기울게 되었다고 주장하는데, 뭉케가 개최하여 여러 차례 열린 이른바 불(佛)-도(道) 논쟁에서 불교가 승리하는 데에 까르마 박시와 팍빠 등 티베트 불교 승려들의 역할이 컸고 몽골 조정에서 이들 티베트 승려들이 영향력을 확대하기 시작한 것은 사실이다. 뭉케가 까르마 박시에게 준 은 1,000정은 상당히 많은 양인데, 그뿐 아니라 은 1,000정을 "필두로(mgo byas)"하여 재물을 "헤아릴 수 없이(dpag tu med pa) 바쳤다"라고 되어 있어서 보시 규모는 그보다 더 컸다. 다만 더 이상의 언급이 없어 자세한 사항은 알 수 없다. 또한, 수도에 티베트 불교 사원을 지어준 것 역시 까르마 박시를 위한 것이었으므로 의미가 있다.

한편 이때 뭉케와 까르마 박시뿐 아니라 그 형제 쿠빌라이와 훌레구도 티베트 불교 승려들에게 관심을 두고 의미 있는 관계를 맺기 시작한 것은 기억할 만하다. 쿠빌라이는 사꺄파의 팍빠와, 그리고 뭉케의 명으로 페르시아 원정을 떠난 훌레구는 중앙 티베트에 있는 팍모두파의 톡둑빠와 시주-법주 관계를 맺었다. 뭉케와 거의 같은 시기 훌레구는 티베트에 있는 톡둑빠와 디궁파의 좌주(座主)에게 대량의 금정(金錠)을 보내고 있어 비교할 만하며 이는 〈톡둑빠의 서신〉 장에서 다룰 것이다.

그림 1 은정 (Tib. dngul bre chen, Per. bâlish, Ch. 錠)

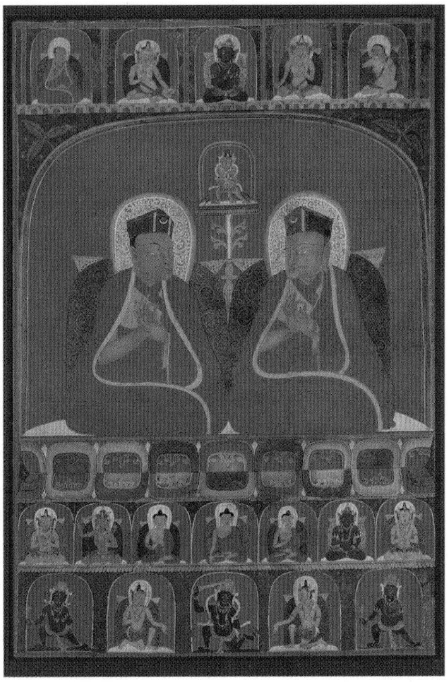

그림 2 1대 2대 까르마빠(대원사 티벳박물관)

12 관련 내용은 최소영, 「13~14세기 몽골의 침입과 지배에 대한 티베트인들의 인식」, 『중앙아시아연구』, 23-1. 2018, 79~80쪽 참고.

3. 3대 까르마빠 랑중 도르제

Rang 'byung rdo rje(1)

རྣམ་ཐར་ལ་ཞིགས་པར་དཔྱད་ན་གསལ་བར་བཤུགས། ཤུང་བསྟན་བཞིན་གྱང་
རྒྱལ་པོ་ཐོག་ཏེ་སྨར་(483)གྱི་རྒྱུན་འཛིན་ལ་མགོན་པོ་ཚལ་ཆིང་འཛར་ས་དང་
འབྱལ་བ། གཙ་པ་བཀྲི་གཉེར་གྱི་ཐམ་ཁ་དང་བཅས་པ་བསྐྱར་བཏང་ནས་ལུག་
པོ་ཀྲ་བ་བཏུན་པ་ལ་བཏེགས་ནས། དབྱས་སུ་བྱོན། ཅུ་རི་སྨྱང་མར་ལས་ཀྱི་
མཁན་འགྲོའི་རྣམ་འཕྲུལ་དང་ས་གཡོས་ཆེན་པོ་བྱང་། སླ་སར་གུང་ཐང་དུ་ཏེ་
སྟེ་ཀུན་དགའ་རྒྱལ་མཚན་པས་གཙོ་མཛད་དང་འཛོམ་འདམས་དུ་བྱོན་པས།
རྒྱལ་གྱི་ཁྲ་བ་ལ་འབྱུག་གི་སྨྲ་ཆེན་པོ་བྱང་ཞིང་། དེ་ས་གཟས་བརྒྱད་(484)།
ཁ་བ་ཆེན་པོ་བྱང་པས། རྒྱལ་པོ་ཆེན་པོའི་སྨྲ་ཆེ་ལ་བར་གཙོད་ཡོང་། རང་
རེས་དེར་མེ་སྐྱབ་པར་འདུག་གསུང་ནས་མཚར་ཕྱར་ལོག སྱི་པོ་ཁྲ་བ་གཉིས་

| 사료

Tshal pa Kun dga' rdo rje, *Deb ther dmar po*(Hu lan deb ther), Mi rigs dpe skrun khang, Beijing, 1981, p.101 ; 蔡巴 貢噶多吉 著, 陳慶英 · 周潤年 譯, 『紅史』, 西藏人民出版社, 2002, pp.82~83.

원문 전사

lung bstan bzhin shar rgyal po thog thi mur gyi spyan 'dren la mgon po tshal cing 'ja' sa dang 'bul ba/ kar+ma pak+shi'i gser gyi tham kha dang bcas pa bskur btang nas lug lo zla ba bdun pa la btegs nas/ dbus su byon/ rtsa ri snying mar las kyi mkha' 'gro'i rnam 'phrul dang sa g.yos chen po byung/ lha sar gung thang du ti shrI kun dga' rgyal mtshan pas gtso mdzad dang 'dzom 'dam du byon pas/ rgyal gyi zla ba la 'brug gi sgra chen po byung zhing/ nyi ma gzas bzung/ kha ba chen po byung pas/ rgyal po chen po'i sku tshe la bar gcod yong/ rang res der mi sleb par 'dug gsung nas mtshur phur log/

번역 및 분석

번역

예언대로 동방의 왕 툭 테무르(thog thi mur, Mo. Tuγ Temür, 1304~1332)가 초청을 위해 괸뽀 챌찡 조서(mgon po tshal cing 'ja' sa)와 보시품('bul ba), 까르마 박시의 금인(金印) 등을 보냈다. [랑중 도르제는] 양해(1331) 7월에 출발하여 위(dbus)에 이르렀는데 구(舊) 짜리(Rtsa ri)에서 까르마 다키니(las kyi mkha' 'gro')가 현현하였고 대지진이 일어났다. 라싸의 궁탕 지역에서 제사(ti shrI, 帝師) 뀐가 걜챈빠를 필두로 한 이들과 만나 담('dam)에 이르렀는데 12월에 큰 천둥이 쳤고 일식이 일어나며 폭설이 내리니, "대 군주의 몸에 장애가 생겼구나. 나는 그곳에 가지 않겠다"라고 말씀하시고 추르푸(mtshur phu)[13]로 돌아갔다.

분석

용어

thog thi mur ___ 몽골제국 12대 카안 툭 테무르(Mo. Thuγ Temür, Jayaγatu qaγan, 圖帖睦爾, 文宗, 1304~1332).

13 까르마 까귀파의 주 사원.

mgon po tshal cing 'ja' sa ___ 괸뽀(mgon po)는 '보호자'의 뜻이고 자사('ja' sa)는 성지를 뜻하나 '챌찡(tshal cing)'은 티베트어가 아니며, 중국어일 것인데 그 원어는 알 수 없다. 『한지와 티베트의 문서들의 모음(Rgya bod kyi yig tshang chen mo)』에는 쿠빌라이가 바얀에게 주었다고 하는 "갤칭 성지(gal ching 'ja' sa)"가 등장하는데,[14] 같은 것일 가능성이 있다.

'dam ___ 담슝('dam gzhung). 현대 라싸시 안의 한 현인 담슝현(當雄縣).

기록의 의의

까르마 박시 이후 원(元) 중반까지 몽골 조정에서 후대를 받은 것은 사까파(Sa skya pa) 승려들이었다. 그런데 3대 까르마빠인 랑중 도르제(Rang 'byung rdo rje, 1284~1339)부터 까르마파의 승려들이 다시 중요해진다. 그는 다섯 살 때 우갠빠(U rgyan pa Rin chen dpal, 1229~1309)에 의해 까르마 박시의 전세(傳世)로 인정받았고 까르마파의 좌주(座主)로서 집중 교육을 받았으며 성장한 후 많은 저서를 집필했다. 1331년 몽골제국의 14대 대칸 툭 테무르의 초청을 받았으며 이때 대칸이 보시품('bul ba)을 보냈다는 언급만 있고 그 상세한 품목은 나와 있지 않다. 그런데 그가 대도로 이동하는 도중에 이미 툭 테무르는 사망했고 어린 이린지발(Irinjibal, Tib. Rin chen dpal, 懿璘質班, 寧宗, 1326~1332)[15]이 15대 대칸 위(位)에 올라 있었는데 그 역시 곧 사망하니 당시 최고 권신이었던 엘 테무르(El Temür, 燕帖木兒, ?~1333)는 이린지발의 형인 토곤 테무르(Toγon Temür, 妥懽貼睦爾, 惠宗, 1320~1368/1370)를 즉위시킬 수밖에 없었다. 이렇게 하여 토곤 테무르가 우여곡절 끝에 대칸 위에 오르는데, 랑중 도르제는 그가 대도에 도착할 때부터 그의 곁에서 도움을 주고 불법(佛法)을 강설했다.[16]

원 후반기 대칸들, 특히 토곤 테무르 카안과 까르마파 승려들의 관계는 매우 밀접했고 이는 명대(明代)까지 이어져서 영락제(永樂帝)가 5대 까르마빠를 초청하는 것에 영향을 미친다. 그 긴 관계의 시작이 되는 기사이므로 여기 실었다.

14 『한지와 티베트의 문서들의 모음』에 의하면 바얀이 받은 것이 챌칭 조서 중에 최초이며 그 내용은 바얀이 어떤 것을 말해도 군인, 관민관(mi dpon), 백성들이 그 말을 듣게 하라는 것이었다. 관련 내용은 최소영 「15세기 티베트 저작 漢藏史集(Rgya bod yig tshang) 譯註와 연구」, 서울대학교 동양사학과 박사학위 논문, 2019, 334쪽.

15 티베트어 린첸 뺄(Rin chen dpal).

16 까르마 까귀파의 전세(傳世) 제도와 랑중 도르제의 생애에 대한 연구가 나와서 참고할 만하다. Ruth Gamble, *The Third Karmapa Rangjung Dorje*, Shambhala, 2021. 칭기스칸에서 시작하여 원말(元末)까지의 대략적인 종교정책에 대하여는 Wonhee Cho, "Negotiated Privilege: Strategic Tax Exemptions Policies for Religious Groups and the Mongol-Yuan Dynasty in 13th-Century China." *Journal of the Economic and Social History of the Orient* 63, no. 1-2. pp.1~37 참조.

4. 3대 까르마빠 랑중 도르제

Rang 'byung rdo rje(2)

བསྟན་ཞིང་རྒྱལ་པོའི་ཆེ་རྒྱ་འདོན་དུ་འབྱོན་པར་ཞུས་ནས། ཁྲི་ལོ་རྨ་བ་ལྱ་བའི་
ཉ་ལ་བཏེགས། ཆོས་ཐམས་ཅད་ཀྱི་སྤྱོང་བ་ཉིད་རྟོགས་པའི་གཉ་བ་ཞེས་པའི་
མཆན་གྱི་འཆར་ས་ཀུ་སྟེ་དམ་ཁ་ཤེལ་གྱི་སྟལ་ཁ། གསེར་ཡིག་སྐྱར་མོ་ཁྱལ།
པོད་ཅུ་རེ་གསར་སྟིང་དུ་གསེར་བྲེའི་གནང་སྤྱིན་དང་། ཉིད་ཀྱི་ཞལ་སྐྱབ་མདོ་
ཁམས་ཀྱི་རྨ་མ་ཉིང་འཛིན་བཟང་པོ་དང་། མཆལ་དགེ་སྐྱོང་ཆེན་པོ་ལ་སེ་དུའི་
ཐམ་ཁ་སོགས་སྐྱས་མའི་གནང་སྦྱིན་ཕྱལ་མཆོར་ཕྱར་འཆར་ལ་དུ་རྒྱལ་པོའི་དུས་
མཆོད་དང་ཡིན་ཐང་(488)བཅུགས། མཆོར་ལྱང་པ་དར་གན་དུ་ཕྱལ་ལྱར་
ལས་ཆེ་ལྱ་དང་མེ་ཉག་འཁས་བྱོ། དེ་ནམས་ནུ་ཆོ་མཆར་གྱི་ལྱས་དང་འཇོ་
དོན་དཔག་དུ་མེད། མེ་ཉག་ཡུལ་དུ་སྤྱོན་གྱི་ལྱ་ཁང་དང་གདན་ནམས་གསོས།
གདན་ས་བསྐོས། དེ་ནས་མེ་ཉག་རིང་མོར་བྱོ། མེ་རྒྱ་ཁལ་པ་མེ་ཅིག་གིས་
གོས་ཀྱི་ཕྱུ་བ་ནས་བཏོན་ནས་གསེར་སྲང་ཉིས་བརྒྱ་ཙམ་ཕྱལ། ཞབས་ཏོག་དང་

┃ 사료

Tshal pa Kun dga' rdo rje, *Deb ther dmar po*(*Hu lan deb ther*), Mi rigs dpe skrun khang, Beijing, 1981, pp.102~103; 蔡巴 貢噶多吉 著, 陳慶英·周潤年 譯, 『紅史』, 西藏人民出版社, 2002, pp.83~84.

❙ 원문 전사

khyi lo zla ba lnga pa'i nya la btegs/ chos thams cad kyi stong pa nyid rtogs pa'i kar+ma pa zhes pa'i mtshan gyi 'ja' sa gu shrI dam kha shel gyi sbel kha/ gser yig sgor mo phul/ bod rtsa ri gsar rnying du gser bre'i gnang sbyin dang/ nyid kyi zhal slob mdo khams kyi bla ma ting 'dzin bzang po dang/ mtshal dge sbyong chen po la si tu'i tham kha sogs skyes ma'i gnang sbyin phul mtshur phur 'ja' ya du rgyal po'i dus [103] mchod dang yin thang btsugs/ mtshur lung pa dar gan du phul yur lam rtse lnga dang mi nyag 'gar byon/ de rnams su ngo mtshar gyi ltas dang 'gro don dpag tu med/ mi nyag yul du sngon gyi lha khang dang gdan rnams gsos/ gdan sa bskos/ de nas mi nyag ring mor byon/ mi skya phal pa mi cig gis gos kyi thu ba nas bton nas gser srang nyis brgya tsam phul/

❙ 번역 및 분석

번역

개해(1334)의 5월 보름에 출발하였고, [대칸이] "일체법의 공성을 깨달은 까르마빠(chos thams cad kyi stong pa nyid rtogs pa'i karma pa)"라고 하는 호칭을 내리는 성지('ja' sa)와 국사(國師, gu shrI)의 인(印), 수정인(印, sbel kha), 금자 원패를 바쳤다. 티베트의 신구(新舊, gsar rnying) 짜리에 이르렀을 때 [대칸이] 금정(gser bre, 金錠)을 하사하였고, 그의 제자 도캄의 라마 띵진 상뽀(Ting 'dzin bzang po)와 챌 게종 첸뽀(Mtshal dge sbyong chen po)에게는 사도(司徒, si tu)의 인(印, tham kha) 등의 사여품을 주었다.

[랑중 도르제는] 출푸(Mtshur phu)에 자야두('Ja' ya du, 즉 툭 테무르 카안) 황제의 제사와 영당(影堂, yin thang)을 조성했다. [대칸이 그에게] 추르룽빠 타르칸(dar gan) 칭호를 주었다. 길을 우회하여 오대산(rtse lnga)과 미냑 가(mi nyag 'ga')에 도착하여 그들에게 기이한 조짐과 이타행(利他行)을 셀 수 없이 [베푸셨다]. 미냑 땅에서 이전의 불전(佛殿)과 사원들을 수선했고 주지를 임명했다. 그 후 미냑 링모(ring mo)에 이르렀는데 한 평범한 속인(俗人)이 옷의 바지춤에서 금을 200냥이나 꺼내더니 [랑중 도르제에게] 바쳤다.

분석

용어

sbel kha ___ 몽골어 벨게(belge)에서 나온 것으로 보이는데, 주로 수정 인에 대한 명칭으로 쓰인다.

dar gan ___ 몽골어 타르칸(tarqan), 즉 큰 공을 세워 이후 죄를 아홉 번 지어도 용서를 받을 권한을 부여받은 자를 음역한 것으로 볼 수 있으나 "mtshur lung pa dar gan du phul" 문장은 번역이 정확하지 않다. 『홍책』 중역본은 추르룽빠 다르칸을 지명으로 보고 "추르룽빠 다르칸에서 우회하여 오대산과 서하 지방에 이르렀다"라고 번역했다. 이 경우 'phul(바치다)'가 완전히 빠져 버리게 된다. 한 연구는 이 문장을 "[대칸이 랑중 도르제를] 추르 지방에서 다르칸으로 임명했다"라고 번역했으며(Ding Yi 2018: 32) 본 번역과 유사하다.

Mtshal dge sbyong chen po ___ 챌파의 대 사문(沙門). 저자 꾼가 도르제 자신을 말한다. 그는 이때 이후 사도(si tu)로 불리게 되었다.

기록의 의의

랑중 도르제가 대도를 떠나 티베트로 돌아갈 때의 일이다. 대칸은 출발 시에 그에게 성지와 국사의 인(印), 원패 등을 주고, 여정 도중에도 금정(金錠, gser bre)을 보내주고 있다. 이때 사여한 양은 나와 있지 않으나 은이 아니라 금을 주는 것에서 랑중 도르제에 대한 토곤 테무르 카안의 신심을 짐작할 수 있다.

이 기사 앞에는 랑중 도르제가 몽골 조정에서 황실과 엘 테무르(el ti mur) 등 관원들에게 관정을 준 것과 엘 테무르와 다른 관료들의 갈등을 조정해준 것, 토곤 테무르가 상도에서 즉위할 때 호법신들이 보호하게 한 것, 관세음보살의 예언에 따라 이전 대칸들을 추존하는 법사를 거행한 것 등 랑중 도르제가 몽골 조정에 영향을 미치고 그들을 위하여 불사(佛事)를 행한 기록이 나와 있다.

한편 미냑, 즉 옛 서하 땅에서 백성이 옷에서 금을 200냥 꺼내어 주었다는 기사로부터 이 지역 사람들이 서하 왕조 시기부터 이미 티베트 불교를 잘 알고 있었던 것은 물론, 사꺄 빤디따 이래 티베트 승려들이 양주(凉州)를 비롯한 옛 서하 땅에서 전교(傳敎) 활동을 계속하여 이들이 티베트 불교에 익숙했던 것을 알 수 있다.

5. 4대 까르마빠 뢸빼 도르제

Rol pa'i rdo rje(1)

Text Image: bdr:MW1KG5760

རྡུ་ཐྲིས་ནས་ཐར་ཐོས་ནས་འབུལ་བ་ཆེན་པོ་བྱུང་། རྒྱལ་པོ་ཆེན་པོས་ཀྱང་སྒྱལ་
སུ་ཕོན་ཚུལ་ཞུ་གོང་ནས་གསན་ཡང་ཐེ་ཚོམ་མ་ཆོད་པ་ལས། དེང་ཆུང་སྒྱང་
ཆུང་གོང་དུ་སྐྱེབ་དུས། གོང་མས་རྗེས་པའི་སྨྱན་གྲགས་ཆེན་པོ་འདུག ཚལ་བ་
ནི་དུ(508)ཚས་རྗེ་གོང་མའི་སྒྱོབ་མ་དམ་ཚིག་དང་ཤེས་རབ་ཆེ་བས། ཚས་
རྗེ་གོང་མ་ཨིན་ཊས་སུ་འདུག་ཟེར། ཊོག་དཔྱོད་ཅན་ཐམས་ཅད་ཀྱིས་དེ་ལྟར་
གཏམ་ཀྱིན་འདུག་ཞུས་པས། གོང་མ་ཕྱག་ཐལ་མོ་སྐྱུར། སྨུན་ཆབ་ཕོན་ནས།
གདན་འཛིན་གྱི་འཁར་ས་སྨྱན་དག་ཆེན་མོ་ཕོད་ཨིག་མ། ཊེན་གསེར་ཐི(509)
གཅིག དངུལ་ཐི(510)གསུམ། གོས་དར་དགུ་ཚན་གསུམ་དང་བཅས་པ་
བསྐྱར་ནས་དཔོན་གྱིས་མི་དཔོན་དིང་དུ་དཔོན་དཔོན་དང་། གཏར་སྟེའི་སྨྱེ་དཔོན་
དཀོན་མཆོག་རྒྱལ་མཚན་དང་། དེ་སྨྱེའི་མི་བསོད་ནམས་ཤེས་རབ་བཅུང་བྱུང་བ་
བུ་པོ་ལ་ཟིནས། བུ་པོའི་སྨྱེན་དུའི་སེ་དུ་བའི་ཊོང་བ་མཛད་ཚས་ཞུས། ས་པོ་

| 사료

Tshal pa Kun dga' rdo rje, *Deb ther dmar po(Hu lan deb ther)*, Mi rigs dpe skrun khang, Beijing, 1981, p.111; 蔡巴 貢噶多吉 著, 陳慶英 · 周潤年 譯, 『紅史』, 西藏人民出版社, 2002, p.91.

| 원문 전사

rgyal po chen po kyang sprul sku byon tshul snga gong nas gsan yang the tshom ma chod pa las/ deng chung glang chung gong du sleb dus/ gong mas dris pa'i snyan grags chen po 'dug/ tshal pa si tu chos rje gong ma'i slob ma dam tshig dang shes rab che bas/ chos rje gong ma yin nges su 'dug zer/ rtog dpyod can thams cad kyis de ltar gtam kin 'dug zhus pas/ gong ma phyag thal mo sbyar/ spyan chab byon nas/ gdan 'dren gyi 'ja' sa snyan ngag chen mo bod yig ma/ rten gser bre gcig/ dngul bre gsum/ gos dar dgu tshan gsum dang bcas pa bskur nas dbon 〈gyis〉 [gyi] mi dpon ding ju dbon dpon dang/ kar sde'i sde dpon dkon mchog rgyal mtshan dang/ ti shrī'i mi bsod nams shes rab btang byung ba bya lo la phebs/

| 번역 및 분석

번역

대황제 역시 환생이 일어난 방식을 이전에 들었으나 의심을 떨치지 못하고 있었다. 뎅충랑충(Deng chung glang chung)이 조정에 왔을 때 황제가 "그(Rol pa'i rdo rje)의 명성이 큰가?"라고 물으니 "이전 법주의 제자인 챌빠 사도(tshal pa si tu)는 계율과 지혜가 큰데, [그가] "이전 법주임이 분명하다"라고 하였고 분석을 잘 하는 모든 이가 그와 같이 말하고 있습니다"라고 아뢰었다.

그러자 황제가 두 손을 모으고 눈물을 흘리고서, 티베트어로 대단한 시(詩)가 들어있는 초청하는 조서('ja' sa) 그리고 조서와 함께 보내는 선물로 금 1정, 은 3정, 각종 주단(綢緞, gos dar) 3필씩을 주어 [선정]원 관료인 딩주(Ding ju) 원사(院使)와, 까르(Kar) 사원의 주지 꾄촉 갤챈(Dkon mchog rgyal mtshan)과 제사의 사람인 쇠남 셰랍(Bsod nams shes rab)을 보냈고, [4대 롤빼 도르제께서] 닭해(1357)에 [조정에] 오셨다.

분석

용어

gos dar ___ 주단. "각 종류의 gos dar"라고 하는 것으로 보아 'gos dar'가 비단 종류의 총칭이거나 큰 범주일 가능성도 있다.

기록의 의의

토곤 테무르가 새로 즉위한 4대 까르마빠를 몽골 조정에 초청하려고, 그간의 대표적인 보시 물품인 금, 은, 비단을 보내고 있다. 몽골-티베트 관계 초기에 가사(袈裟)나 승려용 신발, 지팡이 등을 보시했던 것과 달리 후대에는 승려에게 보내는 물품으로 이 세 가지가 계속해서 등장하는 것을 볼 수 있다. 토곤 테무르 카안이 3, 4대 까르마빠에 대해 가졌던 신심에 비하면 보시의 양은 아주 많다고 할 수는 없는데 이는 그들이 제사(帝師)가 아니었던 것 그리고 1350년대 말 원 조정의 재정난 때문이라고 볼 수 있다.

한편 이 기사는 3대 랑중 도르제를 존경했던 토곤 테무르 카안이 그의 전세(傳世)가 있다는 말을 듣고 반신반의하다가 티베트 고위 승려들도 인정했다는 보고에 4대를 초대하는 정황을 적고 있다. 몽골 황실 성원들의 존경과 신뢰를 받았던 제3대 까르마빠인 랑중 도르제는 대도에서 사망했고 곧 4대가 발표되었다. 까르마 까귀파는 티베트 내에서 이른바 환생 제도를 이용하여 교파의 좌주를 임명한 공식상 최초의 교파이며,[17] 이 기사는 짧지만 티베트의 전세활불 제도 초기에 이를 지켜본 몽골 대칸의 반응을 기록한 의미 있는 기사이다.

4대 뢸빠 도르제(Rol pa'i rdo rje, 1340~1383)가 3대의 전생(轉生)으로 선언된 후 티베트 내에서도 의견이 분분했던 것으로 보인다. 『홍책』의 저자 꾼가 도르제는 이 시기에 티베트에서 권위 있는 인물이었고, 『궁탕지』는 4대인 뢸빠 도르제가 챌 궁탕에 초대되어 가서 꾼가 도르제에게 3대 까르마빠 랑중 도르제의 전세에 대해 자세히 설명하였으며 이로 인해 꾼가 도르제의 "믿음을 얻었다"라고 적고 있는데 이는 까르마파 활불 계통이 티베트의 다른 교파에게도 인정받는 중요한 사건이었던 것으로 보인다. 위에서 『홍책』 기사가 말하고 있는 "챌빠 사도(si tu)가 말하기를 이전 법주인 것이 분명하다고 했다"라는 언급이 바로 『궁탕지』의 이 기록과 같은 내용일 것이다. 토곤 테무르 카안은 마침내 이를 믿고 뢸빠 도르제를 초청하며 보시를 보냈다.

17 전세 제도 자체는 이미 그 전에도 존재하였고 그 기원은 까담파에 있다고 본다. 관련 내용은 Leonard W. J. van der Kuijp, "The Dalai Lamas and the Origins of Reincarnate Lamas," in *The Dalai Lamas, a Visual History,* ed. M. Brauen, Chicago: Serindia Publications, 2005, pp.15~31. 다만 교파 내에서 대를 이어 전세하는 전통은 까르마파가 먼저 시작하였고 다른 교파들이 그를 따랐다고 볼 수 있을 것이다.

6. 4대 까르마빠 뢸뻬 도르제
Rol pa'i rdo rje(2)

བ་ཡིན་གསུངས། དེ་ཕོ་ནས་གཟེར་ཡིག་པས་ཏུ་ལགས་ཚབས་པ་ཞུས་པས།

སེམས་ཅན་ལ་གནོད་འཚེ་མི་བྱེད། ཁྱོད་རང་ཚོ་ཡང་ཏུ་ལག་མ་ཞེན་གསུངས་ནས།

ཁལ་བཞིན་རྣམས་དང་ནས་བཏང་ནས་ཁྱེད། འཁོར་མོ་བ་རྣམས་ཀྱིན་ཏུ་དགར།

དེ་ནས་རིམ་གྱིས་རྒྱུ་མཚོ་ཡ་གསུམ་དག། འཁྲམ་ཐམས་ཅད་ཀྱི་བསྙེན་བཀུར།

འཕུལ་བ་དཔག་མེད་བྱེད། སྟོན་མོ་ཐམས་ཅད་མར་ཕྱད་ལ་བྱེས་ནས། ང་ཚོག

ཐམས་ཅད་དུ་དེ་འགྱིས་པ་མེད་པའི་བཅའ་བ་དང་པོ་མཛད་པའི་བསྡོད་ནས་

ཚེ་ཞིང་སྟེན་པ་དཔག་ཏུ་མེད། བྱང་བཅུད་ཀྱི་གཞི་བདག་ཐམས་ཅད་ཀྱིས་བསུ་

བའི་སླས་དང་རྣལ་འབྱོར་མང་པོ་བྱུང་། རྒྱ་བ་ལྷ་པའི་ཉེར་དགུ་ལ་རྒྱུང་རེ་རོག

ནས་མགུལ་དུ་ཕེབས། དེར་སྐྱེ་འགྲོ་མང་པོ་ལ་ཚོས་གསུངས་དུས་འཇར་དང་མེ་

ཏོག་གི་ཆར་ཆེན་པོ་བྱུང་། རྒྱ་བ་དུག་པའི་ཚེས་བཅུད་ལ་སོག་ཟམ་སྐྲ་ཡིབས།

| 사료

Tshal pa Kun dga' rdo rje, *Deb ther dmar po*(Hu lan deb ther), Mi rigs dpe skrun khang, Beijing, 1981, pp.112~113; 蔡巴 貢噶多吉 著, 陳慶英 · 周潤年 譯,『紅史』, 西藏人民出版社, 2002, p.92.

| 원문 전사

sha pho nas gser yig pas 'u lags chibs pa zhus pas/ sems can la gnod 'tshe mi byed/ khyod rang tsho'ang 'u lag ma zhon gsung nas/ khal bzhon rnams nang nas btang nas khrid/ 'ja' mo ba rnams shin tu dga'/ de nas rim gyis rgya mtsho ya gsum dmag 'jam thams cad kyi bsnyen bkur/ 'bul ba dpag med byas/ ston mo thams cad mar thud la byas nas/ ngo lkog thams cad du sha 'grim pa med pa'i bca' ba dam po mdzad pa'i bsod nams che zhing snyan pa dpag tu med/ byang brgyud kyi gzhi bdag thams cad kyis bsu 113 ba'i ltas dang rnal 'byor mang po byung/ zla ba lnga pa'i nyer dgu la rkyang ri rngog nas mgul du phebs/ der skye 'gro mang po la chos gsungs dus 'ja' dang me tog gi char chen po byung/

| 번역 및 분석

번역

샤포(sha pho) 지역부터 금자사신이 역마('u lags)를 타실 것을 청하자 [뢸빼 도르제는] "유정(有情)들에게 해를 끼칠 수 없습니다. 당신들도 역마('u lag)를 타지 마십시오"라고 말씀하셨다. 그러므로 그들이 사람들로 하여금 짐 싣는 짐승(馱畜)과 타는 짐승(乘畜)을 끌고 집으로 돌아가게 하였으며 참호('ja' mo ba)들은 매우 기뻐하였다.

이후 차례로 세 호수의 모든 군참(dmag 'jam, 軍站)이 시봉과 보시를 헤아릴 수 없이 했다. [뢸빼 도르제는] 모든 연회에서 버터와 락고(thud, 酪糕)를 먹게 하고 [사람들로 하여금] 공적으로나 개인적으로나 언제나 고기를 내오지(〈'grim pa〉 ['brim pa]) 않고 [계율이 말하는] 분명한 음식을 먹게 하시니, 그 복덕이 몹시 컸고 명성은 헤아릴 수 없었다. 북방의 가문의 지방신들이 영접하러 오는 징후와 많은 유가사(瑜伽師)들이 나타났다. 5월 29일 꺙산(rkyang ri)의 평지로부터 비탈(mgul)에 도착했고 그곳에서 많은 중생에게 법(法)을 설하시니 그때 무지개와 큰 꽃비가 내렸다.

분석

용어

sha pho ___ 샤포. 역참 명. 티베트 역참을 개괄하면 캄, 암도, 중앙 티베트에 대참(大站)이 총 27개가 세워졌고 그중 중앙 티베트의 역참은 11곳이었다. 11곳 중 위(Dbus) 지역 민호가 관할해야 하는 역참이 7곳이었는데, 샤포 참은 그중 하나이다. 관련 내용은 최소영, 「15세기 티베트 저작 漢藏史集(Rgya bod yig tshang) 譯註와 연구」, 서울대학교 박사학위논문 2019, 358쪽 참고.

khal ___ 짐.

'ja' mo ba ___ '참('ja' mo)+사람(ba)', 몽골어 '잠치'와 같은 구성의 단어이다.

기록의 의의

뢸빼 도르제가 토곤 테무르의 초청에 응해 대도(大都)로 가면서 역참의 포마(鋪馬) 이용을 거부한 기록이다. 샤포(sha pho) 역참은 중앙 티베트에 위치해 있으므로 그는 여정의 처음부터 역참을 이용하지 않고 자신의 말을 타고 간 것이다. 티베트 승려에 대한 몽골 황실의 보시는 우선 조정의 재원(財源)을 낭비하는 것으로 비판받았지만 대규모 보시 물자를 티베트로 가져가면서 역참 제도에 문제를 일으킨 것도 그에 못지않은 문제였다. 이것은 중국 지역과 중앙 티베트 모두 마찬가지였고, 이를 잘 알고 있는 뢸빼 도르제가 대칸의 사신을 포함한 자신의 일행 모두에게 역참을 이용하지 말 것을 명한 것이다.

티베트 승려들은 대도(大都)에서 돌아갈 때 보시품 때문에 처음 올 때보다 짐이 크게 늘어나 있었다. 그러나 역참의 포마는 인원수에 따라 지급받게 되어 있으므로 짐을 싣고 가는 것에 문제가 생겼고 말 한 필에 규정보다 훨씬 짐을 실을 수밖에 없었다. 『영락대전』 「站赤」의 기록에는 다음과 같은 기사가 실려 있다. "황제가 파견한 서번(西蕃) 승려 사신 닥빠 뺄(乞剌思八班, Grags pa dpal) 등 6인이 처음에 포마(鋪馬) 11필을 타고 대도로 왔다가 지금 돌아가려 하는데 그 수가 3인 뿐인데도 원래의 포마 수를 또 요구하였으나 병부가 다만 8필을 주었습니다. [그러므로] 과중하게 짐을 싣고 갔고 탁주(涿州)에 이르러 감찰에 걸려 조사를 받으니 각 말마다 170근씩을 싣고 있었습니다. 이 일을 형부에 보내 보고하여 67대를 맞게 되었는데 선정원(宣政院) 관리 암보(俺普)가 황제에게 "이 승려는 멀리서 왔으며 실은 물건들은 바로 폐하가 내리신 것입니다. 그 때문에 과중한 것이니 청컨대 포마 3필을 늘려주시어 속히 돌아가게 해 주십시오"라고 하였습니다. 이를 허락하는 성지를 받았습니다(永樂大典:站赤/永樂大典卷之一萬九千四百二十一 二十二勘/站站赤六)."

즉 티베트 승려들의 대도 방문이 모두 대칸을 비롯한 몽골 지배층과 밀접한 관련이 있었기 때문에 역참 남용과 규칙 위반 문제 개선은 쉽지 않았다.[18]

한편 뒤의 단락은 그가 육식을 금하며 설법하고 보시 받은 일을 적고 있으며 당시 티베트인들이 불교도여도 육식을 많이 했던 것을 알 수 있다. 롤빼 도르제는 고기는 먹지 않되 버터와 치즈 등 유제품을 섭취하도록 권하고 있다. 자연환경이 척박한 티베트 고원에서 고기를 먹지 않고 영양 균형을 유지하기는 쉽지 않았을 것이다.[19]

18 관련 내용은 최소영, 「몽골제국 시기 티베트 승려에 대한 보시 물품과 그 운송 문제」, 『중앙아시아연구』 26-2, 2021, 212~217쪽 참고. 티베트 역참의 설치와 역참로에 대하여는 山本 明志, 「モンゴル時代におけるチベット・漢地間の交通と站赤」, 『東洋史研究』 67-2, 2008, pp.95~120; 山本 明志, 「チベットにおけるジャムチの設置」, 『日本西蔵学会会報』 55, 2009, pp.3~13 참고. 몽골제국 역참 전반에 대하여는 党寶海, 『蒙元驛站交通研究』, 崑崙出版社, 2006 참고.

19 17세기 중반 티베트를 장악한 겔룩파는 육식을 강하게 금지하지 않는다. 티베트 불교의 육식 문제에 대하여는 Geoffrey Barstow, *Food of Sinful Demons: Meat, Vegetarianism, and the Limits of Buddhism in Tibet,* Columbia University Press, 2018 참고. 특히 겔룩파에 대하여는 Nangshem Gyal, "The Sectarian Formation of Tibetan Vegetarianism: Identifying the First Polemic on Meat-eating in Tibetan Literature," *Journal of Tibetology,* vol.2, 2018, pp.128~152 참고.

7. 4대 까르마빠 뢸빼 도르제

Rol pa'i rdo rje(3)

Text Image: bdr:MW1KG5760

དབང་བདེ་ཤོལ་ལ་བཏང་། དབང་དུ་རྣམས་བཙོན་ལས་བཀྲོལ། ག་ཆར་ཞག
བརྒྱད་བཞུགས་ནས་ལ་བར་གྱི་ལྟ་ཁང་དུ་རྒྱལ་བུ་ཚེས་དཔལ་གྱིས་མཇལ་པར་ཏེ
བའི་སྐྱར་ལ་བཞུགས་གོང་འཐུག འཇར་ལོ(517)ཐམས་ཅད་ཅད་པའི་དོན
གྱིས་གོང་དུ་ལས་ལ་ཕོན་པའམ་ཕྱོན་ན་བར་ཆད་འབྱུང་བར་མཐྱིན་ནས་མ་ཕྱོན
པར་སྐྲ་དྲུག་གི་བར་དུ་ས་ཆ་དེ་རྣམས་སུ་བཞུགས། སྐྱུ་འཁོར་ལྷ་བརྒྱ་ཙམ་རེ
བཞུགས་པ་ལ་ཉིང་དབེན་པའི་རྒྱགས་སྤྲད། དུ་མ་ཚང་དབང་དང་། དི་དུ་ཐིང
ཆང་མ་འཆམས་པར་དགག་ཆེན་ཆེར་བསག་ནས། སྐྲ་བ་བཞི་པའི་བཙོ་ལྷའི
ཉིན་འཕབ་དུས་བདབ་པ་ལ་ཞལ་ཏུ་བསྐྱར་ནས་འཐུགས་པ་བཅག རྒྱལ་ཆུང་ལྷ
བཙུན་ལ། གོང་མ་ལཡབ་སྲས་ཀྱི་དུང་དུ་ཞུ་ཡིག་ཁྱད་འཕགས་བཀུར་ནས་སྣ་བ
གསམ་པའི་ཉེར་གཉིས་ལ་སོང་བའི་སྐྲ་བ་བཞི་པའི་ཆོས་བཅུ་དྲུག་ལ་ཕོ་བྲང་དུ
སྐྱབ། བཙོ་བཀྱུད་ལ་མཇལ། ཏ་འཇིན་གོང་མ་ལཡབ་སྲས་ཀྱི་གསེར་ཡིག་པ་རེ
གོང་མའི་གསེར་བྲེ་གཅིག་དང་། དངལ་བྲེ་གསུམ། གོས་དར་ཆ་དགུ ཕྲེའི
ཆེས་དངལ་བྲེ་གསུམ། གོས་དར་ཆ་བདུན། གསོལ་ཆང་། སྣ་མ་ཆོས་རྒྱལ
བའི་ཆའི་བྲེ་ལྷ་བཅུ་དང་བཅས་པ་བསྐུར་ནས། ཆོས་རྗེ་པ་གནོ་འཛོ་ན

사료

Tshal pa Kun dga' rdo rje, *Deb ther dmar po(Hu lan deb ther)*, Mi rigs dpe skrun khang,

Beijing, 1981, p.115; 蔡巴 貢噶多吉 著, 陳慶英 · 周潤年 譯, 『紅史』, 西藏人民出版社, 2002, p.94.

원문 전사

ga chur zhag brgyad bzhugs nas la bar gyi lha khang du rgyal bu chos dpal gyis mdzad par nye ba'i sgar la bzhugs gong 'khrug/ 'ja' mo thams cad chad pa'i don gyis gong du lam la thon pa'am byon na bar chad 'byung bar mkhyen nas ma byon par zla drug gi bar du sa cha de rnams su bzhugs sku 'khor lnga brgya tsam re bzhugs pa la hing dben pa'i rgyugs sprad/ dha rma tsing dbang dang/ di ju phing chang ma 'chams par dmag tshan cher bsag nas zla ba bzhi pa'i bco lnga'i nyin 'thab dus btab pa la zhal ta bskur nas 'khrugs pa bcag/ rgyal chung lha btshun la/ gong ma yab sras kyi drung du zhu yig khyad 'phags bkur nas zla ba gsum pa'i nyer gnyis la song ba'i zla ba bzhi pa'i tshes bcu drug la pho brang du sleb/ bco brgyad la mjal/ ja 'dren gong ma yab sras kyi gser yig pa re/ gong ma'i gser bre gcig dang/ dngul bre gsum/ gos dar cha dgu/ tha'i tshes dngul bre gsum/ gos dar cha bdun/ gsol chang/ bla ma chos rgyal ba'i cha'o bre lnga bcu dang bcas pa bskur nas/

번역 및 분석

번역

하주(ga chu, 河州)에 8일을 머물고 나서 산 중턱의 불당(佛堂) 부근 왕자 최뺄(Chos dpal, ?~1331)이 세운 막사에 주숙하는데 전란이 일어나 모든 역참('ja' mo)이 끊겼다. 따라서 길에 나서거나 간다고 해도 장애가 일어날 것을 아시고서 가지 않고 6개월 동안 그 지역에서 머무셨다. 권속 500명 정도가 같이 머무는데 행선정원의 원사에게 할당된 액수를 [이들에게] 주었다. 다르마 [진서무] 정왕과 디주 평장(phing chang)이 화합하지 않고 대군을 일으켜 4월 15일에 전투를 하기로 날짜를 정하였는데 [룅빠 도르제가] 조언을 하여 싸움을 멈추었다.

[룅빠 도르제는] 걜충 라쮠(rgyal chung lha btsun)에게 대단한 상주문을 주어 3월 22일에 황제 부자

의 어전으로 보냈고 [그는] 4월 16일에 궁에 도착했으며 18일에 황제를 알현했다. 차를 마시며 황제가 황제 부자의 금자사신 각각에게 금 1정과 은 3정, 주단(gos dar) 아홉 종, 태자(tha'i tshe)가 은 3정, 주단(gos dar) 일곱 종, 술(chang)을 주었고, 라마 법왕의 초(cha'o) 50정 등을 주어 보냈다.

분석

용어

gsol chang ___ '창(chang)'은 막걸리와 유사한 티베트의 전통 술을 뜻한다. 그 앞의 gsol은 높임말을 만들어준다.

cha'o ___ 초(鈔)를 가리킬 가능성이 높다. 일반적으로 티베트 승려에 대한 보시품에 초가 기록된 경우는 매우 적다.

디주(di ju) **평장**(phing chang) ___ 앞의 기사에서 토곤 테무르가 4대 까르마빠 롤빼 도르제를 부르러 보낸 딩주(ding ju) 원사(dbon dpon, 원의 우두머리, 院使), 즉 선정원사와 같은 인물인 것으로 보인다.

기록의 의의

4대 까르마빠가 대칸의 초청을 받고 티베트에서 이동하여 대도로 가는데 반란 등으로 길이 험하여 일단 하주(河州)에 도착하여 자신의 사자를 먼저 조정에 보낸 기록이다. 험난한 여정을 계속하는 까르마빠에게 대칸과 태자가 각각 원 후반 전형적인 보시 품목인 금, 은, 주단과 더불어 보시에 드문 품목인 초(鈔)를 보내고 있다. 이것은 롤빼 도르제가 이미 하주에 와 있으므로 한지의 초를 유용하게 쓸 수 있었기 때문일 것이다. 다만 이 문장이 소유격 조사 'i'를 쓰고 있지만 종종 있는 바와 같이 주격으로 해석하여 라마 법왕 '이' 보낸 것일 가능성도 있다. 라마 법왕이란 대도에 있던 사꺄파의 제사일 것이다.

한편 이때 태자는 기황후(1315~c.1369)의 아들인 아유시리다라(Ayushiridara, 愛育識里達臘, 1340~1378) 즉 북원(北元) 소종(昭宗))을 가리킨다. 또한 왕자 최뺄(Chos dpal, ?~1331)은 쿠빌라이의 증손자로, 남부이 카툰이 낳은 아들 오로치의 아들 테무르 부카의 아들이다. 오랜 기간 진서무정왕(鎭西武靖王) 지위에 있으면서 티베트를 관할했다. 롤빼 도르제 당시에 그는 사망한 후였고 막사는 그 전에 세운 것이었을 것이다. 최뺄은 한문 사료에 搠思班 혹은 焦八로 적혀 있으며 그의 딸 이린진발(Irinjinbal, 亦憐眞班, ?~1375) 즉 덕녕공주(德寧公主)는 고려 충혜왕의 비이며 충목왕의 모친이기도 하다.

8. 4대 까르마빠 뢸빼 도르제

Rol pa'i rdo rje(4)

Text Image: bdr:MW1KG5760

བའི་ཆའོ་བྲི་ལྡེ་བཙུ་དང་བཅས་པ་བསྐུར་ནས། ཆོས་རྗེ་པ་གའོ་འཇའོ་ན་
བཞུགས་པར་ཟླ་བ་དྲུག་པའི་གནམ་གང་ལ་སླེབ་བྱུང་། ཨུ་ལག་ཞོན་པ་བརྒྱད་ཙུ།
ཤིང་ཏ་ཉི་ཤུ་ལ་ཞོན། ག་ཆུ་ཤིང་ཀུན་གྱི་དམག་གིས་ཀིན་ཙང་ཏུ་བར། དེའི་
དམག་གིས་ཕོ་བྲང་བར་གདན་དྲངས་སོ་གསུངས་པ་ཡོད་ཟེར། འོན་ཀྱང་འཇའ་
མོ་མེད་རབ། ཐུ་གེ་དང་། དུས་མ་བདེ་རབས་ཞུ་ཡིན་འདུག་པས། འཇའ་
མོ་མེད་ན་རང་ཏ་ནི་མི་ཐོན། དམག་ཙུང་དུས་ནི་མི་ཐོན། ཚན་པོ་ཆེ་ཁྱེར་
བའི་སེམས་ཅན་མང་པོ་ལ་གནོད་པས། འཇའ་མོ་ནམ་ཚུགས་དུས་འགྲོ་
གསུངས། ཟླ་བ་གསུམ་པའི་ཚེས་གསུམ་ལ་སའི་ཆར་འབབ་པ་དང་ལྷུས་ངན་པ་

| 사료

Tshal pa Kun dga′ rdo rje, *Deb ther dmar po(Hu lan deb ther),* Mi rigs dpe skrun khang, Beijing, 1981, pp.115~116; 蔡巴 貢噶多吉 著, 陳慶英 · 周潤年 譯,『紅史』, 西藏人民出版社, 2002, p.94.

| 원문 전사

chos rje pa ga′o ′ja′o na bzhugs par zla ba drug pa′i gnam gang la sleb byung/ ′u lag zhon pa brgyad cu/ shing rta nyi shu la zhon/ ga chu shing kun gyi dmag gis kin cang hu bar/ do'i dmag gis pho brang bar gdan drangs so gsungs pa yod zer/ 'on kyang 'ja' 116 mo med rab/ mu ge dang dus ma bde rabs zhu yin 'dug pas/ 'ja' mo med na rang rta ni mi thon/ dmag nyung dus ni mi thon/ tshan po che khyer ba'i sems can mang po la gnod pas/ 'ja' mo nam tshugs dus 'gro gsungs/

번역 및 분석

번역

법주께서 가오자오(ga'o 'ja'o)에 머물고 계시는데 6월 그믐에 이르러 [대칸이 룁빠 도르제에게] 탈역마 80필, 수레 20대에 타고 하주(ga chu)와 임조(shing kun)의 군대로 하여금 경조부(kin cang hu)까지, 그러고 나서 도(do)의 군대가 황궁까지 모셔오라고 말씀하셨다고 한다. 그러나 "역참이 전혀 운용되지 않고 기근에다가 때가 좋지 않습니다"라고 보고하니 "역참이 없으면 나는 말을 출발시키지 않겠다. 군대가 적을 때는 출발하지 않겠다. 대규모 운송으로 많은 사람에게 해를 입히게 되므로 역참 이용이 가능해질 때 가겠다"라고 하셨다.

분석

용어

ga'o 'ja'o ___ 알 수 없는 지명이다. 이때 룁빠 도르제는 하주(河州)에 머물고 있었으므로 중역본은 단순히 하주로 번역했다. 그러나 저자가 하주에 대하여는 'ga chu'로 적고 있을 뿐 아니라 또한 같은 문장에 'ga chu'가 따로 등장하므로 가오자오(ga'o 'ja'o)를 하주라고 보기는 어렵다. 고창(Qočo, 高昌)일 가능성도 있으나 분명하지 않다.

kin cang hu ___ 경조부(京兆府), 즉 서안(西安) 지역을 가리킨다. 몽골제국 시기 경조부에 대한 일반적인 표기로, 라시드 앗딘의 집사에는 킹잔푸(Kîngjânpû)라고 표기되어 있으며[20] 또한

20 라시드 앗딘, 김호동 역주, 『칸의 후예들』, 사계절, 2005, 290쪽.

마르코 폴로는 'Quengianfu'라고 적었다.[21] 몽골제국 시기 지명에 대해 티베트인들이 몽골인들의 일반적인 발음을 그대로 따른 것을 볼 수 있다.

do'i dmag ＿ '도(do)의 군대'. 대칸이 뢸빼 도르제를 경조부 즉 서안까지는 역참의 말과 수레로 이동하게 하고, 서안부터 대도까지는 '도'의 군대가 호송하게 하고 있어서, 서안에 배치된 군대였을 것이라고 추측할 수 있다.

기록의 의의

해제에서 밝힌 대로 보시와 직접 관련이 없지만 몽골제국 당시 몽골과 티베트 승려 관계에 대한 정황을 보여주는 기사이므로 여기에 실었다. 몽골 지배층의 초청으로 인한 승려들의 잦은 왕래에는 역참 제도가 중요한 역할을 했다. 이 기사는 토곤 테무르 카안이 뢸빼 도르제를 빨리 대도로 오게 하고 싶어 하나 원말 역참의 붕괴와 반란으로 그가 이동하지 못하는 상황을 보여주고 있다. 카안은 일단 경조부까지 하주와 임조의 군대가, 그 다음은 도(do)의 군대가 뢸빼 도르제를 호송하게 하고 있다. 하주(ga chu, 河州)는 앞에서 본 왕자 최뻴 등 진서무정왕의 왕부(王府)가 있던 곳으로 추측되며, 따라서 휘하의 군대가 주둔하고있었을 것이다. 전란으로 역참이 제 기능을 못해서 티베트 승려가 오지 못하자 군대를 동원하고 있는 것에서 몽골 카안의 절실함이 보인다. 샤꺄파의 승려 중 몽골 조정에 가는 것을 꺼려 하며 '길나서면 고생'이라고 한 이도 있었다는 기록을 보면 원 후기 까르마파 승려들이 몽골 조정에서 존숭을 받은 것은, 물론 이 승려들이 명성이 높아 초대를 받았기 때문이기도 했지만, 이들이 초대를 거절하지 않고 위험을 무릅쓰고 대도(大都)로 간 결과라고 볼 수도 있다.

21 마르코 폴로, 김호동 역주, 『마르코 폴로의 동방견문록』, 사계절, 2002, 303~304쪽.

9. 4대 까르마빠 룈빼 도르제

Rol pa'i rdo rje(5)

Text Image: bdr:MW1KG5760

མོ་འདབ་མི་བཏང་། རྒྱལ་མོ་རོང་ལ་བྱོན། དེ་ལྟར་ཚོགས་བཞི་བཅུ་ཞི་བདུན་
གྱིས་རབ་སྒང་དུ་ཕེབས། མི་ཉག་ས་འདྲུ་གཉིས། སློ་ཕྱིང་གཉིས་འཁྲུགས་ནས་
དམག་སོགས་བསམ་གྱིས་མི་ཁྱབ་འདུག་པ་ལ། ཞལ་ཏ་བྱོན་གནང་སྒྲིན་མཛད་
ནས་འཁྲུག་པ་ཆེ་ཆུང་འདུམ་ནས། ལོ་སྐོར་གཉིས་མི་འཁྲུག་པའི། ཡིག་འཕྲིན་
བརྒྱ་དང་ཉི་ཤུ་ཙ་བདུན་མཛད། འཁྲུག་འདུམ་པར་ལ་ཟླ་བ་དགུ་པ་ནས། ཕྱི་
བ་ལོ་ཟླ་བ་གཉིས་པའི་བར་དུ་འགོར། མདོ་ཁམས་ཀྱི་འཁྲུག་ཆེན་རྣམས་འདུམ་
པའི་ཕྱོགས་སུ་ཕྱག་རྫས་སོང་བ་ལ་རྟ་བདུན་བརྒྱ་ཙམ་གསེར་སྲང་ཉིས་སྟོང་ལྷག་
པ། ཇ་སིག་ལྔ་བརྒྱ། དངུལ། སྟག་གཟིག མཛོ་ཕྱུགས་གོས་དར་སོགས་ཤིན་
ཏུ་མང་བ་སོང་། དེ་ཚར་ནས་རིན་ཆེན་སྤྲིང་དུ་གསང་བ་གསུམ་སྐུ་མཚམས་

| 사료

Tshal pa Kun dga′ rdo rje, *Deb ther dmar po*(*Hu lan deb ther*), Mi rigs dpe skrun khang, Beijing, 1981, pp.116~117; 蔡巴 貢噶多吉 著, 陳慶英 · 周潤年 譯,『紅史』, 西藏人民出版社, 2002, p.95.

원문 전사

de ltar tshugs bzhi bcu zhe bdun gyis rab sgang du phebs/ mi nyag sa 'dru gnyis/ sgo lding gnyis 'khrugs nas 117 dmag sogs bsam gyis mi khyab pa la/ zhal ta byon gnang sbyin mdzad nas 'khrug pa che chung 'dum nas/ lo skor gnyis mi 'khrug pa'i/ yig 'phrin brgya dang nyi shu rtsa bdun mdzad/ 'khrug 'dum bar la zla ba dgu pa nas/ byi ba lo zla ba gnyis pa'i bar du 'gor mdo khams kyi 'khrug chen rnams 'dum pa'i phyogs su phyag rdzas song ba la rta bdun brgya tsam gser srang nyis stong lhag pa/ ja sig lnga brgya/ dngul/ stag gzig/ mdzo phyugs gos dar sogs shin tu mang ba song/

번역 및 분석

번역

그와 같이 47참(站)을 지나 랍강(rab sgang)에 도착했다. 미냑(mi nyag)의 사두(sa 'dru) 둘, 고딩(sgo lding) 둘이 싸움을 하여 상상을 초월하는 군대[를 동원한 것]에 관하여 [롤빼 도르제가] 조언을 주시고 선물을 주신 결과, (여러) 크고 작은 싸움이 화해되었는데, 2년 동안 싸움을 중단하라는 서신을 127통 쓰신 것이었다.

[미냑의] 싸움을 화해시키는 동안에 9월부터 쥐해 2월까지 캄(Khams) 지역의 대 전투를 멈추게 한 것에 대해 [감사하는] 물자를 보내왔는데, 말 700필, 금 2,000냥(srang) 이상, 전차(ja sig, 磚茶) 500편, 은, 호랑이와 표범 [가죽], 조(야크 수놈과 일반 암소의 혼종), 가축, 비단(gos dar) 등 실로 많은 것을 보내왔다.

분석

용어

ja sig ___ 앞에서 본 대로 차 가루로 보는 학자도 있고 차 덩어리로 보는 학자도 있으나, 티베트에 많이 들어온 덩어리 차로 보는 것이 좋을 것이며, 또한 그 모양이 대부분 벽돌 모양이었으므로 전차(磚茶)로 번역하였다.

mdzo ___ 조(야크 수놈과 일반 암소의 혼종). 살아 있는 조를 보낸 것인지 가축을 보낸 것인지 분명하지 않다. 앞의 호랑이와 표범 역시 마찬가지이다.

rab sgang ___ '캄(Kham) 6 지역(smad mdo khams sgang drug) 중 하나. 미냑 랍강이라고도 함. 현 사천성 까르제(甘孜, Tib. dkar mdzes) 장족자치주(藏族自治州)의 캉딩(康定, Tib. dar rtse mdo)현.

sa 'dru와 sgo lding ___ 칭호로 보이는데 정확한 것은 알 수 없다.

그림 3 야생 야크

기록의 의의

원 말, 몽골 황실에서 제사(帝師)보다 영향력이 컸던 제4대 까르마빠 뢸빼 도르제가 대칸 토곤 테무르의 초청으로 대도(大都)로 가는 도중에 캄[22] 지역을 지나다가 현지의 군사적 충돌을 조정한 기록이다. 집단 간에 다툼이 생겼을 때 저명한 승려에게 조정을 청하는 경우가 종종 있는데 캄 사람들이 뢸빼 도르제에게 이를 청했고 후에 감사의 표시로 금, 은, 차(茶), 짐승 가축, 비단 등을 보내고 있다.[23] 차는 캄 지역 즉 사천·운남 지역이 주산지이므로 이 지역에서 중앙 티베트 승

22 전통적인 티베트 권역 중 하나. 사천 서부와 운남 일부.

23 캄과 암도 지역의 보시품은 말을 비롯한 동물이 많이 보인다. 까르마 파의 종조인 뒤숨 켄빠(Dus gsum mkhyen pa, 1110~1193)에 대한 기록에도 그가 캄 지역을 돌며 전교(傳敎)할 때 차와 짐승을 보시로 받은 일이 기록에 남아 있다. "[뒤숨 켄빠는] 50세에 도캄 지역에 이르렀고. 55세에 감뽀(sgam po) 거주지 안에 머물면서 차(ja, 茶),

려들에 대한 보시품으로 자주 바치는 물품이다. "호랑이와 표범"은 그 짐승 자체를 통째로 바친 것이 아니라 가죽을 말할 것인데 조(야크와 암소의 혼종)는 살아 있는 것을 보낸 것인지 분명하지 않다. 어쨌든 짐승 가죽은 몽골 황실 성원들의 보시 목록에는 보이지 않는 품목이다.

조(mdzo, 야크와 소의 혼종) 50두 등의 보시품을 위짱(dbus gtsang)으로 보냈다(dgung lo lnga bcu pa la mdo khams su byon/ lnga bcu rtsa lnga la sgam po gnas nang du bzhugs/ ja mdzo lnga bcu dang bcas pa'i 'bul ba dbus gtsang du bskur(Tshal pa Kun dga' rdo rje, *Deb ther dmar po(Hu lan deb ther)*), Mi rigs dpe skrun khang, Beijing, 1981, p.86; 蔡巴 貢噶多吉 著, 陳慶英 · 周潤年 譯,『紅史』, 西藏人民出版社, 2002 p.71)". 뒤숨 켄빠는 캄(khams, 혹은 도캄mdo khams, 사천 서부와 운남 일부) 지역을 돌아다니며 전교 활동을 했는데 캄 신도들로부터 차와 조(mdzo)를 받아 까르마파의 본산이 있는 중앙 티베트로 보낸 것이다. 캄은 차마고도의 동쪽 기점이며 12세기에 이미 티베트가 이곳에서 차를 들여오고 있었던 것을 알 수 있다. 이는 몽골로부터의 보시를 적은 기사는 아니나 캄에서 받아 중앙 티베트로 보낸 보시의 종류를 보여주는 의미 있는 기록이라고 하겠다.

10. 4대 까르마빠 뢸빼 도르제

Rol pa'i rdo rje(6)

དང་། གཤེར་བྲི་གཅིག དངུལ་བྲི་གསུམ། གོས་ཁྲི་དང་། དགུ་ཚན་གཉིས་
དང་བཅས་པ། འཇར་ས་པོད་ཡིག་མ་ན། དགོན་མཆོག་གི་ཕྱིན་བརྫབས་ལ་
ལམ་དང་། འཇམ་ཐམས་ཅད་འཇིགས་ཡོད་པས་རྒྱུར་བར་འབྱོན་པར་ཞུ་ཟེར་བ་
སྐྲ་བ་བཞི་པའི་ཚེས་གཅིག་ལ་ཕྱིས་པ་བསྐུར་ནས་ཤེས་རབ་དཔོན་དཔོན་མཆ་།
ཙར་བྱུང་འདུག གོང་མའི་འཇར་ས་ཕྱི་བ་པོ་དཔྱིད་ཀྲ་ཤ་ཆུང་ཚེས་བཅུ་བཅུན་
ལ་ཕྱིས་པ། ཚེས་རྗེ་བ་ཟིད་ལ་བསམ་ནས་ཕོན་ནས་མདོ་སྐྱད་ལ་ཡེབས། མདོ་
སྐྱད་དུ་ཡེབས་འདུག་ནང་། གཤེར་ཡིག་པ་དང་མི་དཔོན་རྣམས་གོ་མ་ཚོད་
པའི་དོན་ཀྲིས་ཕོད་ལ་ཕྱོན་པ་ཡིན་ལས་ཏེ། བྱང་ཆུབ་ཀྲི་ཤེམས་ཀྲིས་སྤྱར་ཀྲི་སྤྱོན་
ལམ་རྗོགས་པར་བྱས་པ་དང་། ཟིད་ལ་བསམ་ནས་མགྲིགས་པོར་ཕྱོན་བྱས་ནས།
གདན་འཇིན་ལ་ཤེས་རབ་བཏང་བ་ཡིན་ཞེས་སོག་བསྐྱིན་བསྟགས་རྒྱུ་ཆེན་པོ་‧‧‧‧

사료

Tshal pa Kun dga' rdo rje, *Deb ther dmar po(Hu lan deb ther)*, Mi rigs dpe skrun khang, Beijing, 1981, pp.117~118; 蔡巴‧貢噶多吉 著, 陳慶英‧周潤年 譯,『紅史』, 西藏人民出版社, 2002, p.96.

원문 전사

gong ma'i 'ja' sa byi ba lo dpyid zla tha chung tshes bcu bdun la bris pa/ chos rje ba nged la bsam nas byon nas mdo smad la phebs/ mdo smad du phebs 'dug na'ang/ gser yig pa dang mi dpon rnams go ma chod pa'i don gyis bod la byon pa yin las che/ byang chub kyi sems kyis sngar gyi smon lam rdzogs par byas pa dang/ nged la bsam nas mgyogs por byon byas nas/ gdan 'dren la shes rab btang ba yin zhes sogs bsnyen bsngags rgya chen po 118 dang/ gser bre gcig/ dngul bre gsum/ gos phyi nang/ dgu tshan gnyis dang bcas pa/ 'ja' sa bod yig ma na/ dkon mchog gi byin brlabs la lam dang/ 'jam thams cad 'jags yod pas myur bar 'byon par zhu zer ba zla ba bzhi pa'i tshes gcig la bris pa bskur nas shes rab dbon dpon mngags/

번역 및 분석

번역

황제가 쥐해 봄 마지막 달 17일에 쓴 조서('ja' sa)에 "법주(法主, 룁빠 도르제)가 짐을 생각하여 와서 도매(mdo smad)[24]에 이르셨습니다. 도매에 이르러 있으나 금자사신과 관료들이 무능하여 티베트로 돌아가시려 하는 듯합니다. 보리심으로 이전의 기도를 끝내도록 하시고 짐을 생각하여 속히 오십시오. 초청을 위하여 셰랍(shes rab)을 보냅니다"라고 하고 대단한 보시와 금 1정, 은 3정, 의복 내외 모두를 갖춘 것(gos phyi nang dgu tshan) 2습[25] 등과 함께, "삼보의 가피로 도로와 역참이 모두 안정되었으니 속히 오시기를 청합니다"라고 4월 1일에 쓴 티베트어 조서를 셰랍 원사(dbon dpon, 즉 선정원사(宣政院使))에게 주어 파견했다.

24 암도. 대략 오늘날 청해성, 그리고 사천성과 감숙성 일부. 몽골제국 시기에는 두번째 음절의 s 가 음가가 있어서 '도스마'정도로 발음되었을 것이다. 충선왕이 도매를 거쳐 티베트로 유배를 갔고 풀려날 때도 그 루트로 왔기 때문에 『高麗史』에도 '朶思麻'라는 표기로 남아 있다. 충선왕의 유배지인 사꺄는 '撒思結'로 표기되었다.

25 중역본은 gos phyi nang과 dgu tshan gnyis를 별개의 것으로 보아 "의복 내외와 각종 짐승"으로 번역하였다. 이는 두 구절이 분절선인 섀(shad)로 나뉘어 있어서 일리가 있으나 이들은 다른 기사에서도 모두 하나로 연결되어 등장하는 표현이며 또한 dgu tshan을 각종 짐승으로 번역할 이유는 없어 보인다.

분석

용어

gos phyi nang dgu tshan ___ "의복-밖-안-아홉-부". 숫자 아홉은 종종 '모두'를 뜻한다. 한문 사료에서 의복 기록에 종종 부가되는 '표리(表裏)'와 같은 의미로 생각된다. 의상을 모두 갖춘 한 벌을 의미하는 것으로 보이는데 아마도 고급 가사(袈裟) 일체일 것이다.

기록의 의의

원말 정세의 혼란으로 티베트 승려들이 몽골 수도에 오지 않으려고 하고, 오다가도 되돌아가는 사태가 일어나자, 대칸 토곤 테무르가 룅빼 도르제에게 금과 은을 보내며 간곡히 오기를 청하고 있다. 비단이 아니라 금, 은을 보낸 것은 가치가 높으면서도 여정 중에 소지하기 쉽기 때문일 것이며 또한 의복을 보낸 것은 대도행 여정이 예정보다 훨씬 길어졌기 때문인 것으로 보인다. 사꺄파의 기록은 몽골 초기와 달리 사꺄파 승려들조차 후기에는 몽골 황실의 초청에 응하지 않은 예를 보여주고 있다. 즉 라마 담빠 쇠남 걜챈(bla ma dam pa bsod nams rgyal mtshan)[26]는 여러 번 초청을 받았으나 닥폭빠(Brag phog pa)라는 인물이 예언하기를 "당신이 만약 몽골 사신이 초청하러 와서 [그에 응하여] 간다면 중생에 널리 이익이 될 것이지만 당신의 수명은 길지 않을 것이다"라고 했고,[27] 라마 담빠는 실제로 초청 제안을 거절한 것이다. 몽골은 그렇다면 조카를 보내라고 하였고 이에 그의 조카인 라첸 뀐가 걜챈(bla chen kun dga' rgyal mtshan)이 출발했다가 도캄에서 "국토가 불안정하여" 티베트로 되돌아와 라마 담빠의 시중을 들었다. 이런 정황을 고려하면 룅빼 도르제는 사실상 목숨을 걸고 몽골 조정으로 가고 있는 것이다.

26 『왕통을 비추는 거울(Rgyal rabs gsal ba'i me long』의 저자.

27 Ngag dbang Kun dga' bsod nams, A myes zhab. *Dzam gling byang phyogs kyi thub pa'i rgyal tshab chen po Dpal ldan Sa skya pa'i gdung rabs rin po che ji ltar byon pa'i tshul gyi rnam par thar pa ngo tshar rin po che'i bang mdzod dgos 'dod kun 'byung (Sa skya gdung rabs chen mo),* Beijing: Mi rigs Dpe skrun khang, 1986, p.272.

11. 4대 까르마빠 롤빼 도르제

Rol pa'i rdo rje(7)

Text Image: bdr:MW1KG5760

ཟླ་བ་བཅུ་གཉིས་པའི་བཅུ་དགུ་ལ་ཏའི་ཏུར་ཕེབས་ཆིང་སང་སོགས་མི་དཔོན་···· ཚོས་བསུ། མཆོད་རྟེན་སྔོན་པོར་བཞུགས་ས་བྱས་ཉེར་གསུམ་ལ་གོང་མ་ཡབ་སྲས་དང་འཛམ། ཉེར་དྲུག་ལ་ཏོང་ཐའི་ཚེའི་སྲས་འཁྲུང་། སང་དེ་ཏོང་ཐའི་ཚེ་གདན་དྲངས་ནས་གསེར་བྲེ་གཅིག ཕྱག་ཕྱིའི་དགེ་བཤེས་རྒན་པ་བརྒྱད་ལ་གོས་ཡུག་རེ། ཕྱིའི་མི་མང་ལ་དར་ཡུག་སུམ་ཅུ་གནང་། མི་བརྒྱ་དང་བདུན་ཅུ་ལ་རྒྱུག་གནང་། གན་ཆེ་བའི་ཤང་ལིན་གསེར་བྲེ་གཉིས་དངུལ་བྲེ་གསུམ། གན་ཆུང་བའི་གསེར་བྲེ་གཅིག གོས་ཕྱི་ནང་དགུ་ཚན་གཅིག་ཕུལ། གན་ཆུང་པའི་ཕོ་བྲང་དུ་བཞི་བཅུ་རྩ་བཞུགས་ནས། རྒྱལ་བུ་ཆེན་པོས་བྱམས་ཆོས(520)དང་སྐྱེས་རབས(521)ཞུས། དེའི་རིང་ལ་པཎྜི་ཏ་དང་། བླ་མ་རྒྱལ་རིན་སོགས་ཀུ་ཤྲཱི་

| 사료

Tshal pa Kun dga′ rdo rje, *Deb ther dmar po(Hu lan deb ther),* Mi rigs dpe skrun khang, Beijing, 1981, p.119; 蔡巴 貢噶多吉 著, 陳慶英 · 周潤年 譯,『紅史』, 西藏人民出版社, 2002, p.97.

원문 전사

zla ba bcu gnyis pa'i bcu dgu la ta'i tur phebs ching sang sogs mi dpon tshos bsu/ mchod rten sngon por bzhugs sa byas nyer gsum la gong ma yab sras dang 'jal/ nyer drug la hong tha'i tshe'i sras 'khrung/ sang de hong tha'i tshe gdan drangs nas gser bre gcig/ phyag phyi'i dge bshes rgan pa brgyad la gos yug re/ phyi'i mi mang la dar yug sum cu gnang/ mi brgya dang bdun cu la rgyug gnang/ gan che ba'i shang len gser bre gnyis dngul bre gsum/ gan chung pa'i gser bre gcig/ gos phyi nang dgu tshan gcig phul/ gan chung ba'i pho brang du bzhi bcu rtsa bzhugs nas/ rgyal bu chen pos byams chos dang skyes rabs zhus/

번역 및 분석

번역

12월 19일 대도(tai tu)에 이르니 승상(ching sang) 등 관료들이 마중 나왔다. 푸른 탑(mchod rten sngon po)을 숙소로 하였고, 23일에 황제 부자와 만났다. 26일에 황태자(hong tha'i tshe)의 아들이 태어나셨다. 그날 황태자가 [롤빼 도르제를] 초청하여 금 1정을 주었고, 시중들던 나이든 게셰 여덟 명 각각에게 정필 단자(gos yug, 緞子)를, 많은 시종(phyi'i mi)에게[28] 재단하지 않은 단자(dar yug) 30필을 주었으며, [또한] 170명의 사람을 주었다. 대칸(gan che ba)이 상(shang)으로 금 2정과 은 3정을, 소칸(gan chung ba)은 금 1정, 모두 갖춘 의복 표리 1습을 주었다. 소칸의 궁에서 40일을 머물렀고, 대 왕자가 미륵의 법과 붓다의 전생담(skyes rabs)을 설법해주기를 청했다.

28 phyi'i mi 는 '밖-사람'으로, 외부인, 외국인으로도 번역되는데, 여기서는 앞에 나온 phyag phyi의 줄임말로 보아야 할 듯하다.

분석

용어

shang ___ 티베트어가 아니라 '상(賞)'을 음역한 것으로 보인다. 저자 뀐가 도르제는 챌파 만호의 만호장으로 몽골 수도 대도(大都)를 몇 번 방문하여 체류했고 몽골 조정의 문화에 익숙했다. 티베트어 'shang'은 보통 심벌즈 종류의 악기를 뜻한다.

gos yug과 dar yug ___ 둘 다 비단을 가리키며 앞에서 본대로 『藏漢辭典』을 따라 각각 정필 단자와 재단하여 자르지 않은 단자로 번역하였으나 아직 분명하지 않은 점이 있다.

기록의 의의

이 기사에서 토곤 테무르 카안은 뢸빼 도르제에게 금을 하사했을 뿐 아니라 시종들에게도 여러 종류의 비단을 내리고 있는데, 이는 전국에 걸친 반란으로 인해 뢸빼 도르제를 모시고 대도로 오는 것이 쉽지 않았을 그의 시종들을 위무하려던 것으로 보인다. 뢸빼 도르제가 대도에 도착했을 때 마침 황태자 아유시리다라(Ayushridara, Ch. 愛育識里達臘, 1340~1378, 빌릭투 칸)의 아들이 태어났고, 이것이 뢸빼 도르제의 은덕으로 여겨져 다시 보시를 바치고 있다. 다만, 쿠빌라이 시기 팍빠에 대한 몽골 황실의 대량의 보시에 비해 이 시기에는 금 1정 등 그 양이 매우 적다. 한편 대칸(gan che ba)과 소칸(gan chung ba)은 각각 토곤 테무르와 아유시리다라를 가리키는 것으로 보인다.

12. 4대 까르마빠 뢸빼 도르제

Rol pa'i rdo rje(8)

བསྐྱར་འདུག བྱང་ཕྱོ་ཀླུ་བ་ཁྱུ་བའི་ཚེས་བཅུན་ལ་རྟ་རུང་ཕྱིན་ནས་དབྱར་ས་མཛད། ཉོན་མོ་བརྒྱ་ཐམས་པ་དང་། བཞོན་མ་ཁྱུ་བཅུ། དབྱར་གྱི་དགོས་ཆ་ཅི་ཡིན་བསྐྱར་ནས་ཞབས་ཏོག་མི་དཔོན་གཉིས་བཏང་། དགུན་དཔའི་དུར་ཕྱོ། གོང་མ་ཕོ་བྲང་རྒྱབ་མར་བཞུགས་ནས་ཡབ་སྲས་གཉིས་ཀས་ཁྱིད་གསན། ཨོན་གཉེར་བཞིལ་མ་བྲེ་གཅིས། ཕྱིང་མ་བྲེ་གཅིག་ཕུལ། སྐབས་དེར་ཚལ་པའི་དུ་ཏུའི་སྐུ་ལ་འོང་། དུ་ཏུའི་སྐྱེན་ཀླའི་ཕ་མེས་ཀྱི་དུར་ས་ཡིན་ཟེར་ནས་ཁྱེར་བ། ཚེས་ཙེ་བས་གོང་མ་ཡབ་སྲས་ལ་དངོས་སུ་ཕྱིན་པའི་དེ་མ་ཐག་ཡོན། སྐབས་དེར་ཅུ་ཅུང་ཟད་མ་འཐོད་པ་ལ་བསྟད་ནས། ཕོད་དུ་འཕྱེན་པའི་ཞུ་བ་མཛད་པས། གོང་མ་ཡབ་སྲས་མ་གནང་། བྱད་པར་དུ་ཏོང་ཐེའི་ཚེས་སྨྱུན་ཆབ་བཏོན་ནས་ཞུས་པས། ཅུ་སྨོམ་པ་ལ་པོ་གསུམ་བྱང་ཙོས། མི་ནྱག་འགགས། སྐྱིང་ཀུན་སོགས་སུ་ཕྱིན། དེ་ནས་ཕྱིར་འཕྱེན་པའི་ཆད་མཛད། གོང་མ་ཡབ་སྲས་ཀྱིས་དབང་ཞུས། ཨོན་དུ་གཉེར་བྲེ་གསུམ། གོས་དང་དགུ་ཆན་ཕུལ། སྲུག་ལོ་ཀླུ་

사료

Tshal pa Kun dga' rdo rje, *Deb ther dmar po(Hu lan deb ther)*, Mi rigs dpe skrun khang, Beijing, 1981, pp.119~120; 蔡巴 貢噶多吉 著, 陳慶英 · 周潤年 譯, 『紅史』, 西藏人民出版社, 2002, pp.97~98.

❙ 원문 전사

glang lo zla ba lnga pa'i tshes bdun la ju jur byon nas dbyar sa mdzad/ rgod ma brgya thams pa dang/ bzhon ma lnga bcu/ dbyar gyi dgos cha ci yin bskur nas zhabs tog mi dpon gsum btang/ dgun ta'i tur byon 120 gong ma pho brang rgyab mar bzhugs nas yab sras gnyis kas khrid gsan/ yon gser bsil ma bre gnyis/ ling ma bre gcig phul/ skabs der tshal pa'i hu ju'i sde la 'ong/ ta hu'i spun zla'i pha mes kyi dur sa yin zer nas khyer ba/ chos rje bas gong ma yab sras la dngos su byon pa'i de ma thag lon/ skabs der chu cung zad ma 'phrod pa la bsnyad nas/ bod du 'byon pa'i zhu ba mdzad pas/ gong ma yab sras ma gsan/ khyad par du hong tha'i tshes spyan chab bton nas zhus pas/ chu snyom pa la lo gsum byang ngos/ mi nyag 'ga'/ shing kun sogs su byon/ de nas phyir 'byon pa'i chad mdzad/ gong ma yab sras kyis dbang zhus/ yon du gser bre gsum/ gos dar dgu tshan phul/

❙ 번역 및 분석

번역

소해(1361) 5월 7일 조주(ju ju, 洮州)에 이르러 여름을 지낼 곳을 정하시자, [몽골 조정이] 암말 100필과 젖소 50두, 여름에 필요한 물품들을 무엇이라도 보내고, 시중들 관리 세 사람을 보냈다. 겨울에 [다시] 대도(ta'i tu)에 이르렀고 황제의 궁 뒤편에 머물렀으며 황제 부자 둘이 그를 이끌어 청법하였다. 그에게 시주로 금가루 2데(bre)와 덩어리 금 1정을 바쳤다. 그때 [룅빼 도르제는] 챌파의 호주(hu ju) 사원에 갔는데, 태후(ta hu) 형제의 조상의 묘 터라고 하면서 빼앗아갔던 것을 법주(法主, 룅빼 도르제)가 황제 부자에게 직접 오자마자 [돌려] 받았다.

그때에 물이 다소 맞지 않는다는 것을 이유로 들어 티베트로 돌아갈 것을 청하셨는데, 황제 부자가 듣지 않았고 특히 황태자(hong tha'i tshe)는 눈물을 흘리며 [가지 말 것을] 청하였다. 물에 적응하려고 3년간 양주(byang ngos), 미냑 가(mi nyag 'ga'), 임조(shing kun) 등에 갔다. 그러고 나서 [궁으로] 돌아오자마자 황제 부자가 관정을 청하였고, 그 보시로 금 3정과, 각종 비단을 바쳤다.

분석

용어

gser bsil ma ___ "금-나누다." 금가루. 일반적으로 몽골제국 시기에 큰 보시로 주던, 덩어리로 된 금정이 아니라 금가루로 2 데를 준 것으로 보인다.

ling ma ___ 덩어리. 앞서 나온 "gser bsil ma"와 달리 일반적인 금정(金錠)이라서 따로 이 단어를 추가한 듯하다.

mi nyag 'ga' ___ 옛 서하 땅.

기록의 의의

뢸빼 도르제는 잠시 대도를 떠나 조주 지방에 있었는데 그의 생활을 위해 대칸이 암말과 젖소 등을 보낸 것을 알 수 있다. 또한, 다시 대도에 이르러서는 금을 주었는데, 그중에 금가루가 있다.[29] 금정이 아니라 그간 보이지 않던 금가루가 나타난 것은 원말(元末) 몽골 조정의 궁핍함이 그 원인일 것이다. 1351년 황하 치수를 위해 몽골이 제방 축조에 대규모 민력을 동원한 것을 계기로 시작된 반란은 점점 거세졌다. 1354년 승상 톡토(Toyto, 脫脫, 1314~1355)가 이끄는 군대가 당시 가장 큰 반란 세력이던 장사성(張士誠, 1321~1367)군이 장악한 고우를 포위하여 무너뜨리기 직전이었으나, 톡토가 병권을 이용해 세력을 장악하리라는 의심에 몽골 조정은 결정적인 순간에 톡토의 군대를 해산해 버렸다. 이른바 홍건군의 난이라고 불리는 이들 반란 세력은 조정군에 의한 패퇴와 내분 등에도 불구하고 점점 세력을 키웠고 뢸빼 도르제가 조정에 온 1361년, 다시 온 1364년 몽골 정권은 극심한 재정난에 시달리고 있었다. 1363년 장사성은 스스로 오왕(吳王) 자리에 오른 뒤 수로를 이용해 대도에 식량을 수송하지 못하도록 물길을 막았다. 뢸빼 도르제는 몽골 정권이 풍전등화의 위기에 있을 때 그들과 함께 있었던 것이다.

---

29 금가루의 가치에 대하여는 Dieter Schuh, "Synthetisches Geld in Tibet. Betrachtungen zu den Zahlungseinheiten in tibetischen Gerichtsverfahren," Dieter Schuh ed., *Secular Law and Order in the Tibetan Highland. Contributions to a workshop organized by the Tibet Institute in Andiast (Switzerland),* on the occasion of the 65th birthday of Christoph Cüpperpp, 2015, p.170 참조.

참고문헌

사료

라시드 앗딘 저, 김호동 역주, 『칸의 후예들』, 사계절, 2005.

마르코 폴로 저, 김호동 역주, 『동방견문록』, 사계절, 2000.

플라노 드 카르피니, 윌리엄 루브룩, 김호동 역주, 『몽골 제국 기행, 마르코 폴로의 선구자들』, 까치, 2015.

Ngag dbang Kun dga' bsod nams, A myes zhab. (1629/1986) *Dzam gling byang phyogs kyi thub pa'i rgyal tshab chen po Dpal ldan Sa skya pa'i gdung rabs rin po che ji ltar byon pa'i tshul gyi rnam par thar pa ngo tshar rin po che'i bang mdzod dgos 'dod kun 'byung(Sa skya gdung rabs chen mo),* Beijing: Mi rigs Dpe skrun khang.

稻葉正就, 佐藤長譯, 『フゥランテプテル: チベット年代記』, 法藏館, 1964.

연구서 및 논문

최소영, 「15세기 티베트 저작 한장사집 역주와 연구」, 서울대학교 박사학위논문 2019.

최소영, 「몽골제국 시기 티베트 승려에 대한 보시 물품과 그 운송 문제」, 『중앙아시아연구』 26-2, 2021, 181~226쪽.

Barstow, Geoffrey. *Food of Sinful Demons: Meat, Vegetarianism, and the Limits of Buddhism in Tibet,* Columbia University Press, 2018.

Cho, Wonhee, "Negotiated Privilege: Strategic Tax Exemptions Policies for Religious Groups and the Mongol-Yuan Dynasty in 13th-Century China." *Journal of the Economic and Social History of the Orient,* 63, no. 1-2. pp.1~37.

Doerfer, Gerhard, *Türkische und mongolische Elemente im Neupersischen unter besonderer Berücksichtigung älterer neupersischer Geschichtsquellen, vor allem der Mongolen und Timuridenzeit,* Band 4, F. Steiner Verlag, 1975.

Gamble, Ruth, *The Third Karmapa Rangjung Dorje,* Shambhala, 2021.

Kuijp, Leonard W. J. van der, "Jambhala. An Imperial Envoy to Tibet During the Late Yuan," *Journal of the American Oriental Society* 113.4, 1993.

Kuijp, Leonard W. J. van der, "The Dalai Lamas and the Origins of Reincarnate Lamas," in *The Dalai Lamas, a Visual History,* ed. M. Brauen, Chicago: Serindia Publications, 2005, pp.15~31.

Kuijp, Leonard W. J. van der, "Tibetan Historiography" in *Tibetan Literature: Studies in Genre,* Snow Lion, 1996, pp.39~56.

Nangshem Gyal, "The Sectarian Formation of Tibetan Vegetarianism: Identifying the First Polemic on Meat-eating in Tibetan Literature," *Journal of Tibetology,* vol.2, 2018, pp.128~152.

Schuh, Dieter, "Synthetisches Geld in Tibet. Betrachtungen zu den Zahlungseinheiten in tibetischen Gerichtsverfahren," Dieter Schuh ed., *Secular Law and Order in the Tibetan Highland. Contributions to a workshop organized by the Tibet Institute in Andiast (Switzerland),* on the occasion of the 65th birthday of Christoph Cüppers, 2015, pp.159~176.

Sørensen, Per K. and Hazod, Guntram, *Rulers on the Celestial Plain: Ecclesiastic and Secular Hegemony in Medieval Tibet: A Study of Tshal Gung-thang,* Verlag der österrechische Akademie der Wissenschaften, 2007.

Yi, Ding, ""Translating" Wutai Shan to Ri bo Rtse lnga (five-Peak Mountain)-The Inception of a Sino-Tibetan Site in the Mongol-Yüan Era (1206~1368)", 2018, *Bod rig pa'i dus deb, 藏學學刊 Journal of Tibetology,* 18, 2018, pp.25~54.

山本 明志, 「チベットにおけるジャムチの設置」, 『日本西蔵学会会報』 55, 2009, pp.3~13.

山本 明志, 「モンゴル時代におけるチベット・漢地間の交通と站赤」, 『東洋史研究』 67-2, 2008, pp.95~120.

3부

톡둑빠의 서신

톡둑빠의 서신

디궁 까귀파의 법설 대 모음 중 쨴아 걜와 톡둑빠의 말씀 중 편지글과 깨우침

Spyan snga rgyal ba thog brdugs pa,

Spyan snga rgyal ba thog brdugs pa'i bka' 'bum las springs yig dang zhal gdams,

'Bri gung bka' brgyud chos mdzod chen mo

해제

본 자료는 티베트 승려가 몽골 제왕(諸王) 훌레구(Hülegü, 1215~1265)에게 보낸 서신집의 일부이다. 서신의 작성자는 쨴아 걜와 린뽀체 톡둑빠(Spyan snga rgyal ba rin po che thog brdugs pa, 1203~1267), 간단히 "톡둑빠"라고 불린 인물이며 까귀파(Bka' rgyud pa)의 하부 종파 중 하나인 팍모두파(Phag mo gru pa)의 지배 가문 랑(Rlangs)씨 출신이었고, 팍모두파의 본사(本寺) 댄사틸(Gdan sa mthil)[1] 사원의 제5대 좌주(座主)였다. 이 서신이 디궁파의 전집에 포함되어 있는 것은 당시 팍모두파와 디궁파가 "안으로는 하나였다"라고 칭해졌고, 전임 좌주인 쨴아 닥빠 중내(Spyan snga grags pa 'byung gnas, 1175~1255)는 톡둑빠의 삼촌이면서 톡둑빠에게 팍모두파 좌주 지위를 넘겨주고 자신은 디궁파의 본사인 디궁틸의 좌주가 되었을 만큼 두 교파가 가까웠기 때문이다.[2] 톡둑빠라는 호칭은 "번개를 정복한 자"라는 뜻으로, 어느 날 번개가 치고 운석이 떨어질 때 그가 그것

1 Gdan sa thel 이라고도 표기된다.

2 최소영, 「13세기 후반 티베트와 훌레구 울루스」, 『중앙아시아연구』 17-1, 2012, 29~31쪽.

을 받아 옷으로 감쌌다는 일화에서 비롯된 별칭이다. 그의 법명은 닥빠 쬔뒤(Brags pa brtson 'grus)였다.

이 서신들은 1250년대 후반과 1260년대에 쓰였다. 그에 앞서 중앙 티베트는 몽골제국 2대 대칸 우구데이(Ögüdei, r.1229~1241)의 아들 쿠텐(Köten, 闊端, 1206~1251)이 파견한 군대의 공격을 받은 이후 몽골의 세력 하에 들어갔다. 당시 티베트 관할권은 쿠텐에게 있었으나 4대 대칸인 뭉케(Möngke, r.1251~1259)는 즉위 후, 쿠텐의 티베트 관할 전권(專權)을 박탈하고 사꺄파(Sa skya pa)만 남겨준 뒤 나머지 교파들은 쿠빌라이(Qubilai, r.1260~1294), 아릭 부케(Ariɣ böke, 1219~1266) 등 자신의 형제들에게 나누어 분봉하고 자신은 디궁파를 관할했다. 이는 몽골이 설치한 행정 단위인 만호(萬戶)체제와 연동되었고, 그 결과 몽골이 티베트에 설치한 이른바 '13만호' 중 다수가 불교 교파를 단위로 형성되고 뭉케의 친형제와 이복형제의 분봉지가 되었다.[3] 따라서 이들 몽골 제왕들과 티베트 교파들 간의 관계는 제왕-피분봉지의 성격뿐 아니라 종교적인 의미도 강했다.

팍모두파는 훌레구에게 분봉되었고, 이제 살펴볼 톡둑빠의 서신들은 훌레구가 팍모두파의 좌주인 톡둑빠에게 반복적으로 불교와 관련된 가르침을 청하고 대규모의 보시를 보낸 사실을 보여주고 있다. 훌레구는 페르시아 원정을 떠나기 전에는 한지(漢地) 불교 임제종(臨濟宗)의 선사(禪師)이며 3대 대칸 구육(Güyüg, r.1246~1248) 시기 북중국의 불교를 관할했던 해운(海雲, 1202~1257)의 설법을 청해 들었다. 그런데 훌레구의 관심은 점차 티베트 불교로 향했으니, 톡둑빠가 훌레구에게 보낸 이 서신들 중 특히 보시에 대한 내용에서 훌레구의 불교 신앙의 변화를 관찰할 수 있다.[4]

한편, 훌레구가 톡둑빠에게 보낸 보시품은 페르시아에서 직접 보냈다기보다는 북중국과 몽골리아에 그의 카툰들과 아들들이 남아 있었으므로 그들에게 청하여 보내게 했을 가능성이 있으나, 자신이 페르시아 지역 어딘가에서 사람을 보내 이란 동북부인 후라산(Khurasan)을 지나 카쉬미르(Kashmir)를 거쳐 서부 티베트로 들어가 전달했을 가능성도 완전히 배제할 수는 없다.[5] 까귀

3 최소영, 「13세기 후반 티베트와 훌레구 울루스」, 서울대학교 석사학위논문, 2010, 10~11쪽.

4 2015년 댄 마틴(Dan Martin)과 잠빠 삼땐(Jampa Samten)이 여기 나온 것을 포함한 그의 몇몇 다른 서신들을 주석과 함께 번역하였다. Jampa Samten&D. Martin, "Letters to the Khans: Six Tibetan Epistles of Togdugpa Addressed to the Mongol Rulers Hulegu and Khubilai, as well as to the Tibetan Lama Pagpa." In Roberto Vitali (Ed.), *Trails of The Tibetan Tradition: Papers for Elliot Sperling,* Dharamsala: Amnye Machen Institute, 2015, pp.297~331. 톡둑빠에 대하여도 본 논문 참고.

5 카쉬미르가 훌레구 측과 티베트를 연결해주는 중간지점일 가능성에 관해서는 스펄링이 언급한 바 있다. Elliot Sperling(1990), "Hulegu and Tibet." *Acta Orientalia Hungarica* 44, 1990, pp.145~157. 최소영 「13세기 후반 티베트와 훌레구 울루스」, 2010, 39~40쪽.

파의 또 다른 종파인 둑빠('brug pa) 까귀 출신의 우갠빠 린첸 뺄(U rgyan pa Rin chen dpal, 1230~1309)의 전기에는 우갠빠가 "우갠", 즉 우디야나(Oḍḍiyāna 또는 Uddiyana, 현 Swat Valley)에 있는 빠드마삼바바(Padmasambhava, 蓮華生)의 유적지에 갈 때 카쉬미르지역에서 훌레구의 불당(gtsug lag khang)을 본 것이 기록되어 있다.[6]

이 서신집은 그의 사후 편집되어 하나로 묶였으며 총 70통 정도의 편지로 구성되어 있다. 즉 편지의 원본이 물리적으로 그대로 보관된 것은 아니다. 수록된 편지들에는 날짜가 쓰여 있지 않지만, 대체로 시간 순으로 배열된 것으로 보인다. 각 편지에는 아마도 맨 먼저 편집자가 적은 것으로 보이는 제목 및 누구에게, 어떤 목적으로 쓴 글인지가 명시되고, 다음으로 원저자가 쓴 운문 게송 및 편지 본문이 나오며, 본문 끝에 다시 편집자가 해당 편지의 내용을 요약하여 덧붙이고 있다.[7] 여기 소개된 서신들을 통하여, 특히 그 안에 기록된 훌레구의 보시품을 통하여 우리는 멀리 페르시아로 가서 자리잡은 제왕 훌레구가 몽골리아에 남은 자신의 형제들과 종교적으로 행보를 같이 하여 먼저 한지의 선불교에, 관심을 두었고 후에는 티베트 불교를 깊이 숭상하다가 생을 마친 것을 볼 수 있다.

6 Elliot Sperling, 앞의 논문. "우갠빠"는 빠드마삼바바와 관련된 성지인 우갠, 즉 우디야나에 다녀온 사람이라는 뜻이다. 그는 카쉬미르에서 훌레구의 사원을 본 것 외에도 여정 중에 많은 몽골인을 만난 일을 기록으로 남겼다. 우갠빠의 전반적인 일생 및 몽골제국과의 관계에 대해서는 Li, Brenda, W. L. "A Critical Study of the Life of the 13th-Century Tibetan Monk U rgyan pa Rin chen dpal Based on his Biographies" Wolfson College, University of Oxford Thesis submitted in fulfillment of the degree of Doctor of Philosophy. 2001.; Leonard W. J. van der Kuijp, "U rgyan pa Rin chen dpal(1230~1309) Part Two: For Emperor Qubilai? His Garland of Tales about Rivers," ed. Ch. Cüppers, *The Relationship between Religion and State(chos srid zung 'brel) in Traditional Tibet,* Lumbini, 2004, pp.299~339; Roberto Vitali, "Grub chen U rgyan pa and the Mongols of China", edited by Roberto Vitali, *Studies on the History and Literature of Tibet and the Himalayas,* Kathmandu: Vajra, 2012, pp.31~64를 참고할 수 있다.

7 편지를 써서 멀리 전달하는 것은 티베트에서 낯선 일이 아니었으나, 몽골 역참(Tib. 'jam/ja mo; Mon. jam)도입 후 더 활발해졌을 것이다. 관련 내용은 모두 Jampa Samten&D. Martin, 앞의 논문, p.301.

1. 훌레구가 톡둑빠에게 보낸 보시

| 사료

Spyan snga rgyal ba thog brdugs pa, *Spyan snga rgyal ba thog brdugs pa'i bka' 'bum las springs yig dang zhal gdams, 'Bri gung bka' brgyud chos mdzod chen mo,* Lha sa: 'Bri gung mthil dgon, 2004, pp.148:1~149:1; Jampa Samten&D. Martin. "Letters to the Khans: Six Tibetan Epistles of Togdugpa Addressed to the Mongol Rulers Hulegu and Khubilai, as well as to the Tibetan Lama Pagpa," In Roberto Vitali (Ed.), *Trails of The Tibetan Tradition: Papers for Elliot Sperling,* Dharamsala: Amnye Machen Institute, 2015, pp.309~310.

| 원문 전사

mo mgo rgyal po dang rgyal bu hu la hu la smon lam btab pa/ oM swa sti/ bla ma rnams dang yi dam lha// dkon mchog gsum gyi byin rlabs kyis// bkra shis phun sum tshogs pa dang// tshe ring nad med bde legs shog// mo mgo rgyal po dang// rgyal bu byang chub sems dpa' hu la hu yab sras spun pho bo nu bo rigs rgyud dang bcas pa tshe ring ba dang/ nad med pa dang bde legs su gyur cig// sa chen po 'di'i bdag por gyur pa// rgyal bu byang chub sems dpa' hu la hu'i spyan sngar// rin po che phag mo gru pas zhu ba// rgyal bu byang chub sems dpas rgyal khams mang po mngar 'dus shing// bsod nams kyi tshogs rdzogs nas// rdzogs pa'i byang chub tu sangs rgya bar

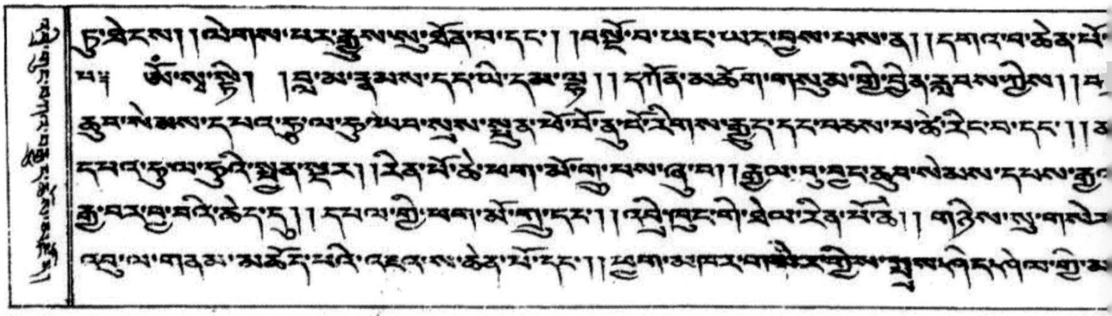

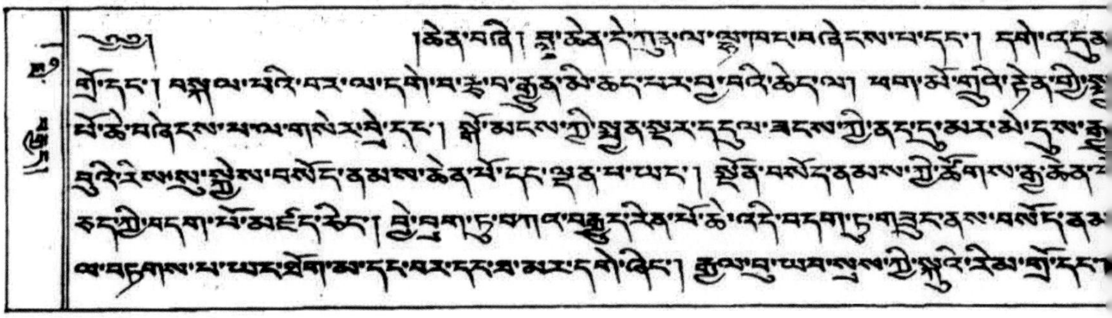

bya ba'i ched du// dpal gyi phag mo gru dang// 'bri khung gi thel rin po che// gnyis su gser bre chen gnyis gnyis// gser phor chen po gnyis gnyis bskur ba dang// yang dgos su phag mo grur nga 'bu la gnam mchod pa'i 'ja' sa chen po dang// phyag mkhar gser gyis spras shing shel gyi mgo bo can dang/ gangs ti tser bzhugs pa'i dge 'dun rnams la gnam mchod pa'i cha rkyen du dngul bre [149] chen bzhi/ bla chen de kun la lha khang bzhengs pa dang/ dge 'dun gyi sde 'dzugs pa la gser bre mang po bskur ba dang bcas pa thugs la btags/

| 번역 및 분석

번역

뭉케 황제(mo mgo rgyal po)와 왕자 훌레구(rgyal bu hu la hu)에게 드리는 기도. 옴스바스띠(吉祥)! 라마들과 본존(yi dam lha), 삼보(三寶)의 가피로 원만하고 무병장수하며 행복하기를! 뭉케 왕과

Text Image: bdr:W00JW501203

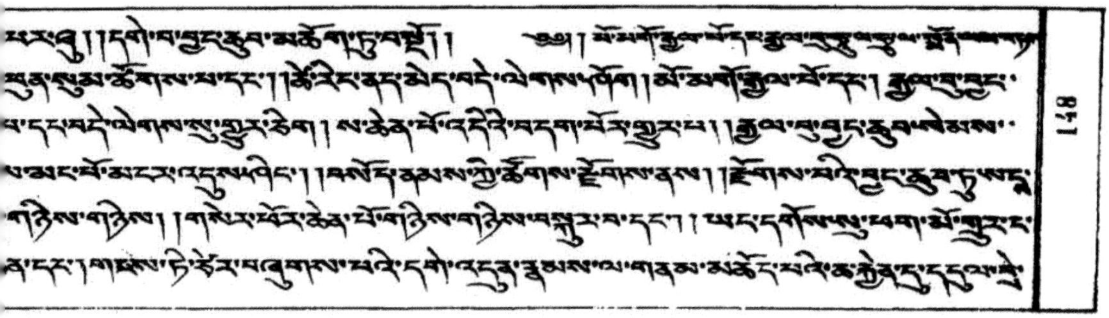

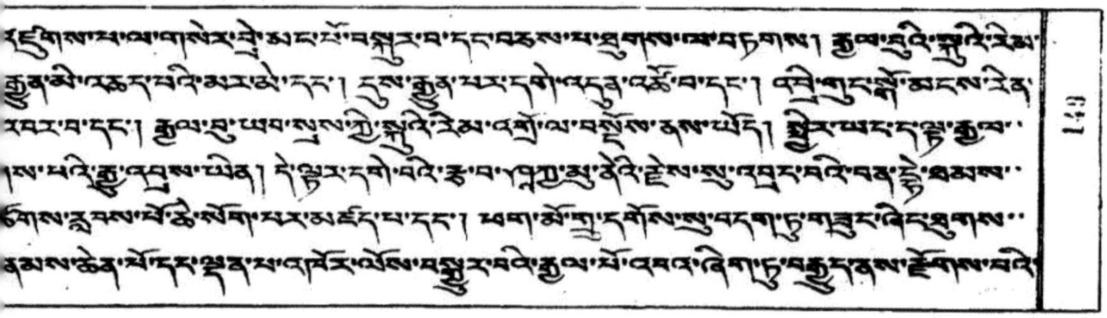

보살 왕자 훌레구 부자, 형제, 형과 동생이 자손들과 더불어 무병장수하며 행복하기를!

이 방대한 땅의 주인이 된 자, 보살 왕자 훌레구에게 린뽀체 팍모두빠가 청합니다. 보살 왕자가 많은 왕국을 세력 하에 넣고, 복덕자량을 원만히 하고서, 대원만 보리로 깨달음을 얻고자 상서로운 팍모두와 디궁틸의 린뽀체 둘에게 금 2정(錠)씩, 그리고 금으로 된 큰 사발을 두개씩 보내셨습니다. 또한, 특히 저 팍모두빠에게는 하늘에 제사 지내는 자(告天人, gnam mchod pa)의 [권한을 부여하는] 대 조서('ja' sa chen po, 大聖旨)와 금으로 장식되고 수정 머리가 달린 지팡이를 주셨으며, 카일라스 산(Gangs ti tse)에 거주하는 승려들에게 하늘에 제사 지내기 위한 자원으로 은 4정을 [내려주었고], 대 라마 모두에게 불당을 지어주었으며, 승단 건설을 위하여 많은 금정(金錠)을 보내는 등 [저희를] 마음에 두어 주셨습니다.

분석

용어

gser phor chen po ___ 금으로 된 큰 그릇. "phor"는 오목한 사발 종류의 그릇을 가리키며 주전자나 컵을 말하기도 한다.

phyag mkhar gser gyis spras ___ 금으로 장식한 지팡이. phyag mkhar 자체는 지팡이의 높임말이다.

shel gyi mgo bo ___ 수정으로 된 머리. '머리'는 지팡이의 손잡이를 가리킬 가능성이 있다.

'ja' sa ___ 조서(詔書), 티베트 사료에서 'ja sa, 'ja' sa 등으로 표기된다. 이 글의 예와 같이 대(大, chen po)와 병기되어 쓰이는 경우가 많다.

'bri khung gi thel rin po che ___ 디궁틸의 린뽀체. 디궁파의 본사 디궁틸('Bri gung thil) 사원의 좌주 짼아 닥빠 중내를 가리킨다. 그는 그전에 댄사틸의 좌주였고, 디궁틸로 가면서 자신의 조카인 닥빠 쬔뒤, 즉 이 서신의 저자인 톡둑빠에게 댄사틸 좌주 지위를 넘겨주었다.

기록의 의의

홀레구가 팍모두파(Phag mo gru pa)에 보낸 보시품에 대한 톡둑빠의 감사 편지이다. 앞에서 본 대로 2대 대칸 우구데이는 티베트 관할권을 아들 쿠텐에게 주었는데, 3대 구육의 짧은 재위 후 즉위한 톨루이(Tolui)계의 뭉케는 티베트를 쿠빌라이, 홀레구 등 자신의 동생들에게 교파를 단위로 하여 분봉한 바 있다.

저자가 뭉케를 황제, 즉 대칸이라 부르고 있는 것, '보살 왕자 홀레구'가 '많은 왕국을 세력 하에 넣었다'라고 적은 것 등을 고려하면 이 서신의 집필 시기는 홀레구가 몽골리아를 출발하여 서정(西征)하며 이미 승리를 거두던 때이면서 뭉케 재세 동안이라야 한다. 홀레구는 1253년 서방원정을 떠나 천천히 이동하며 1255년 마와란나흐르(Māwarā' al-nahr 또는 Transoxiana, 현 우즈베키스탄 일대)에 이르렀다. 그는 꾸준히 주변 세력을 복속시키며 이동하여 1256년 암살자단이라 불리던 시아파 집단을 무너뜨렸으며, 이어서 1258년에 바그다드의 아바스 칼리프조(Abbasid Caliphate)를 붕괴시켰다. 뭉케는 1259년에 사망했다. 그러므로 이 편지는 1255년에서 1259년 사이에 쓴 것이라고 보아야 한다.

서신에 의하면 홀레구는 여러 승려를 위해 용도를 지정하여 금정, 은정을 보내고 있어서 내용면에서 세심하며 그 물질적 가치 또한 대단한 보시를 보낸 것을 알 수 있다. 그는 톡둑빠 개인에게는 따로 금 지팡이(phyag mkhar gser gyis spras)와 하늘에 기도하면 세금과 부역이 면제되는 권한을 부여하는 조서를 보냈다. 톡둑빠는 그에 감사하며 홀레구에게 깨달음을 얻는 방법을 강설해 주고 있다.

그런데 같은 시기의 일을 기록한 한문 사료에서 홀레구가 한지의 해운(海雲)에게도 '금 지팡이(金拄杖)'와 영지(令旨)를 보낸 기록이 보이는 것은 주목할 만하다. 즉 14세기 승려 염상(念常,

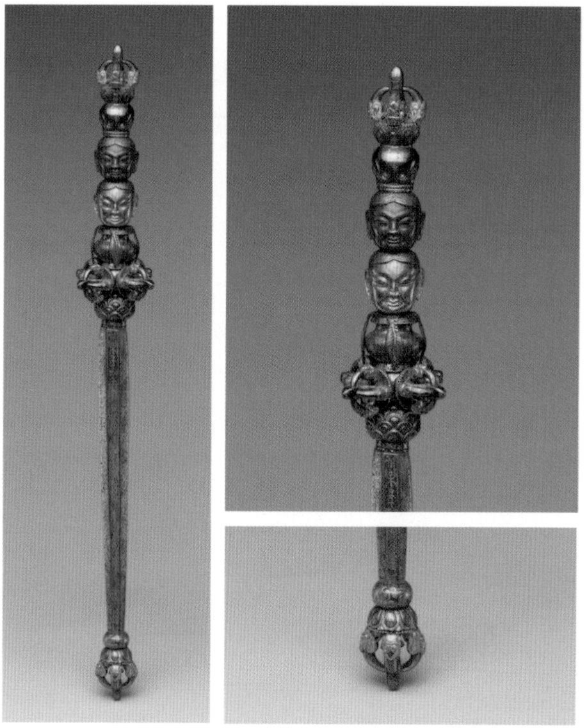

그림 1 티베트식의 불교 의례용 금 지팡이, 15세기
(Metropolitan Museum, Accession Number 2015.500.6.28)

1282~1341)이 편찬한 『불조역대통재(佛祖歷代通載)』의 기사는 "이달에 훌레구 대왕이 많은 몽골 조정 사신을 파견하였는데 금 지팡이, 금수를 놓은 가사, 그리고 영지를 보내며 스승(즉 해운)에게 법어(法語)를 청했다(是月旭威烈大王, 差蒙古萬宣差, 以金拄杖金縷袈裟段并令旨, 奉師求法語)"[8]라고 적고 있는 것이다. 해운이 받은 '금지팡이'와 '영지'는 톡둑빠의 티베트어 서신 속의 '금으로 장식한 지팡이'와 '대 조서'와 같은 종류일 것이라고 추측한다. '영지'와 '대 조서'는 칭기스 칸 가문과 국가를 위해 하늘에 기도하고 그 대가로 부세와 역을 면제 받게 하는 문서일 것이다.[9] 즉, 훌레구는 몽골리아를 떠나고 얼마 지나지 않은 시기에는 티베트 불교와 한지의 선불교에 다 관심이 있

8 釋念常, 『佛祖歷代通載』, 北京圖書館古籍珍本叢刊, 北京: 書目文獻出版社, 1341/1988, p.338.

9 몽골제국 시기 카안 울루스에서의 종교인과 그들에 대한 면세 문제는 조원희. 「元代 '宗教人' 優免 규정과 그 운영」, 서울대학교 석사학위논문, 2008; 조원희. 「몽원 제국 시기 '종교'의 정의에 대한 재검토-유대인, 白雲宗, 儒人의 비교를 중심으로.」, 『동양사학연구』 148, 2019, 155~810쪽 참고.

었으며, 동시에 보낸 금 지팡이와 영지가 이를 상징한다고 할 수 있다. 그러나 티베트 측 기록에 금정(金錠) 등 보시의 양이 더 큰 것으로 미루어 볼 때 이때 이미 훌레구는 티베트 불교에 더 기울고 있었던 것으로 보이며 한지 불교에 대한 기록은 더이상 보이지 않는 반면, 티베트 불교에 대한 보시와 연락은 계속된다.[10]

10 훌레구를 비롯한 일칸들의 불교 정체성에 관하여는 대표적으로 Samuel M. Grupper, "The Buddhist Sanctuary-Vihāra of Labnasagut and the Il-Qan Hülegü: An Overview of Il-Qanid Buddhism and Related Matters," *Archivum Eurasiae Medii Aevi,* vol. 13, 2004, pp.5~77를 참고할 수 있다. 보시를 통한 훌레구의 종교 변화 고찰은 최소영, 「몽골제국 시기 티베트 승려에 대한 보시와 그 운송 문제 고찰」, 『중앙아시아연구』 26-2, 2021, 196~201쪽 참고.

2. 훌레구를 위한 톡둑빠의 기도

❙ 사료

Spyan snga rgyal ba thog brdugs pa, *Spyan snga rgyal ba thog brdugs pa'i bka' 'bum las springs yig dang zhal gdams, 'Bri gung bka' brgyud chos mdzod chen mo,* Lha sa: 'Bri gung mthil dgon, 2004, pp.149:1~150:2; Jampa Samten&D. Martin. "Letters to the Khans: Six Tibetan Epistles of Togdugpa Addressed to the Mongol Rulers Hulegu and Khubilai, as well as to the Tibetan Lama Pagpa". In Roberto Vitali (Ed.), *Trails of The Tibetan Tradition: Papers for Elliot Sperling,* pp.297~331. Dharamsala: Amnye Machen Institute, 2015, p.310.

❙ 원문 전사

rgyal bu'i sku'i rim gro dang/ bskal pa'i bar la dge ba rtsa ba rgyun mi chad par bya ba'i ched la/ phag mo gru'i rten gyi spyan sngar rgyun mi 'chad pa'i mar me dang/ dus rgyun par dge 'dun 'tsho ba dang/ 'bri gung sgo mangs rin po che bzhengs pa la gser bre dang/ sgo mangs kyi spyan sngar dngul zangs kyi nang du mar me dus rgyun par 'bar ba dang/ rgyal bu yab sras kyi sku'i rim 'gro la bsngos nas yod/ spyir yang da lta rgyal bu'i ris su skyes bsod nams chen po dang ldan pa yang/ sngon bsod nams kyi tshogs rgya chen po bsags pa'i rgyu 'bras yin/ de ltar dge ba'i rtsa ba shA+kya mu ne'i rjes su 'brang ba'i ban dhe thams cad kyi bdag po mdzad cing/ bye brag tu bka' brgyud

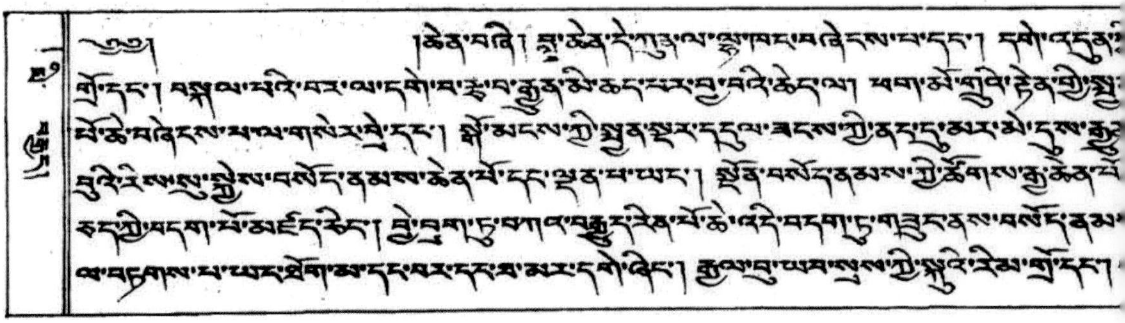

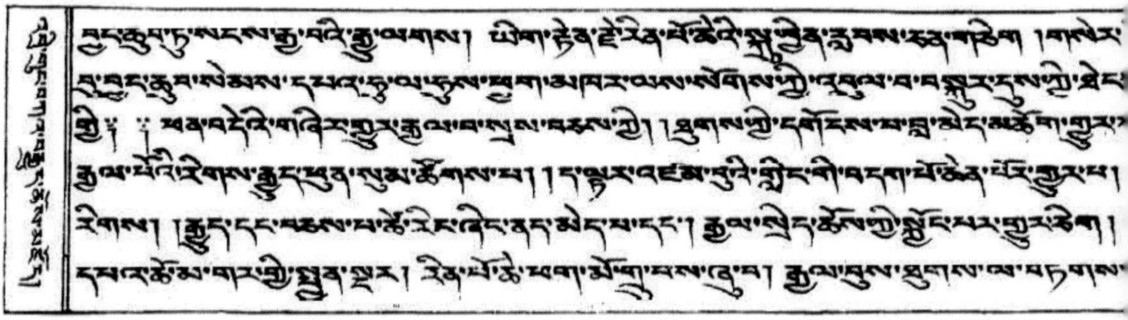

rin po che ʼdi bdag tu gzung nas bsod nams kyi tshogs rlabs po che sog par mdzad pa dang/ phag mo gru dgos su bdag tu gzung zhing thugs la btags pa yang thog ma dang bar dang tha mar dge zhing/ rgyal bu yab sras kyi skuʼi rim gro dang/ bsod nams chen po dang ldan pa ʼkhor los bsgyur baʼi rgyal po ʼbaʼ zhig tu brgyud nas rdzogs paʼi 150 byang chub tu sangs rgya baʼi rgyu lags/ yig rten rje rin po cheʼi sku byin rlabs can gcig/ gser gyi rdo rje gcig sku phyam gsol ʼphro gcig/ bsrung paʼi ʼkhor lo gcig bskur nas mchis/ rgyal bu byang chub sems dpaʼ hu la hus phyag mkhar las sogs kyi ʼbul ba bskur dus kyi thengs yig//

번역 및 분석

번역

왕자의 신체를 위한 의식으로, 그리고 겁(劫)이 존재하는 한 선근(善根)이 끊이지 않게 하려고

Text Image: bdr:W00JW501203

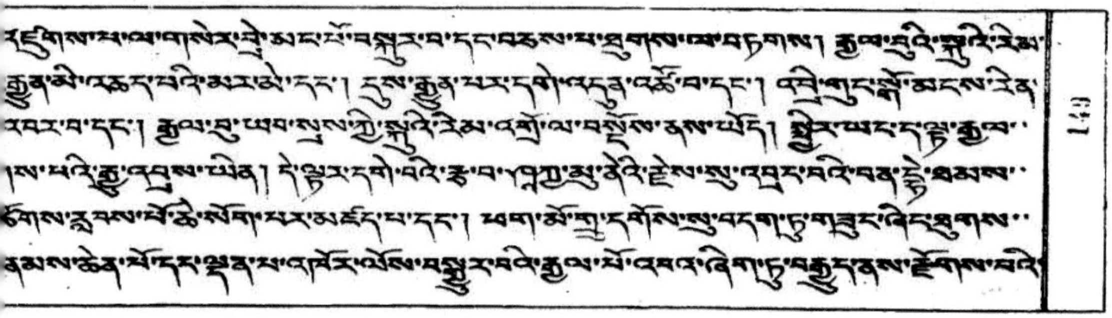

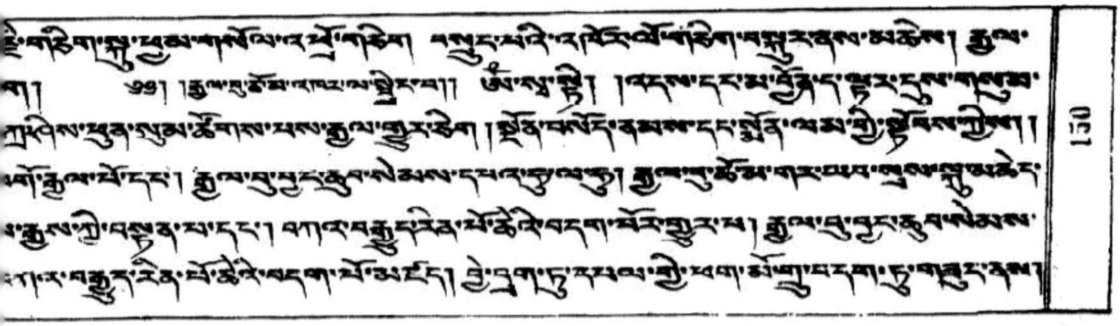

팍모두의 탑 앞에 끊임없이 타는 버터 램프를 [두었습니다]. 그리고 [당신은] 계속해서 승려들의 생계와 디궁의 다문(sgo mang, 多門) 탑 조성을 위해 금정(金錠)을 [주셨으며], [저희는] 다문탑 앞 은, 동 램프 안에 끊이지 않고 타는 버터 등(燈)과 왕자 부자의 신체를 위한 의식을 바치고 있습니다. 일반적으로 지금 왕자로서 나신 것은 큰 복덕을 가진 것이고, 또한 전생에 복덕자량을 크게 쌓은 결과입니다. 그와 같은 선근[으로 인해 당신은] 석가모니를 따르는 모든 승려의 주인이 되시고, 특히 이 까귀 린뽀체[11]를 소유하시었으니, 복덕자량을 대단히 크게 쌓으셨고 특히 팍모두를 소유하시고 마음에 두셨습니다.

또한, 처음과 중간과 마지막의 선(善)을 위한 의식과 왕자 부자의 신체를 위해 행하는 의식이 큰 복덕을 가져올 것(이므로) 유일한 전륜왕으로 가게 되며 원만 보리로 깨달음을 얻는 원인이 될 것입니다.

서신과 함께 보내는 선물로, 가피가 있는 제 린뽀체(팍모두 까귀파의 이전 주지 짼아 린뽀체)의 상(像)

11 저자 톡둑빠를 가리킴.

그림 2 금강저
(송광사 성보 박물관)

그림 3 두 개의 버터 램프. 19세기 티베트
(Metropolitan Museum Accession number 2019.303.1a)

과 금으로 만든 금강저(gser gyi rdo rje, 金剛杵) 하나, [라마가] 입으셨던 숄(sku phyam gsol 'phro) 하나, 보호의 만달라(bsrung pa'i 'khor lo) 하나를 보냅니다.

보살 왕자 훌레구가 지팡이 등의 보시('bul ba)를 보냈을 때의 편지. [12]

분석

용어

sgo mangs ___ sgo mang이라고도 적는다. "door-many"의 뜻. 문 형태의 문양이 여러 개 새겨진 불탑을 뜻한다.

gser gyi rdo rje ___ 금으로 만든 금강저(金剛杵).

phyam ___ 'phyam'의 줄임말. 'sku phyam'은 'phyam'의 존칭어이다.

bsrung pa'i 'khor lo ___ 보호 바퀴. 바퀴가 그려진 것으로 추정되며 부적 기능을 하는 일종의 만달라로 보인다.

기록의 의의

앞의 보시를 받은 것에 대해 톡둑빠가 시주 훌레구를 위한 기도 의식을 바치고 있음을 언급하

12 이 문장은 서신집의 편집자가 덧붙인 것이다.

는 한편 훌레구에 대한 불교적 덕담을 덧붙이고 있다.

또한, 이 서신과 더불어 답례품을 보내면서 그 품목을 열거하고 있는데 물품은 모두 불교적인 것으로, 고승의 상(像)과 의복, 금강저, 법륜(法輪)임을 알 수 있다. 훌레구에게 금강저를 보낸 것에 대하여, 금강승(金剛乘)에 속하는 불구(佛具)인 금강저는 밀교 관정과 깊은 관련이 있고 최소한 받는 사람이 밀교 관정을 받은 것을 의미한다고 보기도 한다.[13] 한편 이전에 훌레구의 모친인 소르칵타니 베키(Sorqaytani beki)와 쿠빌라이가 각각 사꺄 빤디따와 팍빠에게 촐(phyam tshe)을 보낸 기사를 통해 당시 몽골 지배층이 티베트 불교에 보낸 일반적 보시품 중에 촐이 있는 것을 살펴보았는데 이 기사에서는 티베트의 톡둑빠 측에서 자신의 삼촌이며 팍모두파의 이전 좌주였던 인물의 유품 중 촐을 보시에 대한 답으로, 그리고 서신에 딸린 선물로 훌레구에게 보내고 있다. 무엇보다 중요한 것은 톡둑빠가 그를 위해 '겁이 존재하는 한 선근이 끊이지 않게 하려고 끝없이 타는 버터램프를 켜두고 기도하는' 것이다.

13 Jampa Samten&D. Martin, 앞의 논문, p.311.

3. 보살 왕자 훌레구

Rgyal bu Byang chub sems dpa' Hu la

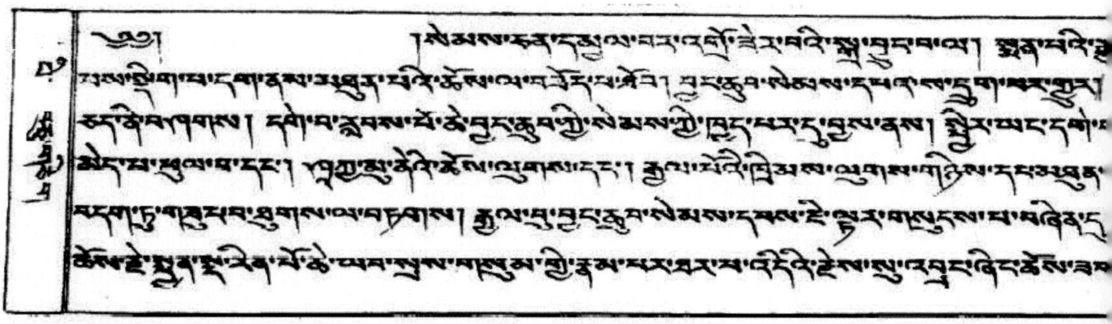

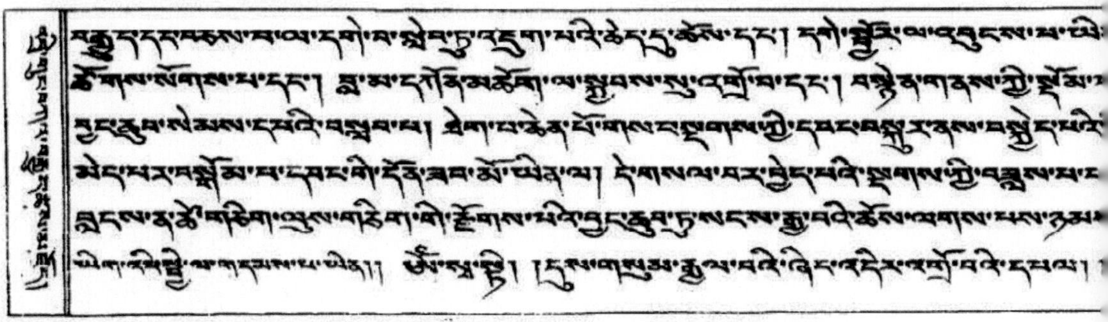

| 사료

Spyan snga rgyal ba thog brdugs pa, *Spyan snga rgyal ba thog brdugs paʾi bkaʾ ʾbum las springs yig dang zhal gdams, ʾBri gung bkaʾ brgyud chos mdzod chen mo,* Lha sa: ʾBri gung mthil dgon, 2004, pp.155:2~156:1, 156:5; Jampa Samten&D. Martin. Letters to

Text Image: bdr:W00JW501203

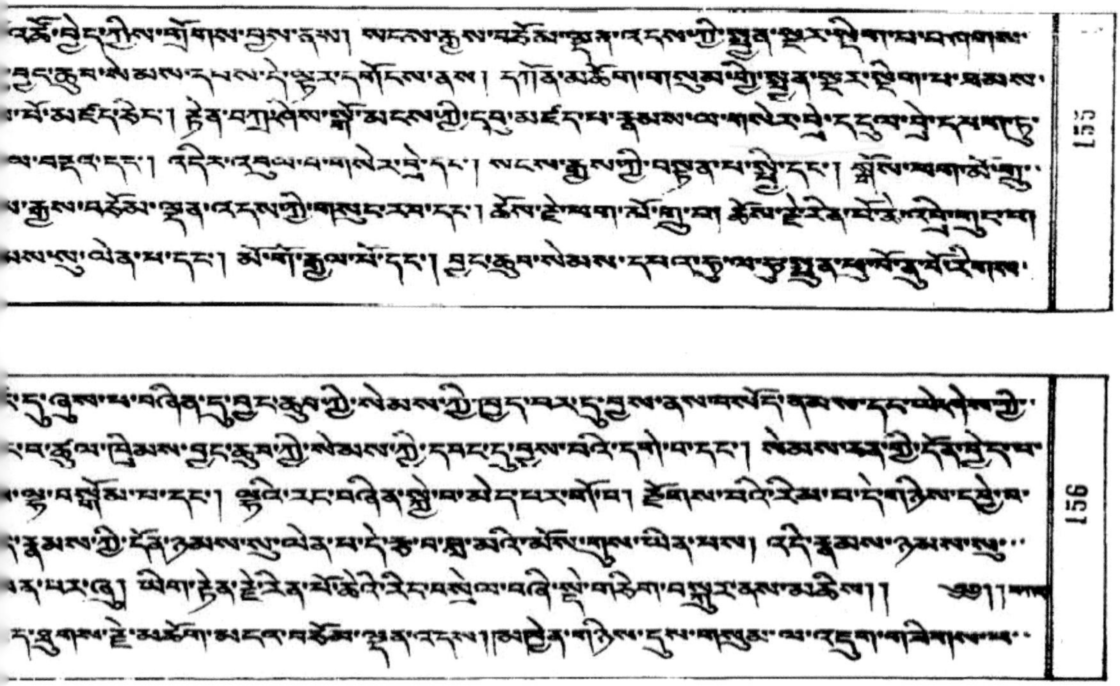

the Khans: Six Tibetan Epistles of Togdugpa Addressed to the Mongol Rulers Hulegu and Khubilai, as well as to the Tibetan Lama Pagpa". In Roberto Vitali (Ed.), *Trails of The Tibetan Tradition: Papers for Elliot Sperling,* Dharamsala: Amnye Machen Institute., 2015, p.312.

❙ 원문 전사

rgyal bu byang chub sems dpas de ltar dgongs nas/ dkon mchog gsum gyi spyan sngar sdig pa thams cad ni bshags/ dge ba rlabs po che byang chub kyi sems kyi khyad par du byas nas/ spyir yang dge ba rlabs po mdzad cing/ rten bkra shis sgo mangs kyi dbu mdzad pa rnams la gser bre dngul bre dpag tu med pa phul ba dang/ shAkya mu ne'i chos lugs dang/ rgyal po'i khrims lugs gnyis dang mthun pa'i zhal brda' dang/ 'dir 'bul ba gser bre dang / sangs rgyas kyi bstan pa spyi dang/ sgos phag mo gru bdag tu gzung ba thugs la btags/ rgyal bu byang chub sems dpas ji ltar gsungs pa bzhin du/ sangs rgyas bcom ldan 'das kyi gsung rab dang/ chos rje phag mo gru pa/ chos rje rin po che 'bri gung pa/ chos rje spyan snga rin po che yab sras gsum gyi rnam par thar pa 'di'i rjes su 'brang zhing chos zab mo nyams su len pa dang/ mo go rgyal po dang/ byang chub sems dpa' hu la hu spun phu bo nu bo rigs 156 brgyud dang bcas pa la dge ba sleb tu 'jug pa'i ched du chos dang/ dge sbyor la 'bungs pa yin/ … yig rten rje rin po che'i ring bsrel bzhi sde gcig bskur nas mchis/

❙ 번역 및 분석

번역

보살 왕자(rgyal bu byang chub sems dpa', 즉 훌레구)는 이와 같이 생각하고서 삼보의 앞에서 모든 죄를 고백하고, 선업(善業)의 큰 파도를 특히 보리심으로 만드시고, 일반적으로 또한 선업의 파도를 일으키시었습니다. 상서로운 다문(多門) 탑을 돌보는 자들을 위하여 금정과 은정을 헤아릴 수 없이 바치시고, 석가모니의 불법(佛法)과 왕의 법률 두 가지에 조화를 이루는 명령을 하였고 이곳에 금정(金錠)을 바쳤습니다. 부처님의 가르침 일반을, 그리고 특별히는 팍모두파를 소유하실 것을 마음에 두셨습니다. 보살 왕자께서 말씀하신 대로 세존 부처님의 가르침과 법주 팍모두빠, 법주 린뽀체 디궁빠, 법주 짼아 린뽀체 세 부자의 해탈을 좇아가고 심오한 법을 수행하며 뭉케 황제(mo go rgyal po)와 보살왕자 훌레구(byang chub sems dpa' hu la hu) 형제, 형과 동생 가계 등에 선(업)이 이르게 하기 위하여 법(法)과 묘행(妙行=善行)에 힘쓰셨습니다.

… 편지에 딸린 선물로 제 린뽀체(Rje rin po che)[14]의 사리(ring bsrel) 네 구(軀)를 보냅니다.

분석

용어

ring bsrel ___ 사리(舍利)

기록의 의의

훌레구가 티베트 불교 교단에 금과 은을 필두로 한 물품으로 대규모 보시를 했을 뿐 아니라 그간의 죄를 모두 고백하고 용서를 구했다는 기록이다. 훌레구는 서정을 떠나 압바스 칼리프조를 멸망에 이르게 하는 등의 과정에서 살생과 파괴를 행했을 것이므로 그에 대한 고백이었을 것으로 생각된다.

또한 이 기사는 시주에게 보내는 서신에는 언제나 승려 측에서도 선물을 딸려 보냈다는 것을 보여준다. 훌레구의 입장에서도 팍모두 교단의 가장 저명한 승려의 사리를 소유하게 된 것은 큰 선물이었을 것이다. 페르시아어 사료『집사(Jami' al-tawarikh)』는 주치 울루스(Jöči ulus)의 몽골 형제들로부터 붓다의 사리라고 알려진 것이 하나 도착하자 훌레구의 후손 아르군(Arγun)이 금을 뿌리며 기뻐했다는 기록을 싣고 있다.[15] 석가모니를 비롯한 고승의 사리는 그 진위를 밝히기 어려웠으나 몽골제국 시기에도 가치가 매우 높았다.[16]

이 서신에 기록된 것 외에도 훌레구는 톡둑빠에게 대량의 보시를 보냈으며 이는 다른 교파에도 널리 알려질 정도로 대단한 규모였다. 사꺄파의 문서지기 뻴조르 상뽀(Dpal 'byor bzang po)가 15세기에 편찬한『한지와 티베트의 문서들의 모음(rgya bod yig tshang)』은 다음과 같이 적었다. "[걜와 린뽀체 즉 톡둑빠는] 서부 몽골(stod hor)의 왕 훌레구(hu la hu)와 시주·법주(施主-法主) 관계를 맺었고 천만 스물한 개의 성대한 보시를 받았다. 17일이 지난 뒤 걜와 린뽀체는 입적(入寂)했다."[17]

---

14 팍모두파의 이전 좌주이며 후에 디궁파의 좌주가 된 짼아 린뽀체.

15 라시드 앗딘, 김호동 역주,『일칸들의 역사』, 사계절, 2018, 289~290쪽.

16 훌레구 이래 일칸들과 불교 간의 개략적인 관계는 Johan Elverskog, *Buddhism and Islam on the Silk Road*, University of Pennsylvania Press, 2010, pp.139~141을 참고할 수 있다.

17 "stod hor rgyal po hu la hu dang yon mchod 'brel nas/ des brgya 'bum nyi shu tsha gcig gis sna grangs pa'i 'bul mo che byung pa slangs/ de nas zhag bcu ba dun song pa dang/ rgyal ba rin po che drongs (Dpal 'byor bzang po, G.yas ru Stag tshang pa *Rgya Bod kyi Yig tshang mkhas pa dga' byed chen mo 'dzam gling gsal ba'i*

이 숫자는 과장된 것일 수 있으나 같은 내용이 다른 교파인 챌파의 저작 『홍책』에도 실려 있어서 당시 티베트 내에서 화제가 되었던 것을 보여주며 대규모 보시였던 것은 사실인 것을 알 수 있다. 앞에서 본 『사꺄 세계사』의 저자는 또다른 저작 『인도와 티베트에서 마하칼라가 일어난 역사(Dpal Rdo rje Nag po chen po'i zab mo'i chos skor rnams byung ba'i tshul legs par bshad pa bstan srung chos kun gsal ba'i nyin byed)』에서, 훌레구가 톡둑빠에게 보낸 보시품 중 가장 유명한 것으로 비단에 금실을 짜넣어 화려하게 빛나는 번(Tib. 'phan, 幡)이 있었는데 2층 건물 크기였다고 적었다.[18]

이 서신의 내용으로 보면 훌레구가 대단히 신심 있는 불자인 것으로 보이는데 실상을 알려면 페르시아 지역에서 그를 지켜본 이들의 기록을 살펴볼 필요가 있다. 아르메니아의 역사가 키라코스(Kirakos)는 훌레구에 대해 "그는 승려들의 명에 따라 살았고, 움직였고, 말에 올랐으니, 자신을 완전히 그들의 뜻에 맡겼다. 하루에도 몇 번씩 그는 그들의 수장 앞에서 절을 하고 땅에 입을 맞추었으며 그들 이교도의 사원에서 정화한 것만을 먹었다. 훌레구는 다른 누구보다 그를 찬양했다"[19]라고 적고 있어서 훌레구는 -반드시 톡둑빠의 말이 아닐지라도- 재가 신자로서 지켜야 할 불교 계율을 일반적으로 알려진 것보다 더 성실히 지키며 살았다고 볼 수 있다.

훌레구는 페르시아 땅에서 살다가 1265년 그곳에서 생을 마감했으나, 그의 정치적 관심은 카안 울루스, 즉 원(元)으로 향해 있었다. 그런데 이 기사들을 통해 우리는 또한 그가 카안 울루스의 형제들과 정치적 관심뿐 아니라 종교적 성향도 나누고 있었음을 알 수 있다.[20] 즉 그는 형제들과 함께 한지 불교에 관심을 가졌고, 페르시아에 정착하고 나서도 대칸 쿠빌라이와 종교적 행보를 같이 하여 쿠빌라이가 유지시켜준 중앙 티베트의 분봉지에 관심을 두고 해당 지역 사원에 자신

---

me long (Kunsang Topgyel and Mani Dorji ed., Thim-phu, Bhutan, 1454/1979, vol.2, p.334)".

18 앞에서 말한 대로 팍모두파는 디궁파와 매우 가까웠고, 아왕 뀐가 쇠남에 의하면 디궁파가 1290년 사꺄-몽골 지배에 맞서 반란을 일으켰다가 진압되고 나서 "디궁파를 죄로부터 벗어나게 하고자('bri kung pa nag las thar pa byas)" 이 번을 사꺄파에 바쳤다. 죄(nag)에서 벗어나는 번('phan)이라는 뜻에서 "팬낙('phan nag)"이라고 불렀으며 저자가 글을 쓰던 17세기에도 사꺄 사원에 이 번이 걸려 있었다고 한다(Ngag dbang Kun dga' bsod nams, A myes zhab, *Dpal Rdo rje Nag po chen po'i zab mo'i chos skor rnams byung ba'i tshul legs par bshad pa bstan srung chos kun gsal ba'i nyin byed: A detailed historical account of the Mahākāla traditions in India and Tibet,* T. G. Dhongthog ed., 2 vols. New Delhi, 1979, pp.219~ 221). 디궁의 난에 대하여는 최소영 2010, 46~54쪽 참고.

19 Kirakos Gandzaketsi는 훌레구와 그 후예들의 불교 신앙에 대해 상세한 기록을 남겼다. 관련 내용은 최소영, 「몽골제국 시기 티베트 승려에 대한 보시 물품과 그 운송 문제」, 『중앙아시아연구』 26-2, 2021, 199~200쪽 참고. 또한 훌레구가 세운 불교 사원 이름의 티베트 기원과 그위치 비정에 대하여는 Samuel M, Grupper, 앞의 논문, pp.5~77 참고.

20 훌레구 울루스의 칸들의 불교 신앙 전반에 대하여는 Roxann Prazniak, "Ilkhanid Buddhism: Traces of a Passage in Eurasian History". *Comparative Studies in Society and History,* Published by: Cambridge University Press. Vol. 56, 2014, pp.650~680 참고.

의 민호(民戶)를 바치고 승려에게 영지(令旨)와 금 지팡이를 보낸 것이다.

그의 이러한 종교적 성향은 후손들에게 유산으로 전해졌고 14세기 말 이슬람으로 개종한 7대 일칸이며 훌레구의 증손자인 가잔(Ghazan, 1271~1304) 칸도 개종 전까지는 승려들이 놀랄 정도로 불교에 대한 신심이 깊었다. 가잔은 현지의 언어인 페르시아어와 아랍어는 물론, 인도어, 티베트어 등을 할 수 있었다고 전해지며 그가 내린 개혁 칙령에는 "승려들은 너희의 고향인 인도, 카쉬미르, 티베트로 돌아가라!"라고 쓰여 있었기 때문에 최소한 그의 시기까지 페르시아의 훌레구 울루스 조정에는 티베트 승려들이 곁에 있었음을 알 수 있다.[21]

한편 티베트 현지에는 기록상 1290년대 중반까지 훌레구의 흔적이 보이는데, 즉 그가 파견한 다루가치인 쿠쿠추의 아들이 티베트에서 팍모두 만호 관리에 참여하고 있었던 것이다. 이후 팍모두파의 위세는 점점 약해져가고 1322년 장춥 걜챈이라는 인물이 만호장이 되면서 새로운 국면을 맞이하게 된다.[22]

---

21 Rashīd al-Dīn Ṭabīb, Thackston tr., *Jami'u't-Tawarikh: Compendium of Chronicles,* Mass : Harvard University Press, 1998~1999, p.650. 훌레구 울루스 내의 불교도였던 "박시(Baskshi)"들이 가진 의학지식 수준과 의학지식 전파에서의 역할에 대해서는 최근의 연구를 참고할 수 있다(Ronit Yoeli Tlalim(2021), *Reorienting Histories of Medicine_ Encounters along the Silk Roads,* New York : Bloomsbury Academic, pp.103~127).

22 관련 내용은 최소영, 2010, 58~59쪽.

참고문헌

사료

라시드 앗딘, 김호동 역주, 『일칸들의 역사』, 사계절, 2018.

Dpal 'byor bzang po, G.yas ru Stag tshang pa *Rgya Bod kyi Yig tshang mkhas pa dga' byed chen mo 'dzam gling gsal ba'i me long*(Kunsang Topgyel and Mani Dorji ed., Thim-phu, Bhutan, 1454/1979.

Jampa Samten&D. Martin, "Letters to the Khans: Six Tibetan Epistles of Togdugpa Addressed to the Mongol Rulers Hulegu and Khubilai, as well as to the Tibetan Lama Pagpa." In Roberto Vitali (Ed.), *Trails of The Tibetan Tradition: Papers for Elliot Sperling*, Dharamsala: Amnye Machen Institute, 2015.

Ngag dbang Kun dga' bsod nams, A myes zhab. *Dpal Rdo rje Nag po chen po'i zab mo'i chos skor rnams byung ba'i tshul legs par bshad pa bstan srung chos kun gsal ba'i nyin byed: A detailed historical account of the Mahākāla traditions in India and Tibet*, T. G. Dhongthog ed., 2 vols, New Delhi, 1641/1979.

Rashīd al-Dīn Ṭabīb, Thackston tr. *Jami'u't-Tawarikh: Compendium of Chronicles*, Mass : Harvard University Press, 1998~1999.

Spyan snga rgyal ba thog brdugs pa, *Spyan snga rgyal ba thog brdugs pa'i bka' 'bum las springs yig dang zhal gdams, 'Bri gung bka' brgyud chos mdzod chen mo*, Lha sa: 'Bri gung mthil dgon.

Tshal pa Kun dga' rdo rje, *Deb ther dmar po(Hu lan deb ther)*, Mi rigs dpe skrun khang, Beijing, 1981.

Tshal pa Kun dga' rdo rje, *Deb ther dmar po*, Lhasa: Mi rigs dpe skrun khang, 1981.

釋念常, 『佛祖歷代通載』, 北京圖書館古籍珍本叢刊, 北京: 書目文獻出版社. 1341/1988.

연구서 및 논문

조원희, 「몽원 제국 시기 '종교'의 정의에 대한 재검토-유대인, 白雲宗, 儒人의 비교를 중심으로.」, 『동양사학연구』 148, 2019, 155~810쪽.

조원희, 「元代 '宗教人' 優免 규정과 그 운영」, 서울대학교 석사학위논문, 2008,
최소영, 「13세기 후반 티베트와 훌레구 울루스」, 서울대학교 석사학위 논문, 2010.
최소영, 「13세기 후반 티베트와 훌레구 울루스」, 『중앙아시아연구』 17-1. 2012, 27~47쪽.
최소영, 「몽골제국 시기 티베트 승려에 대한 보시 물품과 그 운송 문제」 『중앙아시아 연구』 26-2, 2021, 181~226쪽.
Brenda, W. L. Li, "A Critical Study of the Life of the 13th-Century Tibetan Monk U rgyan pa Rin chen dpal Based on his Biographies" Wolfson College, University of Oxford Thesis submitted in fulfillment of the degree of Doctor of Philosophy. 2001.
Elverskog. Johan, *Buddhism and Islam on the Silk Road*, University of Pennsylvania Press, 2010.
Grupper. Samuel M, "The Buddhist Sanctuary-Vihāra of Labnasagut the Il-Qan Hülegü: An Overview of Il-Qanid Buddhism and Related Matters," *Archivum Eurasiae Medii Aevi* 13, 2004, pp.5~77.
Kuijp, Leonard W. J. van der, "U rgyan pa Rin chen dpal (1230~1309) Part Two: For Emperor Qubilai? His Garland of Tales about Rivers," *The Relationship between Religion and State(chos srid zung 'brel) in Traditional Tibet*, ed. Ch. Cüppers. Lumbini, 2004, pp.299~339.
Prazniak, Roxann. "Ilkhanid Buddhism: Traces of a Passage in Eurasian History", *Comparative Studies in Society and History* Published by: Cambridge University Press. Vol. 56, 2014, pp.650~680.
Sperling, Elliot, "Hulegu and Tibet." *Acta Orientalia Hungarica* 44, 1990, pp.145~157.
Tlalim, Ronit Yoeli, *Reorienting Histories of Medicine Encounters along the Silk Roads*, New York : Bloomsbury Academic, 2021.
Vitali, Roberto, "Grub chen U rgyan pa and the Mongols of China", edited by Roberto Vitali, *Studies on the History and Literature of Tibet and the Himalayas*, Kathmandu: Vajra. 2012, pp.31~64.

4부

사도 유훈

사도 유훈

見卽獲益: 사도(司徒) 장춥 갤챈의 유훈(遺訓)

Byang chub rgyal mtshan,

Si tu Byang chub rgyal mtshan gyi bka' chems mthong ba don ldan

| 해제

『見卽獲益: 사도 장춥 갤챈의 유훈』, 약칭 『사도 유훈』은 1364년 경, 당시 중앙티베트의 13개 만호 중 하나인 팍모두(Phag mo gru) 만호의 만호장이었으며 14세기 중반 사꺄파를 압도하고 중앙티베트를 장악한 인물인 장춥 갤챈(Byang chub rgyal mtshan, 1302-1364)에 의해 완성된 책으로, 고위 관료이자 정치가인 저자가 몽골제국 시기 중앙 티베트인들의 생활을 생생하게 기록하고 있어서 사료적 가치가 높은 저작이다. 이 책은 크게 팍모두파의 핵심 가문이며 장춥 갤챈이 속한 가문인 랑(rlangs)씨의 역사를 기록한 이른바 『랑씨 가족사(Rlangs po ti bse ru)』 장과, 장춥 갤챈이 후손에게 남기는 교훈인 『사도 유훈(Si tu'i bka' chems)』의 두 부분으로 이루어져 있으며 다음에 살펴볼 기사들은 모두 후자에 실려 있는 내용이다. 저자는 이 책을 통해 자신의 가문인 랑씨를 높이고 스스로가 만호장으로서 겪은 수십 년간의 일을 상세히 남겨 자손들에게 교훈을 주고 자신의 사후에도 중앙티베트에서의 팍모두파의 지배를 공고히 하고자 했다.

『톡둑빠의 서신』에서 본 바와 같이 몽골제국 초기 팍모두파는 디궁파와 함께 중앙티베트에서 세력이 큰 교파 중 하나였다. 중앙티베트에 13개 만호를 세우면서 몽골은 주변의 일부 민호들을 팍모두파 휘하에 들어가게 하였으며 하나의 만호를 만들어 팍모두파가 관할하게 하고 이름을 팍모두 만호라고 하였다. 4대 대칸 뭉케는 티베트의 교파와 만호를 자신의 형제들에게 분봉하였고 앞에서 본대로 팍모두 만호는 훌레구에게 주어졌으며 13세기 팍모두파의 종교 영수였던 톡둑빠(1203~1267)보다 약 100년 뒤에 태어난 장춥 걜챈은 1322년부터 사망하던 해인 1364년까지 팍모두 만호의 만호장으로서 만호의 세속 업무를 관할했다.

그에 의하면 팍모두 만호를 둘러싼 정치적 상황은 만호 형성 초반부터 순조롭지 않았다. 먼저, 팍모두 만호 휘하에 편성된 외부 민호들 중에 팍모두파의 지휘를 거부하는 이들이 있었다. 그 중 어떤 집단은 훌레구가 파견한 다루가치를 '속여' 팍모두 만호에서 이탈하기도 했는데, 그것이 바로 팍모두 휘하의 천호였다가 별도의 만호로 독립한 야상(G.ya bzangs) 만호이다. 더욱 문제였던 것은 몽골의 후원으로 권력을 잡은 사꺄파(Sa skya pa)가 팍모두 만호의 속민과 영토를 강제로 빼앗거나 심지어 좌주(座主) 임명도 간섭하여 친 사꺄파 인물을 앉히려고 한 것이었다.[1] 이 과정에서 팍모두파와 좌주를 공유하는 등 "안으로 하나였던" 디궁파가 1290년에 이른바 '디궁의 난('bri gung gling log)'을 일으켰고 몽골군과 사꺄가 징집한 티베트 군대는 디궁 반란 세력을 초토화시켰다. 기록에 의하면 몽골-사꺄 연합군에 의해 살해된 디궁의 승려가 만 명에 달했다고 한다.[2]당시 팍모두파는 사꺄파의 말에 따랐기 때문에 큰 피해를 입지 않았으나 사꺄파에게 잃은 토지와 속민은 찾을 수 없었다. 이때 디궁파를 대신하여 의 잘못을 빌기 위해 팍모두파 측이 사꺄파에게 바친 것이 바로 앞에서 본 '죄를 씨는 번(幡)' 즉 팬낙('phan nag)이었고 이 화려하고 거대한 훌레구의 보시품은 겔룩파(Dge lugs pa)라는 신흥 교파가 티베트의 지배자가 된 17세기에도 사꺄 사원에 걸려 있었다.

1322년에 만호장이 된 장춥 걜챈은 "훌레구의 권한을 회복하겠다"는 기치 아래 옛 팍모두파의 영지와 속민을 하나씩 되찾고자 했고 이 때문에 사꺄파를 비롯한 다른 교파와 끊임없이 투쟁했으며 사꺄파 만호장에게 감금되어 고문을 당하기도 했다. 그러나 그는 결국 살아 나와서 1354년 마침내 사꺄파, 디궁파 등 자신을 반대하던 티베트 세력은 물론 당시 티베트에 남아있던 일부 몽골 세력까지 패퇴시키고 중앙티베트를 장악했다. 당시 중국 지역에서 각종 반란에 시달리던 대도(大都)의 몽골 정권은 이를 승인할 수밖에 없었으며 장춥 걜챈에게 대사도(ta'i si tu, 大司徒) 칭호를 주었다. 이 책은 그 과정을 상세히 설명하고 있고 따라서 당시 티베트 고위층 간의 갈등은

1 관련 내용은 최소영, 「13세기 후반 티베트와 훌레구 울루스」, 서울대학교 석사학위논문, 2010, 39~46쪽.
2 최소영, 위의 논문, 46~55쪽.

물론, 몽골 조정에서 파견된 선정원(宣政院) 관리나 쿠빌라이의 서자(庶子)와 그 자손들로 구성된 서평왕(西平王), 진서무정왕(鎭西武靖王) 등 출진종왕(出鎭宗王)들의 티베트에서의 행적도 선명하게 보여주고 있다.[3]

이 저작이 물품 연구에서 중요한 것은 먼저, 앞서 살펴본 『톡둑빠의 서신』이 훌레구가 팍모두파 승려에게 보낸 보시 물품들을 보여준다면 『사도 유훈』은 훌레구가 자신의 분봉지인 팍모두 만호에 다루가치를 파견하여 관리한 정황이나 자신이 팍모두 만호 내의 각지에서 거둘 세금을 팍모두파의 주 사원인 댄사틸 사원으로 보낸 정황 등 티베트 현지에서의 훌레구 측의 경제적·정치적 활동을 적고 있는 점이다. 그 서술이 대단히 상세하지는 않지만 이러한 내용은 티베트 저작에서 보기 힘든 것이어서 큰 의미가 있다. 이 저작이 중요한 두 번째 이유는 당시 티베트 사회의 모습이 자세히 적혀 있고 특히 티베트인들의 물질 생활에 대한 기록이 상당수 남아 있는 점이다. 예를 들어 그는 어렸을 때 강제로 사꺄파로 가서 사꺄 사원의 좌주 휘하에서 일하며 불교 공부를 했는데 그때 가져간 다양한 물품이나, 사꺄에 머무는 동안 먹은 음식 등을 적었고 이는 보기 드문 기록이다. 장춥 갤친이 이런 기록을 남긴 것은 대다수의 티베트 저작들과 달리 그가 승려가 아니라 속인(俗人)이었고 특히 14세기 중반 중앙티베트의 정치적 소용돌이의 한 가운데에 있었던 인물이었기 때문에 가능한 일이었다. 이러한 기사들은 몽골로부터 받은 구체적인 보시 물품 기록이 아니고 의미가 불분명한 품목도 있지만 여기에 선별 수록하여 함께 고찰하여 당시 티베트의 물질생활의 일면을 이해하는 데에 도움이 되고자 한다.[4]

『사도 장춥 갤챈의 유훈』은 현재 이용 가능한 사본과 편집본이 다소 차이가 있어, 저본은 인도의 델리에서 발간된 필기체본으로 삼고, 거기에 라싸 시짱 인민출판사에서 간행된 편집본(Byang chub rgyal mtshan. (1364/1989) *Ta si byang chub rgyal mtshan gyi bka' chems mthong ba don ldan*. Lhasa: Bod ljongs mi dmangs dpe skrun khang)을 비교하였다. 라싸 편집본은 LhB로 축약하여 적는다. 단, 가장 마지막 즉 15번 기사는 델리본과 1989 라싸 편집본에 결락되어 있어 1986년 라싸 본을 실었다.

3 한편으로는 특히 한자어나 몽골어에서 온 문서 명 등 행정용어의 티베트어 음역이 대량으로 실려 있는데 그 재구가 쉽지 않은 문제가 있다. 이는 앞으로 해결해야 할 과제이다.

4 최근 이 책을 바탕으로 하여 팍모두파의 역사를 개괄한 저작 Olaf Czaja, *Medieval Rule in Tibet: The Rlangs Clan and the Political and Religious History of the Ruling House of Phag mo gru pa With a Study of the Monastic Art of Gdan sa mthil*. Volumes I and II. Vienna: Verlag der Österreichischen Akademie der Wissenschaften, 2013 이 출간되어 몽골제국 시기 팍모두파를 중심으로 한 중앙티베트의 역사 연구에 도움이 되고 있다.

1. 훌레구의 다루가치

사료

Byang chub rgyal mtshan, *Lha rig rlangs kyi rnam thar: A detailed Account of the rlangs lineage of Phag-mo-gru-pa rulers of Tibet. Incorporating versions of the "rlangs Po ti bse ru" and the "Si tu'i Bka' chems"*, New Delhi: Tsepal Taikhang, 1974, pp.246:5~247:2; LhB, p.15; 贊拉阿旺. 余萬治 譯, 陳慶英 校,『朗氏家族史』, 拉薩: 西藏人民出版社, 1989, p.74.

원문 전사

g.ya' bzang pa'i yul srung 'di rnams dpon po go go che'i lo tsa bar 'dug cing/ g.ya' bzang pa'i khog tu lo rgyags bsdud pa dang/ khrims gcod la btang 'dug pa g.ya' bzang pas mgo bskor nas mon sgom rtsa pa tshul 'bar 'od dang/ 'bum khri 'od khu tshan dang/ khongs rnams gros byas nas gong du zhu ba log par btang/ se chen rgyal po'i 'ja' sas g.ya' bzang pa zur du phye 'dug/

번역 및 분석

번역

야상의 지방 수호군이 쿠쿠추(go go che) 수령의 통역을 맡고, 야상 사람들로부터 세량(lo

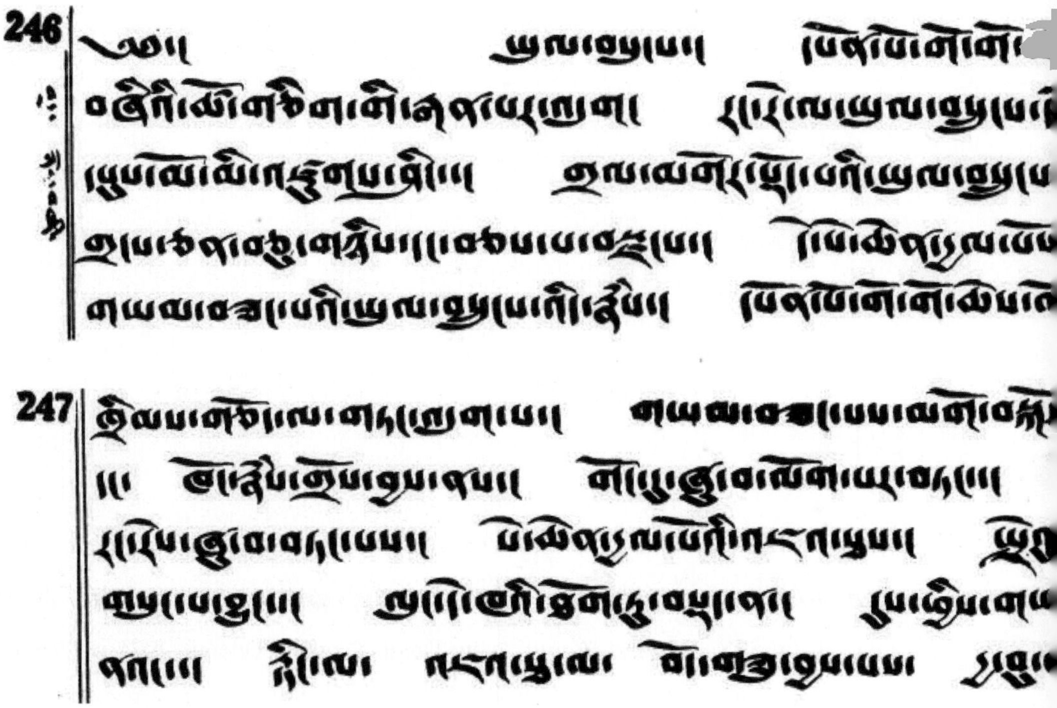

rgyags, 歲糧)을 거두고 사법권을 행사했다. 야상 사람들이 [쿠쿠추를] 속여서 뾘곰짜빠 칠바르외와 붐티외 숙질(叔姪)과 상의 한 후 조정에 거짓 청을 하러 보내니 세첸 황제(쿠빌라이)의 조서('ja' sa)가 내려 야상은 따로 분리되었다.

분석

용어

yul srung ___ 지방을 지키는 자들, 여기서는 몽골 주둔군.

lo rgyags ___ "年-양식." 한 해에 거둔 곡식

기록의 의의

훌레구가 파견한 쿠쿠추(go go che)라는 인물이 팍모두 만호에서 한 일에 대한 기록이다. 이 기사는 훌레구의 대리인의 업무에 대해 많은 것을 시사하고 있다. 티베트어를 알지 못하는 쿠쿠추는 지역 몽골 주둔군의 통역을 통해 업무를 보았고 곡식(lo rgyags, 歲糧)을 거두었으며 해당 지역

Text Image: bdr: MW30165

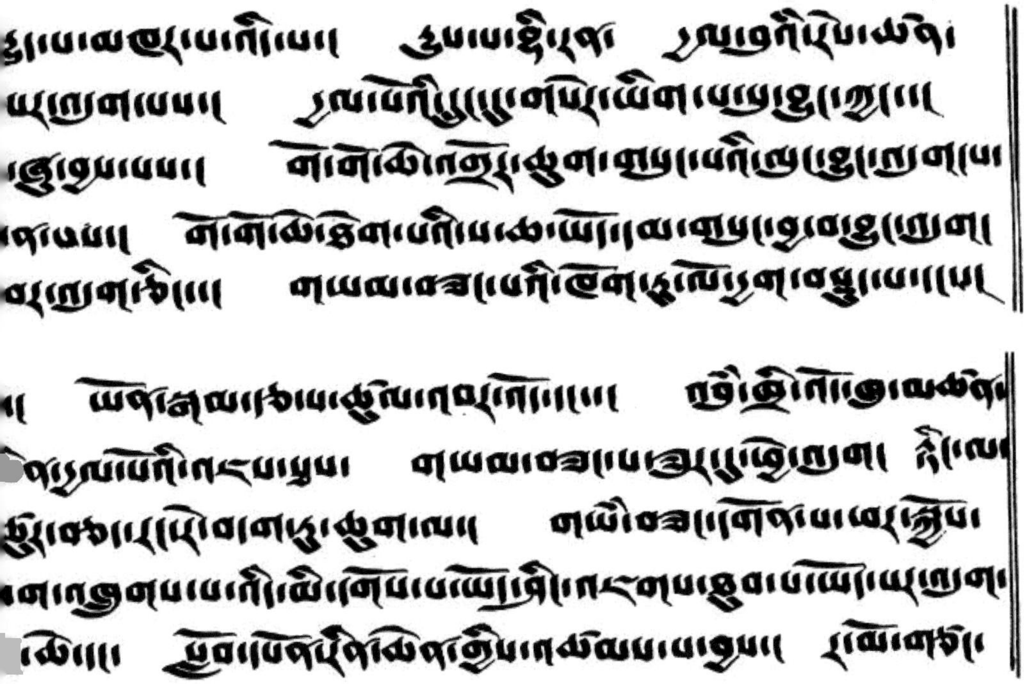

티베트인들에 대해 사법권을 행사했다.[1] 세량을 거두었다는 것은 징세 대상이 유목민이 아니라 농경민일 가능성이 큰 것을 보여주며 이는 몽골제국 시기 티베트의 호(Tib. hor dud, 몽골戶)를 세

1 쿠쿠추는 훌레구가 티베트의 자기 분봉지에 파견한 다루가치일 것이다. 장춥 갤첸은 "왕자 훌레구는 지방을 지킬 몽골군 장관 쿠쿠추를 파견하였는데 그는 카르빠(mkhar pa, Mon. balaγači) 가문 사람이었고 부족은 비란(Bhi ran)이었으며 [훌레구] 왕자의 4부 케식(Res tshan bzhi) 중 1부의 장관을 맡고 있었다. 우리들은 지방을 지킬 군대(Yul Srung)가 필요했으며 이에 사람을 파견해 '어떤 金字 사신 앞에서도 무릎 꿇을 필요 없는 고위 지방 보위자를 파견해 주십시오'하고 청했다. [훌레구로부터] 명령이 내려 쿠쿠추를 가게 했다. 이에 쿠쿠추는 12명을 이끌고 파견되어 왔다."고 적고 있다. 훌레구의 4케식의 케식 장 중 한 명이었고 '비란' 부족이며 'go go che'라는 이름을 가진 것은 훌레구의 케식장 중 한 명이었던 바린(Baarin) 부족의 쿠쿠추이며, 그의 생애는 페르시아어 사료에 잘 남아 있지 않으나, 그의 아들은 후에 훌레구 울루스에 있다가 쿠빌라이에게 사신으로 가서 거기 정착한 유명한 장수 바얀(Bayan, 伯顏)이다. 관련 내용은 최소영「시론: 試論: 바얀(Bayan, Ch. 伯顏, 1236/7~1295)의 초기 이력과 家系 고찰」,『동양사학연구』, 150, 183~215쪽 참고. 한편 몽골 제국 시기 제왕 분봉지에서 세금은 카안의 몫과 제왕의 몫을 모두 카안의 대리인이 거두어 大都로 보낸 후에 다시 제왕 · 공주에게 사여하는 것이 원칙이었으나 시기에 따라 많은 변화가 있었다. 관련 내용은 李治安,『元代分封制度硏究』, 中華書局, 2007, 40~43쪽 참고. 쿠쿠추는 직접 세금을 거두고 사법권까지 행사하고 있었으므로 상당히 큰 권한을 가지고 있었다고 할 수 있다.

는 기준이 '여섯 기둥 넓이의 방, 12몽골 캘(khal, 무게의 단위)의 씨앗을 심을 수 있는 토지, 부부·자녀·노비 등 총 6인 가족 등을 갖춘 호'였다는 것에서도 알 수 있다.[2] 저자가 쿠쿠추의 행적을 기록한 것은 그가 야상 사람들에게 속아 야상을 팍모두 만호에서 분리시킨 정황을 설명하기 위해서이며 어쨌든 뭉케가 분봉한 티베트의 영지를 각 제왕들이 어떻게 관할했는지에 대한 기록이 전무한 중에 이 기사는 짧지만 유일한 정보를 전해주고 있다.

2 몽골제국 시기 티베트에서 과세의 기본 단위였던 '호(戶)' 관련 내용은 최소영, 「13세기 후반 티베트와 훌레구 울루스」, 서울대학교 석사학위논문, 2010, 34~35쪽 참고.

2. 만호장 쇤누 갤챈

| 사료

Byang chub rgyal mtshan, *Lha rig rlangs kyi rnam thar: A detailed Account of the rlangs lineage of Phag-mo-gru-pa rulers of Tibet. Incorporating versions of the "rlangs Po ti bse ru" and the "Si tu'i Bka´ chems"*, New Delhi: Tsepal Taikhang, 1974, pp.249:2~250:1; LhB p.16; 大司徒 絳求堅贊 著, 贊拉阿旺 余萬治 譯, 陳慶英 校,『朗氏家族史』, 拉薩: 西藏人民出版社, 1989, pp.81~82.

| 원문 전사

gong du zhus nas/ khri dpon la bskos ´dug na´ang/ bla ma rgyal ba rin po che lta bu'i ´jun mi med/ bla ma bcu gnyis pa rin po che/ jo bo bzang pas zhe brnyas byas/ bco brgyad pa khong gi mched grogs yin pa'i shed khur/ chang dang nag mo la shor/ mgo la ⟨smug⟩ [snyug] zhwa/ lus la hor [gos rkang la hor] lham/ lag cha mda´ gzhu/ mtshan mo glu brgya bro brdungs/ nyin mo nyi ma phyed phyed bar du nyal nas/ bag yangs kyi spyod pa bskyangs pa'i don la/ yar ´on gyi sa char/ mi dbang che ba rnams kyis gzhi btsugs/ gnyan 250 nor ⟨ltag⟩ [lhag] ´jun byed pa'i mi [med]/ dpon skya chen po rnams gnya´ ⟨ltag⟩ [lhag] tu shor/

249

250

번역 및 분석

번역

[쇤누 걜챈은 몽골] 조정으로 가서 청하여 만호장에 임명되었으나, 라마 걜와 린뽀체 같이 교화시킬 수 있는 인물이 없으니 라마 쭈니빠 린뽀체(bcu gnyis pa rin po che)와 조오 상빠(Jo bo bzang pa)가 멸시하였다. 쫍개빠(bco brgyad pa)는 그(쇤누 걜챈)의 친구였으므로 권력을 휘둘렀다. [쇤누 걜챈은] 술(chang)과 여자에 빠졌고, 머리에는 펜 같은 모자(snyug zhwa), 몸에는 몽골 옷(hor gos), 발에는 몽골 신발(hor lham), 손에는 화살과 활[을 지녔다]. 밤에는 노래하고 떠들고 춤추며 낮에는 해가 중천에 뜰 때까지 자니, 해이한 마음의 행동을 유지하였기 때문에 얄룽(yar)과 왼('on) 지방에서 대 수령들이 장원(gzhis kha, 莊園)을 [마음대로] 지어 잘못이 늘어나는데도 이를 조정할 사람이 없었고, 대 귀족들이 발호하기에 이르렀다.

Text Image: bdr: MW30165

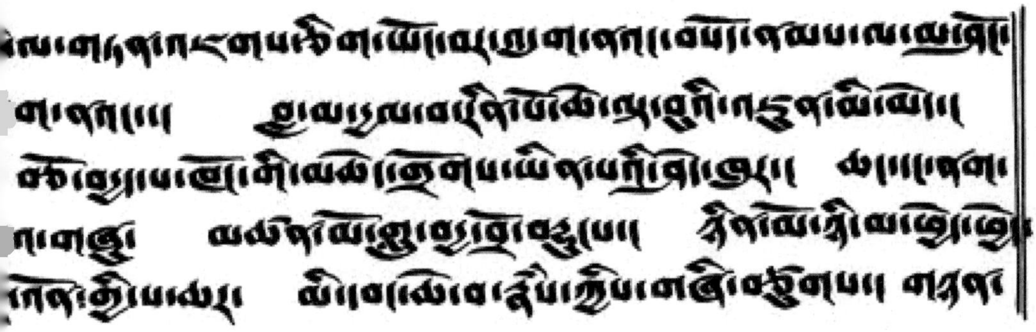

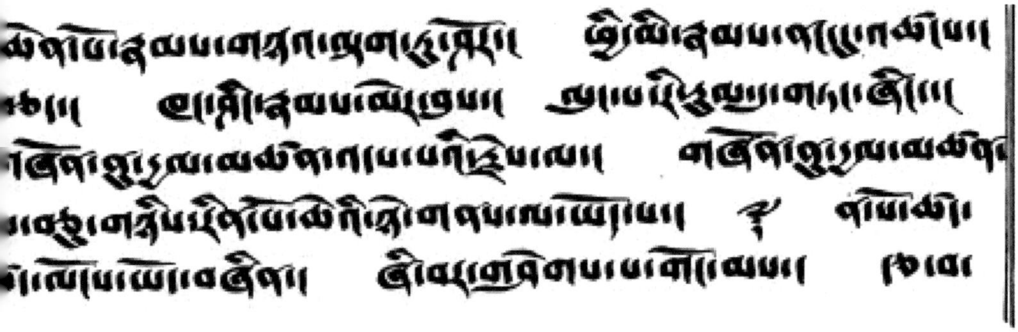

분석

용어

snyug zhwa ___ 본서가 저본으로 삼은 필기체본은 'smug zhwa' 즉 '보라색 모자'라고 적고 있고 라싸 편집본은 'snyug zhwa' 즉 '펜처럼 뾰족한 모자'로 보았다. 색깔을 나타내기보다 모양이 특이한 모자, 즉 몽골인의 모자를 나타내는 것으로 보여 후자를 따랐다.

gzhi ___ '기반'. 라싸 편집본은 'gzhis kha gtsugs' 즉 '장원을 건설했다'로 적고 있고 이를 따랐다.

기록의 의의

몽골제국 시기 몽골의 복식이 티베트에 전파된 양상을 보여주는 짧은 기록이다. 비슷한 시기에 편찬된 챌빠 뀐가 도르제의 『홍책』은 몽골인들에 대해 '날아갈 듯한 색깔 모자(zhwa khra 'phur

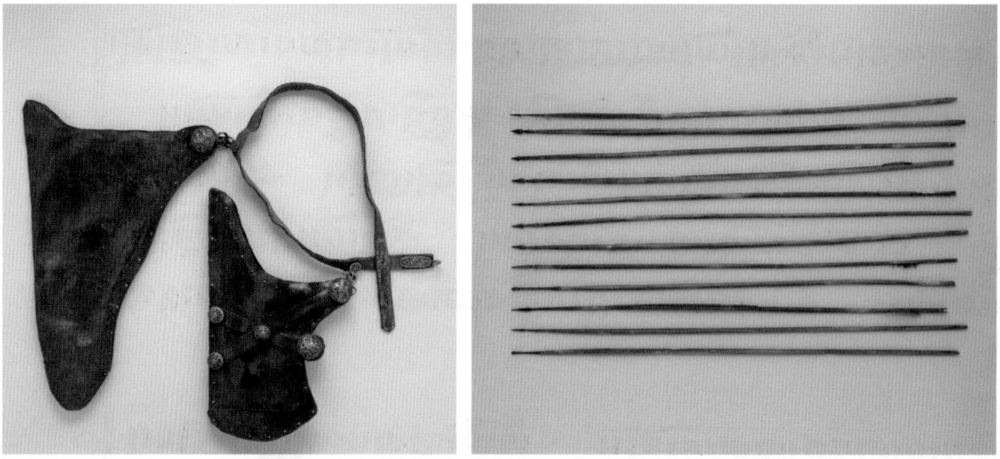

그림 1 화살통(左) 15~17세기 티베트 혹은 몽골(Metropolitan Museum. Accession number: 2003.344a-c)
화살(右) 16~18세기 티베트(Metropolitan Museum. Accession number: 2012.147.1-.12)

그림 2 몽골 인물, 14세기
(Metropolitan Museum. Accession number: 2008.10)

ba ´dra ba)를 쓰고 돼지 코 같은 신(lham phag pa'i sna ´dra ba)을 신은 자들'이라고 적고 있어서[5] 그 대략적인 모습을 상상할 수 있다.

티베트 최고의 지도자인 제사(帝師)는 수도인 대도(大都)에 있었으므로 티베트의 기층 단위를 관할하는 것은 각 만호의 만호장이었다. 이들은 제사의 추천으로 대칸의 임명을 받았으며 이를 위해 대도로 가야 했고, 이 과정에서 몽골의 풍습과 언어에 익숙해져 갔다. 몽골은 티베트 등 피지배민들에게 몽골의 복장과 관습을 강요하지 않았으나, 이 기록은 몽골제국 시기 티베트인 중 만호장 등 상층인들은 몽골의 옷과 신발 등을 티베트에 들여와서 착용했음을 보여주고 있다.[6]

5 관련 내용은 최소영, 「13~14세기 몽골의 침입과 지배에 대한 티베트인들의 인식」, 『중앙아시아연구』, 23-1. 2018, 77쪽. ; Tshal pa Kun dga' rdo rje, *Deb ther dmar po* Lhasa: Mi rigs dpe skrun khang, 1981, p.47; 蔡巴 · 貢噶多吉, 陳慶英, 周潤年 譯, 『紅史』 拉薩: 西藏人民出版社, 2002, p.40.

6 이런 모습은 장춥 갤챈과 같이 몽골에 대해 반감을 가진 이들의 비판의 대상이 되었다. 관련 내용은 최소영 위의 논문, 88~90쪽 참고.

3. 장춥 겔첸의 사꺄행(1)

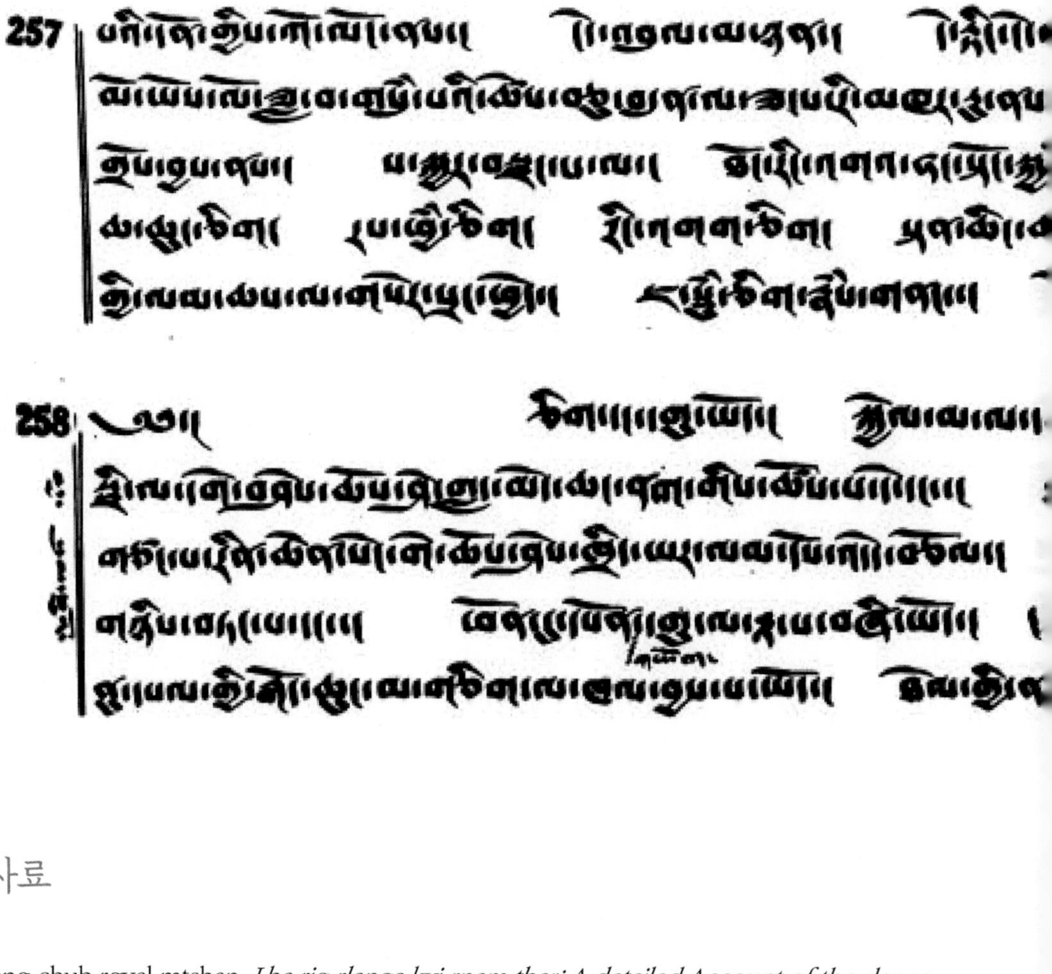

| 사료

Byang chub rgyal mtshan. *Lha rig rlangs kyi rnam thar: A detailed Account of the rlangs lineage of Phag-mo-gru-pa rulers of Tibet. Incorporating versions of the "rlangs Po ti bse ru" and the "Si tuî Bka' chems",* New Delhi: Tsepal Taikhang, 1974, pp.257:1~258:1;

Text Image: bdr: MW30165

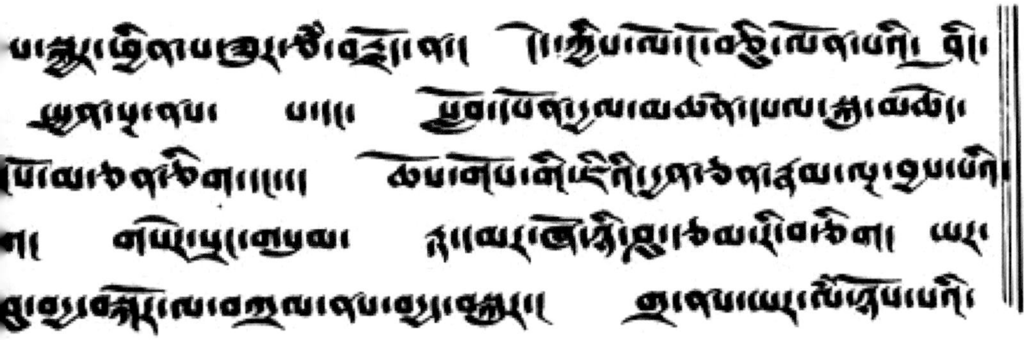

LhB p.20; 大司徒 絳求堅贊 著, 贊拉阿旺. 余萬治 譯, 陳慶英 校,『朗氏家族史』, 拉薩: 西藏人民 出版社, 1989, pp.84~85.

원문 전사

de rting nged kyis sa skyar phyin pa zur tsam brjod na/ nged kyis lo ngo bcu bzhi[7] lon pa'i/ shing mo yos lo zla ba gsum pa'i tshes bcu bdun la zangs ri mkhar tu nas/ spyan snga nas/ pa dang/ slob dpon rgyal mtshan dpal sku mched gros byas nas/ sa skyar brdzang pa la/ thong ring 'ga' hang stong skya'i gso ma can cig dang/ chos gos gi ji'i rgyan can rnam lnga byas pa'i cha chung cig/ ras phyam cig/ ring 'gag cig/ stan ching[8] cha cig/ gser srang gsum/ rta dmar zho nyi shu rtsam ri ba gcig/ yar gyi lam chas la gser srang phyed/ ja srum cig rnams gnang/ bong bu brgya bskor la bkral nas brgyad bskur/ gra nas yar lam nyos pa'i 258 cig dang dgu yod/

번역 및 분석

번역

그 뒤 내가 사꺄에 간 것을 조금 얘기해 보면, 내가 만 14세이던 나무-음(陰)-토끼해 3월 17일에 상리카르뚜(zangs ri mkhar tu)[9]에서 쩬아(spyan snga)와 선지식 걜첸 뻴 형[10]이 논의하여 사꺄로 보내기로 하였다.

보낸 물건으로는 가항똥꺄('ga' hang stong skya) 비단이 들어간 새(新. gso ma) 조끼 한 벌, 다섯 가지 기지(gi ji) 장식을 넣어 만든 작은 가사(袈裟) 한 벌, 면(ras) 숄(phyam) 하나, 승려용 긴 숄 하나, 모전(毛氈) 방석 하나, 금 세 냥(srang) 20쇼(zho)[11] 가치의 붉은 말 한 필[을 준비하였고 사꺄로] 올라가는 길의 여비로 금 반 냥, 차(ja, 茶) 한 포를 주셨다. 나귀(bong bu) 약 백 마리 중에 보낼 것으로 여덟 마리를 주었고, 올라가는 길에 구매한 한 마리까지 아홉 마리가 있었다.

7 저본에는 bcu+i로 표기되어 있으나, 내용상 LhB의 전사를 채택하였음.
8 LhB: 'phying [phying].
9 얄룽 짱뽀 북안이 내려다보이는 산기슭의 성. 산의 절벽이 붉은 색이라서 "구리산(zangs ri)"라는 이름이 붙었다.
10 장춥걜첸의 큰형.
11 1 쇼(zho)=1/10 상(srang).

분석

용어

stan phying ___ 'stan'은 좌석을, 'phying'은 모전을 뜻하므로 모전 방석으로 번역했다.

'ga' hang stong skya ___ 가항똥꺄. 한문의 음사로 보이나 뜻을 알 수 없다. 중국어 번역본(78쪽)은 단지 비단의 한 종류라고 적었다.

phyam ___ phyam che의 줄임말. 숄.

srang ___ 상. 티베트에서 금, 은의 무게를 잴 때 일반적으로 쓰던 단위. 상의 10분의 1인 단위로 쇼(zho)가 있다. 앞에서 본 대로 몽골제국 시기에는 데첸(bre chen)이라고 하여 제국 전체에서 발리시(balish), 정(錠), 수케(süke) 등으로 표기되던 표준화 단위와 일치하는 단위를 만들어 냈다.

srum ___ '고기'의 뜻인데 '차(茶, ja)'와 연결하여 의미를 알 수 없다.[12]

기록의 의의

이 기사는 랑씨 가문의 장춥 걜첸이 14세에 당시 몽골을 대리하여 티베트를 지배하던 사꺄에 머물러 가면서 가져간 물품의 품목이 무엇이고 그 양이 어느 정도였는지 비교적 상세히 보여주고 있다.

장춥 걜첸이 사꺄로 가게 된 정황은 이 기사 앞에 서술되어 있는데, 사꺄파의 뾘첸이 위(dbus) 지역을 순시할 때 위의 사람들이 그에게 "좋은 가문의 자제(pha bzang gyi bu)"를 많이 바쳤고, 그가 팍모두파에게도 "당신들 팍모두파의 자손을 하나 바쳐야 한다(khyed phag mo gru pa'i dbon po gcig 'bul dgos)"라고 했으며 이에 팍모두 측은 장춥 걜첸을 사꺄에 보내기로 했다. 다른 만호나 교파의 기록이 남아 있지 않아 알 수 없으나, 이는 고위직을 맡은 인물의 자제를 중앙으로 불러 복무하게 한 몽골의 케식 제도가 티베트에서도 사꺄파에 의해 시행된 예로 보인다. 장춥 걜첸은 사꺄로 가서 당시 사꺄파 좌주의 인장(印章)을 관할하는 업무를 맡았으며 그는 좌주의 성격이 엄격했기 때문에 이 일이 매우 힘들었다고 기술하고 있다. 또한, 함께 사꺄파에 "바쳐진" 동료 중 선위사 도원수(du dben sha, 都元帥)의 아들이 있었던 것 등으로 보아 만호장뿐만 아니라 고위직의 여러 가문이 아들을 보내야 했던 것으로 보인다.

12 LhB: rum.

장춥 걜챈의 이 저작을 제외하면 다른 책에는 관련 기록이 남아 있지 않으며 이 제도에 대한 티베트어가 무엇이었는지도 알 수 없다. 다만 사꺄파에 모인 각 만호장 혹은 교파 좌주 집안의 청소년들을 조카, 남자 자손을 뜻하는 "왼뽀(dbon po)"라고 부른 것은 분명하다. 장춥 걜챈은 사꺄파에 있던 왼뽀 목록 중에 팍모두파가 제일 위에 있었다고 썼다.

그림 3 티베트의 나귀

어쨌든 처음 사꺄로 갈 때 장춥 걜챈은 조끼, 가사, 숄, 방석과 금, 차(茶)등을 가져갔다. 또한, 가는 길에 타기도 하고 짐도 실을 말과 나귀도 받았다. 직물, 특히 비단은 중국과 관련이 있으므로 중국어를 그대로 사용하는 경우가 많이 보이는데 발음의 와전이 많아 원래 용어를 살리기가 어렵다. 앞에서 본 "가항똥꺄('ga' hang stong skya)"도 티베트어가 아닌 것은 분명하나 원어는 알 수 없다.

4. 장춥 걜챈의 사꺄행(2)

사료

Byang chub rgyal mtshan. *Lha rig rlangs kyi rnam thar: A detailed Account of the rlangs lineage of Phag-mo-gru-pa rulers of Tibet. Incorporating versions of the "rlangs Po ti bse ru" and the "Si tuí Bka' chems"*, New Delhi: Tsepal Taikhang, 1974, pp.258:4~259:2; LhB pp.20~21; 大司徒 絳求堅贊 著, 贊拉阿旺. 余萬治 譯, 陳慶英 校, 『朗氏家族史』, 拉薩: 西藏人民出版社, 1989, p.85.

원문 전사

phon du dpon g.yog dgu la rta pa bzhi yod/ nga la thel pas brdzangs pa'i rta dmar chung la khal byas pa dang/ dpa' shi[13] gzhon nu dpal gyi rgod chung ma gcig la khal byas pa yod/ thel gyi nang chung tshos stan phying zung re'i rdzong byas/ [tshes bzhi'i snying ma'i spum][14] a ma zhang lcam mas[15] zhwa dkar gcig 259 'phra phrug bubs cig/ gos

13 LhB: spags shi.

14 필기체 본은 tshes bzhi'i snying ma'i spum이 빠져 있음.

15 LhB: las.

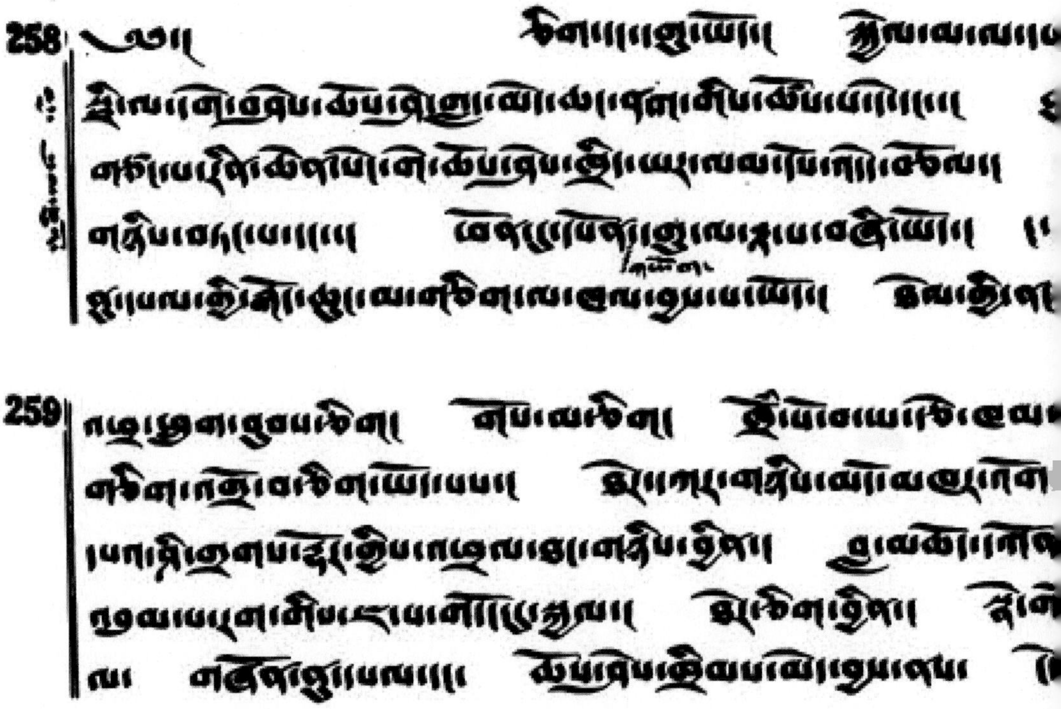

ma gcig/ khrom po ba [la drung chen rin po che'i][16] 〈a rtse〉 [a lce][17] khams skyid kyi 〈'phral thang〉 ['phra thags][18] cig byin/ mkhan por[19] shA+kya rgyal mtshan 'di lo bcu gcig 'gro ba cig yod pas/ ther dkar [ser] gnyis mdo mkhar 'og tu byin

번역 및 분석

번역

모두 합쳐 주종(主從) 9명이고 마부는 넷이 있었다. 나는 [댄사] 틸사원에서 보내준 작은 붉은

16 필기체 본에는 la drung chen rin po che'i 결락되어 있다.
17 LhB: a lce. 문맥상 더 맞아 이를 채택함.
18 LhB: 'phra thags. 문맥상 더 맞아 이를 택했다.
19 LhB은 "mkhan po" 뒤에 r이 없다. 그러므로 단지 '캔뽀'가 된다.

Text Image: bdr: MW30165

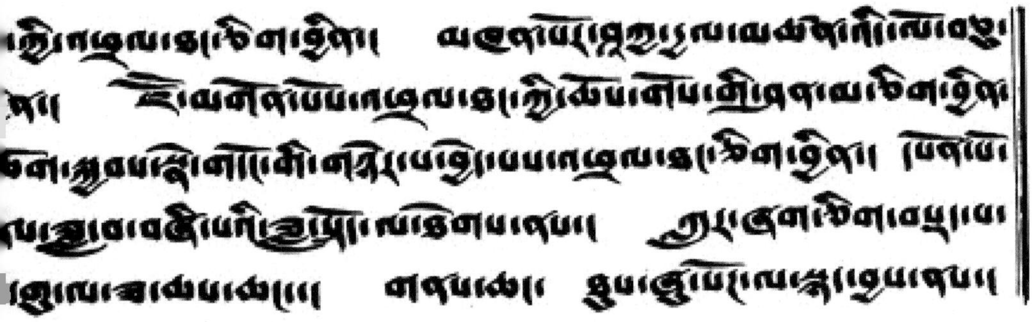

말을 승용(乘用)으로 탔고, 박시 쉰누뺄(dpa' shi gzhon nu dpal)은 작은 야생말 한 필을 탔다. 댄사틸 내부에서는 젊은이들이 모전 방석을 두개씩 보냈다. 체시닝마의 남매인 어머니 샹짬마(zhang lcam ma)는 흰 모자 하나와 장식이 있는 모직물('phra phrug bubs) 한 필, 비단(gos ma) 한 필, 톰뽀와에게는 둥첸 린포체의 누이 캄끼(khams skyid)가 장식이 있는 천('phra thags) 한 필을 보냈다. 캔뽀(스승)에게는 11세 되는 샤꺄 갤챈이 있는데 그가 도카르(도 城) 밑에서 흰색과 황색 두 종류의 모직물(ther)을 주었다.

분석

용어

'phra phrug bubs ___ phrug과 bubs은 각각 '두꺼운 모직', '천조각'을 의미한다. "'phra"는 "장식된, 보석이 달린"의 의미인 'phra bkod의 줄임말일 가능성이 있다. "phrug"은 일찍이 사꺄 빤디따가 쿠텐의 조정에서 티베트에 보낸 편지에 적은, 몽골인들이 티베트에 원하는 공물 목록에도 있던 두꺼운 모직물이다. 한자어 氆氌로 음사되었다.

ther ___ 티베트의 모직천인 남부(snam bu)의 일종. 양의 목, 배, 앞다리 부분에서 채취한 매우

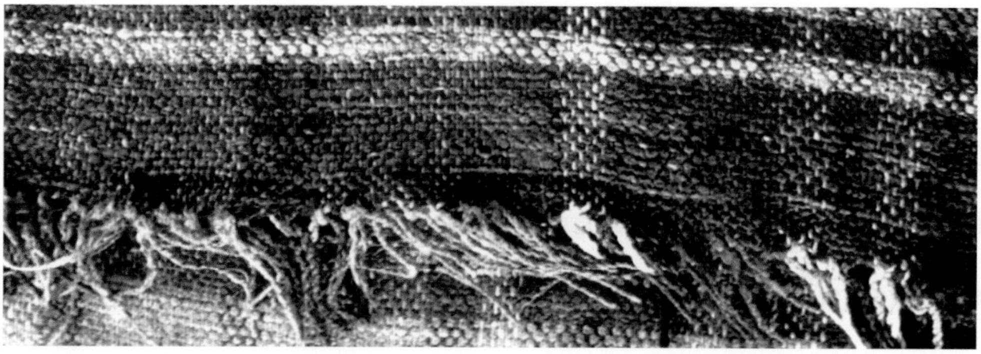

가는 모를 사용한다. [20]

기록의 의의

이 기사는 사꺄 사원으로 떠나는 저자 일행에게 주변 사람들이 선물을 보낸 목록을 기록한 것
이다. 구입 경로는 알 수 없으나 중국 지역에서 들여왔을 차와 비단이 포함되어 있고 각각 소량
인 것으로 보아 귀한 물품이었음을 알 수 있다. 비단 외에도 다양한 직물이 있는데 대부분 모직
물이다. 티베트는 다양한 모직물의 생산지이고 이를 네팔과 인도로 수출하였다. 한편 물품 이름
에 대한 표기에 의문이 많아, 저본인 뉴델리 필기체본을 라싸에서 간행된 인쇄체 편집본과 대조
하였다.

20 관련 내용은 Namgyal L. Taklha, *Costumes and Jewellery of Tibet*, Tibet Museum in Dharamsala, 2018 참고.

5. 사꺄 도착

사료

Byang chub rgyal mtshan. *Lha rig rlangs kyi rnam thar: A detailed Account of the rlangs lineage of Phag-mo-gru-pa rulers of Tibet*. Incorporating versions of the "rlangs Po ti bse ru" and the "Si tu'i Bka' chems", New Delhi: Tsepal Taikhang, 1974, pp.270:4~271:3; LhB p.26; 贊拉阿旺. 余萬治 譯, 陳慶英 校,『朗氏家族史』, 拉薩: 西藏人民出版社, 1989, p.89.

원문 전사

sa skyar phebs dus/ rang re mchod grogs kun gyis bstung ba dam pe re tsam gyi byon chang byas/ rang res yang sha sbrel pa yod pas/ khyod ma la gro mchod 〈grangs〉 [drangs][21]/ 〈bran〉 [brang][22] khang shar na gzi yod pa la/ drung skor bstud ma bstud mar gtong nas shog gsung ba byung bas phyin tsa na/ 271 sgom chen pas mchod pa grangs gsungs nas/ mnyes mnyes mdzad/ 〈gzi〉 [bzi][23] nas gam pa 'khyor gyin yod na'ang/

21 LhB: drangs. 이를 따랐다.
22 LhB: brang. 이를 따랐다.
23 LhB: bzi. 이를 따름.

snying rus byas nas mchod pa zhus pas/ gsol ras gser gyi theb tshe´i nang du gnang/ tshas [lcibs] mi dgos lag pa rjen pas bzung gsung nas/ thugs[24] la brtags/ de´i lan can la/ gsol ja bas gser gyi ´jil ma´i nang du/ bal po´i ´je bu bug [mdze bu blug][25] nas byin pa/

번역 및 분석

번역

사까에 도착했을 때 우리 동료들 모두가 긴장하여 도착주를 마셨다. 나에게는 또한 고기를 이

24 저본에는 thugs 의 간략 형태로 기록.

25 LhB: mdze bu blug.

Text Image: bdr: MW30165

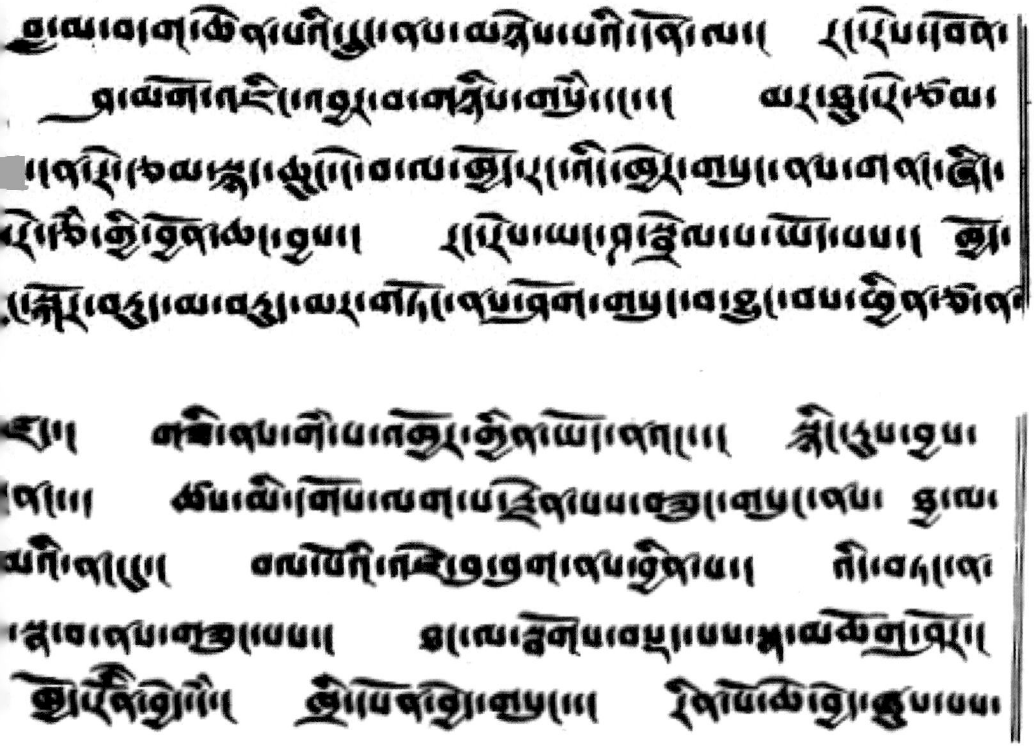

어 붙인것(sha sbrel pa)이 있었으며 동료들에게 음식 공양으로 주었다. 동편 숙사에서 취해 있는데 (라마께서) 시종을 연이어 보내서 오라고 하시므로 갔더니, "대선사, 음식을 가져오시라"라고 하며 즐거워 하셨다. [나는] 취해서 비틀거렸지만 정신을 다잡고 음식을 드렸으며 [라마는] 선물을 금접시 안에 넣으셨다. "접시를 장갑으로 잡지 말고 맨손으로 잡아라"라고 하시면서 친절히 대해 주셨고 내가 드린 것에 대한 답으로 차(茶) 시종이 금 그릇에 네팔(bal po)의 과즙('je bu/ mdze bu)을 가득 채워 가져다주었다.

분석

용어

byon chang ___ "도착-술."

sha sbrel pa ___ 'sha'는 고기. 'sbrel pa'는 'join', 'combing' 등을 뜻한다. 꼬치에 줄줄이 꿴 고기일 가능성이 있으나 정확한 의미는 알 수 없다.

'jil ma ___ 그릇.

'je bu/ mdze bu ___ 앞에 bal po 즉 네팔인을 뜻하는 단어가 있으므로 네팔에서 온 액체 종류이며 이어지는 문장에서 장춥 갤챈이 "그것을 먹으면 취해서 죽을 것이다"라고 말하고 있는 것으로 보아 알콜이 들어간 음료로 보인다. 중역본은 과즙이라고 번역했고 이를 따랐다.

기록의 의의

금 소재의 용기(容器)는 귀한 손님을 대접할 때 쓴 것을 알 수 있다. 또한 '제부'가 구체적으로 어떤 음료인지 알 수 없으나 과실수를 경작하기 어려운 티베트에서, 네팔의 과일 혹은 과즙을 수입하여 먹은 것도 보여준다. 한편 네팔인을 가리키는 티베트어 밸뽀(bal po, 몽골제국 당시 아마도 발뽀)는 몽골인들도 그대로 받아서 쓴 경우가 있는 것으로 보인다. 원대 카안의 음식을 적은 『飮膳正要』는 '八兒不湯' 즉 발뽀탕(bal po+湯)이라는 탕을 소개하고 있고 이는 네팔의 음식을 티베트 승려들이 자신들의 호칭대로 몽골 조정에 소개한 것으로 생각된다.

6. 야체 사람의 보시

| 사료

Byang chub rgyal mtshan *Lha rigs rlangs kyi rnam thar, A detailed account of the "Rlangs po ti bse ru" and the "Si tu'i bka' chems" of Si-tu Byang-chub-rgyal-tshan,* T. Tsepal Taikhang, New Delhi, 1974, pp.274:5~275:3; LhB p.28; 贊拉阿旺. 余萬治 譯, 陳慶英 校,『朗氏家族史』, 拉薩: 西藏人民出版社, 1989, p.90.

| 원문 전사

de nas zla ba gcig tsam 275 na sa skyar ya tshe ba'i gser dngul gyi 'gyed tshan can yod pa yin zer bas/ dbon po tsho/ gra pa thams cad[26] sa skyar/ 'gyed ⟨lan⟩ [len] pa la song/ nga la e 'gro gsung/ mi 'gro zhus pas/ de la mnyes/ nged dpon slob gnyis pos/ kha'u spang bzang su bzhugs pa la/ gra pa dge bshes tsho'i gos ⟨bstan⟩ [stan] dang/ rgyag thams cad der brtsigs pas/ mi phyug po cig ⟨gis⟩ [gi] brang khang pas phyug par 'dug/

26 저본에는 thamd로 표기되어 있으나, 해당 사료에서 이 표기는 모두 thams cad의 축약어로 사용되고 있으므로 전사에서는 후자를 채택함.

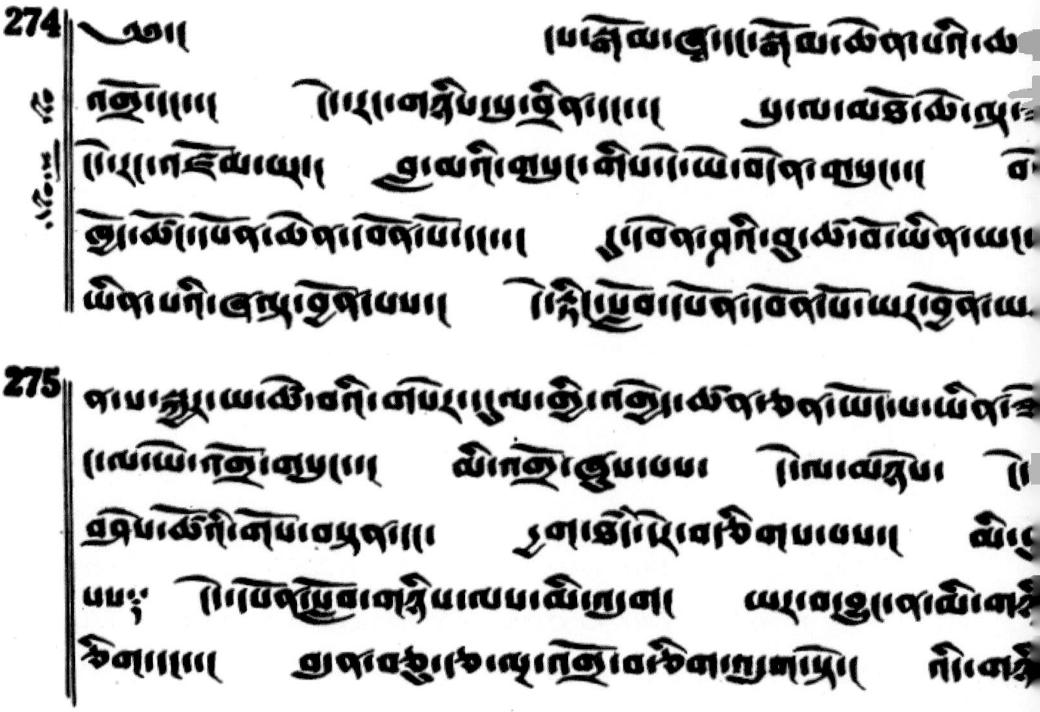

번역 및 분석

번역

그러고 나서 한 달 쯤 뒤에 사꺄로 야체(ya tshe) 사람이 대량의 금과 은을 보시했다고 전해지니 왼뽀들과 승려들 모두가 사꺄로 보시를 받으러 갔다. [스님이] 나에게 "안 가느냐?"라고 하셔서 "안 갑니다" 하니 그것을 기뻐하셨다. 나, 스승님 둘이 카우(kha'u)의 좋은 초원에 머물며 승려, 선지식들의 의복, 좌석과 음식 모두를 거기에 쌓아 두니 부자 한 명의 집보다 더 풍요로웠다.

분석

용어

ya tshe ___ 네팔 동북부의 소왕국.

dbon ___ 원래는 "조카, 형제" 등의 뜻인데, 몽골제국 시기에는 케식과 같이 사꺄 사원에 일종의 인질로 와서 머물면서 사꺄파 지배 집단에 복무했던 각 교파 수령의 아들이나 형제 등을 이런 명칭으로 불렀다.

Text Image: bdr: MW30165

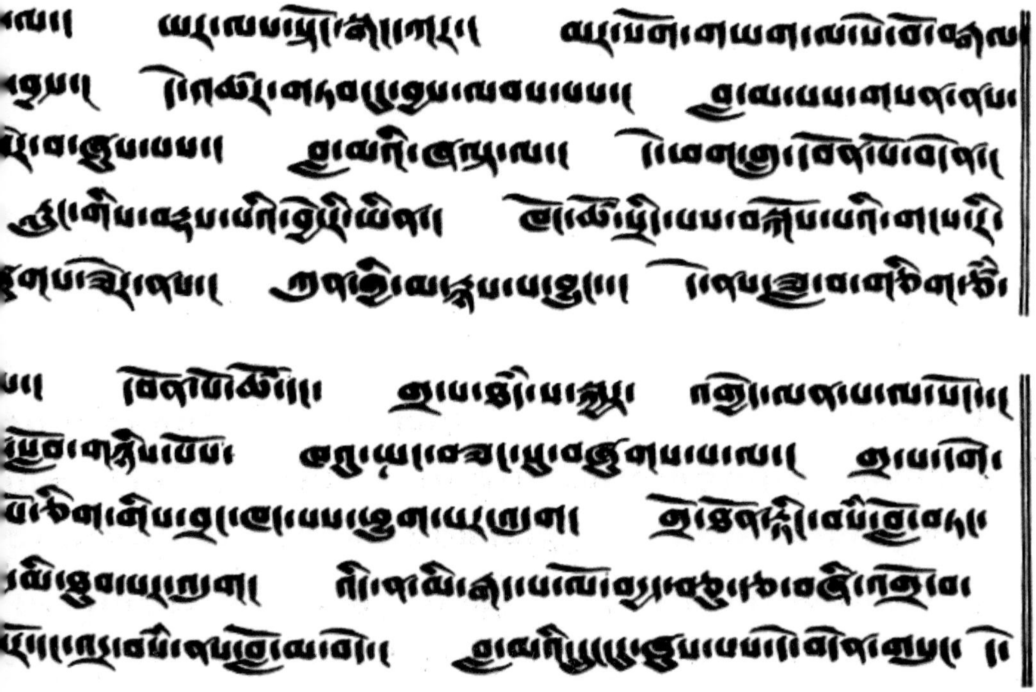

기록의 의의

야체는 티베트 사료에 아체(a tshe) 혹은 야짜(ya tsa) 등으로 기록되는 히말라야의 소국이다. 티베트 불교는 몽골 이전에도 북동쪽의 서하(西夏)는 물론 남서쪽의 네팔 지역에도 시주(施主)가 있었다. 야체는 1250년대 혹은 1260년대에 팍모두파의 톡둑빠에게 "진귀한 보석으로 된 보시품"을 시주했다. 이때 시주자 목록에 있던 또 다른 인물은 바로 훌레구였다.[27] 한편 장춥 걜챈은 승려가 아니었으나 이 책에서 보다시피 일찍이 사꺄로 가서 불교 공부를 했고 후에 사원과 승단에 대하여도 크게 후원을 했다.[28]

27 "인도의 띠라후르띠의 왕, 시링의 왕, 야체 왕 그리고 뙤호르의 훌레구 등이 진귀한 보석으로 만든 삼보(三寶) 보시를 바쳤다("rgya gar gyi ti ra hur ti'i rgyal po, si gling gi rgyal po, ya tshe rgyal po, stod gor gyi rgyal po hu la rnams kyis rin po che las grub pa'i rten gsum mchod rdzas, nor bu sog po rbrad 'gyel du grags pa" Bsod nams grag pa, *Deb ther dmarpo gsar ma,* Tibetan Text and English translation by Giuseppe Tucci, Institue Italiano per Medio ed Estremo Oriente, Roma, 1971, pp.68~69)".

28 장춥 걜챈의 종교적 면모에 대하여는 Leonard W. J. van der Kuijp, "Fourteenth-Century Tibetan Cultural History I: Ta'i-si-tu Byang-chub rgyal-mtshan as a Man of Religion", *Indo-Iranian Journal 37,* 1994, pp.139~149 참고.

7. 사꺄에서의 생활

사료

Byang chub rgyal mtshan. *Lha rig rlangs kyi rnam thar: A detailed Account of the rlangs lineage of Phag-mo-gru-pa rulers of Tibet. Incorporating versions of the "rlangs Po ti bse ru" and the "Si tu'i Bka' chems"*, New Delhi: Tsepal Taikhang, 1974, p.284:2~5; LhB pp.32~33; 贊拉阿旺. 余萬治 譯, 陳慶英 校,『朗氏家族史』, 拉薩: 西藏人民出版社, 1989, p.93.

원문 전사

sa pho rta lo'i lo gsar la/ rin chen[29] sgang du [dpon chen 'od zer seng ge las kha med na'ang/]

29 저본에는 rin chen의 축약 표기로 적혀 있어 전사에서는 후자의 표기를 채택함.

Text Image: bdr: MW30165

lo gsar byed kyi 'dug pa'i sar mjal du phyin pas 'brum pa 〈gos〉 ['gos] nas/ zla ba gnyis pa'i zla sgang bar du sa skyar lus/ de nas 'jad [du] chu brje ba dang/ bu slob skor ba la phyin pas/ 'jad chos sdings pa dang/ khyung dkar bas zhabs tog mthil byas/ rta nag yan gyi rang re'i sgom chen bu slob kun gyis sha mar/ rtsam nas phul bas/ 'jad du zla ba phyed gsum bsdad/ nan ltar skyid/ sa skyar yang za lhag bong rgyab dgu tsam thon/ bu slob la bed chod/

번역 및 분석

번역

흙-양(陽)-말해의 설날에 린첸강(rin chen sgang)에, 뾘첸[30] 외세 셍게('od zer seng ge)가 지금 일

30 당시 몽골을 대리하여 티베트를 지배하던 사꺄파의 세속 업무를 맡던 수령. 종교 업무를 관할하는 최고직인 제사(帝

은 없지만 설날을 지내고 있으니 찾아뵙기 위하여 갔으나 [그가] 천연두에 걸려서('brum pa 'gos nas) 2월 15일까지 사꺄에 남았다. 재('jad) 지방에서 물을 바꾸고(chu brje)[31] 제자들은 꼬라를 돌러 갔는데 재('jad)의 최딩빠(chos sdings pa)와 큥까르와(khyung dkar ba)가 우리를 융숭하게 대접하였고 따낙(rta nag) 이상 지역의 우리 대선사(大禪師)의 모든 제자들이 우리에게 고기와 버터, 짬빠(rtsam pa), 그리고 보리를 바쳤다. 재 지방에서 두 달 반을 머물렀는데 모두 즐거웠다. 또한 남은 식품을 나귀 아홉 마리의 등에 실어 사꺄에도 보내니 제자들이 향유했다.

분석

용어

mar ___ 버터. 식용으로도 쓰이나 불당에 불을 밝히는 버터 램프(mar me)를 위한 수요도 크다.

rtsam pa ___ 짬빠. 보릿가루를 볶은 것.

nas ___ 보리. 청보리.

기록의 의의

짬빠는 볶은 보릿가루에 뜨거운 차를 부어 밀가루 반죽처럼 뭉쳐서 먹는 티베트 전통 음식으로, 현대에도 여전히 티베트인의 주식이다. 외세 셍게는 장춥 곌챈이 처음 사꺄에 왔을 때 당시 사꺄파의 뾘첸(dpon chen), 즉 최고 지위의 세속 관리자였고 그를 당시 사꺄파의 좌주였던 다니첸뽀 상뽀뺄에게 준 인물이다. 장춥곌챈은 그가 뾘첸 자리에서는 물러났으나 이전의 인연 때문에 아마 새해 인사를 위해 방문하려 했던 것으로 보인다. 또한 본 기록에서 지방의 사람들이 장춥 곌챈을 비롯한 이들에게 바친 것이 모두 음식인 이유는 시기상으로 정초였기 때문인 것으로 보인다. 사꺄파의 좌주 휘하에서 불교 공부를 하는 제자들에게 사람들이 고기를 바친 것은 이 때 승단에서 고기를 일반적으로 섭취했던 것을 보여준다.[32]

한편 천연두('brum pa)는 티베트 사료에 가끔 보이는데 감염의 정황은 나와 있지 않아 알 수 없

師)가 몽골의 수도 대도에 있으므로 사실상 사꺄파의 뾘첸이 중앙 티베트를 관할하였다.

31 장춥 곌챈은 이 책의 다른 곳에서도 사꺄 지역의 수질이 좋지 않다고 적고 있다.

32 티베트 불교에서의 육식 관행에 대하여는 Geoffrey Barstow, *Food of Sinful Demons: Meat, Vegetarianism, and the Limits of Buddhism in Tibet*, Columbia University Press, 2018; Nyangshem Gyal, *"The Sectarian Formation of Tibetan Vegetarianism: Identifying the First Polemic on Meat-eating in Tibetan Literature"*, Journal of Tibetology, 2018, pp.128~152 참고.

그림 5 짬빠 넣는 통(대원사 티벳 박물관)

다. 몽골제국 시기 뵌첸이나 각 만호의 만호장들은 몽골 조정에 자주 오갔으므로 만호장이었던 외세 셍게도 그로 인해 천연두에 걸린 것일 수도 있다. 18세기 6대 빤첸 라마(blo bzang dpal ldan ye shes, 1742~1793)는 건륭제의 칠순 잔치에 참석했다가 북경에서 천연두로 사망했다. 17세기 이후에는 티베트에도 인두법이 발전한 것으로 보이는데, 최근 한 연구는 빤첸 라마가 열하로 갈 때 암도(청해성) 지역에서 그의 일행 약 500명에 대해 인두법의 방식으로 예방접종을 시행하고 열하로 이동한 것을 밝히고, 18세기 티베트가 천연두 예방접종에 관한 지식과 의술이 충분했음을 보였다.[33]

33 Lobsang Yongdan, "Misdiagnosis or Political Assassination? Re-examining the Death of Panchen. Lama Lobsang Palden Yeshe from Smallpox in 1780, *Revue d'Etudes Tibétaines,* 58. pp.60~80.

8. 만호장 임명과 만호의 내고(內庫)

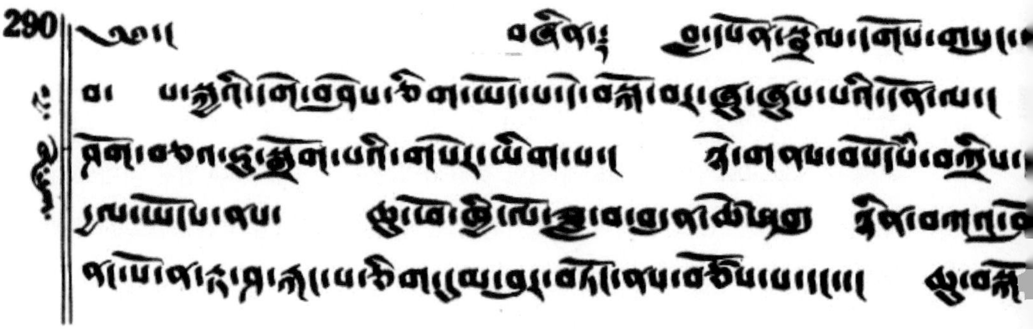
290

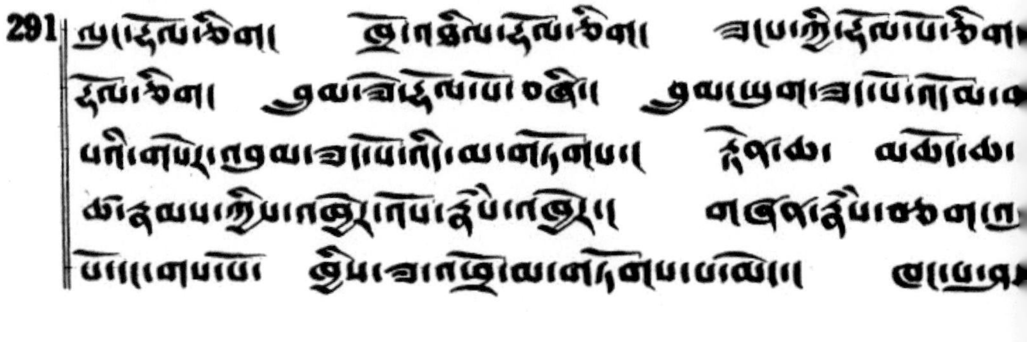
291

| 사료

Byang chub rgyal mtshan. *Lha rig rlangs kyi rnam thar: A detailed Account of the rlangs lineage of Phag-mo-gru-pa rulers of Tibet. Incorporating versions of the "rlangs Po ti bse ru" and the "Si tu'i Bka' chems"*, New Delhi: Tsepal Taikhang, 1974, pp.290:2~291:3; LhB, pp.35~36; 贊拉阿旺. 余萬治 譯, 陳慶英 校,『朗氏家族史』, 拉薩: 西藏人民出版社,

Text Image: bdr: MW30165

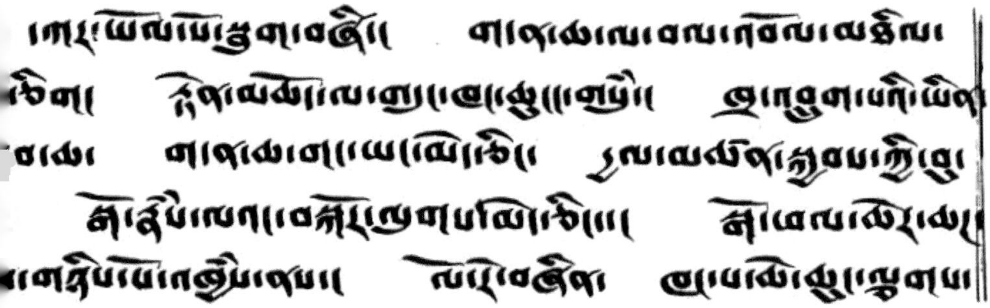

1989, pp.95~96.

원문 전사

bla ma'i bka' shog dang/ hun dben sha'i bca' hu gnang/ bka' shog bca' hu sgrog pa'i gser yig pa/ nye gnas bsod nams[34] bkra shis[35] dang/ bkra shis du dben sha'i mi/ 〈cha'o/ ta'o〉 [tsha'o ta'o][36] bkra shis brtan dang/ skya rgyal yongs nas/ chu pho khyi lo zla ba bdun tshe dgu/ nyin bka' shog bca' hu rnams sgrogs/ [tshe bcu bzhi dgu pa'i tshes dgu nyin/ bka' shog bca' hu rnams bsgrogs/] tshes bcu bzhi nyin sne gdong blangs/ sne gdong nang so na rta sha rkang pa cig dum bur btong nas btsos pa dang/ chu 〈bskol〉 [skor] na yos sgro ba gang/ gro bre bco lnga/ chang spa ru phyed/ snod spyad la/ 291 lung [rdo mthil][37] rtol cig/ khro [illegible]'thil〉 [mthil] rtol cig/ zangs kyi rdol po gcig/ dkar yol po sbug bzhi/ gdan cha la bal 'bol mthil rtol cig/ brum ze rdol po bzhi/ brum yug zad po 'dom gang pa cig/ rten mchod la gdung khang chung chung[38] gsum/ khra 'brug pa'i yin pa'i gser 'bum zad po 'di ma gtogs/ rten cha/ mchod cha/ thab cha/ gdan cha gang yang med cing/

| 번역 및 분석

번역

라마(즉 제사)의 법지(法旨)와 분원(分院) 원사(院使, hun dben sha)의 차부(箚符, bca' hu)를 선독하는 금자사신, 시종 쇠남 따시, 따시 도원수(都元帥)의 사람, 차오따오(cha'o ta'o, 招討) 따시 땐(bkra shis brtan)과 꺄걜(skya rgyal)이 와서, 물-양-개해(1322) 9월 9일 법지(bka' shog)와 차부(bca' hu)를 선독했다. 14일 네동을 접수했다. 네동의 내고(內庫, nang so)에는 말고기 다리 하나를 다져서 익힌 것, 물레방앗간에 볶은 보리 포대 가득, 밀가루 15데(bre), 대나무 통[39]에 막걸리 반 통; 용기(snod spyad, 容器)로는 손잡이(lung)가 있는 돌로 된 바닥의 [그릇] 하나, 바닥이 [넓은] 팬 하나, 구리 그릇 하나, 자기 빈 것 네 개; 방석으로는 바닥이 부드러운 울 방석 하나, 가장자리가 둘러져 있는 방석 네 개, 양팔 길이의 낡은 천; 공양구(rten mchod)로는 아주 작은 다비소(gdung khang, 茶毘所)

---

34 저본에는 bsod nams의 축약어로 표기.

35 저본에는 bkra shis의 축약어로 표기.

36 저본에는 cha'o와 ta'o 사이에 셰를 두어 음절을 구분하였으나, LhB의 표기를 따라 두 음절을 이어서 해석하였다.

37 mthil rdol: 바닥=mthil [b]rtol. 그릇의 바닥.

38 저본에는 chung chung을 축약 표기.

39 중역본은 "소뿔로 만든 우유짜는 용기"로 번역하였다.

셋, 오래된 타둑(khra 'brug)사원의 십만 금불(金佛)뿐,[40] 불탑(rten cha)이나 공양구(mchod cha), 화구(thab cha, 火具), 방석(gdan cha) 그 어느 것도 없었다.

분석

용어

brum ze rdol po ___ 의미를 알 수 없다. brum은 티베트어가 아닌 것으로 보이며 이 물품이 방석 혹은 좌석으로 분류되어 있고 ze가 '가장자리'이므로 "가장자리가 둘러져 있는" 방석으로 번역했다.

cha'o ta'o ___ 차오타오. LhB는 tsha'o ta'o. 초토(招討)의 음역으로 보인다. 원대 초토사(招討司)는 변경 지역에 설치되었다.

기록의 의의

저자 장춥 걜첸이 사꺄에서 지내다가 자신의 만호로 돌아와 만호장이 된 뒤 만호 창고의 물품을 점검하고 남긴 기록이다. 네동(sne gdong)은 라싸 주변에 있는, 팍모두파의 근거지이며 그곳의 내고에 소량의 고기, 보릿가루와 밀가루 등 음식을 비롯하여 각종 용기, 법회 등에서 쓸 방석이 있는 것을 알 수 있다. 그 외에 화구 등이 하나도 없는 것은 당시 팍모두 만호의 열악한 상황을 잘 보여준다.

40 타둑 사원은 7세기 초 토번제국의 군주 송짼감뽀가 여 나찰을 제압하려고 티베트 각지에 세운 사원 가운데 하나로, 팍모두파의 주 근거지였던 네동에 있었다고 전해진다.

9. 만호장 즉위 선물(1)

293 (티베트 문자 원문)

294 (티베트 문자 원문)

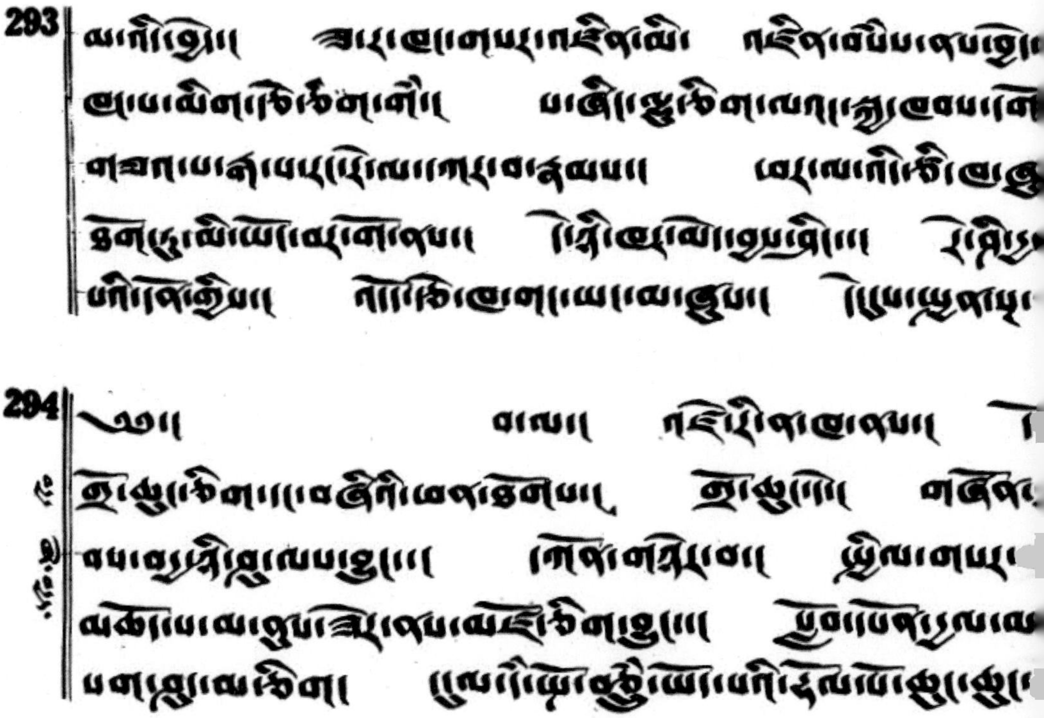

│ 사료

Byang chub rgyal mtshan *Lha rigs rlangs kyi rnam thar, A detailed account of the "Rlangs po ti bse ru" and the "Si tuî bka' chems" of Si-tu Byang-chub-rgyal-tshan*, T. Tsepal Taikhang, New Delhi, 1974, pp.293:5~294:4; LhB p.37; 贊拉阿旺 余萬治 譯, 陳慶英 校,『朗氏家族史』, 拉薩: 西藏人民出版社, 1989, pp.96~97.

Text Image: bdr: MW30165

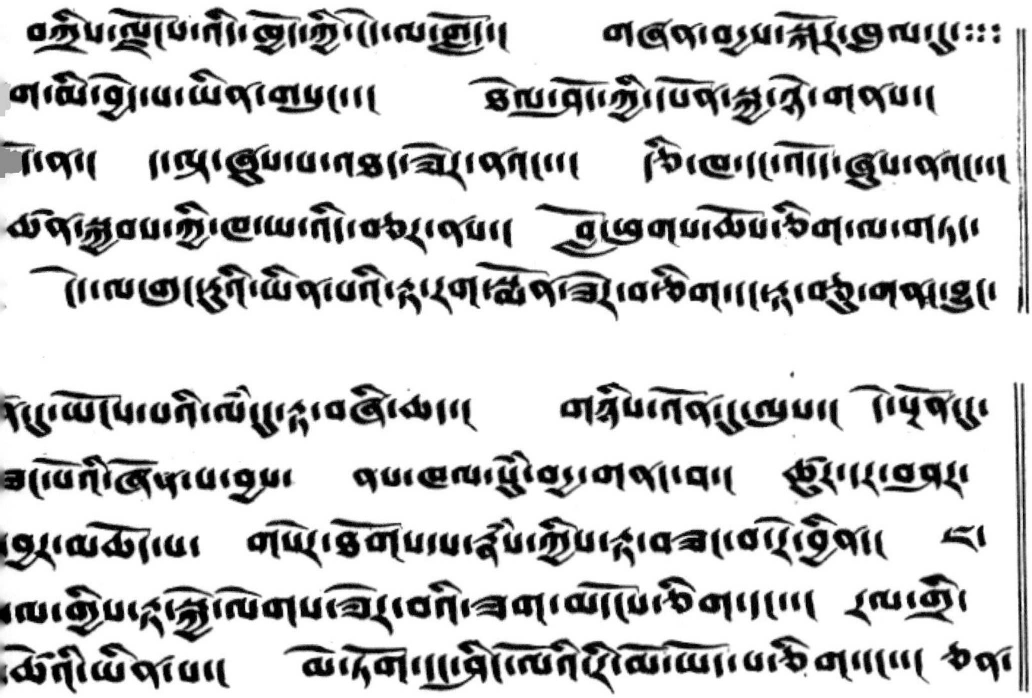

원문 전사

de dus spyan snga nas/ nged la gung ru'i yin pa'i rta rag smon zer ba cig dang rta bcu gnang byung 294 ba la/ 'je ri na kha nas/ dos sdon du yongs pa'i lam du rta bzhi chad/ gnyis 'on du lus/ do sdon du gro chung cig dang bzhi'i phan thogs/ gro chung de/ gzhon nu bzang po'i zhon pa byas/ nas khal sum brgya gnang ba/ tshur[41] dar bshar bas brgya nyi shu las [ma][42] byung/ dkon gnyer ba/ spyil gsar ba/ dbyar mchod pa/ gser thogs[43] pa rnams kyis rta bzang ba re[44] byin/ ja mchod pa ma nus zer nas mdzo cig byung/

| 번역 및 분석

번역

그때 쩬아가 나에게 '락뫼(rag smon)'이라고 하는 궁루(gung ru)의 말 한 필과 말 열 필을 주셨는데 제리나('je ri na) 입구에서 되뙨(dos sdon)으로 오는 길에 말 네 필을 잃어버렸고, 두 마리는 왼('on)에 남겨두었으며, 도뙨(do sdon)[45]에서는 작은 회적색 말 한 마리와 네 마리가 도움이 되었다. 그 작은 회적색 말은 쇤누 상뽀(gzhon nu bzang po)가 타고 다녔다. [이에 대해 쇤누 상뽀는 나에게] 청보리(nas) 300캘(khal)을 주었는데 내가 무게를 재보니 120캘밖에 안 되었다. 창고지기와 새 오두막지기와 하안거(夏安居) 공양자와 금 지붕 관리자들이 각각 내게 좋은 말을 한 필씩 주었다. 차시종(ja mchod pa)은 [말을] 주지 못한다며 조(mdzo) 한 마리를 주었다.

분석

용어

khal ___ 캘. 무게 혹은 부피의 단위. 20 데(bre)에 해당.

gro ___ gro ba. 회적색 말.

mdzo ___ 야크와 소의 혼종.

41 LhB: tshu.

42 부정어 ma가 있어야 의미가 통한다. LhB은 ma를 추가했다.

43 LhB: thog.

44 LhB: ri.

45 앞에서는 "되뙨(dos sdon)"이라고 했다.

기록의 의의

저자 장춥 갤챈이 만호장에 임명되고 나서 받은 선물로 주로 말이 나열되어 있어서, 티베트인들 사이에 큰 일을 축하하는 데에 청보리(nas) 등 주요 곡식과 더불어 말(rta)이 선물로 쓰였고, 말을 주지 못하는 경우 야크와 소의 혼종인 조(rdzo)를 준 것을 볼 수 있다. 한편 말 한 마리의 값이 청보리 300캘이라는 것도 주목할 만하다. 청보리는 티베트의 주요 농작물 중 하나이며 맥주를 빚기도 하나 주식인 짬빠를 만드는 데 쓰이는 재료이다. 1캘은 25~30파운드 정도라고 하나 사전마다 다르고, 시대별로도 달랐던 것으로 보인다.

10. 만호장 즉위 선물(2)

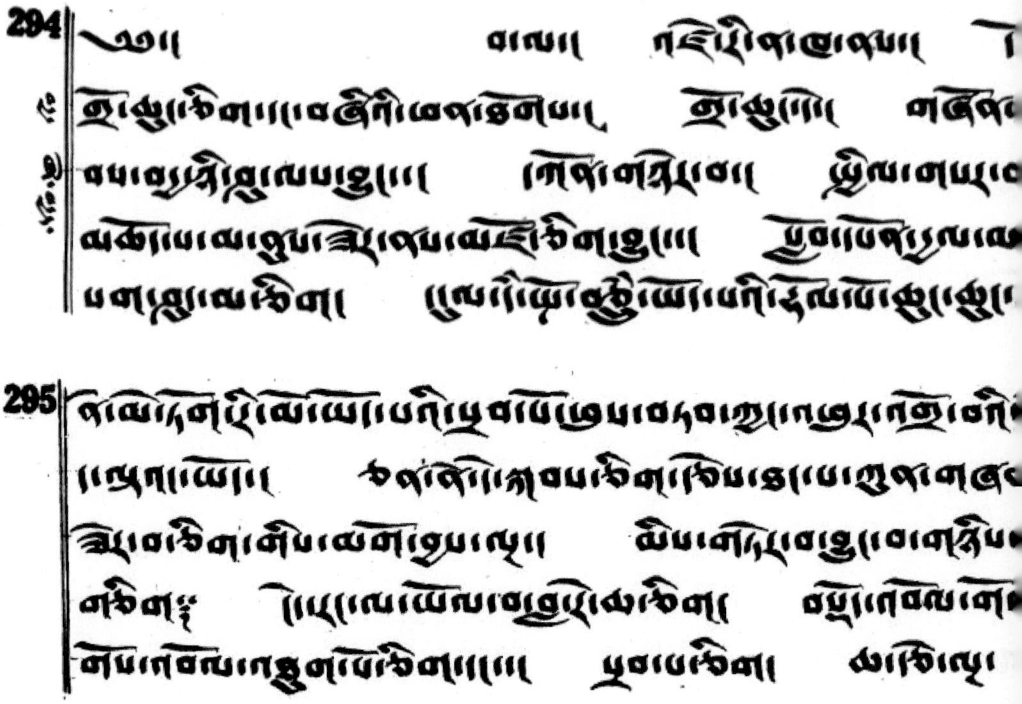

| 사료

Byang chub rgyal mtshan *Lha rigs rlangs kyi rnam thar, A detailed account of the "Rlangs po ti bse ru" and the "Si tuî bka' chems" of Si-tu Byang-chub-rgyal-tshan,* T. Tsepal Taikhang, New Delhi, 1974, pp.294:4~295:2; LhB pp.37~38, 贊拉阿旺. 余萬治 譯, 陳慶英 校,『朗氏家族史』, 拉薩: 西藏人民出版社, 1989, p.97.

Text Image: bdr: MW30165

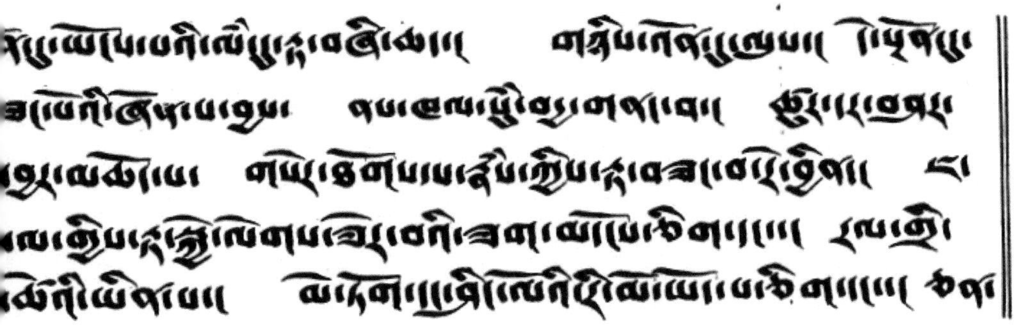

원문 전사

slob dpon rgyal mtshan dpal gyis rta skye legs zer ba'i zag mdongs cig dang/ ral gri pags ⟨shud⟩ [shub] ma gcig/ dngul dam spo re gsum yod pa'i rdol po chung chung sman tshe'i yin pa/ me tog dang shing lo'i ri mo yod pa gcig dang/ can 295 ne me tog ri mo yod pa'i srab po phus btab kyang 'phur 'gro ba'i stegs dang bcas pa gcig sbyin/

can stegs de thel gyi spyil po na da lta'ang yod/ can ne de skabs cig rtses thang pa kun ⟨gzhan⟩ [gzhon] gyi khang pa na'ang 'dug pa mthong/

번역 및 분석

번역

선지식 걜챈뻴(Rgyal mtshan dpal)이 이마가 붉은 꼘렉(skye legs)이라고 하는 말 한 필과, 가죽 칼집이 있는 검 하나, 만쯔(Sman rtse, 蠻子) 산(產)으로, 꽃과 나뭇잎 그림이 있는 3뽀르 무게의 은잔 하나, 꽃 그림이 있는 나무잔(can ne), 불기만 해도 날아갈 것 같이 얇은 잔받침을 함께 하나 주었다. 그 받침은 댄사 틸 사원의 오두막(spyil po)에 지금도 있다. 그 나무잔은 쩨탕빠 뀐쇤(Rtses thang pa Kun gzhon)의 집에도 있는 것을 [내가] 보았다.

분석

용어

dngul dam ___ 은잔

sman rtse ___ 몽골제국의 정복 이전 남송(南宋)의 영역이었던 지역을 낮추어 부르던 말. '만자(蠻子)'의 음역. 13, 14세기 몽골인들은 남송을 정복하여 중국 전역을 손에 넣은 후에도 송과 금이 각각 차지하고 있던 남중국과 북중국을 분리해서 보았고, 티베트인들은 그들의 지리관을 그대로 따라 대부분 남중국을 만쩨라고 불렀다. 북중국에 대하여는 당대 이래 중국 지역을 가리키던 표현인 갸낙(rgya nag)이라는 이름을 그대로 썼다. 갸낙은 중국 지역 전체를 막연히 칭할 때도 쓰였다.

기록의 의의

역시 저자가 만호장이 된 것을 기념하여 주변 사람들이 선물한 목록이다. 앞에서 저자 주변인들이 말이나 조를 선물했던 것을 고려하면 이 기사의 목록은 좀더 다양하다. 티베트에서 귀한 잔 등을 선물로 주는 것은 귀족적 취미라고 할 수 있다. 한편 만쯔(sman rtse), 즉 남송 지역에서 만든 은잔이 열거되어 있는 것은, 남송의 공예품이 티베트에도 반입되었으며 높은 가치가 있었던 사실을 보여준다. '불기만 해도 날아갈 것 같은' 잔받침도 역시 중국에서 왔을 가능성이 높다. 걜챈

그림 6 원대 은잔 (Metropolitan Museum Accession number: 2000.209)

뻴이라는 인물이 티베트에서 보기 드문 은기나 자기를 소유하고 있었던 것은 그가 부유했을 뿐 아니라 카안 울루스 즉 원(元) 지역과 어떤 식으로든 왕래했을 것을 보여준다.

11. 만호장 즉위 선물(3)

| 사료

Byang chub rgyal mtshan, *Lha rigs rlangs kyi rnam thar, A detailed account of the "Rlangs po ti bse ru" and the "Si tuí bka' chems" of Si-tu Byang-chub-rgyal-tshan,* T. Tsepal Taikhang, New Delhi, 1974, pp.295:2~296:3; LhB p.38; 贊拉阿旺. 余萬治 譯, 陳慶英 校, 『朗氏家族史』, 拉薩: 西藏人民出版社, 1989, p.97.

Text Image: bdr: MW30165

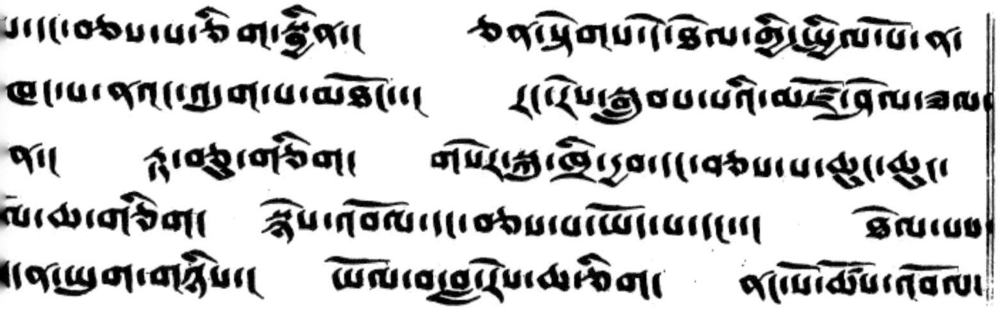

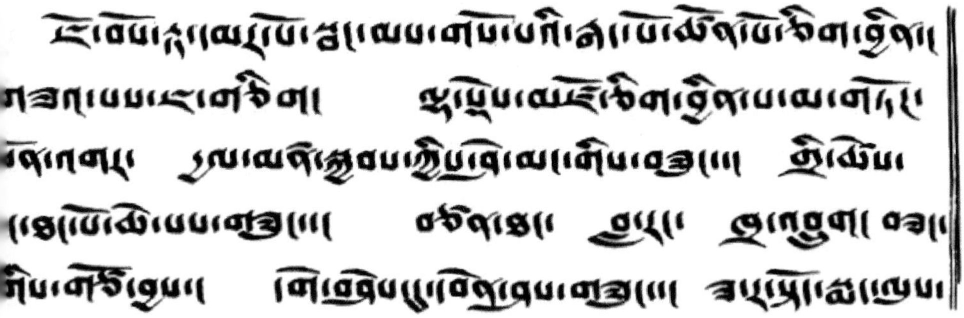

원문 전사

rang res sgrubs pa'i mdzo shel zal zer ba gcig gis mgo byas lnga/ mis gter ba byung ba gnyis dang bdun/ rta bcu gcig/ gser sku khri rgyab dang bcas pa chung chung gcig/

nged rang la yol ba bla re[46] cha cig/ bsdod[47] 'bol gos 'bol cha gcig/ snyes[48] 'bol dang bcas pa yod pa dang/ thel pas gos 'bol 'thug po cig dang/ srab pa cig/ ⟨cha⟩ [ja] rtse lnga/ gdan yug gnyis/ yol ba bla res cha cig/ nang so tshos 'bol 296 brum cha re dang/ dkar sder cha re byin/ jo bos rta dmar po sbang mas gso[49] pa'i rgad po tshon po cig byin/ yar mda' g.yu srid kyis[50] rta re/ sna zhal gyis rta re/ sna nam pa'i gza' pas[51] ja gcig/ lha sdes mdzo cig byin pa ma gtogs/ sus kyang mthong tsho/ mthong tshor med/[52]

| 번역 및 분석

번역

내가 얻은 조(mdzo)는, 셸샐이라고 하는 것 한 마리를 필두로 하여 다섯 마리, 그리고 사람들이 준 것 두 마리를 합쳐 일곱 마리이다. 말은 열한 필, 그리고 보좌 등받이가 있는 아주 작은 금불상(gser sku) 하나가 있다. 나에게는 커튼(yol ba)과 산개(bla re)가 하나씩 있고, 받침으로는 비단 깔개(gos 'bol) 하나, 등 받침(snyes 'bol) 하나 등이 있으며, 바닥이 두꺼운 비단 깔개 하나와 얇은 비단 깔개 하나, 5쩨의 차(⟨cha⟩ [ja]), 방석 덮개(gdan yug) 둘, 커튼 하나가 있다. 창고 관리자들이 부드러운 깔개('bol brum) 몇 개와 도자기 접시(dkar sder) 몇 개를 [내게] 주었다. 조오(얄룽 지방의 수령)가 술 지게미(sbang ma)로 키운 늙고 살찐 붉은 말 한 필을 주었다. 얀다 유시(yar mda' g.yu srid) 지방에서 말 한 필, 나샐이 말 한 필, 나남빠(sna nam pa)의 점성가가 차(茶) 한 포, 사속인구(寺屬人口)가 조(mdzo) 한 마리를 주었을 뿐 누구도 [내 임명에 관해] 보거나 듣지 않았다.

46 LhB: bres.
47 LhB: sdod.
48 LhB: snye.
49 LhB: gsos.
50 LhB: kyi.
51 LhB: bas.
52 LhB: sus kyang mthong tshor med/.

분석

용어

yol ba ___ 주로 비단으로 된 부드러운 커튼.

bla re ___ 산개(傘蓋). bla bre, bla bres 등으로 표기된다.

〈cha〉 [ja] rtse lnga ___ 다른 사료에 적힌 ja rtse lnga 와 같은 유형이라 cha를 ja 로 고쳤다. rtse가 뾰족한 꼭대기를 가리키는데 정확한 의미는 알 수 없다.

sbang ma ___ 보통 술 빚고 남은 찌꺼기.

gos 'bol ___ 'gos' 는 비단을, 'bol' 은 매트리스, 쿠션 등을 뜻한다.

dkar sder ___ "하얀 접시". 자기로 만든 넓은 그릇.

기록의 의의

앞의 기록에 이어서, 만호장으로 임명된 저자가 주위 사람들로부터 받은 가축과 물품, 그리고 장춥 곌첸 자신의 소유였던 깔개, 커튼 등을 열거하고 있다. 티베트인들은 직물을 귀하게 여기며 이 선물 목록에도 여러 직물이 열거되었다. 비단 커튼, 비단 쿠션, 도자기 접시 등의 물품들은 13세기 중반 훌레구의 후원을 받던 시기 다른 교파들도 부러워했을 정도의 보시를 받고 풍요로운 재화를 자랑하던 팍모두파의 과거를 보여주지만, 한편으로는 남은 수량이 매우 적고 낡은 것으로 보아 1320년대에는 여러모로 쇠락해간 것을 알 수 있다.

12. 팍모두 만호의 관리자 쇤누 외(1)

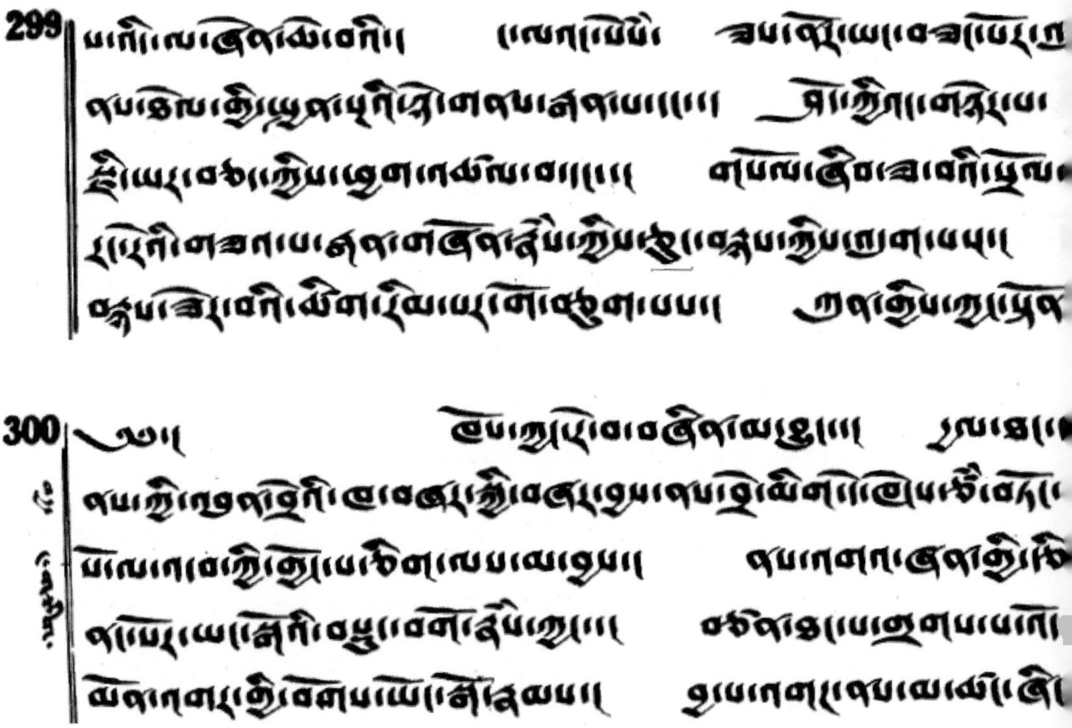

| 사료

Byang chub rgyal mtshan, *Lha rigs rlangs kyi rnam thar, A detailed account of the "Rlangs po ti bse ru" and the "Si tu'i bka' chems" of Si-tu Byang-chub-rgyal-tshan,* T. Tsepal Taikhang, New Delhi, 1974, pp.299:3~300:2; LhB p.40; 贊拉阿旺. 余萬治 譯, 陳慶英 校,『朗氏家族史』, 拉薩: 西藏人民出版社, 1989, pp.98~99.

Text Image: bdr: MW30165

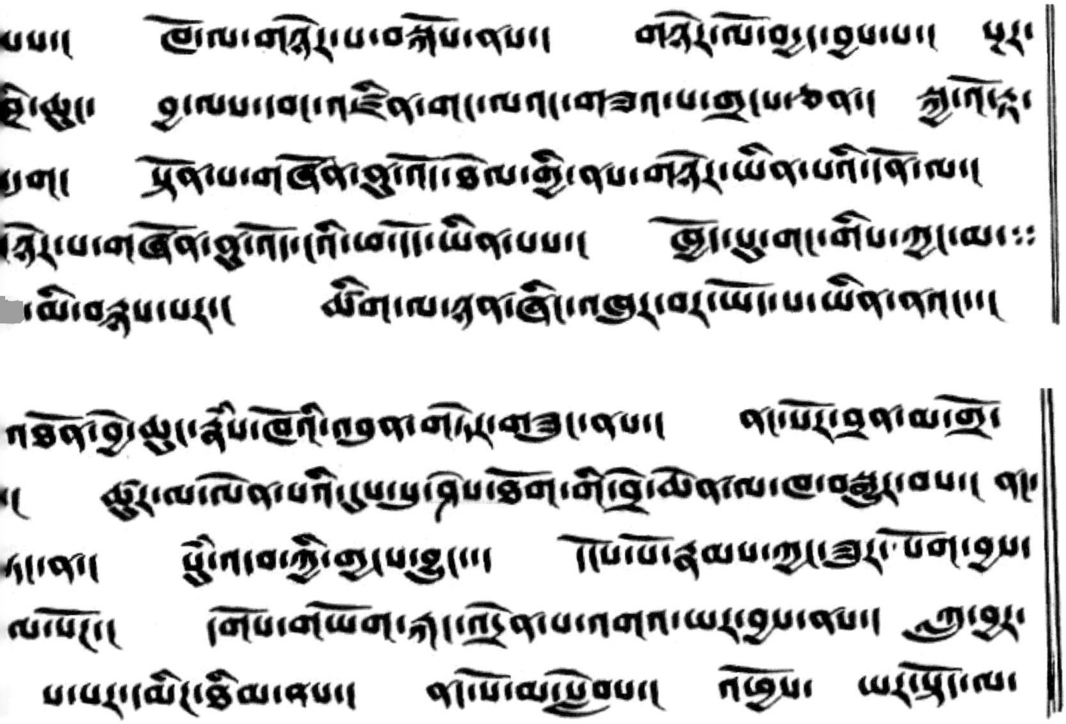

원문 전사

ston pa gzhon nu 'od thel gyi nas gnyer yin pa'i don la/ rang re'i gza' pa[53] rgan gzhon

53 LhB : bza' pa.

rnams kyis cud[54] brnyas kyis 'dug pas/ gnyer pa gzhon nu 'od nga'i pha dod yin pas/ khyod su gang gis kyang ma brnyas zer ba'i tshig rim par go[55] bcug pas/ kun gyis kyang ston pa la mi brnyas par/ tshig la nyan zhing 'khur bar yod pa yin na'ang/ 300 khos kyang re ba bzhin ma byung[56]/ rgyal thang dang sa 'thon bye chung rnams kho'i 'bun gter gzung nas/ nang sor bran ma[57] gro nas kyi 'bun bre'i kha bzhar skyi bzhar[58] byas nas bre mig de khengs tsam btong[59] zhing/

번역 및 분석

번역

뙨빠 쇤누 외(ston pa gzhon nu 'od)는 [댄사]틸[60]의 식량 관리자(nas gnyer)였기 때문에 우리의 노소(老小) 사빠(bza' pa)들이 얕보았었는데 [내가] "관리자 쇤누 외는 내 아버지와 같은 사람이므로 너희 누구라도 얕보지 말라!"라고 하는 말을 계속해서 하니 모두가 뙨빠를 낮춰보지 않고 말을 들으며 존중하였다. 그러나 그(뙨빠) 역시 기대대로 하지 않았다. 걜탕(rgyal thang)과 사퇸, 제충 지방들이 그에게서 빚을 내자 [그는] 창고에서 콩(sran ma), 밀(gro), 보리(nas)를 꾸어줄 때 담아서 재는 그릇(bre)의 입구를 깎아 빚을 깎고 그 통을 가득 채워서 주었다.

분석

용어

bza' pa ___ 티베트에서 영주 등 세속 수령을 위해 주로 군사적으로 복무하던 집단.

sran ma ___ 콩.

54 LhB : bcud.
55 LhB : gor.
56 LhB : byas.
57 LhB : sran ma.
58 LhB : kha gzhar.
59 LhB : btang.
60 댄사 틸(gdan sa thil). 텔(thel)이라고도 쓴다. 팍모두파의 주 사원.

gro ___ 밀.

nas ___ 청보리.

bre ___ 알갱이가 작은 곡식 종류의 부피를 재던 단위. 20분의 1 캘(khal). 앞에서 본 대로 몽골제국 시기에 몽골인들이 제국 전체에 통일된 모양과 무게의 은괴를 유통시키고 각지에서 정, 발리시, 수케 등으로 불렀는데 티베트에서는 기존에 있던 이 단위에 '큰'을 뜻하는 'chen'을 붙여서 이 은괴에 대한 단위로 썼다.

기록의 의의

몽골제국 시기 티베트인들이 주로 먹던 곡식이 콩, 밀, 청보리였으며 백성들은 곡식이 부족하면 만호로부터 꾸었다가 나중에 갚았던 것을 알 수 있다. 만호장인 장춥 갤챈이 만호의 식량관리인의 일처리를 마음에 들어하지 않고, 그런 관행이 팍모두 만호 쇠퇴의 원인 중 하나라고 보는 것을 알 수 있다.

13. 팍모두 만호 관리자 쇤누 외(2)

305

306

307

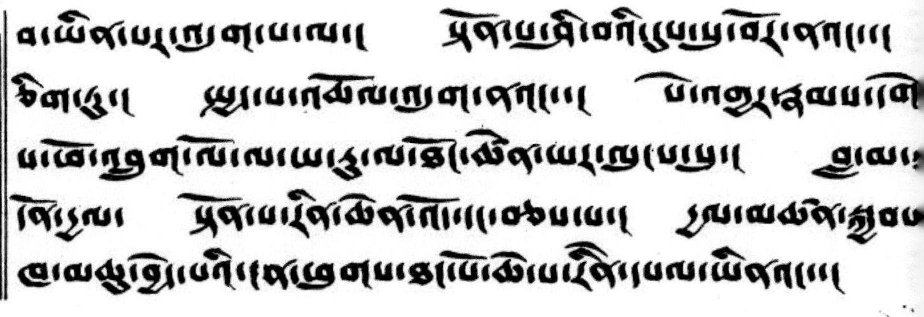

Text Image: bdr: MW30165

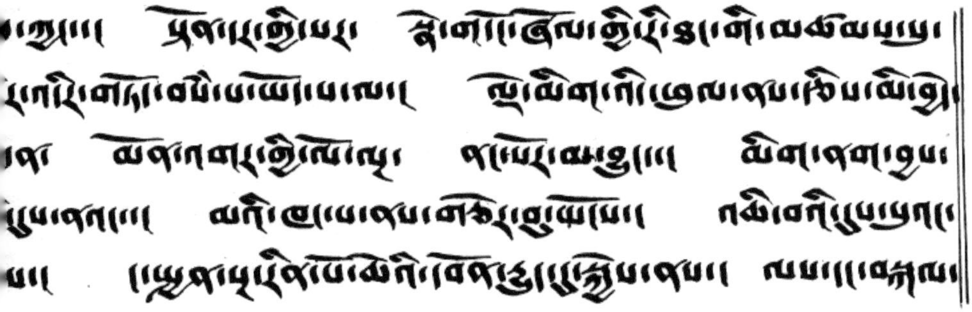

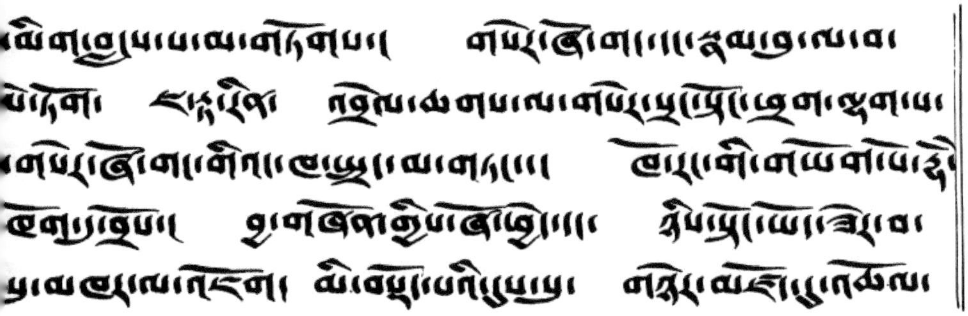

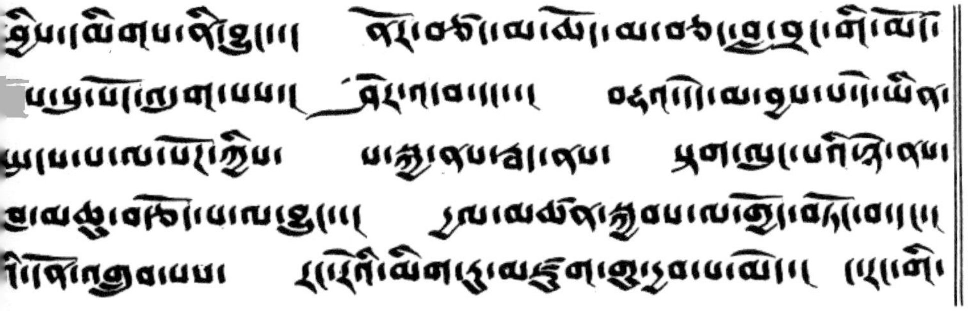

사료

Byang chub rgyal mtshan, *Lha rigs rlangs kyi rnam thar, A detailed account of the "Rlangs po ti bse ru" and the "Si tu'i bka' chems" of Si-tu Byang-chub-rgyal-tshan,* T. Tsepal Taikhang, New Delhi, 1974, pp.305:4~307:1; LhB p.43; 贊拉阿旺. 余萬治 譯, 陳慶英 校, 『朗氏家族史』, 拉薩: 西藏人民出版社, 1989, pp.100~101.

원문 전사

nga skyes pa'i dus na'ang/ ma'i ⟨khang⟩ [khong] pa nas gcer bu[61] yongs/ 'chi ba'i dus su'ang lus dang longs spyod thams cad skyur[62] nas/ rnam par shes pa bud[63] 'gro ba yin pas/ nga spyan snga rin po che'i dbon rgyud du skyes nas/ las dang bskal 306 bar yod na ltogs ril[64] mi 'chi byas nas lde mig blangs pa ma gtogs/ gser zho gang dang snam bu la ba gcig tu longs pa rtsis ma blangs pa'i steng du/ 'jams/ gan/ me tog/ ja rta rin/ 'brel chags la gser srang stong phrag lhag pa 'dug pa/ lo lnga'i bar du 'jal dgos par byung ste/ gzhon nu 'od la gser zho gang gi'ang kha sprad ma gtang/ kho rang gi g.yog po rdo rje[65] rgyal mtshan gyis srang lnga brgya skor[66] ba cig khyer nas g.ya' bzang gi[67] khog du bros/ byang[68] gzhon gyis zho phyed dang/ nyis stong yod zer ba cig khyer nas bros/ zho stong lhag cig gnyer pa kho rang bsdod pa'i dus su mkhar la 'jog/ mi bsdod pa'i dus su/ gnyer mdzod du 'chol 307 ba yin par 'dug pa la/ ston pa shi ba'i dus su bor na'ang/

61 LhB : bu.
62 LhB : bskyur.
63 라싸 본은 이 뒤에 nas 가 있음.
64 LhB : grir.
65 저본에는 rdo rje의 축약형으로 표기.
66 LhB : bskor.
67 저본은 구격인 gis로 표기되어 있으나, LhB에 pa'i로 표기되어 속격으로 처리한 것을 따라 gi로 전사함.
68 저본은 bya로만 표기되어 있음.

번역 및 분석

번역

나는 태어날 때에도 모친의 몸 안에서 벌거숭이로 났고 죽을 때도 몸과 재산을 다 버리고 식(識)에서 벗어나서 갈 것이다. 나는 쩬아 린포체의 자손으로 태어났으므로, 업과 길상이 있다면 굶어서 죽지는 않을 것이니, 열쇠를 받은 것 말고는 금 1쇼도, 모직천(snam bu) 단 한 장도 바랄 생각을 하여 받지 않았다. 또한 역참세('jams[69] me tog), 창고세(gan me tog), 차(ja, 茶)와 말(rta, 馬) 값과 관련된 것은 타당한 사유로 금 1,000냥 이상이 있는 것을 5년 안에 지불하게 되었는데 쉰누 외에 관해 말하면, 금 쇼(zho)만큼도 [나에게] 보내주지 않았고 그의 시종 도 걜첸(rdo rgyal mtshan)이 500냥 정도를 가지고서 야상(g.ya' bzang) 안으로 도망갔다. 장쉰(장춥 쉰누)이 1,500쇼 정도라고 하는 [금]을 가지고 도망쳤으며 1,000쇼 좀 넘게 있던 것은 관리인 그 자신이 거주할 때 성 안에 놓여 있었고 거주하지 않을 때는 창고(gnyer mdzod)에 섞여서 있었는데 뙨빠가 죽을 때 버려졌다.

분석

용어

'jams ___ byams, 'byams 등으로 기록된다. 몽골어 잠(jam). 역참을 의미.

gan ___ 기원은 알 수 없으나 창고를 가리킨다.

me tog ___ 원래는 꽃을 뜻하는 단어이나 한 해 수확한 곡식을 바치는 것을 뜻하기도 한다. 따라서 잠 메똑과 간 메똑은 각각 역참과 창고의 유지를 위해 티베트의 농경민들이 바치던 세금으로 보인다.

기록의 의의

중앙 티베트에서 만호 휘하의 민호들이 만호장에게 역참에 대한 세금과 창고에 대한 세금을 냈으며 또한 차 값과 말 값의 명목으로도 세금을 내고 있었음을 알 수 있다. 이 정황이 팍모두 만호만의 특별한 것이라고 볼 수는 없을 것이다. 한편 저자는 팍모두 만호의 재무 관리자의 업무 수행이 형편없었음을 적고 있다. 그에게 각 백호와 십호에서 역참세와 창고세 등을 보내와야 하는

69 LhB : 'byams.

데 이것을 제대로 받아내지 못했고 그나마 있던 것도 시종이 가지고 도망치고 남은 것은 제대로 관리가 되지 않은 것을 보여준다.

역참과 유사한 제도는 토번제국 시기에도 티베트에 존재하였으나 몽골제국 시기와 같이 체계적으로 설치되고 빈번하게 이용되지는 않았다. 역참 운용을 위해 백성들이 각 만호에 내는 세금이 잠메똑이라면, 역마 등을 제공하고 직접 노역하는 것은 통틀어 울락('u lag)이라고 불렀다. 울락은 몽골제국 시기 티베트를 다스린 사꺄파가 관장해야 할 가장 중요한 업무 중 하나였고 티베트의 민호들에게도 가장 무거운 부담이었다. 1부 사꺄 세계사에서 본대로 팍빠를 마음으로 비난하던 티베트인이 불만을 품은 것은 바로, 몽골인이 사람을 마구 죽이는 것 뿐 아니라 울락을 부과한다는 점이었던 것이다.[70]

70 몽골제국 시기 티베트 역참에 대하여는 山本 明志,「モンゴル時代におけるチベット・漢地間の交通と站赤」,『東洋史研究』67-2, 2008, pp.95~120 참고.

14. 아뚤라 통첸의 충고

| 사료

Byang chub rgyal mtshan, *Lha rigs rlangs kyi rnam thar, A detailed account of the "Rlangs po ti bse ru" and the "Si tuí bka´ chems" of Si-tu Byang-chub-rgyal-tshan,* T. Tsepal Taikhang, New Delhi, 1974, pp.312:3~313:3; LhB p.46; 贊拉阿旺. 余萬治 譯, 陳慶英 校, 『朗氏家族史』, 拉薩: 西藏人民出版社, 1989, p.103.

| 원문 전사

a tu la thong chen gyis/ nga nyin gcig rta rar khrid/ rta bres kyi kha shing cig gog la khad ´dug pa de bstan nas/ khri dpon khyed[71] blo zhib dgos pa yin/ ´di la ´jim pa sel[72] po do ´am/ spa´u[73] gsum bzhag na ´dis ´grig par ´dug/ ´di ´grig tsa na/ rta la gnad yar mi yong bar yin/ 313 rta bzang shos la dngul bre re/ dngul bre de[74]/ gser srang brgyad brgyad re yin/ don med la de tsam chud zos la gtang[75] ba la yon tan med/ lar dpon byed pa la g.yog

71 LhB : khyod.
72 LhB : sle.
73 LhB : pha gu.
74 저본은 do이나, 우쩬본을 따름.
75 LhB : btang.

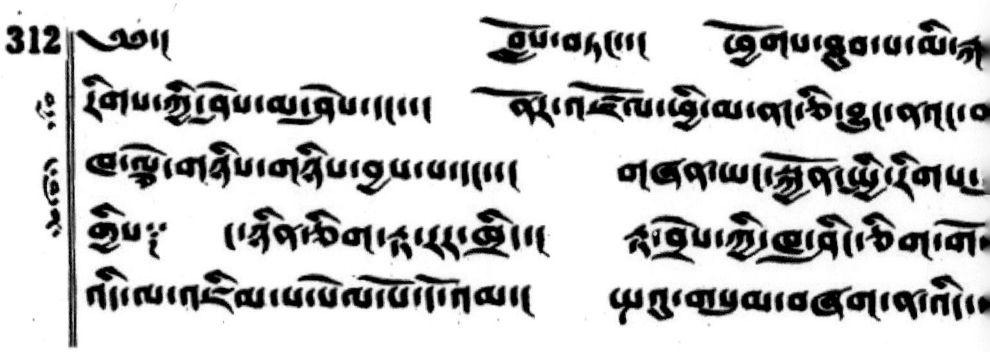

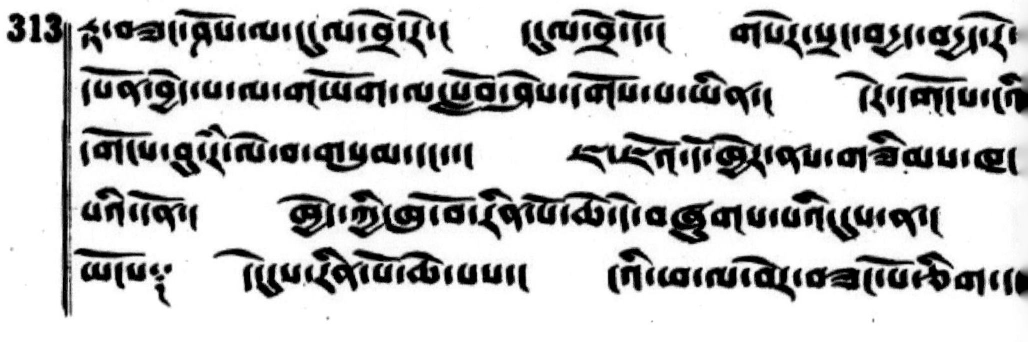

la slob shes dgos pa yin/ der[76] 〈dgongs〉 [dgong][77] nga'i sar ja dang bu ram khyer la shog/ nga khyod la lab rgyu yod gsungs[78] nas/ de'i 〈dgongs〉 [dgong] bu ram le ba gsum dang/ ja ja'o[79] do khyer nas gzims khang du phyin dus/

번역 및 분석

번역

아뚤라 통첸이 하루는 나를 마구간으로 이끌고 가서 마구간의 목재가 거의 휜 것을 보여 주면

76 LhB : der 뒤에 do 가 있다.
77 LhB: dgong. 저본은 dgongs로 표기되어 있으나, LhB를 따름.
78 LhB: gsungs. 저본은 gsung이나, 해석상 과거시제로 표기되어 있는 LhB의 gsungs를 채택함.
79 LhB : bya'o.

Text Image: bdr: MW30165

서, "만호장인 당신(khyed)은[80] 마음을 세세하게 써야 합니다. 여기에 진흙 두 양동이나 벽돌 세 개를 놓으면 이것이 알맞게 될 것이고 이것이 알맞게 되면 말이 다치는 일이 없게 됩니다. 최상급 말은 한 필에 은 1정(bre)이고, 은 1정은 금 8냥씩(srang brgyad brgyad)[81]입니다. 그렇게 쓸데없이 낭비하면 공덕이 없습니다. 또한 우두머리 노릇을 하는 자는 시종에게 가르침을 알게 해야 합니다. 그것을 생각하여[82] 내가 있는 곳으로 차와 흑당(bu ram, 黑糖)을 가지고 오시오. 내가 그대에게 할 말이 있소"라고 하셨고 나는 그날 저녁 흑당 세 개와 차 두 자오(ja'o)를 가지고 그의 방으로 갔다.

80 LhB: "그대(khyod)".
81 LhB는 brgyad 가 하나만 있다. 앞에서 본 사꺄 세계사는 은 1정이 은 63냥(srang)에 해당한다고 했다.
82 LhB는 여기에 "do dgong(오늘 저녁에)"가 추가되어 있다.

분석

용어

bu ram ___ 사탕수수 당. 감저당. 당밀, 당액.

'ja'o ___ 차의 단위일 것이며 중국어에서 온 말일 것이나 그 기원을 알 수 없다.

기록의 의의

티베트에서 말은 티베트 내부에서도 필수적이었을 뿐 아니라, 외국에서 차를 사올 때도 중요한 교환 물품 역할을 했다. 당시 티베트 내에서 좋은 말 한 마리의 가격이 은 1정이라고 한 기록도 주목할 만하다. 또한 몽골제국 시기는 티베트에서 차를 버터와 함께 먹기 시작하여 이른바 티베트 차(bod ja)가 시작된 것으로 보이나 이 기사의 경우는 아마 찻잎을 끓는 물에 우린 것만을 마셨고 여기에 당을 곁들여 먹은 것으로 보인다.

15. 훌레구와 팍모두파

Text Image: bdr:MW18579

ཡུལ་བསྲུངས་སོ་སོར་བཞག ལྗང་བརྐྱང་ཕག་མོ་གྲུ་ཞིང་ཡ་གསུམ་ནི། རྒྱལ་བུ་ཧུ་ལས་མོན་གོར་དྲུང་དུ་ཞུས། འཇའ་སྭས་བཅད་ནས་གན་འབྱམས་མེ་ཏོག་དང་། དུད་དང་རྟ་མོག་གང་ཡང་མི་འཁྲི་བར། གདན་ས་ཕག་གྲུའི་མི་རྟ་ཆུ་གཡོག་ལ། སྤྱན་སྔ་རྒྱལ་བ་རིན་པོ་ཆེ་ལ་ཕུལ། དོན་བདུན་བཞེས་པ་

❙ 사료

Byang chub rgyal mtshan, *Rlangs kyi po ti bse ru rgyas pa,* Lhasa: Gangs can rig mdzod, 1986, p.449; 贊拉阿旺. 余萬治 譯, 陳慶英 校,『朗氏家族史』, 拉薩: 西藏人民出版社, 1989, pp.302~303.

❙ 원문 전사

gyal bu hu las mon gor drung du zhus/ 'ja' swas bcad nas gan 'byams me tog dang/ dud dang rta 〈mog〉 [mgo] gang yang mi 'khri bar/ gdan sa phag gru'i mi rta chu g.yog la/ spyan snga rgyal ba rin po che la phul/

번역 및 분석

번역

왕자 훌레구(hu la)는 뭉케(mon gor)에게 청하여 성지를 받아 장걍, 팍모두, 싱야 세 지방의 창고세(gan)와 역참세('byams me tog)와 호세(dud, 戶稅), 50호세(rta mgo) 무엇이든 거두지 않고서 그것을 팍모두 사원의 사람 · 말 · 차수(茶水) 비용으로 쓰도록 짼아 걜와 린뽀체에게 바쳤다.

분석

용어

gan ___ 창고

'jam' ___ '잠'. 몽골어 jam. 역참.

me tog ___ 꽃을 뜻하는 단어이나 세목(稅目) 뒤에 쓰여 '~세'의 의미로 쓰이고 있다.

dud ___ 원래 연기(烟)를 뜻하나 연기가 나는 한 집의 뜻으로 호(戶)를 지칭하는 단어로 쓰였다. 몽골제국 시기 1호에 대한 기준이 새로 정해지면서 과세의 기준인 호를 'hor dud' 즉 '몽골 연기'라고 불렀다.

rta mgo ___ "말-머리," 50호에 대한 세금을 가리킨다.

기록의 의의

이 기사는 『사도 유훈』 마지막에 있는 짼아 걜와 린뽀체의 생애에 대한 짧은 절에 수록되어있다. 저본으로 삼은 Lha rigs rlangs kyi rnam thar에는 결락되어 있어 1986년 라싸에서 간행된 편집본의 텍스트를 인용하였다. '팍모두 만호'는 팍모두파 지역과 그 외의 여러 지역의 민호들을 모아 만들어졌다. 훌레구는 그 중 세 지역에서 자신이 거둘 세금 전체를 팍모두파의 주 사원인 댄사 틸로 보내고 있다. 걜와 린뽀체는 톡둑빠를 말한다. 훌레구가 거두지 않기로 한 세목(稅目)은 역으로, 원래 티베트 민호가 훌레구에게 냈던 세금을 말해 주고 있다. 'dud'는 1호세이며 'rta mgo' 세는 50호세로, 몽골제국 시기 제왕의 분봉지인 투하에서 거두던 오호사(伍戶絲)와 유사한 것이라고 생각된다. 창고세, 역참세, '말(rta, 馬)'과 '차수' 비용 네 가지는 장춥 걜챈의 저작에서 자주 등장하는 세목이다.[83] 그 중 티베트인들이 가장 부담스러워했던 것은 역참에 대한 세금과 의무였다. 이 기사는 훌레구가 티베트 밖에서 팍모두파에 보시를 보내는 외에 티베트 내에서도 자신의 경제적 이익을 포기하고 팍모두 사원으로 보내는 방식으로 보시를 하고 있는 것을 보여주고 있다.

장춥 갤챈은 책 말미에 "뭉케 황제의 은혜와 법령으로 디궁빠의 이름과 가르침이, 세첸 황제(즉 쿠빌라이)의 은혜와 법령으로 사꺄와 챌파의 이름과 가르침이,[84] 훌레구의 은혜로 팍모두가 있다"라고 적고 있다. [85]훌레구는 1260년대에 사망했지만 거의 백 년이 지난 후에도 팍모두파에게는 번영했던 옛 시절의 상징이었던 것이다.

83 몽골제국 시기 티베트 내부의 과세(課稅) 문제와 관련해서는 張雲, 「元朝在西藏地方徵稅考」, 『中國經濟史硏究』, 2002-4, pp.121~128 ; 최소영, 2010, 32~39쪽 참고.

84 챌파에 대하여는 5부 『궁탕지』 참고.

85 LhB, p. 107.

참고문헌

사료

Bsod nams grags pa, Giuseppe Tucci, *Deb T'er Dmar Po Gsar Ma: Tibetan Chronicles*, Ist. Italiano per il Medio ed Estremo Oriente, 1971.

Tshal pa Kun dga' rdo rje, *Deb ther dmar po Lhasa: Mi rigs dpe skrun khang*, 1981, ; 蔡巴 · 貢噶多吉, 陳慶英, 周潤年 譯, 『紅史』 拉薩: 西藏人民出版社, 2002.

2차 연구

최소영, 「13세기 후반 티베트와 훌레구 울루스」, 서울대학교 석사학위논문, 2010.

최소영, 「13~14세기 몽골의 침입과 지배에 대한 티베트인들의 인식」, 『중앙아시아연구』, 23-1, 2018, 67~99쪽.

최소영, 「시론: 試論: 바얀(Bayan, Ch. 伯顔, 1236/7~1295)의 초기 이력과 家系 고찰」, 『동양사학연구』, 150, 183~215쪽.

Barstow, Geoffrey. *Food of Sinful Demons: Meat, Vegetarianism, and the Limits of Buddhism in Tibet*, Columbia University Press, 2018.

Czaja, Olaf. *Medieval Rule in Tibet: The Rlangs Clan and the Political and Religious History of the Ruling House of Phag mo gru pa With a Study of the Monastic Art of Gdan sa mthil*, Volumes I and II. Vienna: Verlag der Österreichischen Akademie der Wissenschaften, 2013.

Kuijp, Leonard W. J. van der, "Fourteenth-Century Tibetan Cultural History I: Ta'i-situ Byang-chub rgyal-mtshan as a Man of Religion", *Indo-Iranian Journal 37*, 1994, pp.139~149.

Kuijp, Leonard W. J. van der, "Jambhala: An Imperial Envoy to Tibet During the Late Yuan", *Journal of the American Oriental Society* 113.4, 1993, pp.529~ 538.

Lobsang Yongdan. "Misdiagnosis or Political Assassination? Re-examining the Death of Panchen Lama Lobsang Palden Yeshe from Smallpox in 1780". *Revue d'Etudes Tibéaines*, CNRS, 2021, avril (n°58), pp.60~80.

Namgyal L. Taklha,*Costumes and Jewellery of Tibet,* Tibet Museum in Dharamsala, India, 2018.

Nyangshem Gyal, *"The Sectarian Formation of Tibetan Vegetarianism: Identifying the First Polemic on Meat-eating in Tibetan Literature"*, Journal of Tibetology, 2018, pp.128~152.

山本 明志, 「モンゴル時代におけるチベット・漢地間の交通と站赤」, 『東洋史研究』 67-2, 2008, pp. 95~120.

李治安, 『元代分封制度研究』, 中華書局, 2007.

張雲, 「元朝在西藏地方徵稅考」, 『中國經濟史研究』, 2002-4, pp.121~128.

5부

궁탕지

궁탕지(志)

중생고주(衆生怙主)의 말씀의 감로의 흐름: 상서로운 궁탕 사원의 역사를 다룬 지(志)

'Jog ri ba Ngag dbang bstan 'dzin 'phrin las rnam rgyal,

Gung thang dpal gyi gtsug lag khang byung rabs dang bcas pa'i dkar chag 'gro mgon zhal lung bdud rtsi'i chu rgyun

| 해제

『궁탕지』는 티베트 불교 교파 중 까귀파에 속하는 챌파 까귀(Tshal bka' rgyud)의 본사(本寺)인 챌 궁탕(Tshal Gung thang) 사원의 역사를 적은 책이다. 챌 궁탕 사원은 1187년 챌파 까귀의 시조이며 간단히 궁탕 라마 샹이라고 불리는 샹 유닥빠 쬔뒤 닥빠(Zhang G.yu brag pa Brtson 'grus grags pa, 1122~1193)가 라싸에 세웠다.

저자는 겔룩파의 승려[1] 족리와 아왕 땐진 틴래 남겔('Jog ri ba Ngag dbang bstan 'dzin 'phrin las rnam rgyal, 1748~?)이며 이 책의 편찬 시기는 1782년이나 몽골제국 시기 챌파 만호장과 대칸들의 관계를 싣고 있어서, 비교적 잘 알려진 사까파나 까르마파 외에 몽골-티베트 관계의 다른 일면을 볼 수 있는 중요한 저작이다. 챌파는 몽골제국 시기 불교적으로 두각을 나타내지 못했으나 일찍이 뭉케 재위기에 당시 왕자였던 쿠빌라이에게 분봉되어 그와 특별한 관계였고, 다음의 기록

1 이 책이 편찬되던 때에 챌 궁탕 사원은 17세기 호쇼드 부의 구시칸의 도움으로 중앙 티베트를 장악한 겔룩파의 관할하에 들어갔다.

들을 보면 쿠빌라이 이후의 대칸들도 그 관계를 이어 챌파와 긴밀한 관계를 맺고 있다.

그런데 『궁탕지』는 중앙 티베트와 몽골 지배층의 공식적인 첫 만남이라고 일컫는 사꺄 빤디따-쿠텐의 만남 이전에 이미 챌파 승려들이 대칸을 비롯한 몽골 황실 성원들을 만나 불법을 강설하고 시주와 법주 관계를 맺었다고 말하고 있다. 즉 이 기록에 의하면 궁탕 라마 샹의 친전 제자이며 서하 조정에서 높은 지위에 있던 짱빠 둥쿠르와 왕축 따시(Gtsang pa Dung khur ba dbang phyug bkra shis)와 제자들이 칭기스 칸(jing gir khang) 시기에 몽골 군대(hor gyi ru pa)가 시켜서 양을 치는 일을 맡게 되었고, 어느 해 홍수가 나서 다른 이들의 양은 다 떠내려갔는데 이들의 양은 아무 피해를 입지 않았으며 이는 라마 짱빠가 물에 마법을 걸었기 때문이었다고 한다. 몽골인들이 어떻게 된 일인지 물었으나 말이 통하지 않자 짱빠는 수인(手印)으로 하늘(gnam)을 가리켰고 칭기스 칸은 그가 하늘을 움직인 것이라고 경탄하면서 조정의 종교인 중 가장 높은 자리에 앉혀 주었다는 것이다.[2] 『궁탕지』는 계속해서 라마 짱빠가 칭기스 칸에게 승려에 대한 군역과 조세를 면제해달라고 청했고 칸은 이를 받아들였으며 이로써 "뵌교 사제(bon po)들과 도교 사제(zin shing, 즉 先生)들도 함께 면세를 받았다"라고 적고 있다.

칭기스 칸 시기 이미 티베트 불교가 몽골과 중요한 관계를 맺었다는 것은 믿기 어려운 일이나, 서하에 남아 있던 티베트 승려들이 당시 서하를 공격하여 장악해 가던 칭기스칸과 어떤 식으로든 만난 것은 사실일 것이다. 서하의 티베트 불교에 대한 신봉은 몽골에 큰 영향을 미쳤고, 쿠빌라이 때부터 몽골이 티베트 승려를 제사(帝師, Tib. tI shri)로 삼은 것은 서하의 전통을 따른 것이라는 견해도 경청할 만하다.[3]

2 한편 또다른 기록에 의하면 라마 짱빠가 서하 조정에 있다가 수행을 위해 몽골리아 땅에 제자들과 함께 이르렀고 칭기스 칸이 이 말을 듣고 조정으로 초청하였으며 악한 것을 물리칠 수 있는 능력을 보고 기뻐하였으나, 당시 칭기스 칸 곁에 있던 도교 사제들과 기독교인들의 질투로 계속 있지 못하고 서하로 돌아왔다고 한다. 몇 년 뒤 칭기스 칸이 서하를 침략하여 불교 사원을 부수자 짱빠는 다시 그를 만나 불교를 보호할 것을 청했다고 한다. 그리고 그의 막내 아들 톨루이와 비, 그리고 아들들이 짱빠의 시주가 되었다는 것이다. 이때 만남으로 인해 칭기스 칸은 종교인들에 대한 면세 조서를 내렸다고 한다. 관련 내용은 Vesna A. Wallace ed., *Buddhism in Mongolian History, Culture and Society,* Oxford University Press, pp.77~78 참고.

3 대표적으로 Elliot Sperling의 Lama to the King of Hsia 가 있다. 몽골인들이 대칸의 스승에 대해 몽골어도 티베트어도 아닌 중국어 제사를 그대로 쓴 것 역시 서하의 관습을 따랐기 때문일 것이다. 한편 호칭 자체에 대해 일본 학자 乙坂智子는 카안의 스승에 대한 호칭을 중국어로 붙였는데 이 호칭이 이전에 중국인들이 익숙하던 국사가 아니라 제사라고 한 것의 의미를 가장 선명하게 인식한 것은 바로 중국어를 이해하는 한인들이었다고 주장했다(乙坂智子, 『迎仏鳳儀の歌: 元の中国支配とチベット仏教』, 白帝社, 2017.

또한 『궁탕지』에 의하면 후에 "사인 에케(Tib. za yin e ka, mon. sayin eke)[4]", 즉 톨루이의 비인 소르칵타니 베키와 그 아들들이 라마 짱빠의 시주가 되었고 짱빠가 사망하자 그들은 구룸(gu rum, 즉 카라코룸)에 십만불상(sku 'bum)을 세웠다. 주목할 것은 라마 짱빠의 뒤를 이어 궁탕빠(gung thang pa) 라마가 초대되어 와서 소르칵타니 베키 모자 곁에서 설법을 하는 라마가 되었다는 기록인데, 즉 『궁탕지』에 의하면 그는 왕자 쿠빌라이(go be la)가 왕이 될 것을 알고 이를 미리 쿠빌라이에게 말했고 왕자는 몸을 떨며 "라마 린뽀체여, 그러한 큰 말을 하지 마십시오(bla ma rin po che tshig chen po de 'dra ma gsung)!"라고 했다는 것이다.[5]

궁탕빠가 쿠빌라이 즉위 전에 이미 "챌 궁탕 사원과 승단을 지배했다"라는 기록을 보면 그는 뭉케 사망과 쿠빌라이 즉위 전에 중앙 티베트로 돌아온 것으로 보인다. 어쨌든 이 때의 챌파-쿠빌라이 관계는 뭉케가 즉위 후 티베트를 자신의 형제들에게 분봉하였고 챌파는 당시 왕자이던 쿠빌라이가 분봉받은 것에 기반하였을 것이다. 챌파와 쿠빌라이의 관계는 『사꺄 세계사』에서도 짧게 언급이 되는데 즉, 사꺄파에 큰 믿음을 갖게 된 쿠빌라이의 비 차부이 카툰이 왕자 쿠빌라이에게 강력하게 팍빠를 추천하면서 "그가 이전의 챌파 승려보다 낫다"라고 했다는 것이다. 즉, 『궁탕지』가 일찍이 챌파와 소르칵타니 베키, 그 자식인 쿠빌라이 형제들과의 관계에 대해 적은 것이 근거 없는 기록은 아니라고 할 수 있다.

여기에 소개할 기사들은 『궁탕지』 중에서도 주로 몽골제국 시기 만호 중 하나로 편성된 챌파 만호의 만호장들에 대한 기록들이다. 몽골은 중앙 티베트를 13개의 만호로 나누었는데 대부분 티베트 교파를 단위로 했다. 챌파 역시 하나의 만호를 이루었고 챌파의 만호장들은 뾘사(dpon sa) 혹은 뾘첸뽀(dpon chen po)라고 불렸다. 만호들은 제사(帝師)의 추천을 받아 몽골 수도인 대도(大都)로 가서 대칸을 알현하여 임명 승인을 받아야 했고 이것은 티베트 만호장들이 몽골 군주와 밀접한 관계를 맺고 몽골 문화를 접하는 기회가 되었다. 특히 챌파는 쿠빌라이의 신뢰를 믿고 그 외에도 읍소할 일이 있으면 즉시 대도로 달려갔으며 쿠빌라이 시기 만호장 가데 뺄(Dga' bde dpal)은 임기 중 대도에 일곱 번 다녀왔다. 이는 몽골제국 시기 티베트의 특징인데 고려 충렬왕 등의 행적에도 보이는 정황이다. 또한 라싸에 거주하던 챌파는 샹 린뽀체 시절부터, 토번제국의 유산

4 좋은 어머니, 훌륭한 어머니 의 뜻. 다른 티베트어 저작에는 "소르칵타니(zo rog ta)" 등으로 표기되었다.

5 이상의 내용은 Per K. Sørensen, and Guntram Hazod, *Rulers on the Celestial Plain: Ecclesiastic and Secular Hegemony in Medieval Tibet: A Study of Tshal Gung-thang*, Verlag der österrechische Akademie der Wissenschaften, 2007, vol.1, pp.148~151.

인 조캉 사원의 조오 석가모니 불상과 관음보살상을 관리했고[6] 만호장들은 이것을 자랑스러워 하며 대칸들에게 자신들의 공을 크게 내세우고 있는 것도 볼 수 있다.

또한 원대는 물론, 원이 명군에 쫓겨 북주한 후의 기록까지도 대칸이 챌파 만호장들에게 준 물품으로 일관되게 비단, 은정 두 가지가 언급되고 있는 것은 주목할 만하다. 승려들에 대한 보시로는 금정이 자주 언급되는데 이들에게는 은만을 주고 있는 것도 역시 더 고찰할 만한 일이다. 챌파 만호장들은 대칸들로부터 대량의 은정과 비단을 하사받고 돌아와 사원 안에 사망한 대칸들 각각의 개인 사당을 만들었으며 그들을 위해 기도했다.[7] 몽골 지배층에게 챌파의 중요성은 바로 여기에 있었다. 다음에 살펴볼 기록들은 몽골이 준 보시로 챌파는 사원과 불상과 카안들을 위한 사당을 조성하여 그들을 위해 기도하고, 이를 몽골 조정에 가서 보고하면 몽골인들이 다시 물자를 하사하며 그것으로 챌파가 다시 기도하는 일이 반복된 것을 보여준다.

6 관련 내용은 Carl Yamamoto, "Only Kingly Deeds: Zhang Tselpa and the Symbolism of Kingship", *Cahiers d'Extrême-Asie,* 2015, vol. 24, pp.105~116 참조.

7 관련 내용은 Per K. Sørensen and Guntram Hazod, 앞의 책, p.189.

1. 만호장 린첸 걜챈

Rin chen rgyal mschan

31a, b

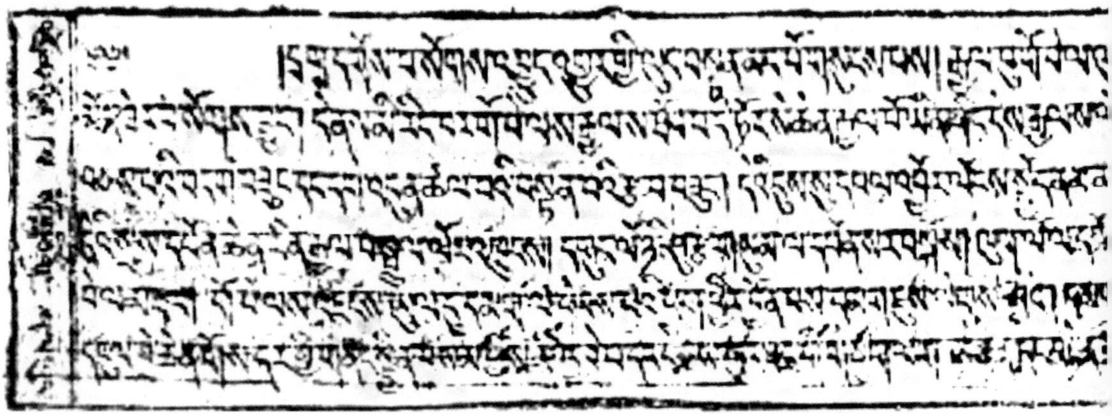

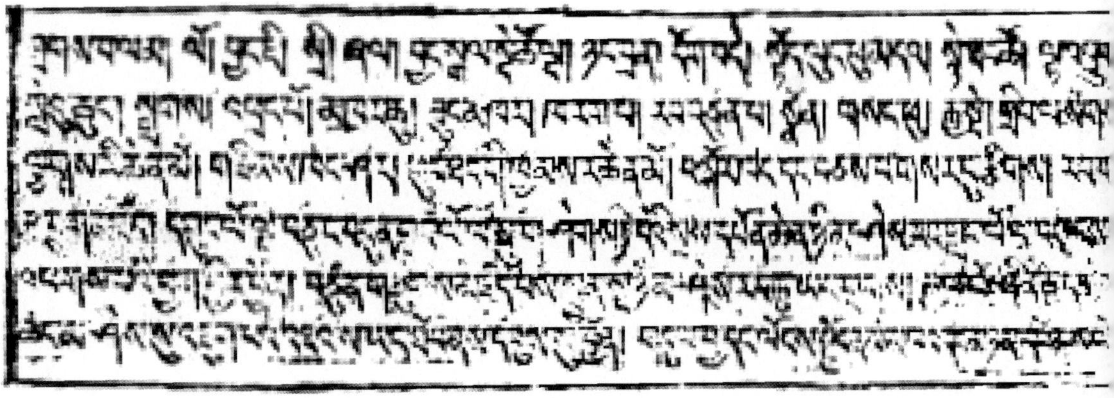

| 사료

'Jog ri ba Ngag dbang bstan 'dzin 'phrin las rnam rgyal, *Gung thang dpal gyi gtsug lag*

Text Image: bdr:MW7445

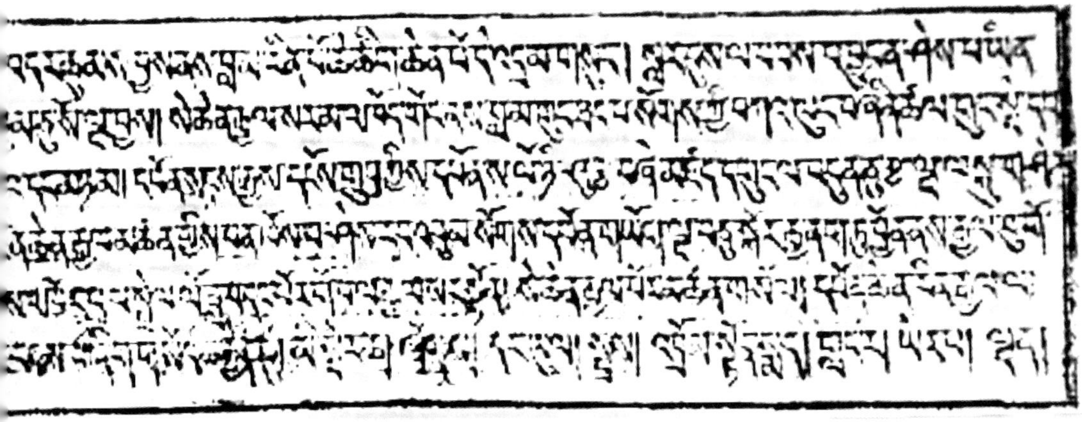

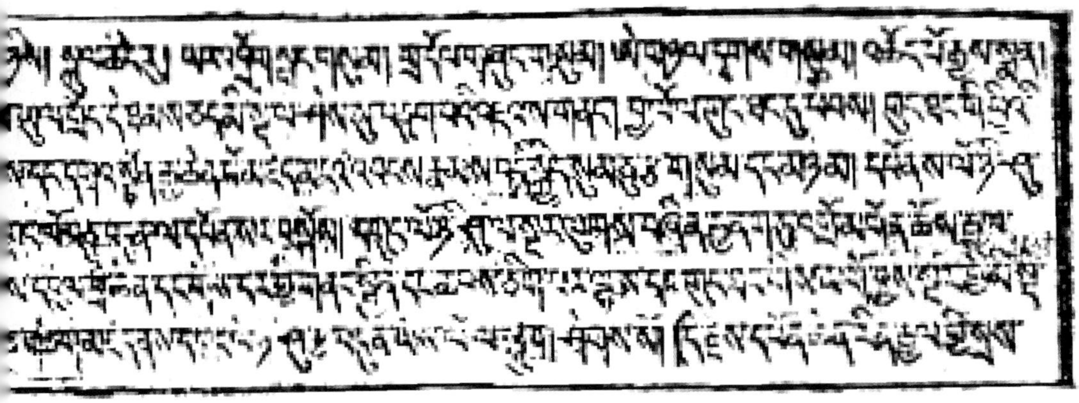

khang byung rabs dang bcas pa'i dkar chag 'gro mgon zhal lung bdud rtsi'i chu rgyun, Tshal gung thang dgon, pp.31a:4~31b:2.

원문 전사

de'i sras dpon chen rin rgyal ba sbrul lor 'khrungs/ dgung lo nyi shu rtsa gsum la dpon sar bskos/ lug lo la dbon rin chen rgyal mtshan gyis ban khos pa shes rab 'bum sogs dpon g.yog lnga bcu skor rgya nag tu byon nas rgyal bu go pe la mjal/ go pe las 'jangs yul du dmag la phebs pa'i phyag phyir byon pas dmag jus legs shing/ dmag nas 'khor phral sprel lo zla ba dang por go pe la rgyal sar ston/ se chen rgyal por mtshan gsol/ dpon chen rin rgyal la dngul bre chen gos dar gyi gnang sbyin bsam gyis mi khyab pa dang bcas gung thang gi gtsug lag khang rten dang brten par bcas pa zhig gso'i cha rkyen du/ mi sder cha/ zhogs/ dar yul/ spras/ 'brom stod smad/ glang ra/ yer pa/ ldan 31b glags ba lam/ lo/ byang ji/ sri/ zhal/ byang sgal sde tso lnga/ nyab bran/ dog bde/ stod lung phu mda'/ snye thang tsho/ lha 'brug gnyis/ skul tshing ru/ yar 'brog sgang gsum/ gra dol gzhung gsum/ e gnyal dwags gsum/ 'chong ngo rgyas sman/ sle'u chung/ sgrags/ 'phrang po/ mkhar chu/ zung mkhar/ kha rag pa/ rab btsun pa/ snon/ gsang phu/ rgya sde/ grib la sogs pa yul grong de thams cad mi sde la shes su bcug pa'i 'ja' sa gnang/ bya lo la gung thang du phebs/

번역 및 분석

번역

그 아드님(sras)[8] 뾘첸(dpon chen) 린걜와(rin rgyal ba, 1233~?)는 뱀해(1233)에 태어났고 23세에 뾘사에 임명되었다. 양해(1259)에 뾘 린첸 걜챈(즉 린걜와)이 밴쾨빠 셰랍붐(ban khos pa shes rab 'bum) 등 주종(dpon g.yog, 主從) 약 50명과 함께 한지(rgya nag, 漢地)에 도착하여 왕자 쿠빌라이(go pe la)를 알현했다. 쿠빌라이가 대리('jangs yul, 大理)에 군대를 이끌고 갈 때 그를 따라갔는데 [린걜와의] 전술이 뛰어났다. 그들은 군대에서 돌아왔고 원숭이해(1260)년 1월에 쿠빌라이(go pe la)가 제위에

8 아들(bu)의 존칭.

올라 세첸 황제(se chen rgyal po)라는 칭호를 취했다. 그는 뵌첸 린걜와에게 은정(dngul bre chen)과 주단(gos dar)등 헤아릴 수 없이 많은 하사품을 궁탕사원의 불전과 불상 등을 수리하는 재원으로 주었고, 또한 세속 민호(mi sde)로 차, 쇽, 다르월, 때, 상하(上下) 돔, 랑라, 예르빠, 댄락바람, 로, 장지, 시, 섈, 장섈의 15부, 냡댄, 독데, 뙤룽푼다, 네탕초, 라·둑 두 곳, 꿜칭루, 얀독강의 세 곳, 다·될·슝 세 곳, 에·녤·닥 세 곳, 총오 걔맨, 레우충, 닥, 탕뽀, 카르추, 숭카르, 카락빠, 랍쫜바, 뇐, 상푸, 갸데, 딥 등 지역[9] 모두를 민호로 관할하게 하는(shes su bcug pa) 조서('ja' sa)를 주셨다. [린걜와는] 닭해(1261)에 궁탕에 도착했다.

분석

용어

gos dar ___ gos 와 dar를 분리하여 비단과 브로케이드 두 가지라고 보기도 하고[10] 합쳐서 주단(綢緞)으로 보기도 한다.

'jangs yul ___ "장 지역". '장'은 대리(大理)에 대한 티베트어 명칭이다.

기록의 의의

몽골제국 시기 챌파의 최초의 만호장에 대한 기록이다. 이 기사는 다소 뜻밖의 내용을 보여주는데 챌파의 귀족 출신이며 후에 만호장이 되는 린첸 걜챈(린걜와)이 제왕 쿠빌라이의 군사원정에 종군했다는 것이다. 『궁탕지』의 기록 자체가 중요한 것은 여기 기록된 만호장들이 승려가 아닌 속인이라는 것이니, 즉 티베트의 일반인과 몽골 조정의 관계를 보여주는 점이다. 챌파 만호장이 쿠빌라이를 따라 전장에 간 것은 아마 쿠빌라이를 만난 목적 자체가 전쟁 참여는 아니었을 것이고 분봉 제왕인 그를 만나려다보니 결과적으로 종군하게 된 것이 아닌가 생각된다. 다만 쿠빌라이가 운남을 장악한 것은 1256년이고, 기사에서 언급하고 있는 양해, 즉 1259년은 쿠빌라이가 남송 전선에 있던 때다. 그러므로 시간 기록이 맞다면 챌파는 대리('jangs)가 아니라 사천 지역에

9 이 지역들의 위치와 역사에 대하여는 Per K. Sørensen and Guntram Hazod, 앞의 책, pp.153~183 참고. 몽골은 중앙 티베트의 여러 지역을 상당히 구체적으로 각 만호에게 획정하여주었다. 챌파의 본 기록과 유사한 것이 팍모두 만호의 기록이다. 『사도 유훈』은 팍모두 만호가 처음 세워지면서 훌레구가 관할하게 된 것. 그 휘하의 지역을 몽골이 획정하여준 것을 적고 구체적인 지명을 상세히 열거하였다. 관련 내용은 최소영, 「13세기 후반 티베트와 훌레구 울루스」, 서울대학교 석사학위 논문, 30~31쪽 참고.

10 "silk and brocade". Per K. Sørensen and Guntram Hazod, 앞의 책, p.184를 비롯하여 다수.

서 쿠빌라이를 만난 것이 되고, 반대로 원정 대상이 대리가 맞다면 시기가 1256년경이 되어야 할 것이다.

즉위 전 제왕 쿠빌라이와 챌파와의 관계는, 해제에서 본 대로 그 모친 소르칵타니 베키 시기에 이미 어머니와 아들들이 챌파의 승려들의 시주가 되기도 했지만, 특히 뭉케가 즉위한 후 티베트의 불교 교파와 그 휘하 세력을 쿠빌라이를 비롯한 자신의 형제들에게 분봉하면서 챌파가 쿠빌라이에게 분봉된 것에서 본격적으로 시작되었다. 쿠빌라이는 불교적으로는 사꺄파의 팍빠를 자신의 스승으로 삼았으나, 챌파와도 계속해서 밀접한 관계를 맺었다.

무엇보다, 쿠빌라이가 챌파 만호장에게 준 비단과 은정이 궁탕 사원의 수리를 위한 것이었다고 명기된 것은 주목할 만하다. 챌파는 궁탕 사원에 몽골제국 대칸들의 개인 사당을 세워 모시고 그들을 위해 기도하였으며, 몽골 황실이 쿠빌라이 이후에도 챌파에게 지속해서 비단, 은정 등을 지원한 것은 이런 측면과 관계가 있다.

2. 만호장 니마 셰랍

Nyi ma shes rab

사료

'Jog ri ba Ngag dbang bstan 'dzin 'phrin las rnam rgyal, *Gung thang dpal gyi gtsug lag khang byung rabs dang bcas pa'i dkar chag 'gro mgon zhal lung bdud rtsi'i chu rgyun,* Tshal gung thang dgon, p.31b:4~6.

원문 전사

de'i sras dpon chen nyi ma shes rab glang lo la 'khrungs/ dgung lo bcu bdun la dpon sar bskos/ dgung lo nyi shu la sngar lugs bzhin rgya nag tu 'gro mgon chos rgyal 'phags pa'i phyag phyir byon/ btsun gzugs mdzad pas spyan snga nyi ma shes rab tu yang grags/ rgyal po shin tu dgyes nas dngul bre chen dang gos dar gyi gnang sbyin dang chabs cig par lha sa dang gung thang gis mgo byas sngar gyi mi sde tshang ma shes su 'jug pa'i 'ja' sa yang thob nas dbus su byon/ gdul bya dang longs spyod nam mkha' dang mnyam dpon sa lo bcu gcig mdzad nas dgung lo nyi shu rtsa bdun yos lo la sku gshegs so//

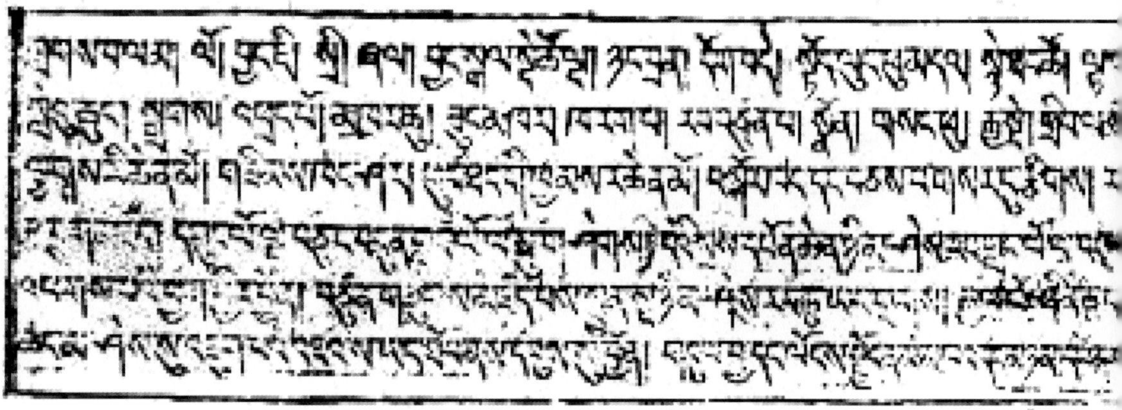

번역 및 분석

번역

그의 아들 뾘첸 니마 셰랍(nyi ma shes rab)은 소해(1253)에 태어났다. 17세에 뾘사(dpon sa)직에 임명되었고 20세(1272)에는 이전의 관례에 따라, 중생고주(衆生怙主) 법주(法主) 팍빠('phags pa, 八思巴, 1235~1280)의 수행원으로 한지(rgya nag)에 이르렀다. 그는 승복을 입고 있었기 때문에 쩬아(spyan snga)[11] 니마 셰랍으로 알려지기도 했다. 황제(쿠빌라이)는 매우 기뻐하였고, 하사품으로 은(銀) 정(bre chen)과 주단(gos dar)을 주었으며, 동시에 [니마 셰랍은] 라싸와 궁탕의 수령이 되고 이전의 세속 인구 모두를 관할하라는 조서('ja' sa)도 얻어서 위(dbus)[12] 지역에 도착했다. 그의 제자와 재화는 하늘과도 같았다. 뾘사(dpon sa)직을 11년 수행하고 토끼해(1279)에 27세의 나이로 사망했다.

기록의 의의

몽골제국 시기 두번째 첼파 만호장도 역시 몽골 조정에 가서 만호장 임명 승인 조서와 더불어 은과 비단을 받고 있다. 바로 앞의 1대 만호장에 대한 기록에서 관할 지역을 이미 상세히 열거하

11 "눈 앞"의 뜻. 스승 라마의 바로 곁에서 시중들고 공부하던 승려에 대한 호칭. 팍모두파의 경우에는 이 명칭이 좌주(座主)에 대한 호칭이 되기도 했다.

12 라싸를 중심으로 한, 중앙 티베트 동부 지역. 첼파는 라싸가 근거지였고 그러므로 토번제국의 수도였던 라싸의 주요 사원들을 관리했다.

Text Image: bdr:MW7445

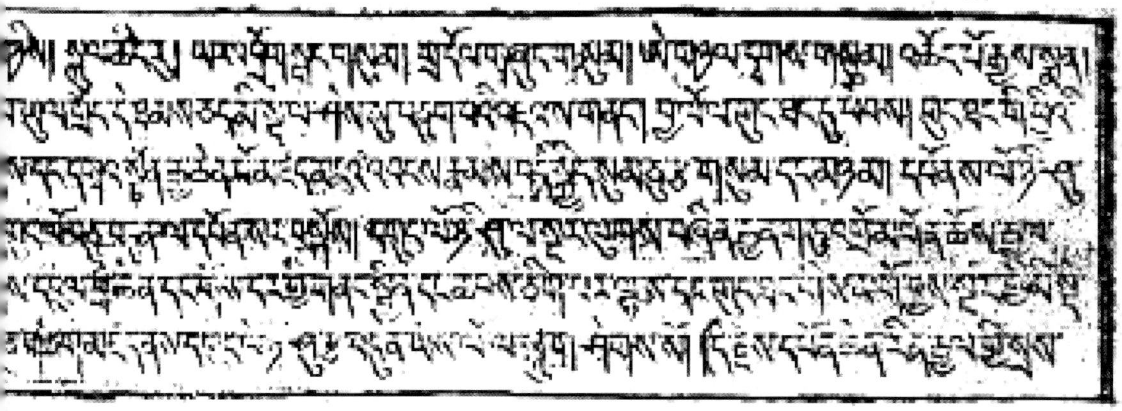

였기에 2대부터의 기록에는 "이전의 세속 인구 모두를 그대로 관할하라"고 했다고만 적고 있다.

3. 만호장 가데 뺄와

Dga' bde dpal ba(1)

32a, b

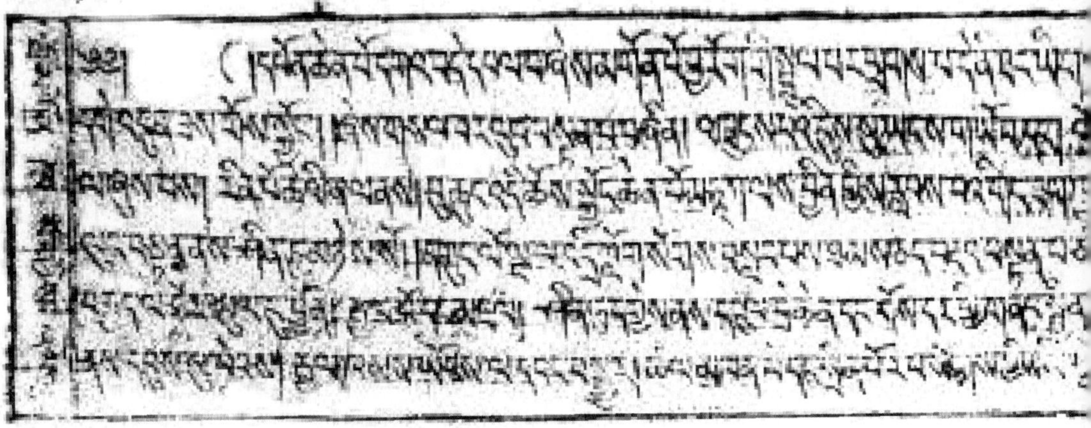

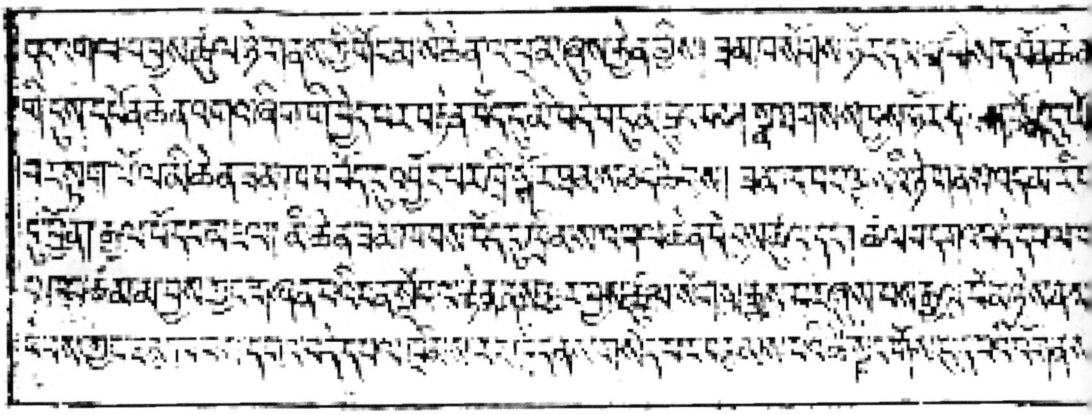

| 사료

'Jog ri ba Ngag dbang bstan 'dzin 'phrin las rnam rgyal, *Gung thang dpal gyi gtsug lag*

Text Image: bdr:MW7445

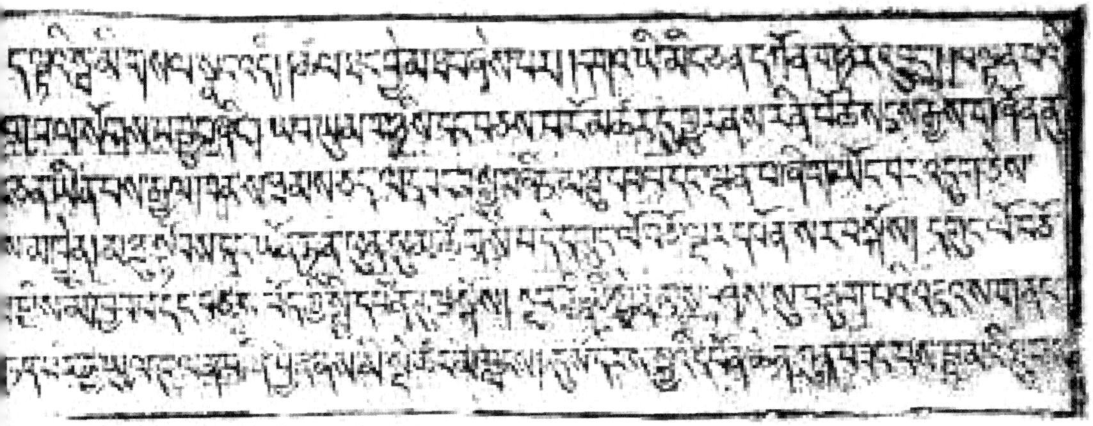

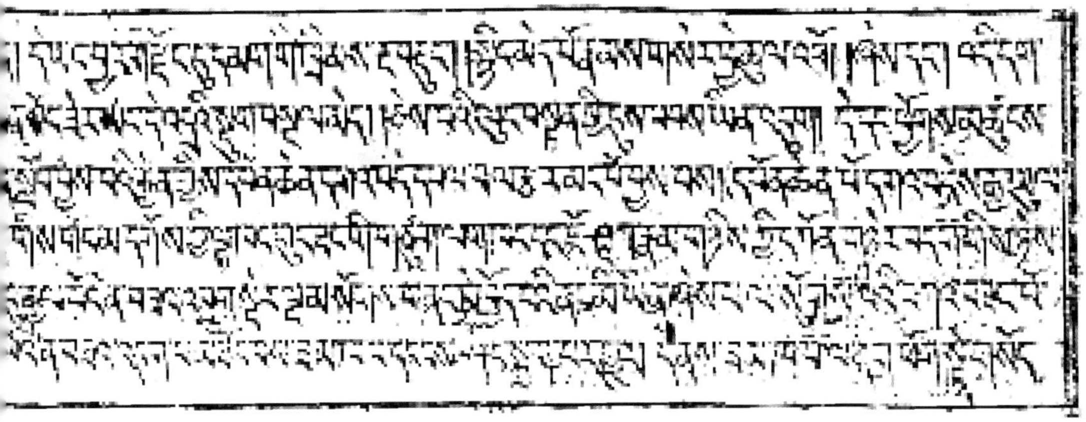

khang byung rabs dang bcas pa'i dkar chag 'gro mgon zhal lung bdud rtsi'i chu rgyun,

Tshal gung thang dgon, 32a:4~32b:2

원문 전사

dgung lo bco brgyad la hor yul du byon/ rgyal po dang mjal/ shin tu dgyes nas dngul bre chen dang gos dar gyi gnang sbyin bsam gyis mi khyab pa dang bcas bod kyi spyi dpon du bskos/ sngar gyi mi sde rnams shes su bcug pa'i 'ja' sa gnang nas dbus su phebs/ rgyal khams yongs la dbang bsgyur/ tshal mkhan po dang srin po ri pa sogs kyis mi sde ma gtad par rgya yul du lan bzhi byon nas mi sde tshang ma blangs/ dus der sa skya'i dpon chen kun bzang bas bla ma'i thugs 32b dang 'gal ba byas tshul nye gnas ⟨kyi⟩ [kyis] gong ma se chen la phra ma zhus rkyen gyis/ zam kha sogs hor dmag gis dpon chen bsad / de yang bya rog rdzong du dmag gi khrims rnga brdung// snying med po rnams gser bye chu la 'pho// zhes dang/ 'di dag gi dus dpon chen 'ga' zhig gi byed par brten bod du mi bde ba du ma byung bas/ sna thag sas byas hor dmag bod du yong// ngan song zer yang de 'dra'i sdug bsngal med// ces pa'i lung bstan gyi dus babs yin 'dug/

번역 및 분석

번역

18세에 그는 몽골땅(hor yul)에 가서 황제를 알현하였고 황제는 크게 기뻐하며 은 정(bre chen)과 주단(gos dar) 등 헤아릴 수 없는 하사품을 주시고 그를 티베트의 수령으로 임명하였다. 그리고 이전에 [전임 만호장이 다스렸던] 세속 인구를 [그대로] 관할하게 하는 조서('ja' sa)를 주셨다. 그 뒤 그는 위(Dbus)에 도착했고 모든 지역을 지배하였다.[13] 그런데 챌파의 캔뽀와 나찰(羅刹), 산의 수행자 등이 백성을 [그에게] 주지 않고 한지에 네 번 가서 백성을 모두 취하였다. 그때에 사꺄파의 뾘첸인 뀐가 상뽀(kun bzang ba, Kun dga' bzang po)가 라마(즉 팍빠)와 마음이 어긋났는데 한 시종이 세첸 황제(gong ma se chen)에게 이를 비난하여 아뢰었으므로 상가(zam kha, 桑哥) 등 몽골군이 뾘첸

13 관할권이 있는 모든 지역 즉 챌 궁탕을 가리키는 것으로 보아야 할 것이다.

을 죽였다. 또한 "자록종(bya rog rdzong)[14]으로 군대가 법고(法鼓)를 울리면/ 용기 없는 자들은 금가루(gser bye)를 물에 던진다"라고 하는 바와 같이 이때 뾘첸 몇 명이 한 일 때문에 티베트에 좋지 않은 일이 많이 일어났고 "사[꺄]가 코 밧줄을 만들어 몽골군이 티베트에 오리니/ [그전에도] 불행이 있었다지만 이만한 고통은 없었을 것이다"라고 하는 예언이 맞는 때였다.

기록의 의의

본 기록은 가데 빨이 몽골 조정에서 만호장 임명 조서를 받고 돌아온 것과 그 직후 팍빠 사망과 관련한 사건에 중앙 티베트 전체가 흔들린 일을 보여주고 있다. 팍빠는 쿠빌라이의 허가를 받아 대도를 떠났으나 바로 티베트로 오지 않고 임조(Tib. shing kun, 臨洮)에 머물다가 출발하였는데 오는 도중에 이미 뾘첸(dpon chen) 뀐가 상뽀를 해임하였다. 뾘첸은 사꺄파의 세속 업무를 관리하는 수장이었는데 사꺄가 몽골을 대리하여 티베트를 지배하면서 중앙티베트 전체를 실질적으로 관할하였다. 둘의 갈등의 이유는 분명하지 않으나 팍모두파 만호장 장춥 갤챈은 뀐가 상뽀가 신어의(身語意) 모든 방면에서 팍빠에게 해를 입혔다고 적고 있다.[15] 팍빠의 죽음에 뀐가 상뽀가 직접적인 관련이 있는 것은 아니나 팍빠에 맞서는 것은 대칸의 권위에 도전하는 것과 같은 의미가 있었으므로 쿠빌라이는 즉시 상가(zam kha, 桑哥, ?~1291)[16]에게 군대를 주어 티베트에 파견했다. 상가는 뀐가 상뽀와 친분이 있던 이들을 모두 심문하였고 이에 이 기사의 주인공인 챌파 만호장 가데 빨도 사건에 휘말리게 되었다. 이후의 정황은 다음 기사에 이어진다.

한편 그가 받은 하사품은 역시 이전 만호장들과 마찬가지로 은 정과 비단이었다. 그 양은 나와 있지 않으나 역시 "헤아릴 수 없었다"라는 기록으로 보아 많은 양이었을 것으로 보인다. 또한 주목할 것은 『궁탕지』는 티베트인들이 만호장직을 추인받으러 간 곳을 일반적으로 "한지(rgya yul/ rgya nag, 漢地)"라고 적었고 이는 몽골의 수도가 대도였기 때문이라고 볼 수 있는데, 본 기사는 가데 빨이 대칸을 만나러 간 곳을 몽골 땅(hor yul)이라고 적고 있는 점이다. 다만, 그가 여름 수도인 상도에 갔기 때문에 이를 의식하여 그렇게 적은 것인지 혹은 단순히 몽골 조정에 갔으므로 그렇게 적은 것인지 알 수 없다.

14 팍빠와 적대 관계에 있던 구 뾘첸 뀐가 상뽀가 머물던 곳. 상가가 이끄는 몽골군이 이곳으로 진입하여 그를 죽였다.
15 贊拉 阿旺, 佘万治 譯, 陳慶英 校, 『朗氏家族史』, 西藏人民出版社, 2002.
16 다른 저작에 sam gha 혹은 zam gha 등으로 표기.

4. 만호장 가데 뺄와

Dga' bde dpal ba(2)

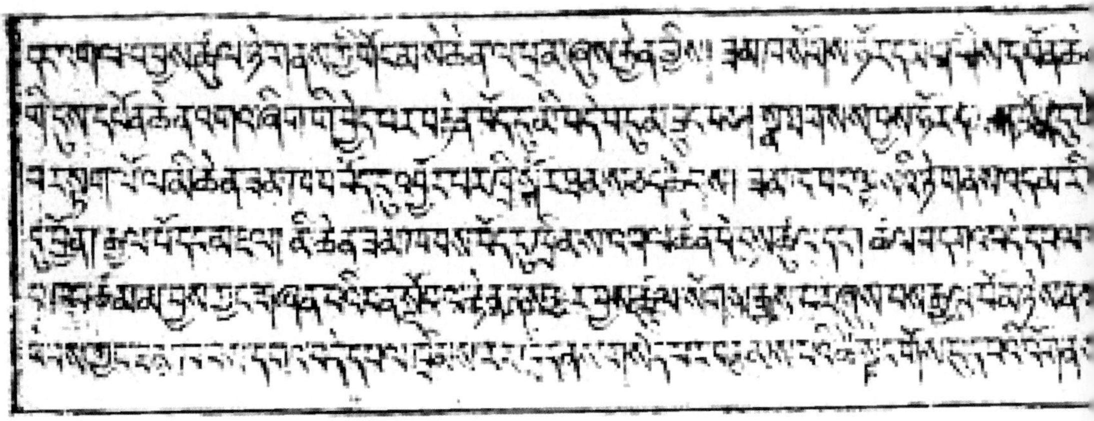

33a, b

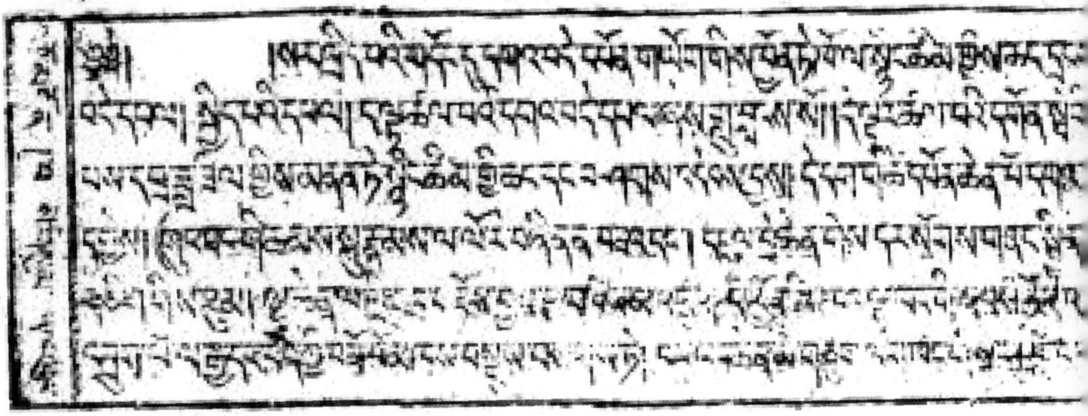

사료

´Jog ri ba Ngag dbang bstan ´dzin ´phrin las rnam rgyal, *Gung thang dpal gyi gtsug lag*

Text Image: bdr:MW7445

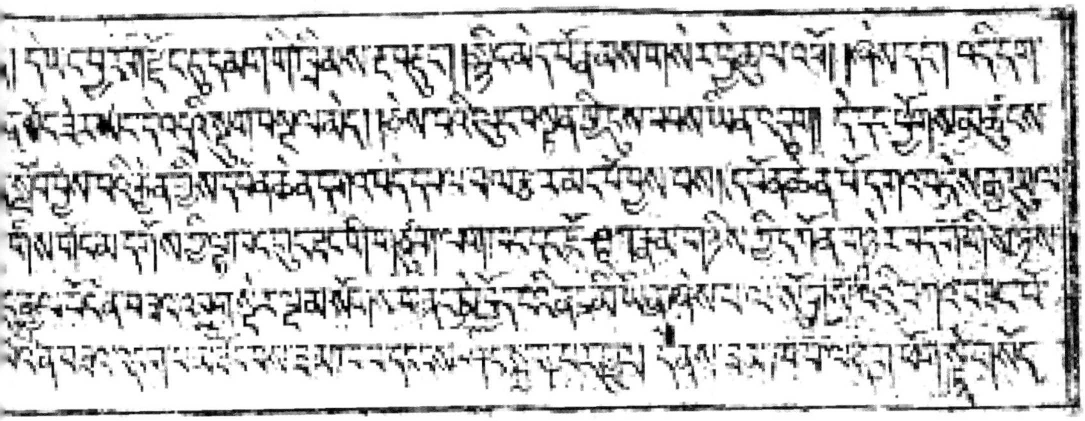

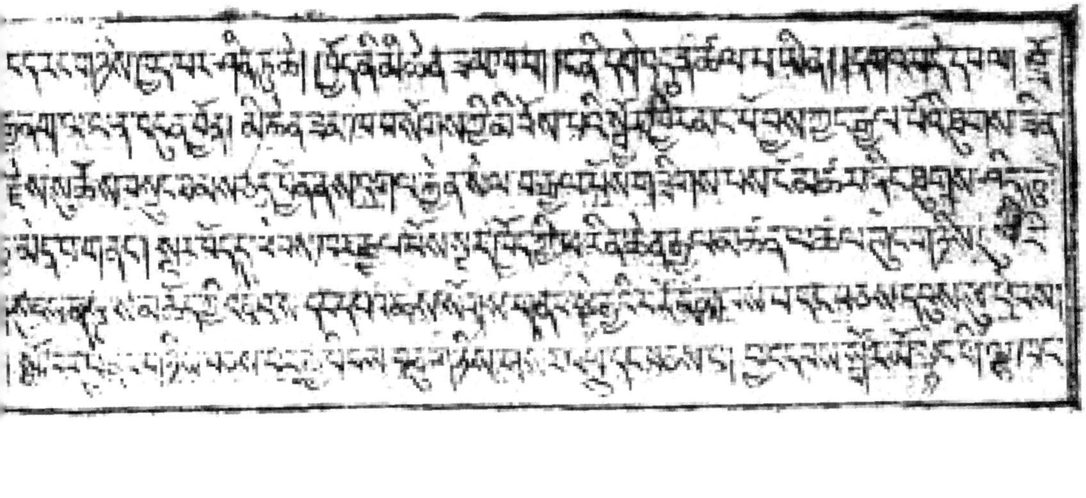

khang byung rabs dang bcas paî dkar chag ′gro mgon zhal lung bdud rtsiî chu rgyun,

Tshal gung thang dgon, pp.32b:3~33a:2.

원문 전사

dpon chen po dga' bdes rgya yul du byon/ rgyal po dang mjal/ mi chen zam kha bas bod du khrims 'gal chen po byas tshul dang/ tshal pa dga' bde dpal ba bdag gis gong ma dgos kyi lha khang gung thang gi gtsug lag khang dang jo shA+kya rnam gnyis gyi dkon gnyer bdag gi nyes pa khab tsam ma byas kyang gzhan pa'i ngan slob la rten nas rtsa ra byas tshul sogs rgyas par zhus pas rgyal po mnyes nas phral du rgyal po'i na bza' 'brug sder lnga ma sogs gnang te khyod nga'i nang mi yin zhes pa la sogs pa'i bka' bzang po phebs kyang zam kha bas dga' bde dpal khrims rar khrid nas gsod par brtsams pa'i tshe steng gos phud pa'i 'og nas rgyal po'i na bza' 'dug pa mthong bas zam kha ba dngangs shing skrag par gyur/ de nas zam kha ba la nag phog ste gsod 33a sar khrid pa'i gdong du dga' bde dpon g.yog gis byon te kho la snying tshim gyis chang drangs nas/ nged rang gnyis khyad par shin tu che/ khyod ni mi chen zam kha ba// nga ni dge 'dun tshal pa yin// dga' bde dpal/ blo bde dpal/ skyid pa'i dpal/ da lta tshal pa'i dga' bde dpal zhes glu blangs so//

번역 및 분석

번역

뵌첸뽀 가데는 한지(rgya yul)에 이르러 황제를 알현하고, 대신(大臣) 상가(zam kha ba, 桑哥, ?~1291)가 티베트에서 큰 죄를 지은 정황과 챌빠 가데뺄와 자신은 황제 자신의 불전(lha khang, 佛殿)인 궁탕[17]의 불당(gtsug lag khang, 佛堂)과 조오 샤꺄무니(jo shAka) 둘을[18] 수호하고 관리하는 자인 것, 그리고 자신은 바늘만큼의 죄도 짓지 않았는데 [상가가] 다른 이들의 나쁜 꼬임에 의해 자신을 벌한 것을 상세히 아뢰었다. 황제는 기뻐하며 그 자리에서 그에게 황제의 다섯 발톱을 가

17 챌파의 근거지.
18 조캉 사원에 안치되어 있는, 문성공주가 가지고 왔다는 불상과 라모체 사원에 안치된 네팔 공주가 가져온 불상.

진 용포(龍袍, na bza' 'brug sder lnga ma) 등을 주시며 "너는 [나에게] 가족이다"라는 등 좋은 말을 하였다.

그런데도 상가는 가데 뺄을 법정으로 끌고 가 죽이려고 하였다. 바로 그때에 [상가가 가데 뺄의] 웃옷을 벗겼는데 그 속에서 황제의 포(rgyal po'i na bza')를 발견하였고 상가는 두려워하며 공포에 떨었다. 그 뒤에 [오히려] 상가가 죄가 드러나 사형장으로 끌려가게 되었는데 가데 뺄 주종(dpon g.yog)이 그 앞에 와서는 그(kho)를 보며 행복해하며 술(chang)을 따르면서 "우리 둘은 차이가 아주 크네/ 너는 대신 상가/ 나는 승려 챌빠/ 가데 뺄은/ 마음이 행복하고 복이 있지(bde dpal)/ 기쁨의 복(skyid pa'i dpal)/ 이제 챌빠의 가데 뺄이라네(챌파는 좋고 행복하고 복이 있다네)"[19]라고 노래를 불렀다.

분석

용어

na bza' ___ 라마나 왕 등 지위가 높은 이의 옷을 가리키는 말. "na bza' 'brug sder lng ma"는 발톱 다섯 개인 용이 있는 의상.

chang ___ 막걸리와 비슷한 티베트 전통주.

기록의 의의

챌파 만호장 가데 뺄에게 쿠빌라이가 총애의 뜻으로 직접 어의(御衣)를 벗어준 기사다. 대칸이 옷을 벗어 하사하는 경우는 『원사(元史)』에도 종종 보이며, 상가가 그를 죽이려다 어의를 보고 그만두었는지는 알 수 없으나, 쿠빌라이가 가데뺄에게 옷을 준 것은 사실일 것이다.[20] 쿠빌라이는 제사 팍빠가 사망한 후 티베트 내의 반 팍빠 세력, 특히 사꺄파의 이전 뾘첸 세력을 일소하고자 상가를 중앙 티베트에 파견하였었고 챌파 만호장 가데 뺄은 이전 뾘첸과 가까운 사이였으므로 상가의 의심을 받았다. 그런데 가데 뺄은 살아남고 상가는 그의 재무 정책에 반대해온 여러 대신의 비난으로 횡령과 부패의 죄목으로 처형을 당한 것을 적은 기사이다.

---

19 그의 이름인 가데 뺄(dga' bde dpal)은 "좋고 행복하고 복이 있는"의 뜻이다. 가데 뺄은 말장난(pun)으로 자신의 이름을 가지고 당시의 기분을 표현하고 있다.

20 대칸과 카툰을 비롯한 몽골 황실 성원들의 의복에 관하여는 Eiren L. Shea, Mongol Court Dress, Identity Formation, and Global Exchange, Routledge, 2020 참고.

그림 1 대위덕 금강 만달라에 묘사된 카안과 카툰들의 의상 원(左), 부분확대(右) (14세기, Metropolitan Museum 1992.54)

한편 사캬파 측의 기록인 『한지와 티베트의 문서들의 모음(Rgya bod yig tshang, 漢藏史集)』은 그가 쿠빌라이를 위해 카안 울루스 재정을 건전하게 하려 노력하였으나 몽골 케식 등 특권층의 반대에 부딪혔다고 적고 있어,[21] 대조적인 모습을 보인다. 티베트 측의 이러한 기록들을 종합하면 『원사(元史)』「간신전(姦臣傳)」에 입전된 상가의 생애를 다각도로 고찰하는 데에 참고가 될 것이다.

21 최소영, 「13~14세기 몽골의 침입과 지배에 대한 티베트인들의 인식」, 『중앙아시아연구』, 2018, 23-1, 84~85쪽; 최소영, 「15세기 티베트 저작 漢藏史集(Rgya bod yig tshang) 譯註와 연구」, 서울대학교 동양사학과 박사학위 논문, 2019.

5. 만호장 가데 뺄와

Dga' bde dpal ba(3)

❙ 사료

'Jog ri ba Ngag dbang bstan 'dzin 'phrin las rnam rgyal, *Gung thang dpal gyi gtsug lag khang byung rabs dang bcas pa'i dkar chag 'gro mgon zhal lung bdud rtsi'i chu rgyun,* Tshal gung thang dgon, p.33a:2~4.

❙ 원문 전사

de ltar tshal pa'i dgon sde'i don du rgya nag la lan bdun byon/ mi chen zam kha ba sogs kyi mi 'os pa'i sbyor khyer mang po byas kyang rgyal po'i thugs zin pas dgra zla zil gyis mnan te snying tshim gyi chang dang bshags 'debs byas/ de dag gi tshe dpon chen po dga' bde'i phyi rjes su chos bsrung thams cad byon nas 'gal rkyen sel ba rgyal pos gzigs pas ngo mtshar zhing thugs shin tu dgyes/ gung thang gi chams sku rnams la lo re bzhin na bza' dang/ dngul bre chen gos dar sogs gnang sbyin dpag tu med pa gnang/

❙ 번역 및 분석

번역

그처럼 챌파의 사원을 위하여 그는 한지(漢地, rgya nag)에 일곱 번 갔다. 대신(大臣, me chen) 상

33a, b

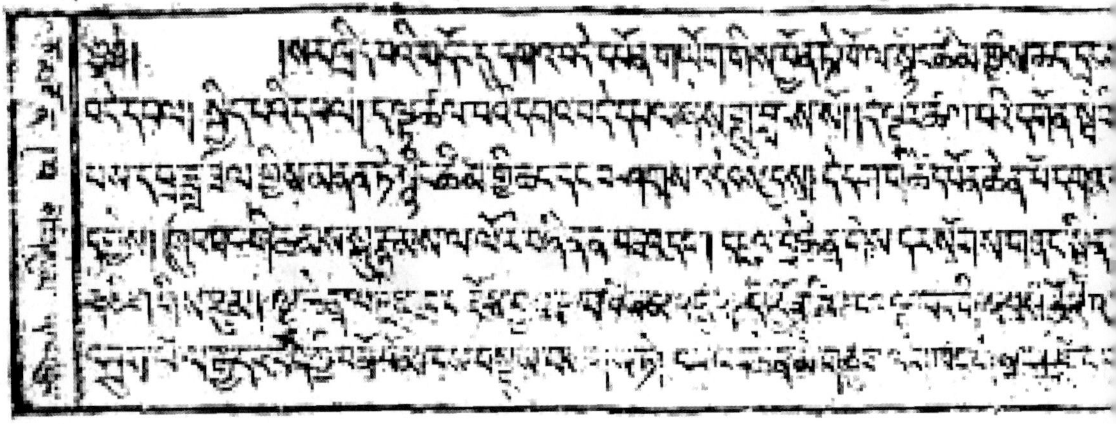

가(zam kha ba)와 다른 이들이 많은 옳지 않은 행동들을 했으나 [가데 빽은] 황제의 신임을 받았기에 적들을 총명함으로 이겼고, 통쾌하게 술(chang)과 익살스러운 말을 권하였다. 그 동안에 황제가 뾘첸 가데 빽의 뒤에 모든 호법신들이 나타나고 역경이 사라진 것을 지켜보고서 기이해하며 크게 즐거워했다. 궁탕의 '참' 댄스를 추는 이들(chams sku rnams)을 위해 황제는 매년 의복과 은정(dngul bre chen)과 비단(gos dar) 등 헤아릴 수 없이 많은 물품을 하사하셨다.

분석

용어

chang ___ '창'. 막걸리와 비슷한 티베트 전통 술.

chams ___ '참'. 'cham 혹은 cham으로도 적는다. 불교적인 내용의 가면 무용극.

그림 2 티베트 전통 술 창(chang)

기록의 의의

몽골제국 시기 티베트에서 참 댄스가 성행했고 이를 몽골 지배층이 후원한 것을 보여준다. 후원하는 물품은 의복과 더불어 챌파 만호장에게 주던 것과 같은 품목인 은정과 비단이었으며

Text Image: bdr:MW7445

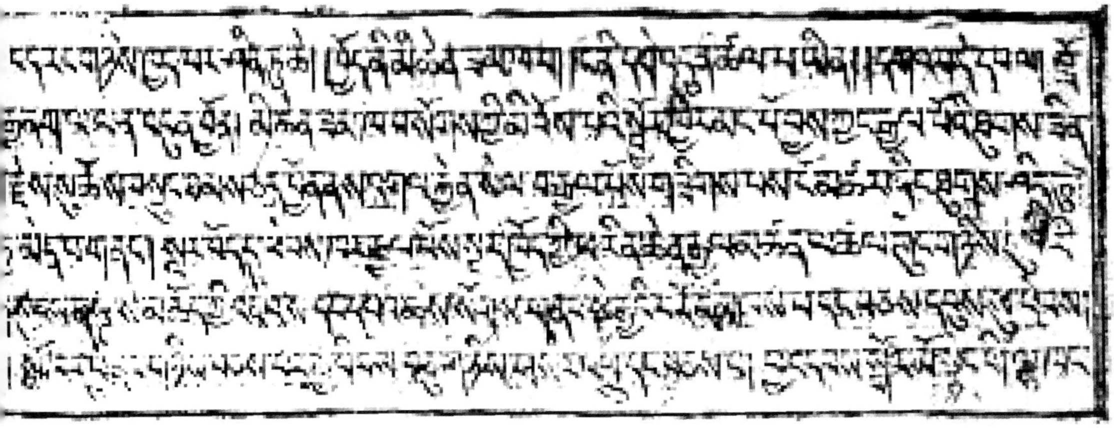

이것을 일회성이 아니라 매년 준 것은 주목할 만하다.[22]

22 다만 어째서 특별히 챌파의 참 무용꾼들을 위해 많은 하사를 내린 것인지, 챌파 사원에 참 댄스가 잘 발달해 있었는지는 알 수 없다.

6. 만호장 가데 뺄와

Dga' bde dpal ba(4)

34a, b

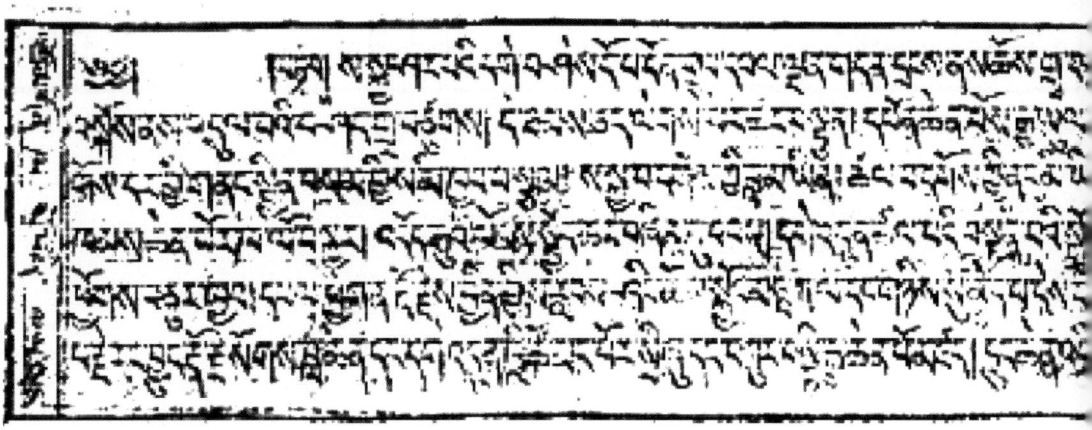

❙ 사료

'Jog ri ba Ngag dbang bstan 'dzin 'phrin las rnam rgyal, *Gung thang dpal gyi gtsug lag khang byung rabs dang bcas pa'i dkar chag 'gro mgon zhal lung bdud rtsi'i chu rgyun,* Tshal gung thang dgon, p.34a:1~4.

❙ 원문 전사

sa skya shar pa'i dge bshes do ba don grub dpal ldan gdan drangs nas chos grwa btsugs/ de nas rwa mo che bzhi sde la bdag rkyen mdzad nas ro skam pa mkhan chen bsod nams shes rab slob dpon du bskos nas 'dul ba'i bshad grwa btsugs/ de thams cad

Text Image: bdr:MW7445

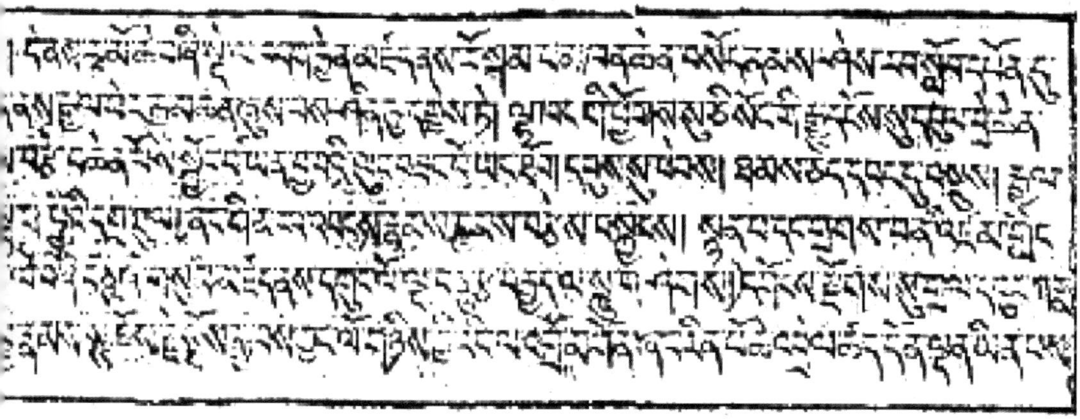

legs par tshar bstun/ dpon chen pos rgya yul du byon nas rgyal por rgyu mtshan zhus pas shin tu dgyes te/ lha khang gi phyogs su ci song gi rgyu dngos su dngul bre chen gos dar gyi gnang sbyin bsam gyis mi khyab pa stsal/ sa skya pa dgos kyi bla ma yin/ tshal pa dgos kyi nang mi yin pas brtse ba chen pos skyong ba yin bya ba'i lung bzang po yang thob/ dbus su phebs/ thams cad dbang du bsdus/ rgyal khams chen por kha lo bsgyur/ 'dod rgu'i longs spyod char bzhin du babs/

번역 및 분석

번역

사꺄 샤르빠에 속하는 선지식 도와 된둡 뺄댄(do ba don grub dpal ldan)을 초대하여 승원(chos grwa)

을 건설했다. 그러고 나서 라모체(rwa mo che)의 시데(bzhi sde) 승단[23]을 장악하시고 로깜빠 대스승 쇠남 세랍(bsod nams shes rab)을 (라모체의) 롭뾘으로 임명하고 계율을 공부하는 승원을 세웠다. 이 모든 것을 성공적으로 끝내고 뾘첸뽀(즉 가데 뻴와)는 다시 한지(rgya yul, 漢地)로 가서 [자신의 행동의] 배경을 황제에게 설명했다. [황제는] 매우 기뻐하였고 그에게 법당과 관련하여 필요한 어떤 것이라도 충당할 물질 자원으로 은 정(dngul bre chen)과 주단(gos dar) 등 헤아릴 수 없이 많은 하사품을 주셨고, "사꺄파는 나의 특별한(dgos=sgos)[24] 라마(bla ma)이고, 챌파는 나의 특별한 가족이므로 나의 큰 자비로 보호한다"라고 하는 좋은 조서(lung)도 주었다. [그는] 위(dbus) 지방으로 돌아와서 모든 지역을 세력 하에 넣고 방대한 영역을 다스렸으며, 바라는 모든 향유물들이 비처럼 내렸다.

분석

용어

rwa mo che ___ 라싸의 사원. 문성 공주가 가져왔다고 하는 불상은 처음에 라모체 사원에 있었으며 현재 조캉에 안치되어 있다.

기록의 의의

챌파 만호장이 라싸에 승려들이 공부하는 강원을 세우고 이를 쿠빌라이에게 가서 보고한 기록이다. 본 기사 앞에도 여러 승단과 강원을 세운 기록들이 열거되어 있다. 이러한 활동 자체도 쿠빌라이가 준 비단과 은이 있었기 때문에 가능한 것이었다. 보고를 받은 쿠빌라이는 "법당과 관련하여 필요한 어떤 것이라도 충당할" 수 있도록 비단과 은을 또 하사하고 있다. 속인인 만호장에게 준 재화이므로 보시에 포함되기는 어려우나, 결과적으로 그 용도는 불교 사원 건설과 몽골 황족을 위한 기도에 쓸 재화였다고 할 수 있다. 이 대목에서도 챌파에 대한 하사품으로 은 정과 주단이 반복적으로 언급되고 있다. 한편 이 책에서는 gos dar를 주단으로 번역하였으나, gos dar와 dar gos, 그리고 독립적으로 표기된 dar 나 gos만 나온 경우 등 다양한 형태의 직물을 가리키는 티베트어 번역에 대하여 연구의 진척이 필요하다.

23 bzhi sde: 토번 제국의 군주 티 랠빠짼(Khri Ral pa can, 806~838)이 여러 개 만든 승단 중 하나라고 전해진다.
24 sgos : 특별한, 사적인 의 뜻이다.

7. 만호장 린첸 셍게

Rin chen seng ge

❙ 사료

'Jog ri ba Ngag dbang bstan 'dzin 'phrin las rnam rgyal, *Gung thang dpal gyi gtsug lag khang byung rabs dang bcas pa'i dkar chag 'gro mgon zhal lung bdud rtsi'i chu rgyun,* Tshal gung thang dgon, pp.35a:2~35b:2.

❙ 원문 전사

thams cad la pha ma ltar byams pas bskyangs pa sogs mdzad pa rlabs chen po brjod pa'i yul las 'das pa byung ba ni sngar 'gro mgon rin po che'i thugs sras yar lung pa grags pa seng ge dang/ gtsang pa dung khur ba dpon slob rnams kyis jing gir rgyal po dang se chen yum sras rnams la tshal lugs kyi dbang dang rjes gnang las 'bras kyi chos dang 'gro mgon zhang rin po che'i sku gsung thugs kyi yon tan mang po brjod pa dang/ ma 'ongs 'byung 'gyur gyi lung bstan mang po gnang nas bstan pa rin po che spyi dger dang bstan 'dzin dam pa dge 'dun gyi sde dang bcas par sri zhu dang zhabs tog sogs kyi sgo nas mchod yon du gyur ba'i thugs smon rgya chen po'i sa bon nam yang zad pa med par btab pa'i 'bras bu dus su smin par shes par bya zhing/ rjes su yi rang bar byas na dge ba thob mnyam du 'byung ba ni mdo rgyud thams cad las gsungs so// des na bla ma yar lung pa dang/ gtsang pa dung khur ba 'di gnyis ni zhang rin po che'i slob ma 'phrin las nam mkha' dang mnyam pa'i bstan pa phyogs mthar skyong ba'i dar chen dang 'dra ba

35a, b

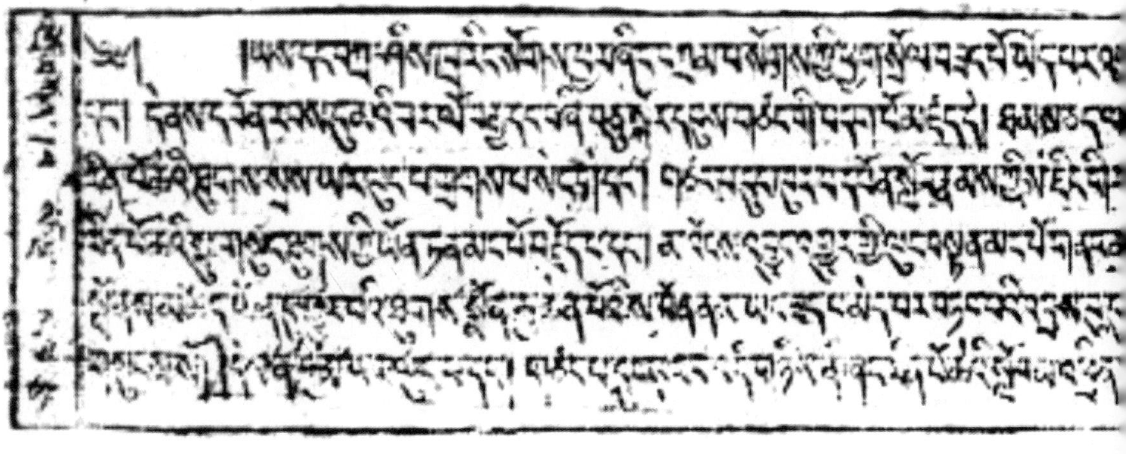

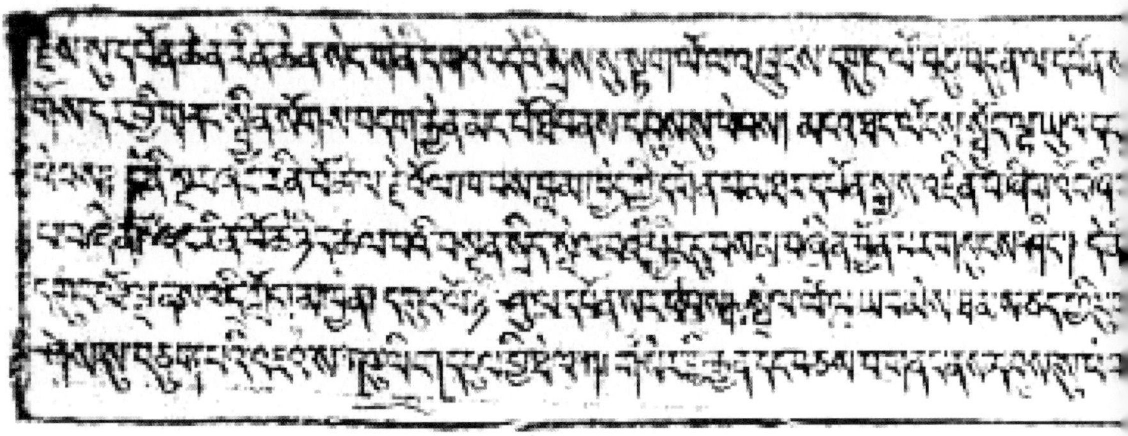

yin no// dpon chen dga' bde'i 35b rjes su dpon chen rin chen seng ge ni dga' bde'i sras su stag lo la 'khrungs dgung lo bcu bdun la dpon sar bskos/ dgung lo bcu dgu la yang mes kyi lugs srol bzhin rgya yul du byon/ rgyal pos rjes su bzung/ dngul bre dang gos dar gyi gnang sbyin sogs bdag rkyen mang po thob nas dbus su phebs/

번역 및 분석

번역

모든 것을 부모와 같이 비심(悲心)으로 보호하는 등, 말할 수 없을 만큼 위대한 일이 일어난 것

Text Image: bdr:MW7445

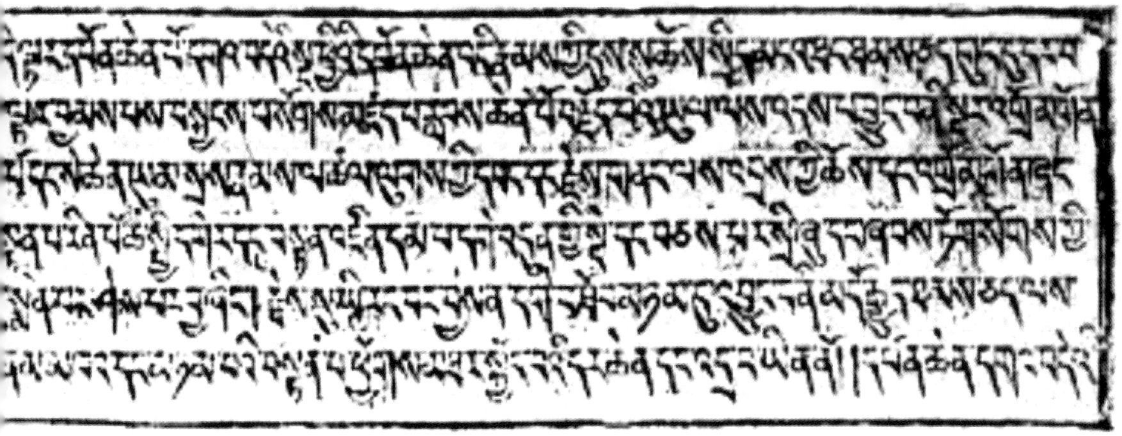

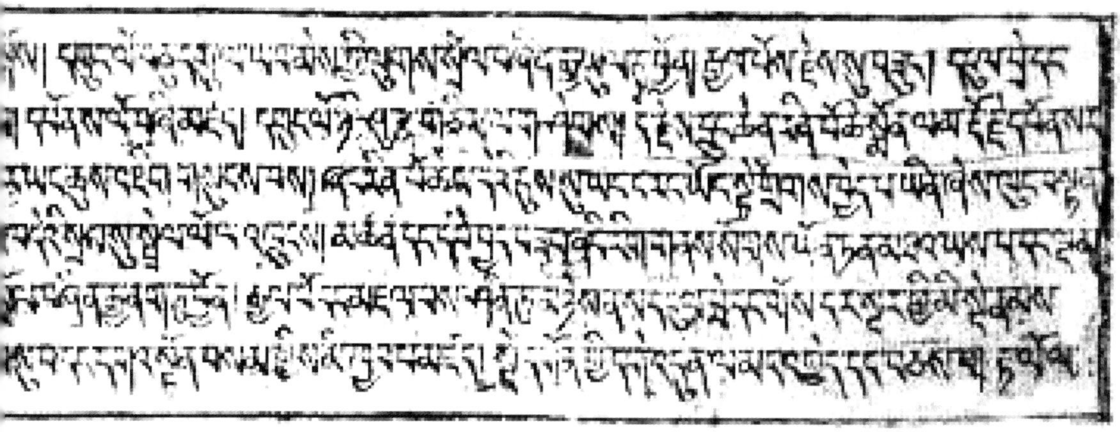

에 대해 말하자면, 전에 도괸 린뽀체의 제자인 얄룽빠 닥빠 셍게와 짱빠 둥쿠르와 이들 사제가 칭기스 황제(jing gir rgyal po)와 세첸(se chen, 즉 쿠빌라이) 모자에게 첼파의 방식의 관정과 축복·인과(因果)의 법, 그리고 도괸 샹 린포체의 신·어·의(身·語·意)의 많은 공덕을 말하신 것과 더불어 미래에 일어날 것에 대한 여러 예언을 하셨다. 그러므로 귀한 가르침의 일반적인 것과 특수한 것, 수승한 호교, 승단 등을 존중하고 보살피는 등의 측면에서 시주와 법주로 된, 언제나 사라지지 않는 방대한 기원(祈願)의 씨앗을 심은 것이 제때에 열매로 익었음을 알 것이며, 후에 [위에 말한 것들에 대해] 기쁘게 되면 선(善)을 얻음이 동시에 일어나게 되니, 이에 대해 모든 경전에서 말씀하신 것이 있다. 따라서, 라마 얄룽빠와 짱빠 둥쿠르와 이 두 사람. 즉 샹 린포체의 제자의 공업은 하늘(nam mkha')과 같은 가르침을 온 세상에 뻗치는 깃발(dar chen)과도 같았던 것이다.

뵌첸 가데의 후임인 뵌첸 린첸 셍게(rin chen seng ge)는 가데의 아들로서 호랑이해에 태어나 17세에 뵌첸직에 올랐다. 19세에 그의 조상들의 관행대로 그는 한지(rgya yul)에 이르렀다. 황제가 그를 잘 위무하였고 그는 은 정과 주단 하사품 등 대량의 물자를 얻어 위(dbus) 지방으로 돌아왔다.

분석

기록의 의의

이 기사는 챌파가 팍모두파나 디궁파 등이 누리지 못한 몽골 황실의 총애를 받은 정황에 대해 서하에 가 있던 챌파 승려들이 칭기스 칸 시기부터 몽골 황실과 가까워졌고 그것이 소르칵타니 베키, 뭉케, 쿠빌라이 가족에게 이어졌기 때문임을 설명하고 있다. 이어지는 문장에서는 역시 다음 만호장인 린첸 셍게가 몽골 조정에 가서 은과 비단을 얻어온 것을 서술하고 있다.

몽골제국 시기 중앙티베트의 불교 교파들은 몽골 지배층의 "헤아릴 수 없는" 보시에 힘입어 대대적으로 사원을 건설하고 승단을 번창하게 할 수 있었으나 한편 몽골 내부의 정치에 휘말리기도 했고 중앙티베트 내에서도 타 교파나 만호와 갈등했다. 이는 팍모두파가 훌레구 울루스 지배층이 이슬람으로 개종하면서 의지처를 잃고 영지와 속민을 하릴없이 빼앗긴 것을 적은 〈사도유훈〉의 기록에서도 알 수 있었다. 그러나 챌파는 문제가 있을 때마다 쿠빌라이에게, 그 후에는 후대 카안들에게 달려가 아뢰어 자신들의 권리를 계속 유지해 갔다. 그들은 이를 위해 대칸을비롯한 몽골 지배층에게 자신들이 칭기스 칸 시기부터 몽골과 관계가 있었던 점, 카안들의 개인 사당을 지어 그들을 위해 기도하는 점, 티베트 불교의 기원이라고 할 수 있는 라싸의 조캉과 그 주변을 관할하는 점을 반복적으로 강조하고 있다.

8. 만호장 묀람 도르제

Smon lam rdo rje

❙ 사료

ʼJog ri ba Ngag dbang bstan ʼdzin ʼphrin las rnam rgyal, *Gung thang dpal gyi gtsug lag khang byung rabs dang bcas paʼi dkar chag ʼgro mgon zhal lung bdud rtsiʼi chu rgyun*, Tshal gung thang dgon, pp.35b:5~36a:2.

❙ 원문 전사

sprel lo la yab mes thams cad kyi lugs srol bzhin rgya nag tu byon/ rgyal po dang mjal bas shin tu mnyes nas dngul bre dang gos dar sngar gyi mi sde rnams shes su bcug paʼi ʼjaʼ sa kaʼu ling/ dngul gyi thel ka/ gser gyi rgyan dang bcas pa gnang nas dbus su phebs/ bsu ba dang dgaʼ ston bsam gyis mi khyab pa mdzad/ sde dgon gyi dge ʼdun la mang ʼgyed dang bcas pa/ rta lo la 36a slob dpon chos dpal gyi ʼbul ba la brten nas gser ʼphan mthong ba don ldan dang/ brag lha klu phug gi rgya phibs bzhengs/ khyi lo la ya rtse rgyal pos gser gyi ʼbul ba byung ba bzhin jo bo dang thugs rje chen po gnyis kyi dbu thog tu rgya phibs/

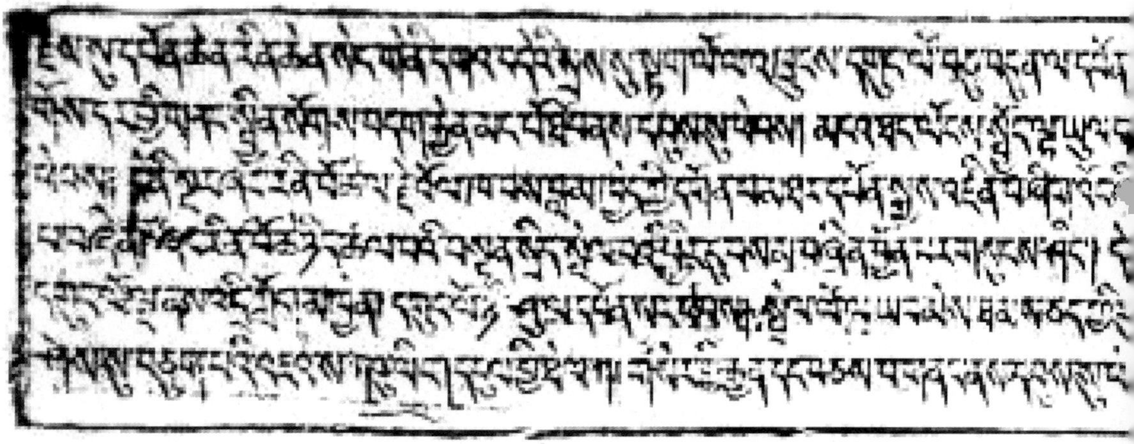

36a, b

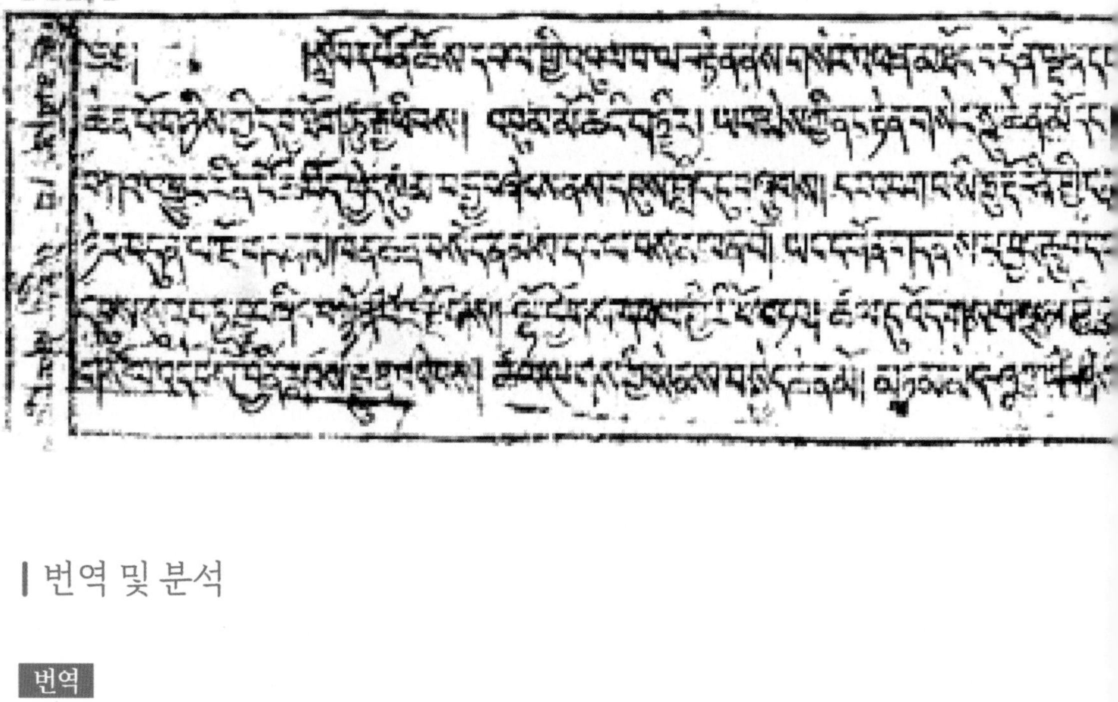

번역 및 분석

번역

원숭이해(1308)에 그(뇐람 도르제)는 선조들의 관행에 따라 한지(rgya nag)에 도착했다. 황제를 알현하자 [황제는] 매우 기뻐하며 [그에게] 은 정(dngul bre)과 비단(gos dar), 이전에 [챌파에 속했던] 세속 민호를 그대로 관할하게 하는 까울링(ka'u ling) 조서('ja' sa)를 내려주었고 금장식이 있는 은인(銀印)도 주었다. 그는 중앙티베트(dbus)로 돌아오니 상상을 뛰어넘는 환영과 잔치가 열렸고, 사원의 승려들에게 많은 물자를 주는 등의 [일을 하셨다]. 말해(1318)에 롭뾘 최뺄의 보시를 기반으로 황금

Text Image: bdr:MW7445

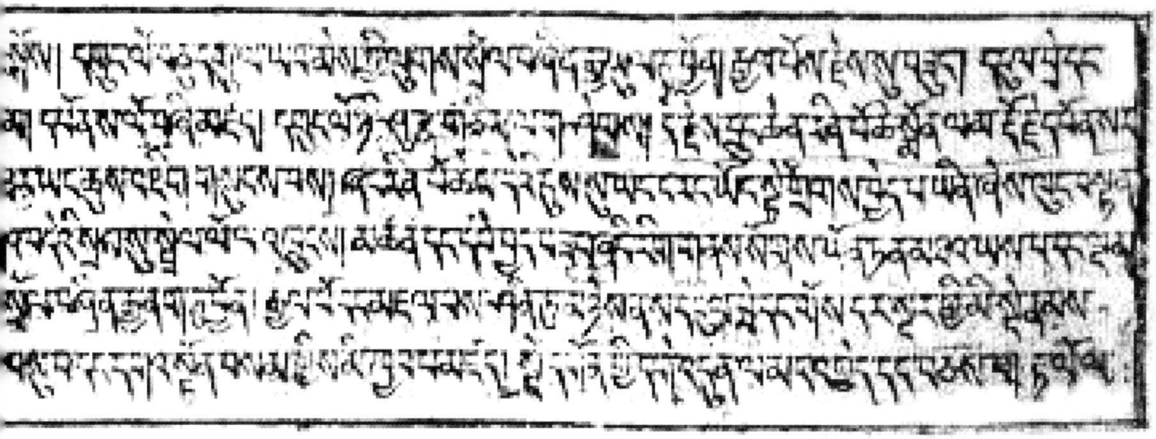

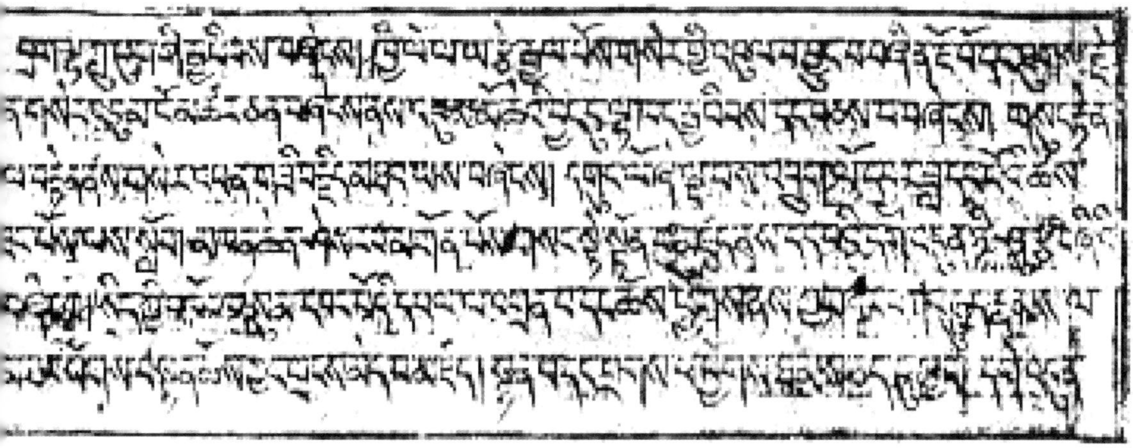

으로 된 견즉획리(mthong ba don ldan, 見卽獲利)[25] 번('phan, 幡)과 닥 라루푹(brag lha klu phug)의 지붕을 시설하였다. 개해(1322)에는 아쩨 왕이 금 보시품을 보낸 일이 있었고, 마찬가지로 조오 상(jo bo, 석가모니)과 관음보살(thugs rje chen po) 두 [상(像)] 의 머리 위에 지붕을 시설했다.

25 "보기만 해도 이익이 되는"의 뜻.

분석

용어

dngul bre ___ "은(dngul, 銀)-데(bre)." 앞의 기사들과 달리 '대(大, chen)'가 없다. 이때는 작은 은덩어리를 준 것인지 저자의 실수인지 알 수 없다.

ka'u ling'ja' sa ___ "까울링 조서". 까울링은 한자를 음사한 것으로 보이나 원 단어를 알 수 없다.

jo bo ___ 라싸 조캉 사원에 있는 불상. 토번제국 시기 문성 공주가 가지고 왔다고 하며 티베트 최초의 불상이라고 여겨져 순례와 예경의 대상이 된다. 조캉(jo khang) 사원 이름의 유래가 된 불상.

thugs rje chen po ___ "대비(大悲)" 관세음보살. 송짼 감뽀의 네팔 비가 가져왔다는 불상. 티베트 라모체 사원에 안치되어 있는 불상. 원래는 문성 공주의 조오 석가모니 불상이 이곳에 안치되어 있었는데 위험을 피해 조캉 사원으로 옮겼다고 전해진다.

기록의 의의

챌파의 번영 시기의 상황을 엿볼 수 있다. 모든 희망하는 물자들이 비처럼 내렸다거나, 몽골 조정에서 돌아온 만호장이 큰 환영을 받고 풍부한 물자를 지역사회에 나눠주는 모습 등 이러한 물질적 풍요가 몽골 조정의 다방면의 지원에서 비롯된 것도 알 수 있다. 이 기사의 "은 정과 주단 등 헤아릴 수 없이 많은 하사품을, 후에 사원을 짓는 데 필요할 어떤 비용이라도 댈 수 있는 물질 자원으로 하사해 주었다"라는 내용에서 볼 수 있듯이 몽골제국 시기에 지어진 티베트의 대규모 사원의 다수는 몽골 지배층의 물질적 후원으로 지어진 것이었고 이는 당연히 티베트 불교 부흥에 중요한 역할을 했다.

챌파는 그 근거지가 라싸 주변이었기 때문에 위(dbus) 지역에 대한 관할권을 상당히 가지고 있었던 것으로 보인다. 그들은 방대한 재력으로 조캉 사원과 라모체 사원의 불상과 승단을 관리했다. 비록 사꺄파가 몽골을 대리하여 티베트를 지배했지만, 그들의 근거지인 사꺄는 라싸에서 멀리 떨어져 있었기 때문에 토번제국의 수도였던 라싸를 직접 관할하기 어려웠다. 다만, 이때는 몽골을 대리해 티베트를 다스리던 사꺄파의 세력이 약해지던 때이고 챌파도 팍모두파에 세력을 잃기 직전의 상황임을 염두에 둘 필요가 있다.

한편 야쩨 왕은 앞에서 본대로 팍모두파, 사꺄파에 보시를 하고 있었고 본 챌파 기록에서의 야쩨 왕 시주는 장춥 갤챈이 사꺄에 있을 때 본 시주와 동시에 일어난 상황일 가능성이 있다.

9. 만호장 퀸가 도르제

1309~1364/1365

❙ 사료

'Jog ri ba Ngag dbang bstan 'dzin 'phrin las rnam rgyal, *Gung thang dpal gyi gtsug lag khang byung rabs dang bcas pa'i dkar chag 'gro mgon zhal lung bdud rtsi'i chu rgyun,* Tshal gung thang dgon, pp.36b:5~37a:2.

❙ 원문 전사

dgung lo bcu bdun la rgya nag du byon/ rgyal po dang mjal bas thugs rjes bzung/ dngul bre chen/ de ni gser srang brgyad kyi rin thang gi tshad/ gos dar sogs dang dngul gyi tham ka/ gser gyi rgyan dang bcas pa dang/ sngar gyi mi sde rnams kyang shes su bcug pa'i 'ja' sa thob nas dbus su byon/ bsu ba dang dga' ston bsam gyis mi khyab pa mdzad/ rdo gcal chen mo brje ba dang bar bskor gyi gyang 37a ris rnams mdzad/ yab kyi rten gser sku chen mo dang/ dngul gdung bkra shis sgo mang bka' 'gyur po ti nyis brgya drug cu bzhengs te dbus gling du bzhugs/ ri bo dge 'phel btab/ mnga' thang dang dpal 'byor ni bsam gyis mi khyab bo //

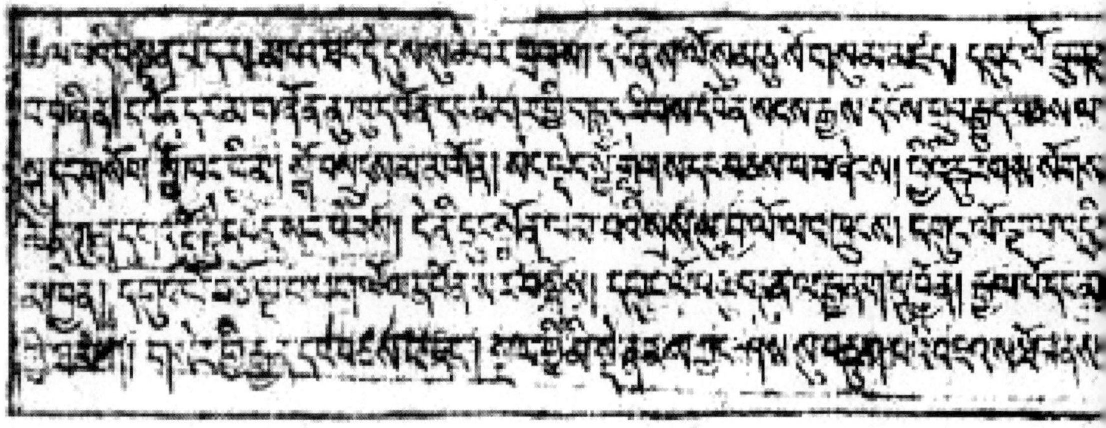

37a, b

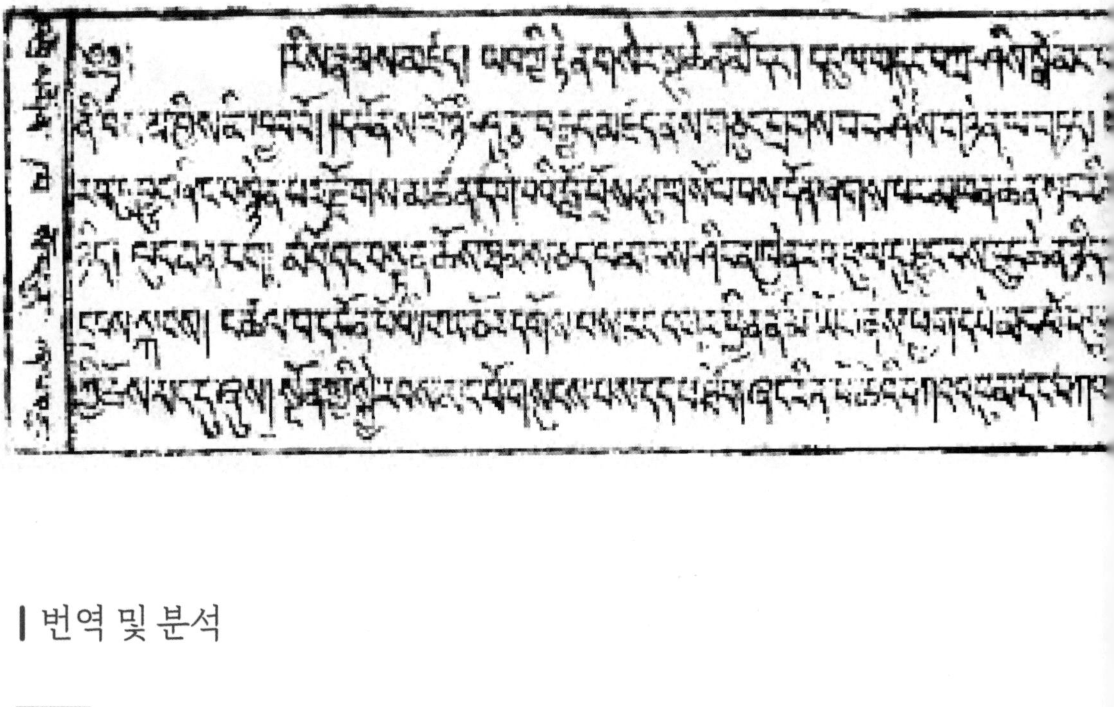

번역 및 분석

번역

17세에 그는 한지(漢地, rgya nag)로 갔고 황제를 알현하여 호의를 받았다. [그는] 8상(srang)의 금의 가치가 있는 은 1정(dngul bre chen)과 비단(gos dar), 금장식이 있는 은인(銀印), 그리고 이전의 [첼파 세력하의] 세속 민호들을 그대로 첼파에 둔다는 칙령을 받았다. 그는 위(dbus)로 돌아왔고 예상을 뛰어넘는 환대와 환영 잔치가 열렸다. 그는 도로의 포장석을 교체했고 바코르(bar [b]skor)를 따라 벽화를 그리게 했다. 그의 부친을 위해 그는 금으로 만든 장대한 상과 은묘(銀墓), 길상탑을

Text Image: bdr:MW7445

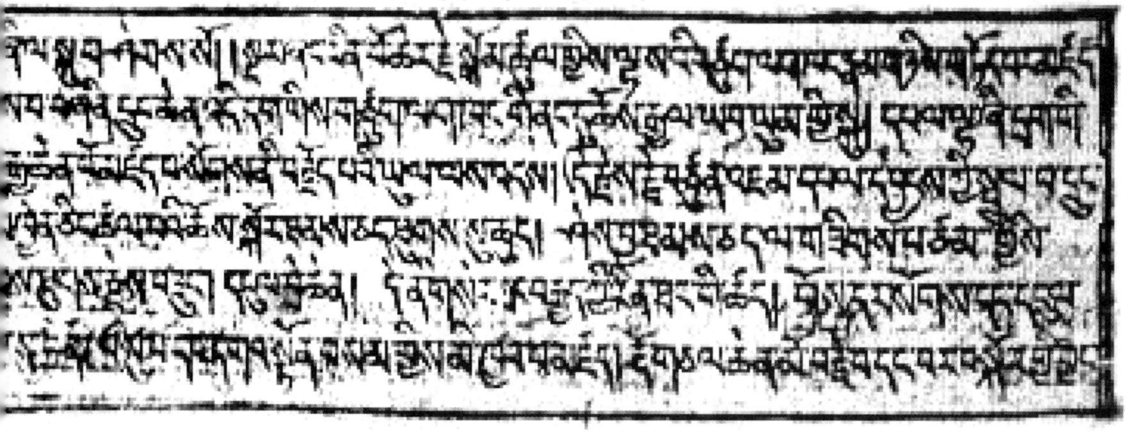

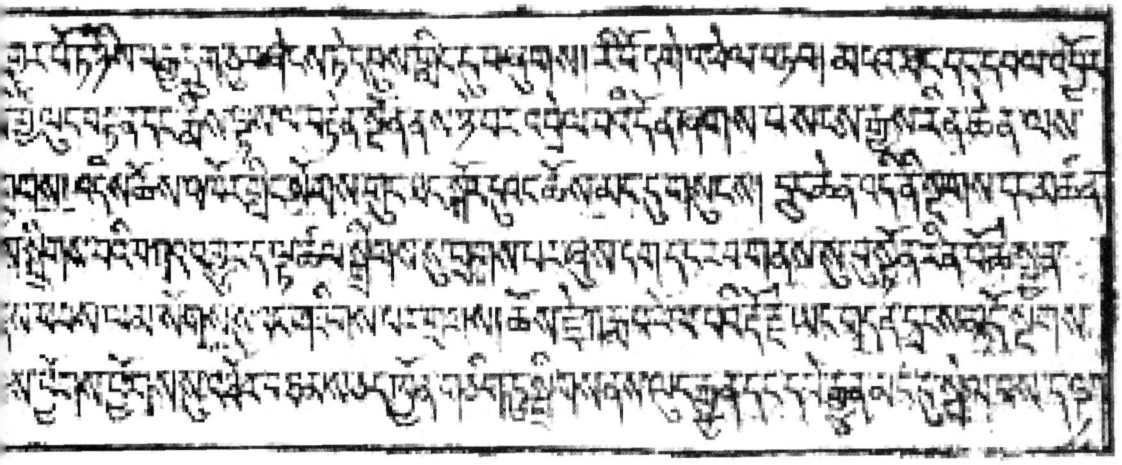

짓고, 경장(經藏) 260권을 수건하였다. 그후 위링(dbus gling)에 자리잡고 리오 게펠(ri bo dge 'phel) 이라는 오두막을 지었다.[26] 그의 힘과 부는 상상할 수 없을 정도였다.

26 리오 게펠은 현대 대뿡 사원 뒤의 게펠 우쩨(dge 'phel dbu rtse)산에 있는 수행처를 말한다.

분석

용어

bar [b]skor ___ 조캉 사원을 둘러싼 거리. 순례자들이 꼬라를 도는 길이다.

기록의 의의

『홍책』의 저자 챌빠 뀐가 도르제에 대한 기록이다. 그는 태정제 이순 테무르 시기에 대도에 가서 만호장 직을 승인 받았고 챌파는 여전히 대칸들과 긴밀한 관계에 있었다. 그러나 곧 중앙 티베트에서 팍모두파의 장춥 걜챈이 권력이 커지고 뀐가 도르제는 그를 공격하다가 대패하고 챌파 세력은 크게 약화된다.

뀐가 도르제가 바코르 즉 조캉 사원 둘레 길에 벽화를 그리게 한 것은 챌파가 조캉 사원을 관할하였기 때문이고 챌파는 이를 대단히 자랑스럽게 여겼다. 그가 길에 깔아둔 돌을 교체하고 벽화를 그리는 등 자원과 인력이 소모되는 일을 할 수 있었던 것은 챌파 만호의 만호장으로서 내부에서 거둔 세금 말고도 몽골 조정에서 계속해서 받아온 은과 비단이 경제적 기반이 되었기 때문일 것이다. 한편, 은 1정(bre chen)이 금 8상(srang)이라고 하는 것은 당시 금과 은의 비율을 알 수 있는 중요한 기록이다. 앞에서 팍빠가 은 1정이 은 53상이라고 한 것과 비교해 볼만하다.

10. 만호장 겔렉 상뽀

Dge legs bzang po

사료

'Jog ri ba Ngag dbang bstan 'dzin 'phrin las rnam rgyal, *Gung thang dpal gyi gtsug lag khang byung rabs dang bcas pa'i dkar chag 'gro mgon zhal lung bdud rtsi'i chu rgyun,* Tshal gung thang dgon, pp.37b:4~38a:1.

원문 전사

de rjes drung chen rin po che tå'i si tu dge legs bzang po ni/ drung chen kun dga' rdo rje'i sras su rta lor sku 'khrungs/ dgung lo bcu gsum la dpon sar bskos/ shar gong ma rgyal po'i thugs la btags/ si tu'i mtshan dang dngul gyi tham ka/ dngul bre chen/ gos dar gyi gnang sbyin/ sngar gyi mi sde rnams shes su bcug pa'i 'ja' sa/ jo bo byang chub chen por gser rkong ngo mtshar can rnams dus gcig la byung/ yab kyi gser sku chen mo dang/ gser 'bum gang mang dang/ spyan snga grags 38a pa bshes gnyen gyi nang rten dang/ bde yangs kyi gnas brtan lha khang sogs rten gsum rgya chen po bzhengs/

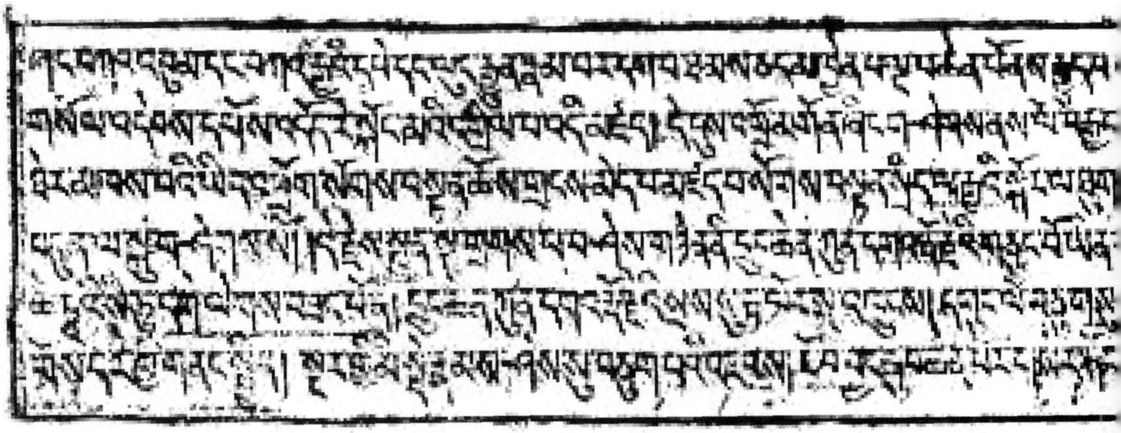

38a, b

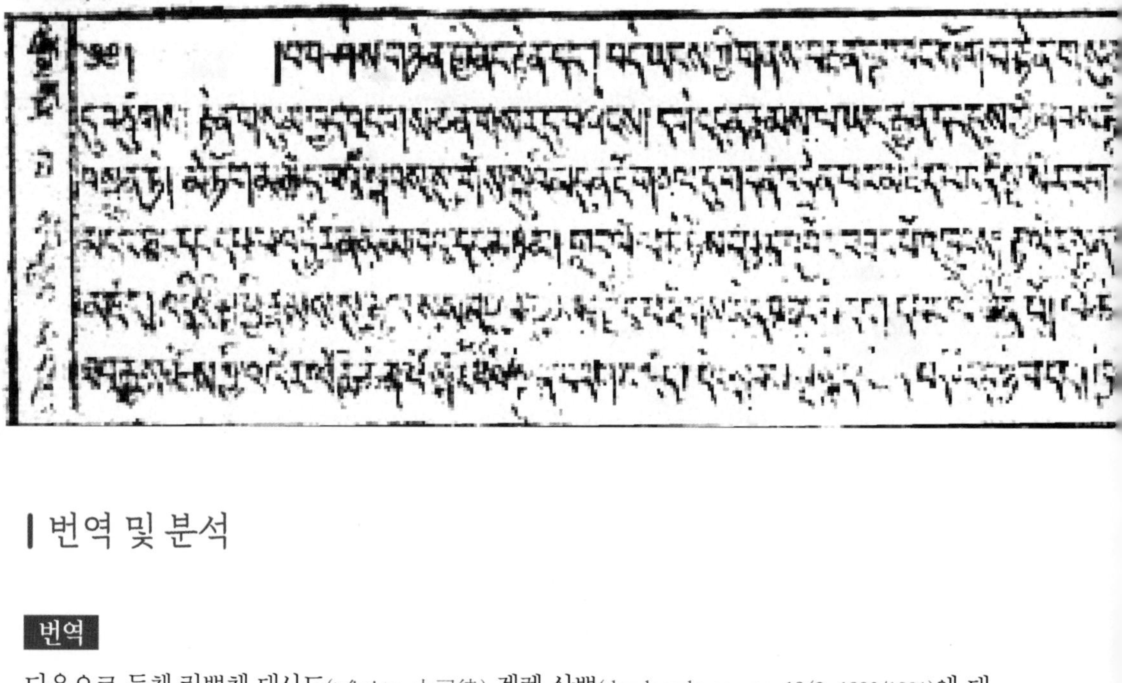

번역 및 분석

번역

다음으로 둥첸 린뽀체 대사도(taî si tu, 大司徒) 겔렉 상뽀(dge legs bzang po, 1342~1390/1391)에 대해 말하자면, [그는] 둥첸 뀐가 도르제의 아들로 말해(1342)에 태어났다. [그는] 13세(1354)에 뵌사에 뽑혔고 동쪽의 대황제(shar gong ma rgyal po, 즉 토곤 테무르, r. 1332~1368)의 마음에 들어 사도(si tu, 司徒) 칭호를 얻었으며 은인과 은정(dngul bre chen)과 주단(gos dar) (등의) 하사품, 그리고 이전의 세속 민호를 그대로 유지할 것을 선포하는 조서[를 받았다. 또한], 조오 장츕 첸뽀(jo bo byang chub chen po, 부처님)를 위한 금으로 된 신기한 버터 램프도 받았다. [그는] 부친을 위해 대금불 및 10만 금불을, 그리고 삼촌인 짼아 닥빠 셰녠(spyan snga grags pa bshes gnyen)을 위해 낭뗀과 데양의 내땐 불

Text Image: bdr:MW7445

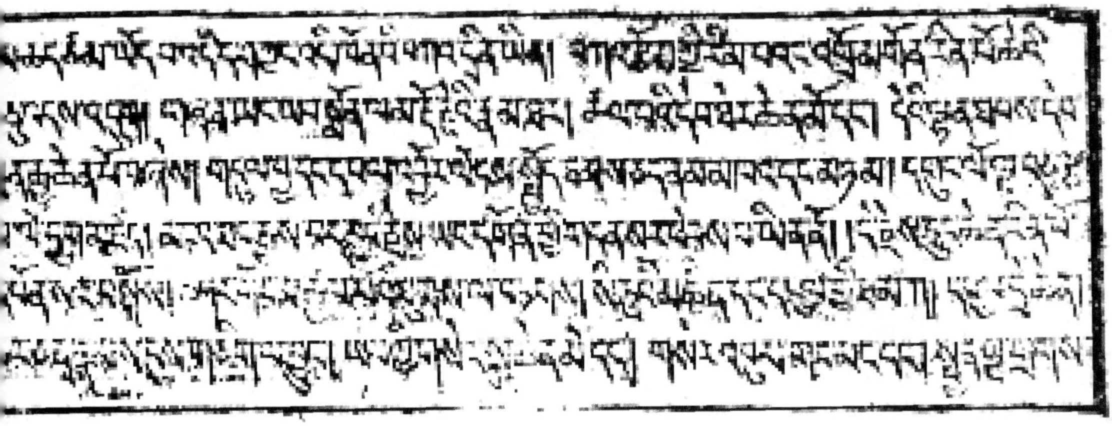

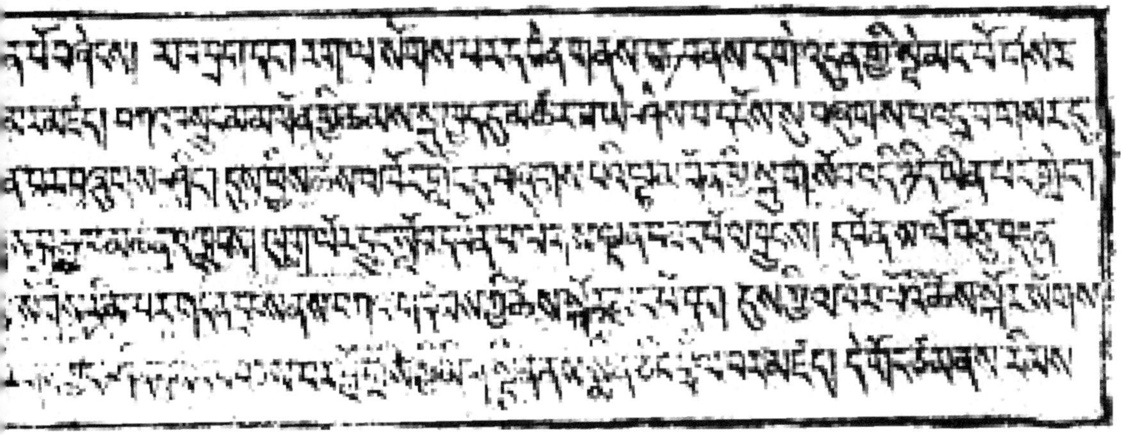

당(gnas brtan lha khang) 등 [身 · 語 · 意] 3방면의 장대한 의지처들을 시설하였다.

분석

기록의 의의

챌파와 사까파가 모두 팍모두파에게 패배하고 중앙 티베트를 팍모두파가 장악한 때의 챌파의 상황이다. 뀐가도르제의 아들 겔렉상뽀가 뾘사가 되었을 때 챌파는 이미 팍모두파에 의해 제압된 상태였지만, 만호 자체가 사라진 것은 아니었으므로 여전히 대칸에게 가서 만호장에 임명하는 조서와 은정, 주단을 받고 있다. 그리고 그가 다수의 금불상을 세운 것은 챌파 세력이 아직 건재하였음을 보여준다.

11. 만호장 뺄조르 상뽀

Dpal 'byor bzang po

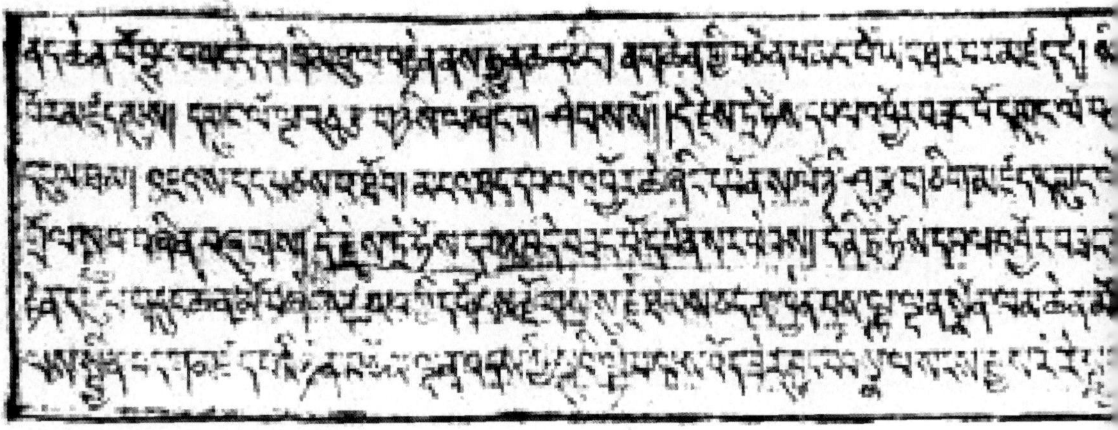

| 사료

'Jog ri ba Ngag dbang bstan 'dzin 'phrin las rnam rgyal, *Gung thang dpal gyi gtsug lag khang byung rabs dang bcas pa'i dkar chag 'gro mgon zhal lung bdud rtsi'i chu rgyun*, Tshal gung thang dgon, p.38b:2~3.

| 원문 전사

de rjes tre hos dpal 'byor bzang po dgung lo bcu la dpon sar bskos/ gong ma chen po'i thugs la btags/ tre hos kyi mtshan dang dngul bre chen gos dar gyi gnang sbyin/

Text Image: bdr:MW7445

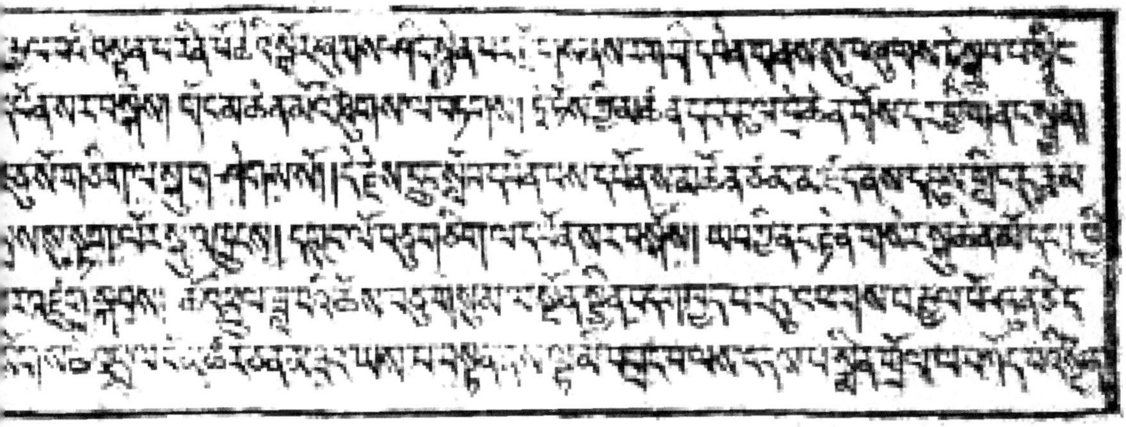

dngul tham/ 'ja' sa dang bcas pa thob/ mnga' thang dpal 'byor che zhing dpon sa lo nyi shu rtsa gcig mdzad dgung lo sum cu so gcig la sku gshegs so//

| 번역 및 분석

번역

그 뒤 뜨레호스(tre hos) 뻴조르 상뽀(dpal 'byor bzang po, 1361~1390)가 10세의 나이에(1370/1371) 뾘사직에 뽑혔다. [그는] 대황제의 호의를 얻어 뜨레호스(tre hos) 칭호를 얻었으며 또한 은정과 비단으로 이루어진 하사품, 은인(銀印), 조서('ja' sa) 등을 얻었다. [그의] 권세와 부는 대단했고 뾘사직을 21년간 유지했으니, 31세에 서거하였다.

분석

용어

tre hos ___ 자모를 모두 있는 그대로 읽으면 '뜨레호스'가 되고, 발음 규칙대로 읽으면 '떼회'로 읽힌다.

기록의 의의

이 기사는 원이 멸망 직후에도 티베트의 만호장들에게 원이 호칭을 준 것, 그들에게 이전과 마찬가지로 은인과 더불어 은정과 비단을 하사한 것을 보여준다. 이른바 '원 멸망' 이후에도 얼마간은 중앙 티베트에 몽골이 영향을 미치고 있었음을 시사하고 있는 자료이다.

이때 챌파 만호장이 받은 칭호 tre hos 의 의미는 분명하지 않은데, Tucci는 Tibetan Painted Scrolls에서 이 말이 동부 티베트의 지명이며 민족명인 'tre po(떼뽀)'의 오기라고 했다. 하지만 그 뜻이 무엇이든 이전에 챌파 만호장들에게 대체로 사도(Tib. si tu, 司徒) 혹은 대사도(ta'i si tu, 大司徒) 칭호를 주던 것에서 변화가 생긴 것을 볼 수 있는데, 이는 원(元)이 몽골 초원으로 물러가면서 새로운 칭호를 쓰기 시작한 것으로 보인다. 왜냐하면 빼조르상뽀가 10세가 되던 해인 1370년 혹은 1371년은 이미 명(明)이 들어선 후이기 때문이다.

참고문헌

최소영, 「13~14세기 몽골의 침입과 지배에 대한 티베트인들의 인식」, 『중앙아시아연구』 vol. 23-1, 2018, 67~99쪽.

최소영, 「13세기 후반 티베트와 훌레구 울루스」, 서울대학교 동양사학과 석사학위 논문, 2010.

최소영, 15세기 티베트 저작 漢藏史集(Rgya bod yig tshang) 譯註와 연구, 서울대학교 박사학위논문, 2019.

Shea Eiren L., Mongol Court Dress, Identity Formation, and Global Exchange, Routledge, 2020.

Sørensen Per K. and Hazod,Guntram. *Rulers on the Celestial Plain: Ecclesiastic and Secular Hegemony in Medieval Tibet: A Study of Tshal Gung-thang,* Verlag der österrechische Akademie der Wissenschaften, 2007.

Sperling, Elliot, "Lama to the King of Hsia", *The Journal of the Tibet Society,* 7, 1987, pp.31~50.

Wallace Vesna A. ed., *Buddhism in Mongolian History, Culture and Society,* Oxford University Press, 2015.

Yamamoto, Carl, "Only Kingly Deeds: Zhang Tselpa and the Symbolism of Kingship", *Cahiers d'Extrême-Asie,* vol. 24, 2015.

大司徒 絳求堅贊, 贊拉 阿旺, 余万治 譯, 陳慶英 校, 『朗氏家族史』, 西藏人民出版社, 2002.

乙坂智子, 『迎仏鳳儀の歌 元の中国支配とチベット仏教』, 白帝社, 2017.

6부

학자들의 잔치

학자들의 잔치

정법의 바퀴를 굴리는 자들이 일어난 방식을 밝히는, 학자들의 잔치

Dpa' bo Gtsug lag 'phreng ba, *Dam pa'i chos kyi 'khor lo bsgyur ba rnams kyi byung ba gsal bar byed pa mkhas pa'i dga' ston*

해제

『학자들의 잔치』는 16세기 까르마 까귀파(Karma Bka' rgyud pa)의 승려이며 학자인 빠오 쭉락 텡와(Dpa' bo Gtsug lag 'phreng ba, 1504~1564/1566)가 편찬한 방대한 양의 역사서다. 저자는 8대 까르마빠인 미꾀 도르제의 제자였고 그 자신도 제2대 빠오(Dpa' bo) 활불이었으며 불교는 물론 세속적인 정치사에도 밝은 인물이었다.

이 책은 크게, 인도에서 불교가 일어난 역사, 불교가 티베트에 전파된 정황, 그리고 티베트의 역사로 구성되어 있으며 티베트 역사 부분에 까르마 까귀파의 기록을 상세히 싣고 있어서 당시 티베트 역사의 일면을 이해하는 데에 중요한 자료가 되고 있다. 사꺄파 승려들 못지않게 몽골 지배층과 가까웠고 몽골제국 중후반에는 오히려 더 큰 영향을 미쳤으나 권력은 잡지 못한 까르마파와 몽골 지배층의 관계를 이 책이 보여주고 있기 때문이다. 예를 들면 쿠빌라이가 대칸이 된 과정에 대해 사꺄파나 여타 티베트 사서들이 쿠빌라이가 애초에 정통성을 가진 인물이었고 그의 즉위에 대해 몽골 지배층 내부에서 아무 갈등이 없었던 것처럼 전한 것과 달리 『학자들의 잔치』는 "뭉케가 사망하자 몽골 제왕들과 대신들은 아릭부케(a ri bo ga)가 제위에 오르는 것을 지지했다"라고 적고 있다. 그런데 "쿠텐을 비롯한 서하 지역의 제왕들이 쿠빌라이 세첸 칸(go be la se chen gan)을 지지하였고 그 때문에 그가 제위에 올랐다"라는 것이다.[1] 또한 뭉케 생전에 그 형제들은 모두 티베트 불교 교파를 단위로 하는 티베트 만호를 각각 분봉받았는데 이 관계는 티베트의 각 교파에도 중요한 영향을 미쳐서, 뭉케에게 분봉된 디궁파의 만호장은 몽골 수도에 가서 뭉케와 그와 함께 있던 아릭 부케에게 의지했고 쿠빌라이와는 설전을 벌이며 심지어 모욕하기도 했다고 빠오 쭉락 텡와는 적고 있다.

사꺄파 기록들의 친(親) 톨루이, 친 쿠빌라이 경향[2]과 대조적으로 까르마파의 저자 기록이 이렇게 쿠빌라이에게 부정적인 것은 무엇보다 아릭 부케와의 계승 전쟁 후 쿠빌라이가 까르마파의 제2대 좌주 까르마 박시에 대해 아릭 부케의 편을 들었다는 이유로 감금하여 그가 거의 목숨을 잃을 뻔했기 때문일 것이다.[3] 그러나 쿠빌라이가 까르마파를 완전히 절멸시키려고 한 것은 아니었고 감금에서 풀려난 까르마 박시는 중앙 티베트로 다시 돌아와 디궁파('Bri gung pa) 등 반(反) 사꺄 세력의 환영을 받았다. 팍빠 이후 사꺄파에서 정치적, 종교적 명성을 가진 승려가 나타나지 않자 대칸들은 까르마파의 승려들을 초청하였다. 다음에 수록된 기사들은 까르마 박시와 그 이후 까르마파의 승려들이 몽골 지배층 사이에서 어떤 일을 했고 어떤 보시를 받았는지를 적고 있다. 한 기사는 까르마파 승려가 쿠빌라이의 보시를 거부한 일도 전하고 있어서 이를 통해 우리는 몽골제국 시기 티베트 불교와 몽골 지배층의 관계가 일면적이지 않았고, 특히 교파별로 몽골에 대한 인식이 달랐음을 볼 수 있다.

---

1 물론 이때 쿠빌라이 측에 선 것은 쿠텐 일파가 중요하지만 그뿐 아니라 칭기스 칸의 동생들인 이른바 동방 3왕가도 있었고, 쿠빌라이와 아릭 부케의 형제인 훌레구도 처음에는 아릭부케 편에 섰다가 후에 쿠빌라이 편을 드는 등 좀 더 복잡한 상황이 있었다. 그러나 티베트인들이 접할 수 있었던, 혹은 중요하게 생각한 정보는 쿠텐이 그를 지지했다는 점이었던 것으로 보인다.

2 Soyoung Choi, "From Brutes to Boddhisatvas: the Mongols in Tibetan sources", Timothy May and Michael Hope ed., *The Mongol World*, Brill. 2022 출간 예정 참고.

3 관련 내용은 최소영, 「13세기 후반 티베트와 훌레구 울루스」 서울대학교 석사학위논문, 2010 참고.

1. 까르마 박시

Karma Pakshi, 1204~1283(1)

36

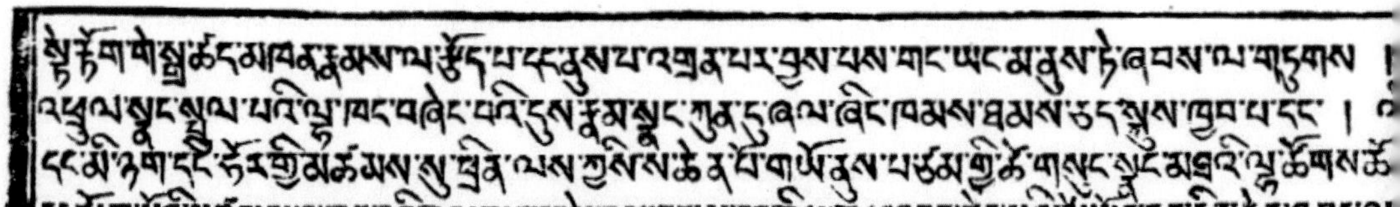

37

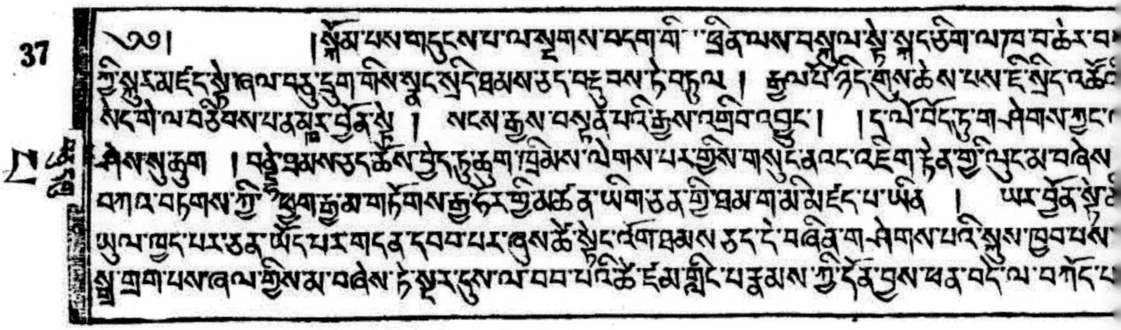

| 사료

Dpa' bo Gtsug lag 'phreng ba, *Chos 'byung mkhas pa'i dga' ston: Dam pa'i chos kyi 'khor lo bsgyur ba rnams kyi byung ba gsal bar byed pa mkhas pa'i dga' ston* (reproduced from prints from the lho brag blocks from Rumtek Monastery, 2 volumes). Delhi: Delhi Karmapae Chodey Gyalwae Sungrab Partun Khang 1980, vol. 2, pp.36:3~37:1.

Text Image: bdr:MW3CN22702

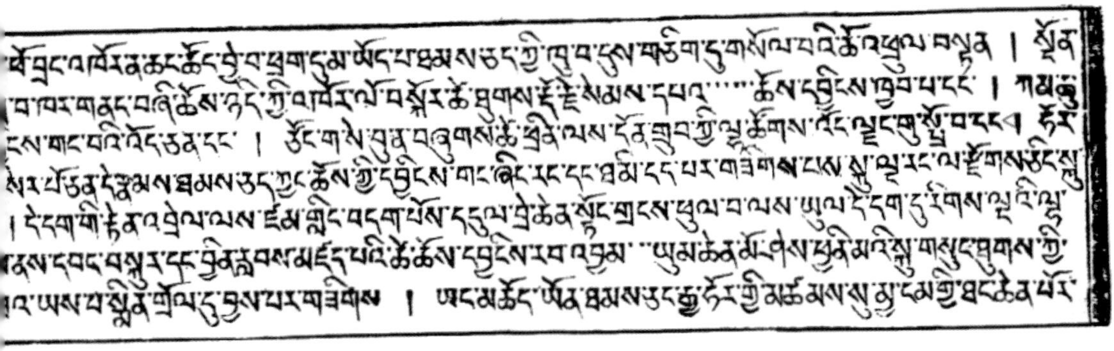

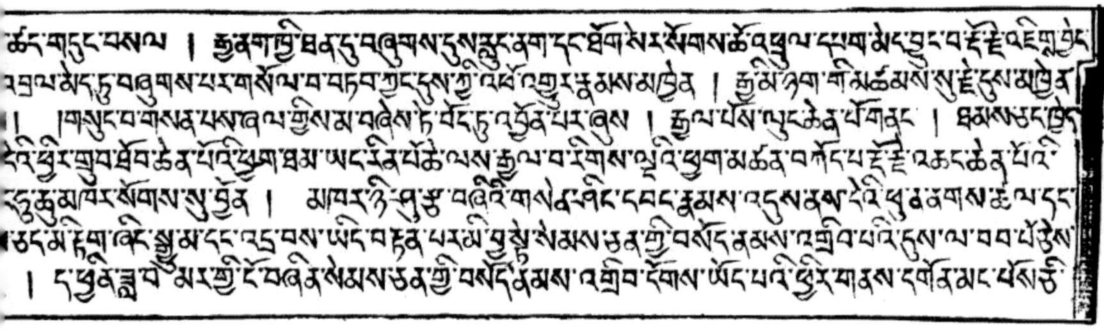

원문 전사

hor dang sog po'i mtshams cha gan ta'i rgyal sar mu stegs thams cad kyis gus 'dud byed pa'i tshe yon tan rin chen 'byung ldan 'od ser po can de rnams thams cad kyang chos kyi dbyings gang zhing rang dang tha mi dad par gzigs pas sku lnga rang la rdzogs cing sku gsung thugs phrin las yon tan mi zad pa rgyan gyi 'khor lo gsang ba bsam gyis mi khyab pa'i go 'phang thob par dgongs/ de dag gi rten 'brel las 'dzam gling bdag pos dngul bre chen stong grangs phul ba las yul de dag tu rigs lnga'i lha khang sum stong lhag pa'i zhig gso dang sar bzhengs kyis 'gro don mdzad/ lu pan shan du mchod yon lhan cig tu bzhugs nas dbang bskur dang byin rlabs mdzad pa'i tshe chos dbyings rab 'byams yum chen mo shes phyin ma'i sku gsung thugs kyi dkyil 'khor du 'khor 'das thams cad gcig tu rdzogs par shar bas da res rgyal po kho na'i don du byung yang sems can mtha' yas pa smin grol du byas par gzigs/ yang mchod yon thams cad rgya hor gyi mtshams su mya ngam gyi thang chen por 37 skom pas gdungs pa la sngags bdag gi phrin las bskul ste skad cig la kha ba cher bab pas tshad gdung bsal/

번역 및 분석

번역

몽골(hor)과 호레즘(sog po) 지역의 경계인 차가타이(cha gan ta)의 수도(rgyal sa)에 일체의 외도(mu stegs, 비불교도)들이 귀의해 올 때 빛을 지닌 공덕의 보생여래(寶生如來)께서 그들이 모두 법계(法界)에 가득 찬 것을(법계에 가득찬 외도들을) 자신과 다르지 않게 보심으로 인하여 [뭉케는] 오부불(sku lnga, 伍部佛) 안에서 원만을 [성취하고] 신어의(sku gsung thugs, 身語意)의 무한한 업과 공덕으로 장식한 비밀 만달라의 불가사의한 경지를 얻은 것이었다. 그 인연으로 세상의 주인(즉 뭉케)이 은 1,000정(dngul bre chen stong grangs)을 바치니 그것으로 그 지역에 오부불의 불당(佛堂) 3,000곳 이상을 수선하고 새로 지어 중생에 이익을 주셨다.

육반산(lu pan shan, 六盤山)[4]에서 시주와 법주가 함께 머물면서 관정과 가피를 주실 때 법계(法界)의 뛰어난 대반야경(rab 'byams yum chen mo shes phyin ma, 大般若經)의 신어의(身語意)의 만달라에서 생사열반(生死涅槃)을 모두 원만히 하신 것이 드러났다. 그때는 왕만을 위하여 한 것이었으나 무한한 유정들도 성숙하고 해탈하게 되는 것을 보셨다. 또한, 시주와 법주 모두가 한지와 몽골

4 현 산시(陝西), 간쑤(甘肅), 닝샤후이족자치구(寧夏回族自治區)의 교계(交界)지역에 위치한 산지. 칭기스 칸이 사망한 곳이기도 하다.

경계의 낭암(mya ngam)의 대 초원에서 [백성들이] 목마름으로 고통받는 것에 대해 만뜨라 주(主)를 움직이게 하여 순식간에 큰 눈이 내리게 하고 열기로 오는 고통을 없애셨다.

분석

용어

sog po ___ 속뽀. 몽골 이전 티베트어에서 소그드인을 가리키던 용어. 언제부터 "sog po"가 몽골인에 대한 칭호로 쓰였는지 알 수 없으나 이 글에서는 앞에 몽골을 나타내는 "hor"를 별도로 분명히 쓰고 있고, 차가타이 울루스의 위치를 볼 때 몽골리아와 소그디아나 사이라고 볼 수 있으므로 여기의 "sog po"는 확실히 마와란나흐르를 가리킨다고 볼 수 있다.

rgyal sa ___ 수도, 나라의 중심, 정권(政權). 차가타이 울루스의 중심지는 알말릭(almaliq)이었다.

기록의 의의

까르마 박시는 제2대 까르마빠로서, 뭉케 칸 시기 몽골 지배층의 존경과 관심을 받던 인물이다. 그는 1255년 뭉케의 동생 쿠빌라이의 초청을 받아 그에게 가서 많은 관심과 존경을 받았으나, 만류를 뿌리치고 그를 떠났다. 그리고 이듬 해 이번에는 뭉케의 초청을 받아 카라코룸으로 갔다. 이 기사의 앞에는 그가 처음 카라코룸(gu rum)에 도착하여 "뭉케 칸 황제(rgyal po mong gor gan)"를 만난 기록이 실려 있다. 그리고 본 기사에 의하면 까르마 박시는 육반산에서도 뭉케와 함께 있었다. 뭉케가 남송 원정을 위해 출정하여 육반산에 자리 잡은 시점은 1257년이다. 뭉케는 원정 도중 1259년에 사망하는데, 까르마 박시가 그때까지 뭉케 곁에 있었던 것으로 보이지는 않는다.

뭉케는 까르마 박시에게 은 1,000정을 보시하였고 이 기사는 그가 이를 받아 무너진 불당을 수선하고 또한 새 불당을 지은 것을 보여주고 있다. 후에 팍빠가 대량의 금정(大錠)을 받는 것을 고려하면 은 1,000정은 그보다는 가치가 적으나, 이때는 아직 티베트 불교가 몽골 지배층 사이에서 독보적인 위치를 차지하기 전이므로 이는 상당한 양이었다고 할 수 있다.

2. 까르마 박시

Karma Pakshi, 1204~1283(2)

47

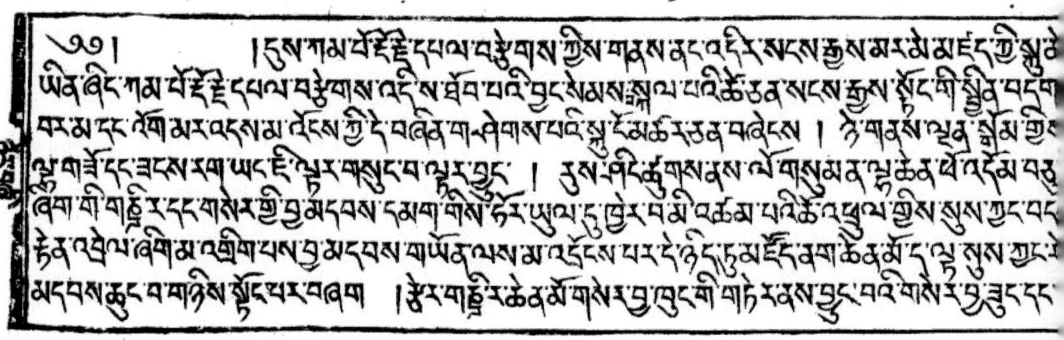

48

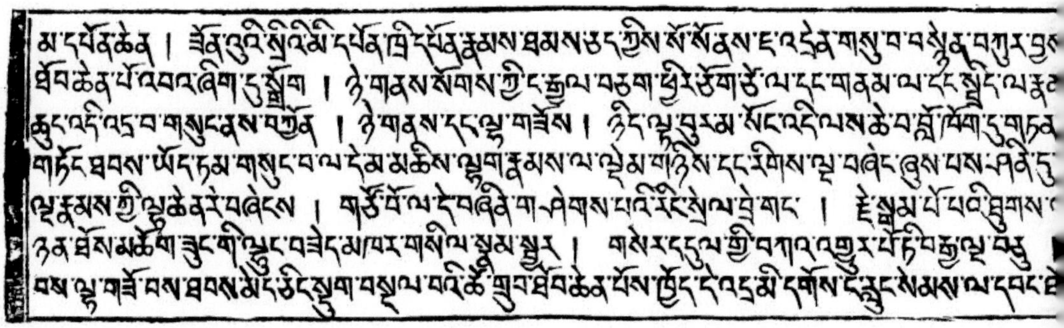

사료

Dpaʹ bo Gtsug lag ʹphreng ba, *Chos ʹbyung mkhas paʹi dgaʹ ston: Dam paʹi chos kyi* *ʹkhor lo bsgyur ba rnams kyi byung ba gsal bar byed pa mkhas paʹi dgaʹ ston* (reproduced from prints from the lho brag blocks from Rumtek Monastery, 2 volumes). Delhi: Delhi Karmapae Chodey Gyalwae Sungrab Partun Khang 1980, vol. 2, pp.47:7~48:1

Text Image: bdr:MW3CN22702

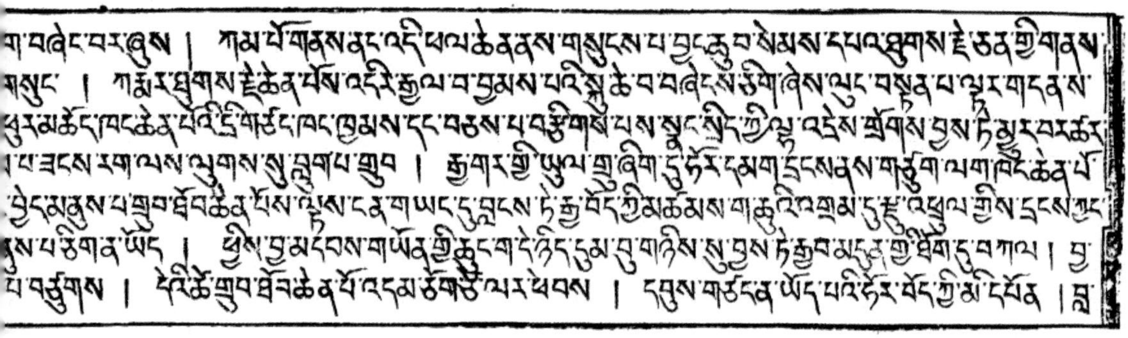

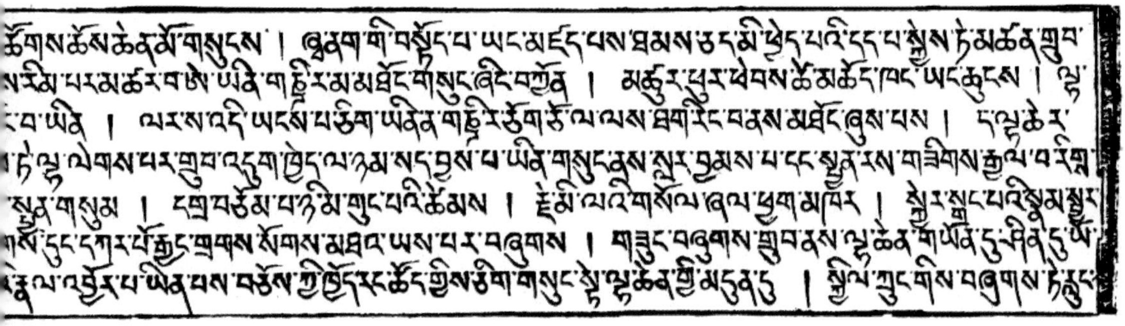

원문 전사

de'i tshe grub thob chen po 'dam cog tse lar pheb/ dbus gtsang na yod pa'i hor bod kyi mi dpon/ bla 48 ma dpon chen/ zon 'u'i sri'i mi dpon khri dpon rnams thams cad kyis so so nas ja 'dren gsu ba bsnyen bkur byas/

번역 및 분석

번역

그때 대성취자(grub thob chen po, 大成就者, 까르마 박시)는 담('dam)의 쪽쩨고개 (cog tse la)에 이르렀고 위짱(dbus gtsang)에 있던 몽골, 티베트인 관료와 라마들, 뾘첸(dpon chen), 선위사(zon 'u'i sri, 宣慰司) 관료, 만호장(khri dpon) 등이 모두 각각 차(ja, 茶)를 바치며 맞이하고 존경을 표했다.

분석

용어

'dam ___ 'dam gzhung. 현재의 라싸시 담슝(當雄)현.

cog tse la ___ 쪽쩨고개, "쪽쩨"라는 단어는 테이블을 뜻하는데, 중국어 "탁자(卓子)"에서 온 것이다. 아마도 꼭대기가 테이블처럼 평평한 고개였던 것으로 보인다.

zon 'u'i sri ___ 선위사(宣慰司).

ja ___ 차(茶).

기록의 의의

까르마 박시가 도착하자 위짱, 즉 중앙 티베트에서 몽골인, 티베트인 할 것 없이 관료, 승려, 뾘첸, 만호장 등이 맞이하러 왔다는 점으로부터 당시 그가 명성이 높았던 것을 알 수 있으며 또한 그들이 존경을 표하며 바친 것이 '차(ja, 茶)'라는 기록에서, 13세기 중후반 티베트에서 차가 상층 인물들 사이에서 향유되었고 귀한 손님에게 대접할 때 쓰였다는 사실을 알 수 있다. 차는 비단과 함께 티베트가 교역·보시·공물(貢物) 등 여러 형태로 중국 지역으로부터 들여온 필수 물품이다. 몽골제국 시기의 경우 아직 한지와 티베트 사이에 차의 민간 교역이 활발하지 않았던 것으로 보이지만, 지원(至元) 14년(1277) 도캄 지역, 즉 사천 서부에 서번차제거사(西蕃茶提擧司)가 설치된 기록이 있어서 더 고찰이 필요하다. 이 기관의 활동이 어느 정도였는지는 사료에 분명히 남아 있지 않다.

3. 우갠빠

U rgyan pa Rin chen dpal

| 사료

Dpa' bo Gtsug lag 'phreng ba, *Chos 'byung mkhas pa'i dga' ston: Dam pa'i chos kyi 'khor lo bsgyur ba rnams kyi byung ba gsal bar byed pa mkhas pa'i dga' ston* (reproduced from prints from the lho brag blocks from Rumtek Monastery, 2 volumes). Delhi: Delhi Karmapae Chodey Gyalwae Sungrab Partun Khang 1980, vol. 2, pp.63:3~64:1.

| 원문 전사

se chen gyis spyan 'dren lan gsum btang ba'i tha ma la byon/ ma bsgo bar stan la bzhugs pas ma bcos pa gsungs nas rgyal po mnyes/ gdung ma chen po cig bstan nas shing cir 'dug zer ba na rgya mtsho'i nya chen po cig gi rmang ra yin gsungs pas rgyal pos mngon shes 'dug zer/ sa skya pa rnams thams cad la phyin pa'i nor nyams chen po 'dug zer/ rgyal po'i phyag bsnyung ba sus kyang 'chos ma thub pa de dbyug pa mdzad pas phan/ rgyal po la chos gsungs/ bla ma chos kyi rgyal po'i shel tham 'bul gsung yang ma bzhes/ gong ma'i sku la dus sbyor dgu 'gags zin pas bsdad kyang phan mi thogs gsungs nas zhu ba nan can mdzad pas 'byon pa'i lung khrol/ shing rta kha sprod cig gser bre dang dngul bres bkang ste phul ba blon po tsho'i blor ma shong 'u lag gis mi lcogs zer bas ma bzhes par rgyal po nyid la phul/ nga la nor gyis dgos pa med/ nga'i 'khor rnams bya bral ba yin/ de la nor gyis ci byed/ chos mi byed na ni dad can gyi rdzas mi 'ju/ nga la nor dgos na sman tsi

63

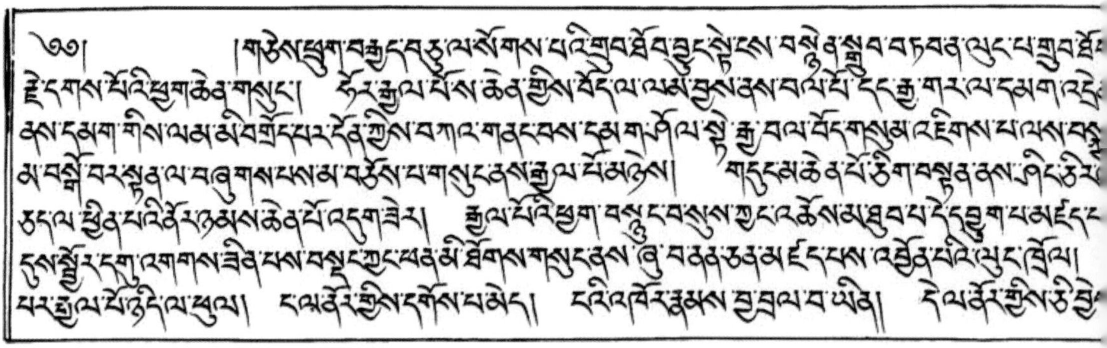

64

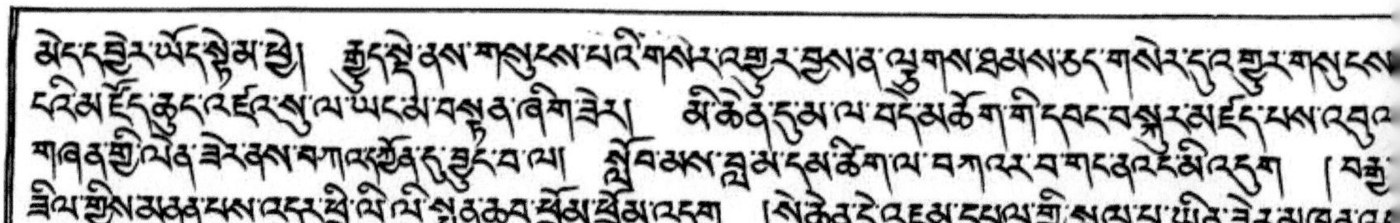

bo che'i las sgo sogs las sgo rin thang can dpag 64 med dbyer yod ste ma phye/ rgyud sde nas gsungs pa'i gser 'gyur byas na lcags thams cad gser du 'gyur gsungs pas rgyal pos gcig ston dang zer gsha' tse dkar po dngul du bsgyur lcags gser du bsgyur te bstan pas ngo mtshar che ste

번역 및 분석

번역

세첸(se chen, 즉 쿠빌라이)이 세 차례 초빙을 했고 그 마지막 [초대]에 [우갠빠가 세첸의 조정에] 이르렀다. 명하지 않았는데도 좌석에 앉고는 "억지로 꾸밀 것 없습니다(ma bcos pa)"라고 하시니 황제가 좋아했다. 큰 나무토막 하나를 보여주며 "무슨 나무인가요?" 하고 물으니 "바다의 큰 물고기

Text Image: bdr:MW3CN22702

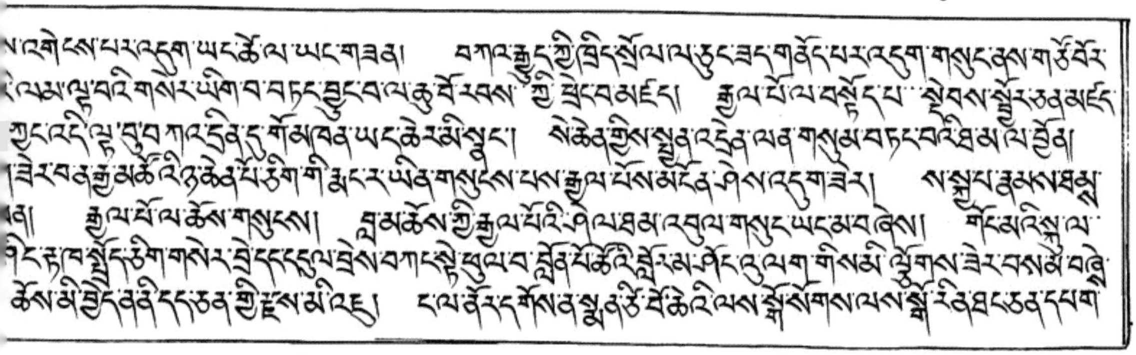

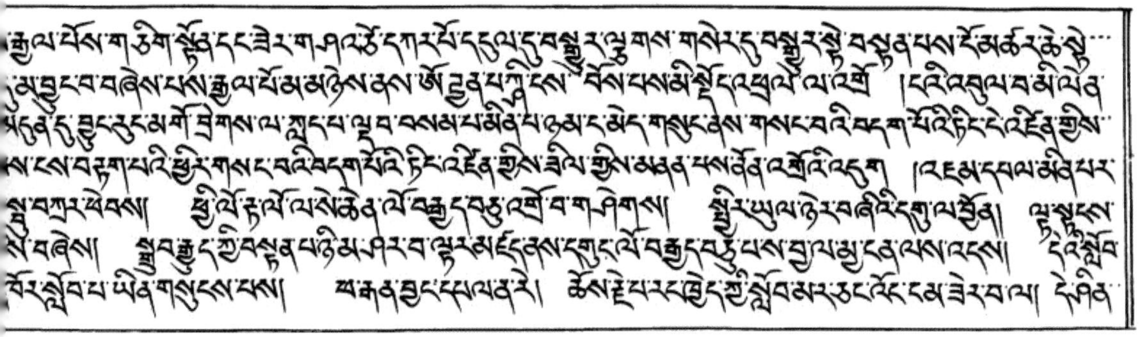

의 척추입니다"라고 답하셨다. 황제가 "신통하구나!"라고 말하고서 "사꺄파인 모두에게 간 재물이 너무 많구나"라고 하였다.[5] 황제의 손의 병을 누구도 치료할 수 없었는데 [우갠빠가] 흔드시니(dbyug pa mdzad pas) 효험이 있었고 그는 또한 황제에게 불법(佛法)도 설하였다. [황제가 그에게] "라마 법왕(bla ma chos kyi rgyal po)이라고 하는 수정인을 바치겠습니다"라고 하였는데, 이를 받지 않으셨다.[6] [우갠빠는] 또한 "황제의 몸에 대해 시간을 합하거나(dus sbyor)[7]나 [시간을] 버리는 것을 통

5 중역본은 이 문장의 의미를 "[우갠빠가] 사꺄파인들에게 간 보물에 대해 개의치 않았다"라고 보았으나, 저자가 우갠빠에 대하여는 일관되게 높임말을 쓰고 있는데 이 문장의 주어에 대하여는 gsungs(말씀하시다)가 아니라 zer(말하다)를 적고 있는 것에서 주어가 우갠빠가 아니라 쿠빌라이라는 것을 알 수 있으며, 또한 부정어가 없으므로 "제물이 너무 많다고 말했다"라고 보는 것이 좋다.

6 ma bzhes. 우갠빠의 말과 행동에 대해 모두 존칭어를 쓰고 있다.

7 태양 그림자의 길이를 보거나 별자리 위치를 관측하여 계절을 정하는 것. 또는 측정한 숫자에 근거하여 태양 입궁 시간과 주야 길이를 추측해 내는 방법.

해 보니 [제가 여기에] 머물러도 도움이 되지 않습니다"라고 하며 강력하게 청하셨고 이에 [쿠빌라이는] 돌아가도 된다는 명령을 내렸다. 그러고서 수레를 줄지어 두고서 금정(gser bre)과 은정(dngul bre)으로 채워 [우갠빠에게] 바쳤다.

대신들이 이를 받아들이지 않으며 "역마('u lag)로 [운송하는 것이] 불가합니다"라고 하였다. [우갠빠는 보시를] 받지 않고 황제에게 바치고서 말하기를 "저에게는 재물이 필요하지 않습니다. 저의 권속들은 속세를 떠난 자들입니다. 그들에게 재물이 무슨 소용이겠습니까? 법을 이행하지 않으면 믿음을 가진 이의 실질에 맞지 않습니다. 제가 재물을 필요로 한다면, 대규모 약장사들 등 무수한 비싼 거래를 하는 사람들과 구분해도 구분되지 않습니다. 그리고 『속부(續部, rgyud sde)』에 의하면, 금을 바꿀 수 있다면, 모든 쇠도 금으로 바꿀 수 있습니다"라고 하셨다. 황제가 "한번 보여주시오"라고 하는데, [우갠빠가] 백 주석(gsha' tse dkar po)을 은으로 변하게 하고 쇠를 금으로 변하게 하여 보이니 [쿠빌라이가] 크게 놀랐다.

분석

용어

'u lag ___ 투르크·몽골어로 역마(驛馬)를 뜻하는데 티베트 사료에서 역참과 관련된 각종 의무 즉 역마의 제공, 역참 근무, 음식 제공과 접대 등을 모두 포함하는 의미로 쓰인다.

gsha' tse dkar po ___ 흰색 주석(朱錫). 보통 gsha dkar po.

기록의 의의

이 기사는 13세기 까르마 까귀파의 주요 승려였던 우갠빠(U rgyan pa Rin chen dpal, 1230~1309)가 쿠빌라이의 거듭된 초청에 대도(大都)로 가서 그의 병을 호전시키고 불법(佛法)을 강설한 뒤 쿠빌라이로부터 대규모 보시를 받은 전후 상황에 대한 기록이다.

금정과 은정을 수레를 줄지어 세워놓고 가득 채웠다는 것은, 과장이 섞였다고 해도, 우갠빠에 대한 쿠빌라이의 보시가 대단히 많은 양이었다는 것을 보여주며, 이 보시량은 불교에 대한 쿠빌라이의 신심만이 아니라 이 시기 제국의 번영 정황도 잘 드러내고 있다.

한편 이 보시에 대해 원 조정의 대신들이 역마('u lag, 驛馬)로 나르는 것도 불가능한 양이라고 한탄한 것은, 티베트 승려들의 보시 물품 운송으로 원조(元朝)의 근간을 이루는 제도였던 역참이 지속적으로 큰 해를 입고 있는 것을 잘 인지하고 있기에 나온 반응일 것이다.[8] 또한 이러한 대신들의 비판에 우갠빠가 이 물품을 모두 쿠빌라이에게 도로 바쳤다는 기록 또한 주목할 만하다. 우갠빠는 몽골의 후원으로 티베트를 지배한 팍빠('phags pa, 八思巴) 등 사꺄파의 승려들과 달리 몽골 정권에 반감을 가진 까르마파 승려의 전형적인 모습을 보이는 인물이기에 이런 행동이 나왔을 것이다.

더욱 주목을 끄는 것은 그가 쿠빌라이가 준 대량의 금, 은 보시를 비웃으며 수령을 거부하는 데에 그치지 않고 "스스로 은과 금을 만들어 내는" 능력을 보였다는 기록이다. 이 일에 대하여 본 사서가 더 이상의 언급이 없고, 원(元)의 사료는 우갠빠에 대한 언급이 전혀 없으므로 쿠빌라이의 조정에서 일어났다는 이 연금술에 대하여는 그 정황을 알기 어렵다. 그런데 쿠빌라이 말기와 비슷한 시기 페르시아의 훌레구 울루스에서는 아르군(r.1284~1291) 칸이 연금술에 깊이 빠져 있었다. 라시드 앗딘에 의하면 각지에서 연금술사들이 아르군의 조정으로 모여들었고 아르군은 그들에게 엄청난 재화를 썼지만 아무도 성공하지 못했다고 한다.[9]

한편 티베트 사료들은 우갠빠에게 쿠빌라이가 티베트에서 올 때 생명수를 가져다 줄 것을 요청했고 그는 그 물을 가져갔다고 적고 있다.[10] 뒤이어서 3대 까르마빠 랑중 도르제에게도 역시 몽골이 생명수를 가져오게 한 기사를 살펴볼 것이며 이를 통해 몽골 지배층이 티베트 승려들에게 바란 것이 무엇인지 그 일면을 알 수 있을 것이다.

---

8 앞에서 본 대로 티베트 승려들도 자신들의 왕래와 보시 물품 운송이 역참에 미치는 영향을 잘 알고 있었다. 관련 내용은 최소영, 「몽골제국 시기 티베트 승려에 대한 보시 물품과 그 운송 문제」, 『중앙아시아연구』 26-2, 2021, 212~217쪽; 山本 明志, 「モンゴル時代におけるチベット・漢地間の交通と站赤」, 『東洋史研究』 67-2, 2008, pp.95~120; 山本 明志, 「チベットにおけるジャムチの設置」, 『日本西蔵学会会報』 55, 2009, pp.3~13 참고.

9 이들은 농축, 증발, 용해 등을 시행했으나 모두 실패했다. 그러나 아르군은 한 번도 그들을 책망하지 않고 오히려 추가 비용을 주어 다시 시도하게 했다. 라시드 앗딘에 의하면 아르군은 이에 대해 "연금술이라는 이 기술이 존재하는 것은 분명하니, 누군가는 이 고귀한 지식을 알아야 하지 않겠는가. 만약 내가 이 무지한 자들을 후원하지 않고 칼로 베어 죽여버린다면, 그러한 지식을 가진 사람이 나에게 어떠한 믿음도 갖지 않게 되지 않겠는가"라고 했다고 한다(라시드 앗딘, 김호동 역주, 『일칸들의 역사』, 사계절, 2018, 316~317쪽).

10 우갠빠에 대하여는 Leonard W.J. van der Kuijp, "U rgyan pa Rin chen dpal (1230~1309), part two: for Emperor Qubilai? His garland of tales about rivers," The relationship between religion and state (chos srid zung 'brel) in traditional Tibet : proceedings of a seminar held in Lumbini, Nepal, March 2000, Lumbini : Lumbini International Research Institute, 2004, pp.299~339; Roberto Vitali, "Grub chen U rgyan pa and the Mongols of China", edited by Roberto Vitali, *Studies on the History and Literature of Tibet and the Himalayas,* Kathmandu: Vajra, 2012, 31-64; Brenda, W. L. Li, "A Critical Study of the Life of the 13th-Century Tibetan Monk U rgyan pa Rin chen dpal Based on his Biographies", Wolfson College, University of Oxford Thesis submitted in fulfillment of the degree of Doctor of Philosophy, 2011 참고.

4. 랑중 도르제

Rang 'byung rdo rje

88

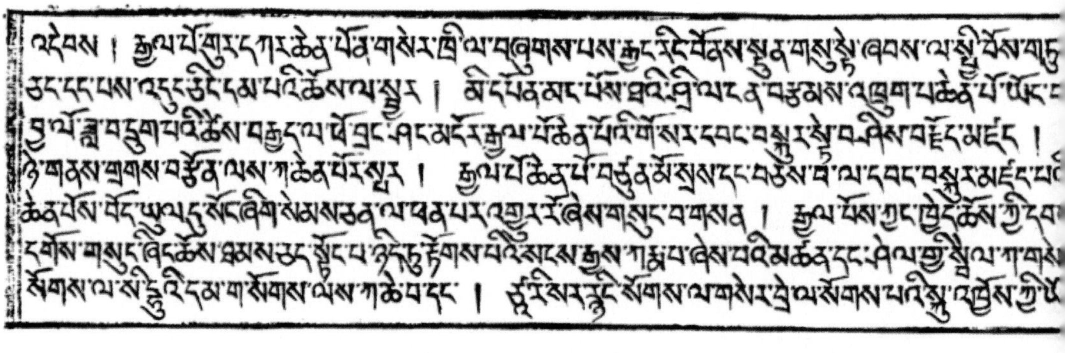

89

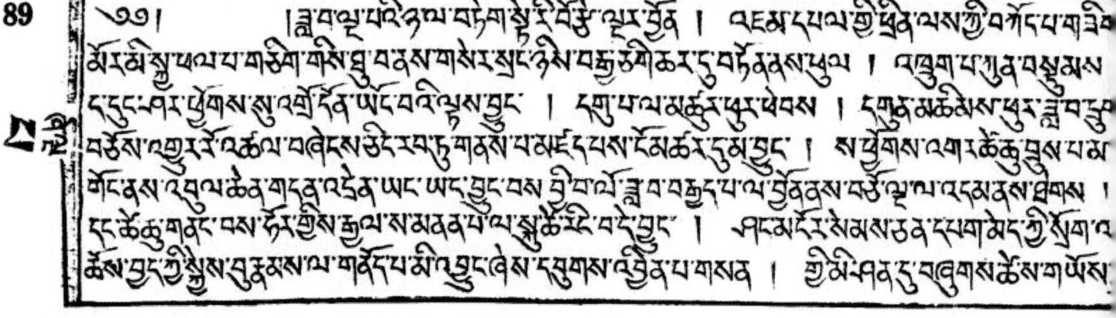

| 사료

Dpa' bo Gtsug lag 'phreng ba, *Chos 'byung mkhas pa'i dga' ston: Dam pa'i chos kyi 'khor lo bsgyur ba rnams kyi byung ba gsal bar byed pa mkhas pa'i dga' ston* (reproduced from prints from the lho brag blocks from Rumtek Monastery, 2 volumes). Delhi: Delhi Karmapae Chodey Gyalwae Sungrab Partun Khang 1980, vol. 2, pp.88:4~89:2.

Text Image: bdr:MW3CN22702

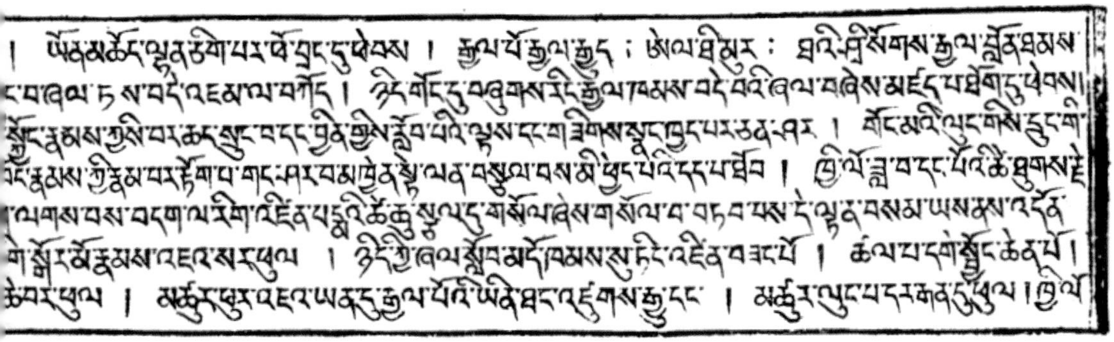

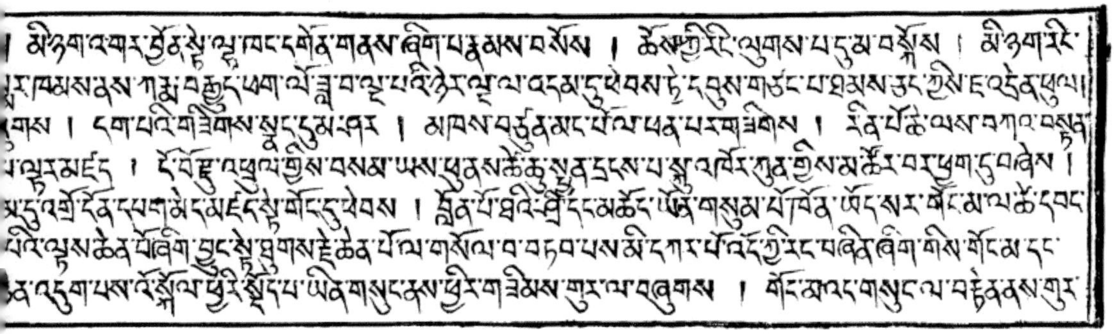

| 원문 전사

khyi lo zla ba dang po'i tshe thugs rje chen pos bod yul du song zhig sems can la phan par gyur ro zhes gsung ba gsan/ rgyal pos kyang khyed chos kyi dbang phyug lags pas bdag la rig 'dzin pad+ma'i tshe chu stsal du gsol zhes gsol ba btab pas de lta na bsam yas nas 'don dgos gsungs shing chos thams cad stong pa nyid du rtogs pa'i sangs rgyas kar+ma pa zhes pa'i mtshan dang shel gyi sbel ka gser yig sgor mo rnams 'ja' sar phul/ nyid kyi zhal slob mdo khams su ting 'dzin bzang po/ tshal pa dge sbyong chen po/ sogs la si dhu'i dam ga sogs las ka che ba dang/ tsA ri sar rnying sogs la gser bre la sogs pa'i sku 'khyos kyi yo byad che bar phul/ mtshur phur 'ja' yan du rgyal po'i yin thang 'dzugs rgyu dang/ mtshur lung pa dar rgan du phul/ khyi lo 89 zla ba lnga pa'i nya la bteg ste ri bo rtse lngar byon/ 'jam dpal gyi phrin las kyi bkod pa gzigs/ mi nyag 'gar byon te lha khang dgon gnas zhig pa rnams bsos/ chos kyi ring lugs pa du ma bskos/ mi nyag ring mor mi skya phal pa gcig gis thu ba nas gser srang nyis brgya cig car du bton nas phul/

번역 및 분석

번역

개해(1334) 정월, [랑중 도르제는] 대비관음보살(thugs rje chen po, 大悲觀音菩薩)이 "티베트로 가라! 유정(有情)들에게 도움이 된다"라고 말씀하시는 것을 들었다. 황제도 또한 "당신은 법자재불(法自在佛)이니 나에게 지명연화불(持明蓮花佛)의 생명수를 가져다주실 것을 청합니다"라고 청해 오니, "그렇다면 삼애(bsam yas)에서 가져와야겠습니다"라고 하셨고 [황제는 그에게] "원통제법성공불(圓通諸法性空佛) 까르마빠(chos thams cad stong pa nyid du rtogs pa'i sangs rgyas karma pa)"라고 하는 칭호와 수정인(shel gyi sbel ka, 水晶印)과 금자패와 조서('ja' sa)를 주었다. 또한, 랑중 도르제의 친전 제자인, 도캄의 띵진 상뽀(ting 'dzin bzang po), 챌파의 게종 첸뽀(dge sbyong chen po) 등에게 사도(si dhu, 司徒)의 인(dam ga) 등 대 칭호와 짜리(tsA ri)의 신구(新舊) 사원들에 금정 등 예물, 물자를 대량으로 바쳤다.

[랑중 도르제는] 출푸 사원에 자얀투 황제(Jayaγatu, Tuγ Temür, 1304~1332))의 영당(yin thang, 影堂)을 세우고 추르룽빠에게 다르칸(dar rgan) [의 호칭]을 바쳤다. 개해(1334) 5월 보름에 출발하여 오대산(ri bo rtse lnga)에 도착하여 문수보살의 공업(功業)의 장엄함을 보시고, 미냑 서하(mi nyag 'ga) 지방에 이르러 파괴된 불당과 사묘(寺廟)를 수리했으며 불법(佛法)을 오래 지킨 자들을 다수 임명하였다. 미냑 링모에서는 일반 속인(俗人) 한 사람이 옷 춤에서(thu ba nas) 금 200냥(gser srang nyis brgya)을 갑자기 꺼내어 바쳤다.

분석

용어

sbel ka (sbel kha) ___ 몽골, 투르크어로 '문서'를 뜻하는 '벨게belge'에서 온 것으로 보인다. (Dan Martin 사전 sbel kha 항목).

dar rgan ___ 큰 공을 세워 후에 어떤 죄를 지어도 벌이 아홉 번 면제되는 자를 의미. 티베트에서는 징세 면제자의 의미로 쓰이는 경우가 많다.

srang ___ 무게의 단위. 0.4~0.5kg으로 추정. 0.5kg으로 본다면 1정(bre chen, 약 2kg)의 4분의 1이므로 서하(미냑 링모)의 일반인이 바친 금 200냥(gser srang nyis brgya)은 금 50정이라고 할 수 있으며 이는 매우 큰 액수다.

기록의 의의

이 기사는 까르마 박시에 이어 까르마파를 이끈 제3대 좌주 랑중 도르제(Rang 'byung rdo rje, 1284~1339)가 몽골 조정에 초대받아 머물다가 티베트로 돌아와서, 대칸 토곤 테무르(Toyon Temür, 惠宗, 1320~1370)의 청으로 생명수(tshe chu)를 구해 가는 상황을 적고 있다. 앞에서 본, 14세기 챌빠 뀐가 도르제(Tshal pa Kun dga' rdo rje)가 편찬한 『홍책』에도 거의 같은 내용이 실려 있다.[11]

랑중 도르제는 대칸을 위해, 티베트 최초의 사원인 삼얘(bsam yas)에서 생명수를 구했으며 이에 대해 대칸은 먼저 랑중 도르제에게 금정을 준 것은 물론, 그의 제자들에게도 보시를 하였다. 랑중 도르제는 이 보시로 옛 서하 지방의 무너진 사원을 재건하고 새 사원들을 세웠다. 티베트 기록들은 티베트 불교 교단이 몽골로부터 받은 보시 물품들을 사적(私的)인 것에 쓰지 않고 모두 불교와 지방 공동체를 위해 사용했음을 강조하고 있다. 한편 서하(mi nyag ring mo) 지방의 한 재

11 "개해의 5월 보름에 출발하였고, [대칸이] "일체법의 공성을 깨달은 까르마빠"라고 하는 호칭을 내리는 성지('ja' sa)와 국사(國師, gu shrI)의 인(印), 수정인(印, sbel kha), 금자 원패를 바쳤다. 티베트의 신구(新舊, gsar rnying) 짜리에 이르렀을 때 [대칸이] 금정(gser bre, 金錠)을 하사하였고, 그의 제자 도캄의 라마 띵진 상뽀(Ting 'dzin bzang po)와 챌 게종 첸뽀(Mtshal dge sbyong chen po)에게는 사도(司徒, si tu)의 인(印, tham kha) 등의 사여품을 주었다. [랑중 도르제는] 출푸(Mtshur phu)에 자야두('Ja' ya du, 즉 툭 테무르 카안) 황제의 제사와 영당(影堂, yin thang)을 조성했다. [대칸이 그에게] 추르룽빠 타르칸(dar gan) 칭호를 주었다. 길을 우회하여 오대산과 미냑 가(mi nyag 'ga')에 도착하여 그들에게 기이한 조짐과 이타행(利他行)을 셀 수 없이 [베푸셨다]. 미냑 땅에서 이전의 불전(佛殿)과 사원들을 수선했고 주지를 임명했다. 그 후 미냑 링모(ring mo)에 이르렀는데 한 평범한 속인(俗人)이 옷의 바지춤에서 금을 200냥이나 꺼내더니 [랑중 도르제에게] 바쳤다." 이 기사는 본서의 두 번째 장인 『홍책』의 4. 랑중 도르제(2)의 내용이기도 하다.

가신자가 그에게 금 200냥(gser srang nyis brgya)을 준 것은, 몽골 황족에 비하면 액수가 적지만 일반인으로서는 매우 큰 보시이다. 기록처럼 이를 바지춤에 차고 오는 것은 무리였을 것이다.

한편 이 기사의 랑중 도르제의 제자 챌파의 게종 첸뽀(dge sbyong chen po)는 『홍책』의 저자인 뀐가 도르제를 말한다. 랑중 도르제의 전세(轉世) 4대 까르마빠 뢸빼 도르제를 인정하는 문제에서도 뀐가 도르제의 판정이 중요한 역할을 했다. 대칸 토곤 테무르도 뢸빼 도르제가 랑중 도르제의 환생이라는 것을 반신반의하다가 결국 받아들이게 되는데, 거기에는 뀐가 도르제의 인정이 중요한 역할을 했다.[12]

12 까르마파의 전세 인정 문제와 랑중 도르제의 생애에 대하는 최근 상세한 연구가 나왔다. Ruth Gamble, *The Third Karmapa Rangjung Dorje,* Shambhala. 2021.

5. 롤빠 도르제

Rol pa'i rdo rje(1)

사료

Dpa′ bo Gtsug lag ′phreng ba, *Chos ′byung mkhas pa′i dga′ ston: Dam pa′i chos kyi ′khor lo bsgyur ba rnams kyi byung ba gsal bar byed pa mkhas pa′i dga′ ston* (reproduced from prints from the lho brag blocks from Rumtek Monastery, 2 volumes). Delhi: Delhi Karmapae Chodey Gyalwae Sungrab Partun Khang 1980, vol. 2, pp.90:7~91:2.

원문 전사

ta′i tu dang shing kun tu kar sde btsugs/ ′bri phag gi rin po che la shel gyi sbel ka dang mtshur phu ba la gser tham gnang/ gong ma′i gsung gis gzhan bla mchod thams cad la 91 sbyin bdag dang sa cha′i zhal ta zhu rgyu ′dug/ nyid la de lta bu med pa lags sam zhus pas kho bo la yang shar phyogs kong po′i rgyal khams bya ba mi khyim ′bum phrag gcig rtsam yod gsungs/ ′o na de′i mi dpon la nged kyis gnang sbyin dang las ka chen po byed zhus pas/ de nged rang gis thugs rje chen po la gsol ba btab nas chos kyis ′dul ba yin yul khams de mi dpon gyis ′dul mi nus gsung/

90

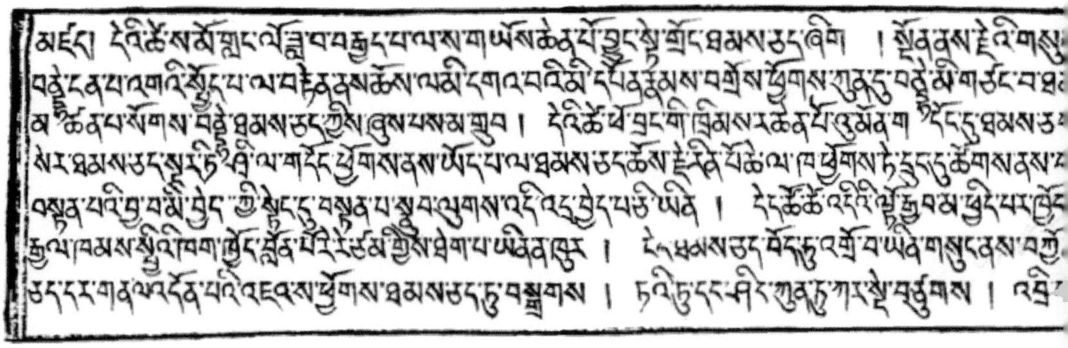

91

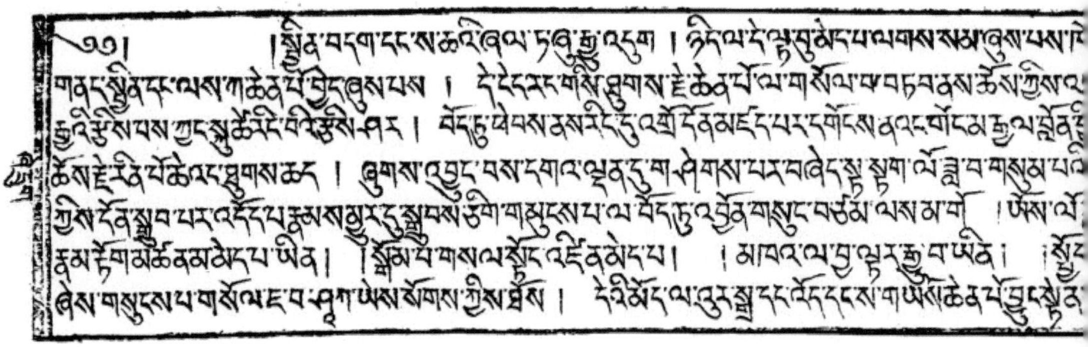

번역 및 분석

번역

[룅빠 도르제는] 대도(ta'i tu, 大都)와 임조(shing kun, 臨洮)에 대사원을 세우고 디궁파와 팍모두파의 린뽀체들에게 수정인을, 출푸 사원 주지에게 금인(gser tham, 金印)을 주었다. [그는] 황제의 성지에 의해 다른 모든 응공 라마에게 시주[를 붙여줄 것]와 땅을 보호해줄 것(sa cha'i zhal ta)을 요청했다. [황제가] "당신에게 그와 같은 것은 없지요?"라고 물으니 "저에게도 동쪽 꽁뽀(kong po) 왕국이라고 하는 곳에 민호 1만호가 있습니다"라고 하셨고, [황제는] "그렇다면 그 관인들에게 제가 하사품과 직책을 내릴까요?"라고 청하니, [룅빠 도르제는] "그에 대하여 제가 대자비보살(大慈悲菩薩)에게 여쭈니 '불법(佛法)으로 조복해야 한다. 그 지역은 관인(官人)으로 조복할 수 없다'고 하시더군요"라고 말씀하셨다.

Text Image: bdr:MW3CN22702

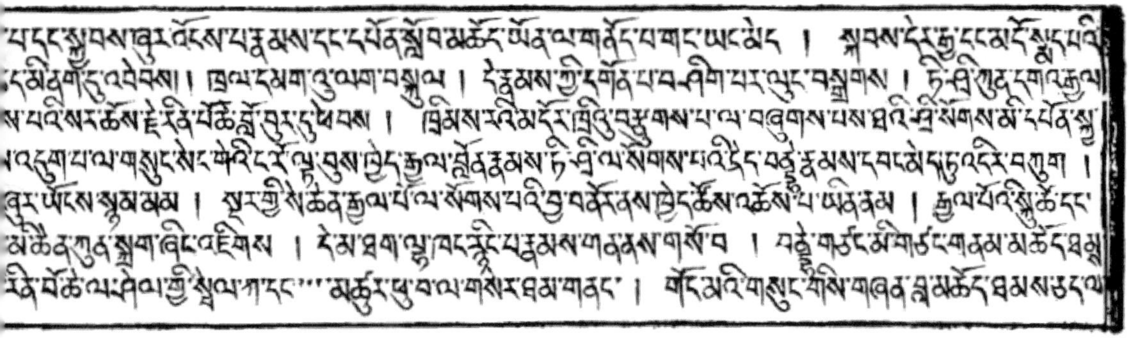

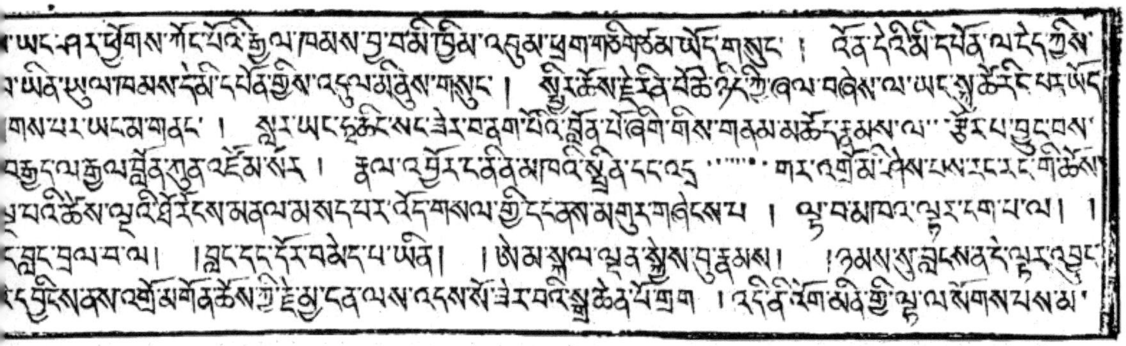

분석

기록의 의의

롤빠 도르제(Rol pa'i rdo rje, 1340~1383)는 앞의 『홍책』 기사에서 본 대로 랑중 도르제에 이어 4대 까르마빠로 인정되었다. 이 기사는 대칸 토곤 테무르가 4대 까르마빠 롤빠 도르제에게 보시를 주었고 그가 필요없다고 하자 대칸이 롤빠 도르제 휘하의 관료들에게 보시품을 나눠주려고 하였으며, 롤빠 도르제가 그것 역시 거부한 일을 기록하고 있다.

사꺄파출신으로 쿠빌라이의 제사였던 팍빠가 몽골 황실이 준 보시를 거부한 기록은 없는데 까르마파의 승려들에게는 자주 보이는 것은 주목할 만하다. 까르마파는 쿠빌라이로부터 고문과 감금을 당했던 제2대 좌주 까르마 박시 시기부터 몽골과 악연이 있었고, 까르마파 좌주는 아니었으나 앞에서 본 우갠빠와 마찬가지로 롤빠 도르제 역시 쿠빌라이의 하사를 거부하는 모습을 보이고 있다. 까르마파 승려들이 더 종교적이거나 금욕적이었기 때문이라기보다는 사꺄파와 몽골에 대한 그들의 반감이 더 중요한 원인이었을 것이다.

6. 롤빼 도르제

Rol pa'i rdo rje(2)

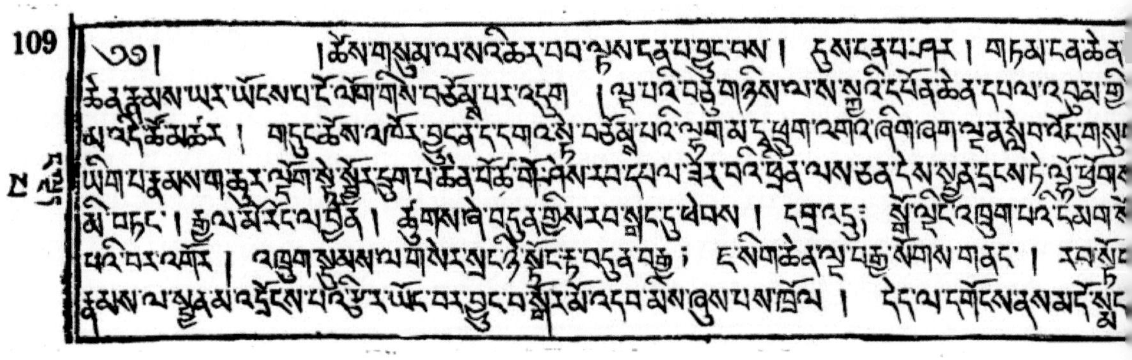

❙ 사료

Dpa' bo Gtsug lag 'phreng ba, *Chos 'byung mkhas pa'i dga' ston: Dam pa'i chos kyi 'khor lo bsgyur ba rnams kyi byung ba gsal bar byed pa mkhas pa'i dga' ston* (reproduced from prints from the lho brag blocks from Rumtek Monastery, 2 volumes). Delhi: Delhi Karmapae Chodey Gyalwae Sungrab Partun Khang 1980, vol. 2, p.109:4~6.

❙ 원문 전사

gong du sgor mo 'dab mi btang/ rgyal mo rong la byon/ tshugs zhe bdun gyis rab sgang du phebs/ dbra 'dru/ sgo lding 'khrug pa'i dmag sog mtha' yas pa 'dug pa rnams zhi bar mdzad ste yig khrims nyis brgyar nye ba mdzad/ zla ba dgu pa nas byi lo zla ba

Text Image: bdr:MW3CN22702

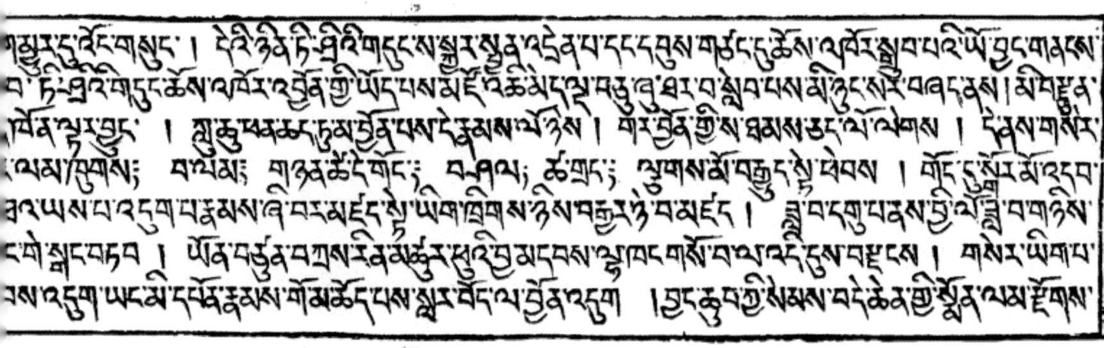

nyis pa'i bar 'gor/ 'khrug sdums la gser srang nyi stong rta bdun brgya/ ja sig chen lnga brgya sogs gnang/

| 번역 및 분석

번역

상부 지역에 고르모답(sgor mo 'dab)에 아직 도착 못하고 갤모롱(rgyal mo rong)에 이르러, 47개 역참을 지나 랍강(rab sgang)으로 갔는데, 다두(dbra 'dru)와 고딩(sgo lding)이 다투어 끝없는 군대가 모이고 있는 것을 [룅빠 도르제가] 안정시키고 법규 200항을 만드셨다. [이를 해결하는 데에] 9월부터 쥐해(1360) 2월까지 [시간이] 걸렸다. 싸움을 안정시킨 것에 대해 그들은 룅빠 도르제에게 금 2,700상(srang), 전차(磚茶) 큰 것 500편(片)(ja sig chen lnga brgya) 등을 주었다.

분석

용어

rgyal mo rong ___ "여왕곡(女王谷)". 티베트 동북부.

rab sgang ___ 캄 6개 지역 중 하나.

ja sig ___ 전차(磚茶). 여기에 '큰(chen)'이 들어가 있으므로 일반적인 전차보다 그 부피와 무게가 더 큰 것이었던 것으로 보인다.

기록의 의의

제4대 까르마파의 좌주 뢸빼 도르제(Rol pa'i rdo rje, 1340~1383)가 몽골 조정에 가는 길에 지방 세력의 다툼을 해결해준 것에 대해 받은 물품을 기록하고 있다. 이 지방 세력은 매우 부유했던 것으로 보이는데, 특히 그들이 뢸빼 도르제에게 500덩어리(片)라고 하는 대량의 차를 바칠 수 있었던 것은 랍강(rab sgang)이 차 생산지인 캄 지역, 즉 사천 서부에 위치해 있었기 때문일 것이다. 몽골 지배층 사이에서 까르마파 승려들의 명성은 당시 사꺄파보다 더 높았고, 이는 명(明) 황제들에게도 이어져서 영락제는 1406년 제5대 까르마빠인 데신셱빠(De bzhin shegs pa, 1384~1415)를 수도 남경으로 초청하였다. 『명사(明史)』는 그를 "합립마(哈立麻)"라고 적었는데 이는 티베트어 "까르마"의 음사이다.

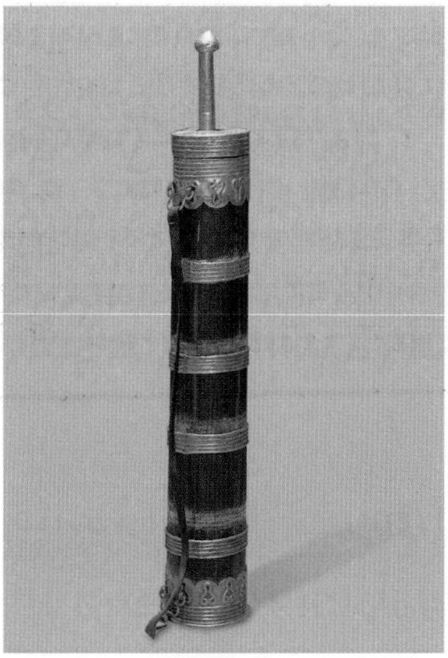

그림 1 차와 버터를 섞는 동모(mdong mo)
(대원사 티벳박물관)

7. 뢸빼 도르제

Rol pa'i rdo rje(3)

┃사료

Dpa' bo Gtsug lag 'phreng ba, *Chos 'byung mkhas pa'i dga' ston: Dam pa'i chos kyi 'khor lo bsgyur ba rnams kyi byung ba gsal bar byed pa mkhas pa'i dga' ston* (reproduced from prints from the lho brag blocks from Rumtek Monastery, 2 volumes). Delhi: Delhi Karmapae Chodey Gyalwae Sungrab Partun Khang 1980, vol. 2, pp.114:5~115:1.

┃원문 전사

dngos po de dag gang du song dang bya ba gang byas ni so skyes mi shes mod/ 'on kyang byis pa'i mthong ba la yang 'bul nod mtha' dag dkon mchog gi rten phyogs med du mchod/ sems can ris med la sbyin pa mdzad/ tha na gru gzings dge zam yan gyi rgyur sbyar/ zang zing gi sbyin pas 'khrug rtsod 'khon 'thab thams cad zhi bar mdzad pas zang zing rnams don ldan 'ba' zhig mdzad par kun gyis mthong la/ khyad par skabs 'dir dbus gtsang mdo khams kyi dgon pa ban+dhe bcu yod pa yan chad la mang ja bdun re spyi 'gyed bla ma la gnang sbyin/ lha sa mtshur phu sogs su gser bre dngul bre mang po las byas pa'i kong bu/ kong rgyags/ lha chen 'dzam gling rgyan gser shog gis g.yog pa sogs/

114

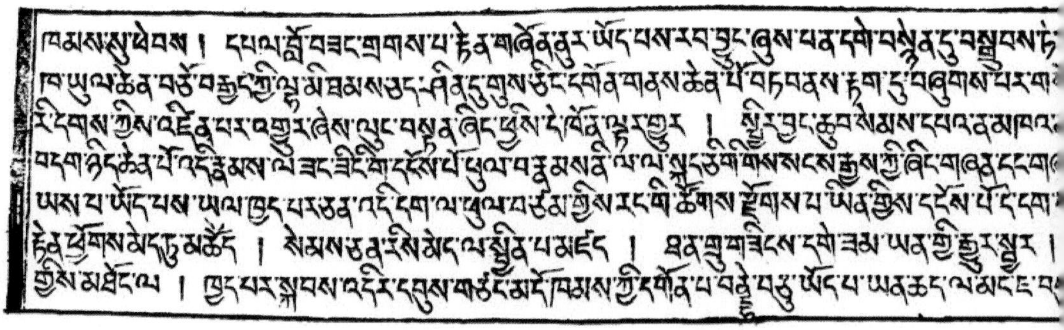

115

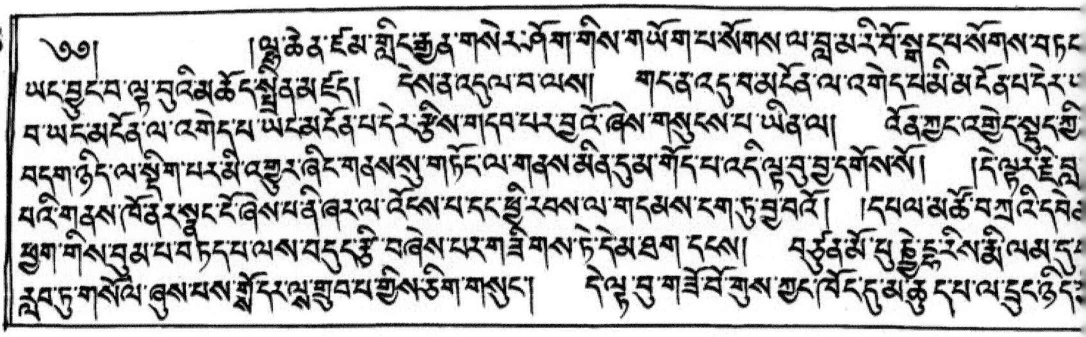

번역 및 분석

번역

그 물품들이 어디로 갔고 무엇에 썼는지 사람들은 알지 못했지만, 소년(쫑카빠)의 견해로도 모든 보시품이 삼보(三寶)를 위해 편향 없이 바쳐진 것[을 알았다]. 두루 유정(有情)들을 위해 사여하고 심지어 배를 만들고 다리를 만들어 연결하여 물자를 주어 다툼, 악의, 싸움을 모두 안정되게 하시고 물자들로 이익을 어느 정도 있게 하셨음을 모두가 보았다. 특히 이 때에 위짱, 도캄의 10인 이상 승려가 있는 사원에 7차례 차를 주었고 라마들에게 보시하였다. 라싸와 출푸 등지에서는 대량의 금 정(gser bre), 은 정(dngul bre)으로 버터 램프(kong bu), 그릇 등을 만들었고 금박(gser shog)으로 세계장엄대불(世界莊嚴大佛)을 덮는 등[의 일을 하셨다].

분석

용어

gser shog ___ 금으로 된 얇은 막, 금박.

Text Image: bdr:MW3CN22702

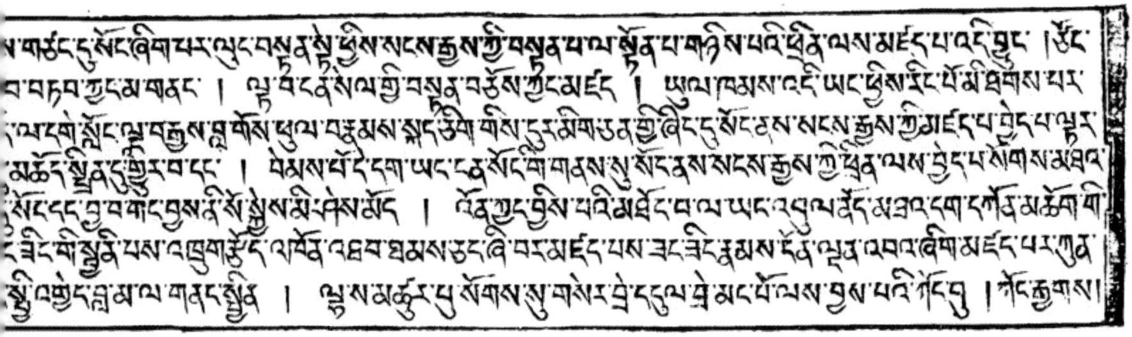

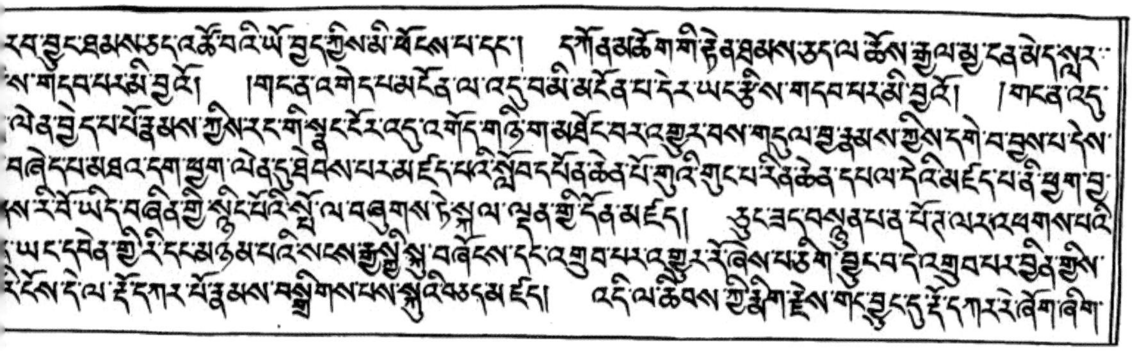

기록의 의의

4대 까르마파의 좌주인 뢸빼 도르제가 원의 마지막 대칸인 토곤 테무르로부터 받은 보시 물품을 어디에 썼는지에 대한 기록이다. 그는 티베트인들을 위해 배를 만들고 다리를 만들었고, 물자를 나눠주어 사람들 간에 다툼을 줄였다. 또한, 승려들에게는 차를 나눠주고 사원에서 쓰는 버터 램프, 공양 그릇 등을 금으로 만들었으며, 불상 표면을 금박으로 덮었다. 이 기사는 그가 몽골제국 멸망 후 티베트에서 일어난 신흥 교파 겔룩파의 창건자인 쫑카빠 롭상 닥빠(Tsong kha pa Blo bzang grags pa, 1357~1419)가 소년일 때 만난 것을 적고, 뢸빼 도르제가 자신이 받은 보시 물품을 사적으로 쓰지 않았다는 것을 겔룩파의 창건자 쫑카빠의 권위를 빌어 강조하고 있다.

8. 롤빼 도르제

Rol pa'i rdo rje(4)

115

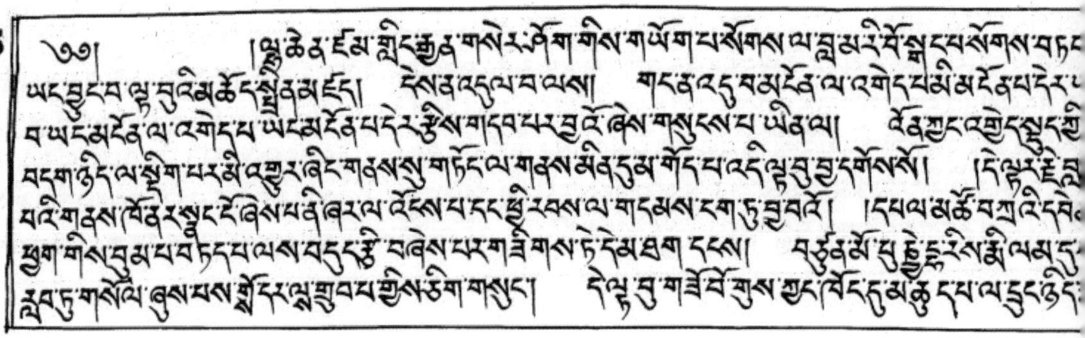

116

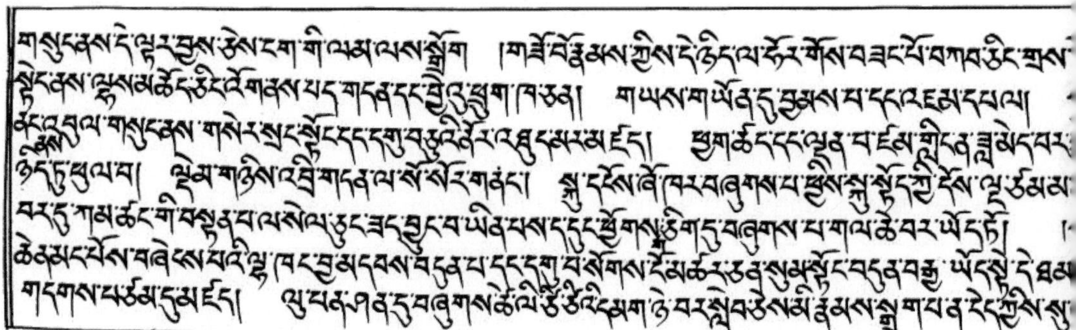

| 사료

Dpa' bo Gtsug lag 'phreng ba, *Chos 'byung mkhas pa'i dga' ston: Dam pa'i chos kyi 'khor lo bsgyur ba rnams kyi byung ba gsal bar byed pa mkhas pa'i dga' ston* (reproduced

Text Image: bdr:MW3CN22702

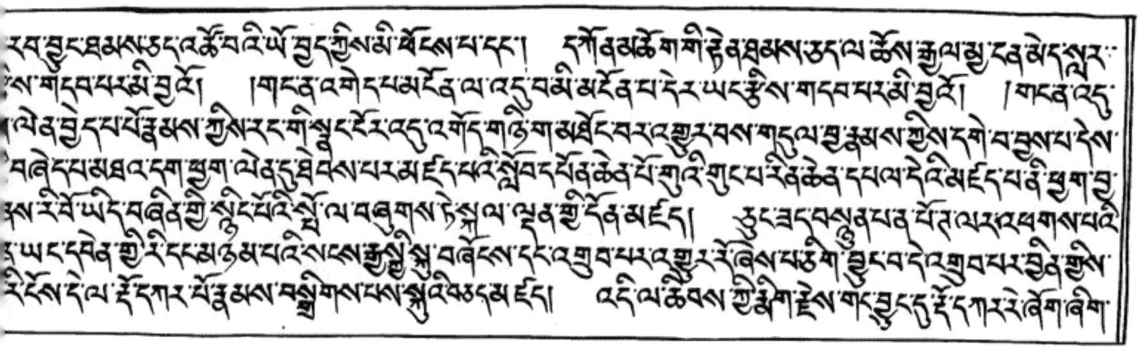

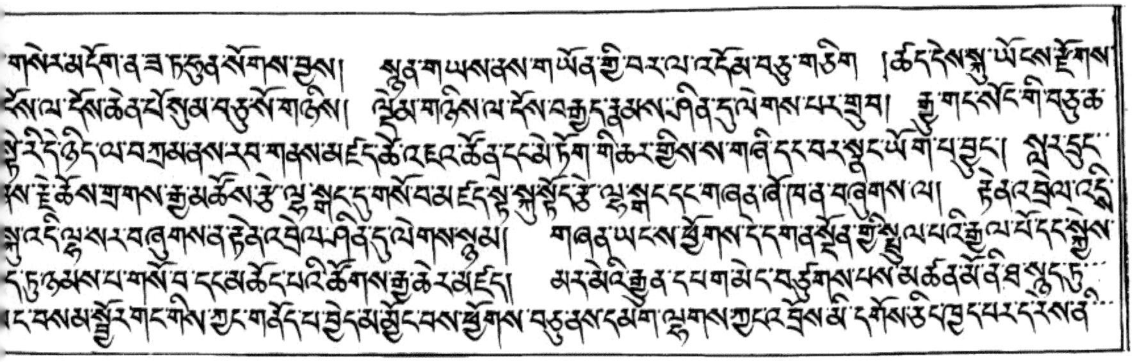

from prints from the lho brag blocks from Rumtek Monastery, 2 volumes). Delhi: Delhi Karmapae Chodey Gyalwae Sungrab Partun Khang 1980, vol. 2, pp.115:7~116:4.

원문 전사

´di la chibs kyi rmig rjes gang byung du rdo dkar re zhog zhig 116 gsung nas de ltar byas ces ngag gi lam las sgrog/ gzo bo rnams kyis de nyid la hor gos bzang po bkab cing gras te sku gser mdog na ⟨za⟩ [bza´] ta hun sogs byas/ snyan g.yas nas g.yon gyi bar la ´dom bcu gcig/ tshad des sku yongs rdzogs steng nas lhas mchod cing ´og nas pad gdan dang bye´u phrug kha can/ g.yas g.yon du byams pa dang ´jam dpal/ sku dngos la dos chen po sum bcu so gnyis/ ldem gnyis la dos brgyad rnams shin tu legs par grub/ rgyu gang song gi bcu cha nang nas ´bul gsungs nas gser srang stong dang dgu bcu´i nor mthud mar mdzad/ phyag tshad dang ldan pa ´dzam gling na zla med par grub ste ri de nyid la bkram nas rab gnas mdzad tshe ´ja´ tshon dang me tog gi char gyis sa gzhi dang bar snang yog pa byung/ slar drung nyid du phul ba/ ldem 967 gnyis ´bri gdan la so sor gnang/

번역 및 분석

번역

이것(불상)에 대하여 "말의 발자국이 어디에 이르더라도 흰 돌에 놓아라!"라고 말씀하시니 그와 같이 하라는 말의 방식으로 선포되었다. 장인(匠人)들이 그 [불상]을 몽골의 좋은 비단(hor gos bzang po)으로 덮어 묶고, 황금색 몸에는 대홍(ta hun, 大紅)[13] 비단을 입혔다. 오른쪽 귀에서 왼쪽까지 11돔(´dom)이었고 그 형태는 온전한 불상이었으며, 위에서 신이 봉공(奉供)하고 아래에는 연화좌와 작은 새가 있었으며, 좌우에는 미륵과 문수보살이 있었다. 주존은 32되(dos), 두 불상

13 대홍은 대칸이 여는 지순 연회 의상의 주요 재료였다. 예를 들면 『元史』는 관료의 지순 의상으로 다음과 같이 서술했다. "百官質孫 冬服은 大紅納石失(nasīj) 한 벌, 大紅怯綿里(qirmiz) 한 벌, 大紅官素 한 벌, 桃紅, · 藍, · 綠官素 각 한 벌, 紫, · 黃, · 鴉青 각 한 벌로 총 9종이었다. 夏服은 素納石失(nasīj) 한 벌, 聚線寶里納石失(nasīj) 한 벌, 棗褐渾金間絲蛤珠 한 벌, 大紅官素帶寶里 한 벌, 大紅明珠答子 한 벌, 桃紅, · 藍, · 綠, · 銀褐 각 한 벌, 高麗鴉青雲袖羅 한 벌, 駝褐, · 茜紅, · 白毛子 각 한 벌, 鴉青官素帶寶里 한 벌씩 총 14종이었다(설배환, 「蒙 · 元제국쿠릴타이(Quriltai) 연구」, 서울대학교 박사학위논문, 2016, 147쪽에서 재인용).

은 8되(dos)의 크기였고 매우 잘 만들어졌다. [뢸빼 도르제는] "물자가 얼마가 들든지 10분의 1로부터 바친다"라고 말씀하셨고, 금 1,090냥을 모으셨다. [불상의] 모습을 갖춘 것이 세상에서 비할 바 없이 이루어졌으며, 그 산에 두고 개광(開光)하는데 무지개와 꽃비가 땅과 하늘을 덮었다. 그리고 이 상을 [뢸빼 도르제에게] 바쳤고 작은 불상 둘은 각각 디궁과 [팍모두파의] 댄사틸에 주었다.

분석

용어

na bza' ___ '옷(gos)'의 존칭어.

ta hun ___ 대홍(大紅) 혹은 대홍라(大紅羅)로 적던 붉은 색의 고급 견직물.

'dom ___ 길이의 단위. 1돔은 약 180cm.

dos ___ 묶음, 다발의 뜻. 정확한 크기를 알 수 없다.

기록의 의의

까르마파의 4대 좌주 뢸빼 도르제가 몽골 황실의 보시 물품으로 불상을 만들고, 그것을 "몽골의 좋은 비단(hor gos bzang po)" 등 비싼 직물로 덮고 있다. 대홍(大紅)의 경우 티베트어로 번역하지 않고 중국어 그대로 적고 있다. 뢸빼 도르제는 큰 불상은 자신이 갖고, 작은 불상 두 개는 디궁파와 팍모두파에 주고 있는데 까르마파, 디궁파, 팍모두파는 모두 까귀(bka' rgyud)파의 하부 종파이다. 이들은 모두, 몽골제국 시기 몽골의 후원을 받은 사까파가 티베트를 지배하는 것에 반감을 갖고 있었으며 원 말 까르마파의 승려들이 계속해서 몽골 황실의 존숭을 받자 몽골로부터 받은 물자를 까귀파 내에서 서로 나눠 쓰고 있다.

9. 데신섹빠

De bzhin gshegs pa

153

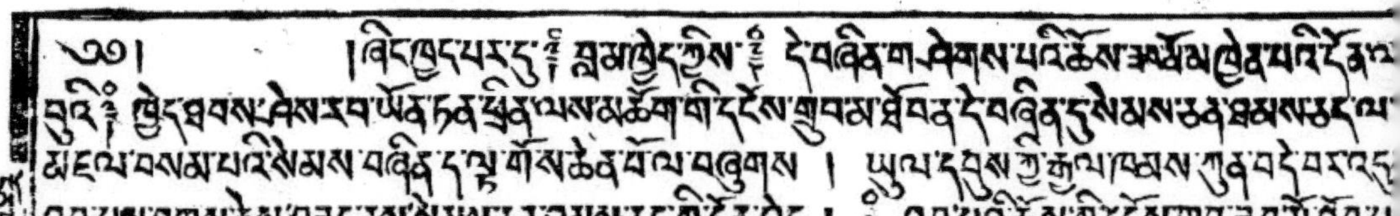

154

(Tibetan text reproduced in photographic plate)

| 사료

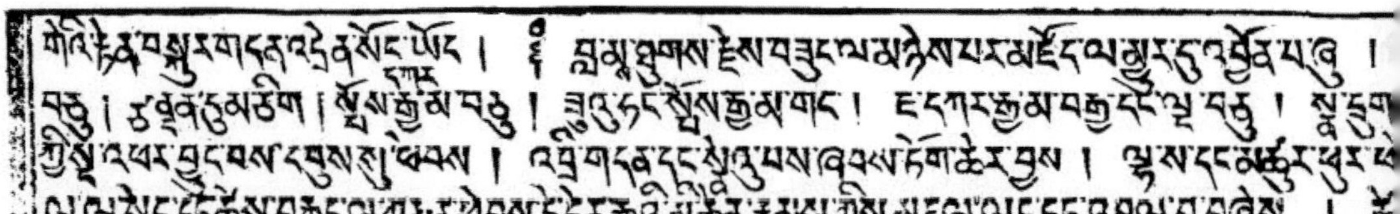

Dpa´ bo Gtsug lag ´phreng ba, *Chos ´byung mkhas pa´i dga´ ston: Dam pa´i chos kyi*
´khor lo bsgyur ba rnams kyi byung ba gsal bar byed pa mkhas pa´i dga´ ston (reproduced

Text Image: bdr:MW3CN22702

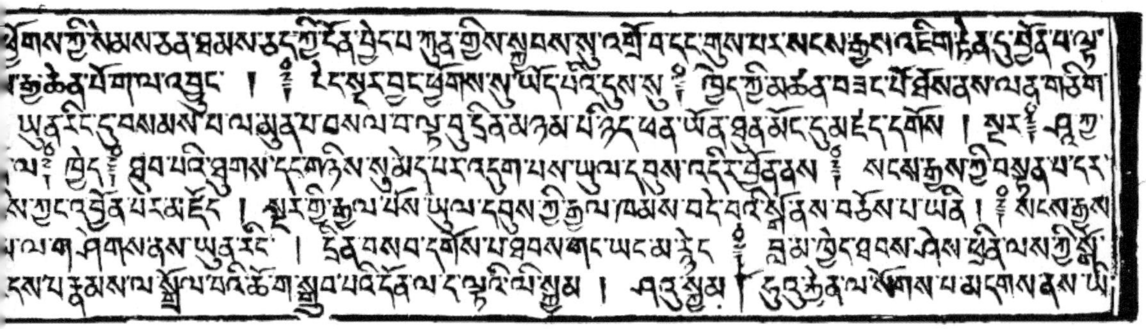

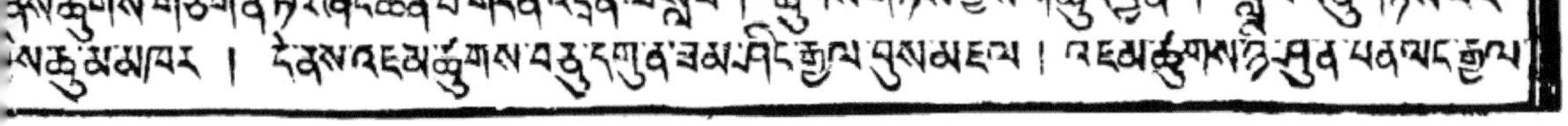

from prints from the lho brag blocks from Rumtek Monastery, 2 volumes). Delhi: Delhi Karmapae Chodey Gyalwae Sungrab Partun Khang 1980, vol. 2, pp.153:4~154:2.

원문 전사

khyed thub pa'i thugs dang gnyis su med par 'dug pas yul dbus 'dir byon nas sangs rgyas kyi bstan pa dar ba dang rgyal khams kyi phan bde la dgongs nas nged kyis sngar bsams pa bzhin rjes su 'brengs nas/ bla ma khyed cis kyang 'byon par mdzod/ sngar gyi rgyal pos yul dbus kyi rgyal khams bde ba'i sgo nas bcos pa yin/ sangs rgyas kyi bstan pa la yang dad pa sngon du 'gro ba/ nged kyi yab tha'i rgyal po hu hang dang dad pa can gyi btsun mo hu hAng bu gnam la gshegs nas yun ring/ drin gsab dgos pa thabs gang yang ma rnyed/ bla ma khyed thabs shes phrin las kyi sgo nas mchog gi dngos grub thob pa'i don gyis/ sangs rgyas kyi ngo bo nyid yin par 'dug/ cis kyang myur bar byon nas 'das pa rnams la sgrol pa'i cho ga sgrub pa'i don la da lta'i li skyam/ sha'u skyam/ hu'u rkyen la sogs pa mngags nas yi 154 ge'i rten bskur gdan 'dren song yod/ bla mas thugs rjes bzung la mnyes par mdzod la myur du 'byon pa zhu/ yi ge'i rten gyi dngul bre chen gsum la srang brgya dang lnga bcu/ gos yug mdog mi 'dra ba phyi bcu/ nang dar mdog mi 'dra ba bcu/ tsan+dan dum cig/ spos dkar rgya ma bcu/ zu'u hang spos rgya ma gang/ ja dkar rgya ma brgya dang lnga bcu/ sna drug yun lo zla ba gnyis pa'i tshes bco brgyad la pho brang chen po nas bris/

번역 및 분석

번역

당신(의 자비심)은 붓다의 자비심과 다르지 않으므로 이 중원(中原, yul dbus)으로 와서 붓다의 가르침을 펼치고 왕국의 이익과 안락을 생각하여 내가 이전에 생각한대로 스승(bla ma) 당신은 반드시 오시도록 하시오.

이전의 황제들은 중원의 왕국을 평안하게 만들었습니다. 붓다의 가르침도 역시 이전에 이미 왔습니다. 나의 부친 태조 홍무(tha'i rgyal po hu hang)와 믿음을 가진 비 마황후(hu hAng bu)가 하늘로 가신 지 오래 되었고 은혜에 보답해야 하는데 방도를 전혀 찾지 못하였습니다.

라마 당신은 방도를 알고 있고 업(業)의 측면에서 지고무상(至高無上)한 성취를 얻으셨으니 붓다 자체이십니다. 어떻게든 속히 오셔서, 돌아가신 분들을 위해 해탈의 의식을 이루도록 하기 위해 지금 사례소감(li skyam sha'u skyam, 司禮少監)[14] 후현(hu'u kyen, 侯顯)[15] 등을 파견하며 서신과 예품을 주어 초청하러 보냅니다. 라마께서는 비심(悲心)을 가지고 기뻐하시면서 속히 오시기를 청합니다. 서신과 함께 예물로 은 3대정(bre chen) 150냥(srang), 여러 색 단필 단자(gos yug) 10필, 여러 색 비단 10필, 전단 나무 하나, 백향(白香) 10갸마(rgya ma), 유향(zu'u hang, 乳香) 향 몇 갸마, 백차(白茶) 여섯 종류 150갸마.

영락(yun lo) 2월 18일에 대궁(大宮, pho brang chen po)에서 썼습니다.

분석

용어

yul dbus ___ "지역-중간." 영락제의 초청장에서 중국을 가리킨 한문 표현을 티베트어로 번역한 단어다. 일반적으로 티베트 불교 세계에서 세상의 중심에 있는 것은 인도였다.

hu hang ___ 부황(父皇)

rgya ma ___ 무게의 단위. 약 2kg (Dan Martin 사전)

gos yug mdog mi 'dra ba phyi ___ 여러 색 단자(緞子). 마지막의 phyi는 '바깥'을 뜻한다.

nang dar mdog mi 'dra ba ___ 첫번째 단어 nang은 '안'을 뜻한다. dar mdog mi 'dra ba는 여러 색깔 비단.

기록의 의의

명 영락제가 까르마파의 5대 좌주인 데신섹빠(De bzhin gshegs pa, 1384~1415)를 초빙하면서 보낸 서신이다. 『명사(明史)』의 기록과 비교해 볼 만하다. 『명사』는 이 승려를 "합립마(哈立麻)"라고

14 li skyam sha'u skyam에서 첫번째 나온 skyam은 오류로 보이며, '사(司)'에 해당하는 글자는 탈락되어 있다. 『명사(明史)』에 이때 보낸 사신이 티베트계인 사례소감 후현이라고 기록되어 있으므로 그를 따랐다.

15 후현(侯顯): 명조의 환관이며, 티베트계로 티베트 이름은 홍보희효(洪保希繞)라고 하며 간쑤성 감남장족자치주(甘南藏族自治州) 임담현 류순향 사저하촌(臨潭縣流順鄉寺底下村)이 본적이다. 사례감소감(司禮監少監)을 지냈고 영락(永樂) 원년(1403)에 티베트 등지에 사신으로 파견되었으며 영락 10~13년 사이 정화(鄭和)와 함께 남해원정에 참여하여 미얀마, 네팔, 인도, 시킴, 파키스탄, 마다가스카르 등지를 방문하였다. 선종(宣宗)은 현재 임담현 류순향 상채촌(上寨村)에 후가사(侯家寺)를 건립하도록 하여 사여하였다. 후현은 후에 후가사에서 원적하였다(동북아역사재단, 『中國正史外國傳 역주-明史 外國傳 譯註.4 - 西域』, 2012, p.278).

적고 있으며 이는 "까르마"의 음사일 것으로 보인다. 앞에서 본대로 티베트는 14세기 중반 팍모두파가 사까파를 제압하고 정권을 잡고 있었으나 종교 방면에서는 뛰어난 승려를 배출하지 못했고, 까르마파의 3, 4대 좌주들이 계속 몽골 조정에 초청되어 간 것에서 보다시피 까르마파가 몽골 황실에서 큰 영향력을 행사하고 있었다. 영락제는 이 관행을 이어 5대 까르마빠[16]인 데신셱빠를 자신의 궁으로 초청했다.

영락제가 데신셱빠를 초청하면서 서신과 함께 보낸 물품으로 여기에 언급된 것은, 비단, 전단나무, 향이다. 『명사』는 초청 서신과 함께 '폐(幣)'를 보냈다고만 썼고 이 서신의 '돌아가신 분들을 위해 치르는 해탈의 의식'을 보도대재(普度大齋)라고 적고 있다.

16 karma pa. 까르마 집단을 가리키기도 하고 그 집단의 최고 승려를 가리키기도 한다.

참고문헌

사료

동북아역사재단, 『中國正史外國傳 역주-明史 外國傳 譯註.4-西域』, 2012.

라시드 앗딘, 김호동 역주, 『일칸들의 역사』, 사계절, 2018.

『元史』, (中華書局)

연구서, 논문

설배환, 「蒙·元제국쿠릴타이(Quriltai) 연구」, 서울대학교 박사학위논문, 2016

최소영, 「13세기 티베트와 훌레구 울루스」, 서울대학교 석사학위논문, 2010.

최소영, 「몽골제국 시기 티베트 승려에 대한 보시 물품과 그 운송 문제」, 『중앙아시아연구』, 26-2, 2021, 181~226쪽.

Brenda, W. L. Li, "A Critical Study of the Life of the 13th-Century Tibetan Monk U rgyan pa Rin chen dpal Based on his Biographies", Wolfson College, University of Oxford Thesis submitted in fulfillment of the degree of Doctor of Philosophy, 2011.

Choi, Soyoung, "From Brutes to Boddhisatvas: the Mongols in Tibetan sources", Timothy May and Michael Hope ed., *The Mongol World*, Brill. 2022(출간 예정).

Gamble, Ruth, *The Third Karmapa Rangjung Dorje*, Shambhala, 2021.

Kuijp, Leonard W.J. van der. "U rgyan pa Rin chen dpal (1230~1309), part two: for Emperor Qubilai? His garland of tales about rivers," The relationship between religion and state (chos srid zung 'brel) in traditional Tibet : proceedings of a seminar held in Lumbini, Nepal, March 2000, Lumbini : Lumbini International Research Institute, 2004, pp.299~339.

Vitali, Roberto, "Grub chen U rgyan pa and the Mongols of China", edited by Roberto Vitali, *Studies on the History and Literature of Tibet and the Himalayas*, Kathmandu: Vajra, 2012.

山本 明志, 「モンゴル時代におけるチベット・漢地間の交通と站赤」, 『東洋史研究』 67-2, 2008, pp.95~120

山本 明志, 「チベットにおけるジャムチの設置」, 『日本西蔵学会会報』 55, 2009, pp.3~13.

색인

일반색인

- 주요 교파: 사꺄파 1부, 까르마 까귀파 2 · 6부, 팍모두파 3 · 4부 첼파 5부.
- 사꺄 빤디따, 팍빠 등 이 책의 한 절을 이루는 인물: 목차에서 확인.

인명

ㄱ

ㄷ

ㄹ

ㅁ

ㅂ

기타

물품색인

ㄱ

ㄴ

ㄷ

ㅁ

동국대학교 문화학술원 사료총서 02

티베트 승려에 대한 몽골 황실의 보시 연구
보시, 티베트와 몽골을 잇다

초판 인쇄 | 2022년 2월 18일
초판 발행 | 2022년 2월 28일

지 은 이 최소영
발 행 인 한정희
발 행 처 경인문화사
편 집 김윤진 김지선 유지혜 박지현 한주연 이다빈
마 케 팅 전병관 하재일 유인순
출판번호 406-1973-000003호
주 소 파주시 회동길 445-1 경인빌딩 B동 4층
전 화 031-955-9300 팩 스 031-955-9310
홈페이지 www.kyunginp.co.kr
이 메 일 kyungin@kyunginp.co.kr

ISBN 978-89-499-6620-5 93910
값 28,000원